Döring / Ritter-Mamczek
Lehren und Trainieren in der Weiterbildung

Klaus W. Döring/Bettina Ritter-Mamczek

Lehren und Trainieren in der Weiterbildung

Ein praxisorientierter Leitfaden

8. Auflage

DEUTSCHER
STUDIEN
VERLAG

Weinheim 2001

Über die Autoren:

Klaus W. Döring, Dr. phil., ist seit 1974 Professor für Erziehungswissenschaft an der Technischen Universität Berlin mit den Schwerpunkten Betriebliche Bildung und Weiterbildung.

Bettina Ritter-Mamczek M.A., ist Mitarbeiterin an der TU-Berlin, Fachgebiet Organisation und Didaktik der Weiterbildung und als freie Mitarbeiterin im Bereich Kommunikation u. Didaktik der Weiterbildung tätig.

Die Autoren sind über folgende Adresse zu erreichen:

Technische Universität Berlin
Fachbereich 01, Sekr. TEL 13-2
Fachgebiet: Organisation und Didaktik der Weiterbildung
Ernst-Reuter-Platz 7
10587 Berlin
Hypertext: http//www.kgw.tu-berlin.de/Weiterbildung

6., völlig neu bearbeitete Auflage 1997
7. Auflage 1999
8. Auflage 2001

© 1997 Deutscher Studien Verlag · Weinheim
Herstellung der Druckvorlage: Gabi Plöger, 33178 Borchen
Druck und buchbinderische Verarbeitung: Druckhaus »Thomas Müntzer«, 99947 Bad Langensalza/Thüringen
Seriengestaltung des Umschlags: Federico Luci, 50674 Köln
Printed in Germany

ISBN 3 89271 744 3

„Verantwortlich ist man nicht nur für das, was man tut,
sondern auch für das, was man nicht tut."
Laotse

Aufbau des Buches

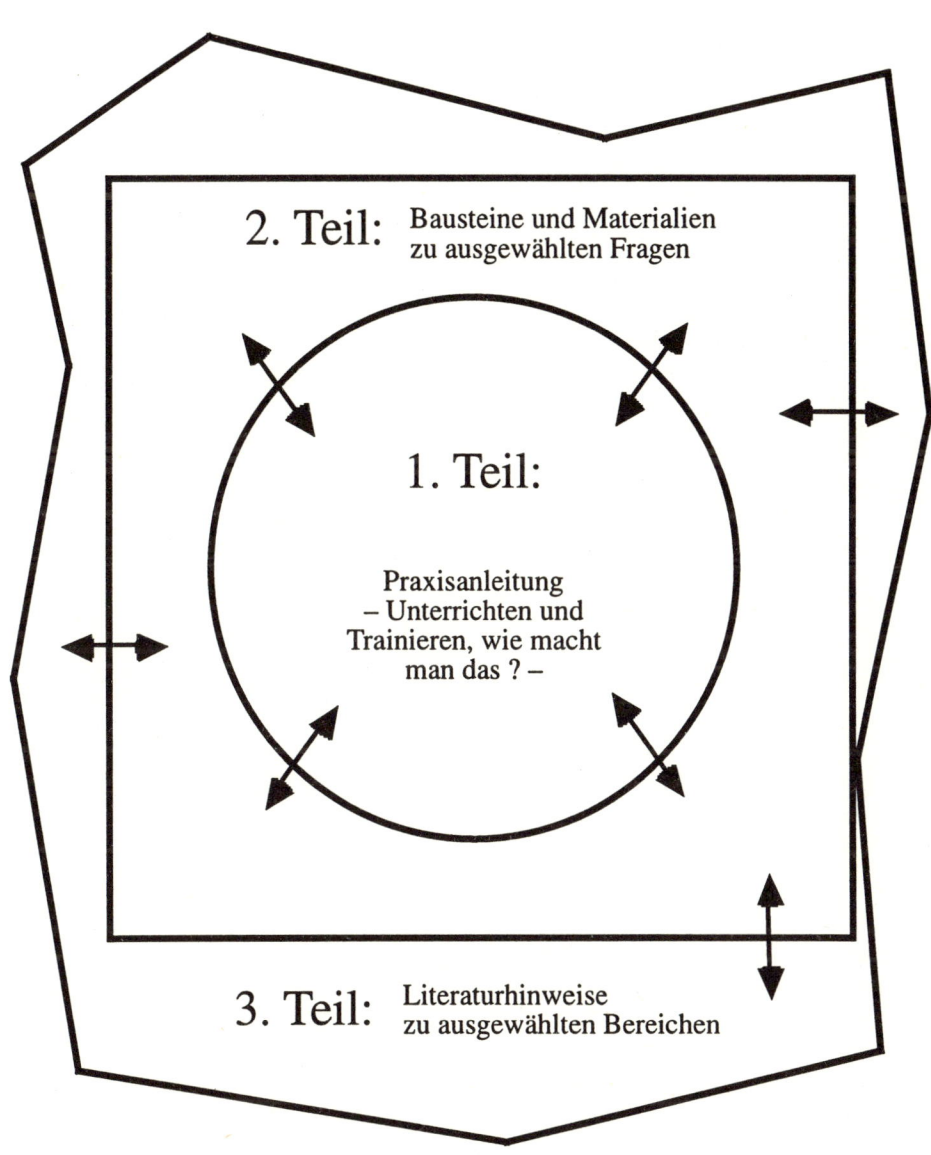

2. Teil: Bausteine und Materialien zu ausgewählten Fragen

1. Teil:

Praxisanleitung – Unterrichten und Trainieren, wie macht man das ? –

3. Teil: Literaturhinweise zu ausgewählten Bereichen

Inhaltsverzeichnis

Vorwort

Dieses Arbeitsbuch soll nach umfangreicher Überarbeitung als Neuausgabe von „Lehren in der Weiterbildung" mit verändertem Titel neu erscheinen. Das verlangt einige kurze Erläuterungen: Das Buch hat sich offenbar in der Praxis bewährt und durchgesetzt, weil in der Weiterbildung immer wieder Dozenten und Trainer eingesetzt werden, die für diese Tätigkeit – im eigentlichen Sinne – nicht qualifiziert sind. Vielmehr wurden sie als Fachspezialisten dazu ausgewählt, ihr Wissen und Können, ihre Einstellungen und Haltungen an andere weiterzugeben.

Diese Fachkräfte greifen offenbar gern zu einem praxisorientierten Leitfaden, der ihnen weiterhilft. So soll denn die überarbeitete Neuauflage ganz ausgesprochen diesem Ziel dienen!

Die Erweiterung des Titels um „das Trainieren" ist kein methodischer Schnickschnack, sondern bezieht sich darauf, daß sich Funktion und Aufgabenstellung berufsbezogener Weiterbildung in den letzten Jahren verändert und um diesen Aspekt erweitert haben. Weiterbildung soll in Zukunft nicht nur das Wissen der Teilnehmer ausbauen helfen, vielmehr sollen auch deren Einstellungen und Haltungen, vor allem aber die Handlungskompetenzen verändert und erweitert werden. So mischen sich in vielen Seminaren und Trainingsveranstaltungen Formen der klassischen Wissensvermittlung (= Lehre) mit solchen der Motivations- und Verhaltensschulung (= Training).

Kaum ein Dozent oder Trainer kann sich derartigen integrierten Weiterbildungserfordernissen in Zukunft entziehen. Dafür ist zu viel über die relative Wirkungslosigkeit großer Wissensbestände bekannt, wenn Handlungsmotivationen, Einstellungen und Verhaltenskompetenzen fehlen. (Jedem Dozenten und Trainer in der Weiterbildung seien daher die beiden richtungsweisenden Bücher von Reinhard K. Sprenger empfohlen: „Mythos Motivation" (9. Aufl. 1995) und „Das Prinzip Selbstverantwortung" (3. Aufl. 1996).)

Dieser Leitfaden wird getragen von einer Grundidee, nämlich der, daß Lehren und Trainieren wie Lernen und Üben *Spaß* machen müssen. „Müssen" – weil die Lernforschung eindringlich zeigt, daß Frust und Streß denkbar schlechte Begleiterscheinungen für das Lernen darstellen. Der Berliner Volksmund hat mit seinem burschikosen Spruch „Hier kommste her und freust Dir jefälligst!" dafür eine prägnante Formulierung geschaffen.

Freilich kann dem Dozenten und Trainer die Herstellung eines solchen positiven *Lernrahmens* nur gelingen, wenn er einen basalen Grundfaktor, der die grundlegende Ausrichtung seines Lehrens und Trainierens fundamental bestimmt, beachtet und umsetzt: den der *Teilnehmerzentriertheit* und *Lernpartnerschaft*.

Wir stellen uns heute einen Dozenten und Trainer vor, der sein Lehren und Trainieren als eine – professionellen Gütekriterien entsprechende – Dienstleistung ansieht. Diese ist nur zu erbringen, wenn von dem Gedanken Abschied genommen wird, der Dozent und Trainer habe in erster Linie ein Fachmann/eine Fachfrau für ein bestimmtes Gebiet (= Fachgebiet) zu sein. In erster Linie, so argumentiert der vorliegende Leitfaden dagegen, ist der Dozent und Trainer ein *Lernmanager*, ein Organisator für teilnehmerzentrierte Lernprozesse, ein sozial ausgerichteter Didaktiker, ein vielseitiger Lernhelfer und Lernpartner. Und wenn er das ist und sein will, dann braucht er 1.) ein *ethisch* motiviertes *Interesse an Menschen* schlechthin sowie 2.) ein professionelles, didaktisches und soziales *Repertoire*, das es ihm ermöglicht, das Lernen der Teilnehmer auf vielseitige und interessante Art so zu organisieren, daß Freude und Spaß zu möglichst ständigen Begleitern aller pädagogischen Prozesse werden können.

Diesem Gedankengang sind alle fünf Bände dieses erwachsenenpädagogischen Gesamtwerkes verpflichtet:

Band 1: Lehren und Trainieren in der Weiterbildung
Band 2: Medien in der Weiterbildung
Band 3: Die Praxis der Weiterbildung
Band 4: Weiterbildung im lernenden System
Band 5: Lern-/Arbeitstechniken für die Weiterbildung

Seit mehr als 20 Jahren beschäftige ich mich nun theoretisch und praktisch mit den Problemen des Lernens Erwachsener. Dabei hat mich besonders die Frage beschäftigt, wie das Lernen des erwachsenen Menschen sich von dem des Kindes und Jugendlichen unterscheidet. Sehr bald erfuhr ich als Dozent solche Unterschiede am eigenen Leibe: Die existentiell starke Betroffenheit des Erwachsenen, den starken Wunsch nach Praxisbezug und das Bewußtsein der raschen Verwertbarkeit des Gelernten (kein Vorratslernen!), den energischen Widerwillen gegen abstraktes Theoretisieren und ein abhebendes Stratosphärendenken, die unbedingte Forderung nach Verständlichkeit, den bisweilen hartnäckigen Widerwillen gegen neues Wissen und neuartige Verfahren, aber auch genauso die unbändige Freude am Lernen, den Drang zu allen Spielformen beim Lernen (!), den Wunsch nach sozialen Lernformen und einem unterstützenden Lernklima. Mit den Jahren aber wuchs bei mir der Zweifel, ob es sich hier denn tatsächlich um „Wesensunterschiede" gegenüber Heranwachsenden – um „anthropologische Konstanten" (Anthropologie = Lehre/Wissenschaft vom Menschen) – handeln konnte.

Waren all die genannten Merkmale nicht vielmehr aus den Lebensumständen des beruflich tätigen Menschen erklärbar und damit erlernt? Und weiter: Würden eine Reihe der genannten Merkmale des Lernens Erwachsener nicht auch auf die Heranwachsenden zutreffen, wenn unsere Schulen anders beschaffen und praxisbezogener arbeiten würden? Überlegungen dieser Art werden heute gestützt durch neuere Erkenntnisse über die unerwartet große Lernfähigkeit des Erwachsenen und die Bedeutung des lebenslangen Lernens für die geistige Beweglichkeit und Leistungsfähigkeit des älter werdenden Menschen. Mit einer Verzögerung von 10 bis 15 Jahren gegenüber dem schulischen Bereich hat der Lernbegriff damit auch die allgemeine Erwachsenenbildung bzw. berufliche Weiterbildung eingeholt. Wie die neuere Lernbiographie- und Lernforschung zeigen, wird damit dem vielfach negativ getönten Selbstbild Erwachsener über die eigene Lern- und Leistungsfähigkeit der Boden entzogen. Zugleich und andererseits gewinnen die Qualität der Lehre und des Unterrichts sowie vor allem die didaktische Kompetenz der Dozenten eine größere Bedeutung.

Eine *kurze Anmerkung* zur Form des vorliegenden Buches:
Es gibt Sprachen, in denen unterscheidet sich die feminine Form nicht von der maskulinen Form. Die deutsche Sprache legt uns diese Differenzierung in der Wortwahl jedoch bereit. Trotzdem haben wir uns bewußt für die maskuline Form entschieden, da wir zum einen stilistische Verrenkungen (z. B.: der Dozent/Trainer/Lehrer und die Dozentin/Trainerin/Lehrerin) vermeiden möchten und zum anderen den Lesefluß unseres Lesers/unserer Leserin nicht behindern wollen. Selbstverständlich ist für uns, um es ausdrücklich (!!) zu betonen, daß bei Verwendung der maskulinen Form immer die feminine Form mitspricht!

Berlin, im Juli 1997   Klaus W. Döring

Eine kurze Anmerkung zur 8. Auflage

Daß dieses Lehrbuch inzwischen jedes Jahr eine Neuauflage erlebt, ist natürlich erfreulich, nicht zuletzt für seine Autoren. Es scheint, als habe es sich inzwischen einen Platz als Standardwerk der beruflichen Weiterbildung erobert. Das liegt u.a. sicherlich an dem Konzept handlungsorientierten Lernens, das gegen die Monotonie der „ewigen Folienschleuderei" sowie dozentenzentrierter Lehrgespräche aufbegehrt und für eine seriöse, d.h. didaktisch professionelle, qualitative und erwachsenengerechte Bildungsarbeit eintritt.

Erfreulich ist daher auch, daß sich der REFA-Verband (Verband für Arbeitsgestaltung, Betriebsorganisation und Unternehmensentwicklung) unter seinem Geschäftsführer Rolf Meyer dazu entschlossen hat, das vorliegende Buch als verbindliches Standardwerk für seine Lehr- und Trainingsarbeit einzuführen und zugrunde zu legen. Für die geplanten Innovationen wünschen wir dem REFA-Lehrer-/Trainerteam alles Gute und viel Erfolg!

Berlin, im August 2000   Klaus W. Döring
                                                                        Bettina Ritter-Mamczeck

Einführung

Dieses Arbeitsbuch wirbt für eine Qualitätsverbesserung der Lehre im quartären Bildungssektor der beruflichen Weiterbildung. Es will in erster Linie eine Hilfe sein für solche Dozenten und Trainer, die den dringenden Wunsch haben, ihre Lehrbefähigung grundlegend zu entwickeln oder zu erweitern.

Mit einiger Verzögerung hat die Qualitätsdebatte damit auch die „inneren" Prozesse der beruflichen Weiterbildung erreicht. Vielen Verantwortlichen ist inzwischen nämlich klar geworden, daß eine systematisch-organisatorische oder ausstattungstechnisch-mediale Ausgestaltung der Lehr-/Lernverhältnisse keineswegs ausreicht, um grundlegende Verbesserungen für die Lernenden herbeizuführen. Daher garantieren auch DIN-ISO-9000-Zertifizierungen keineswegs dafür, daß die Qualität des Lernens durchgreifend verbessert wird.

Erfolg in dieser Hinsicht ist erst abzusehen, wenn die Dozenten/ Trainer/Ausbilder ihre ureigenste Domäne – das Lehren und Trainieren – voll professionell und teilnehmerzentriert ausgestalten können. Die unselige Praxis vieler Institutionen, sog. Fachspezialisten, also Fachleute ohne genuine didaktische Qualifikation, auf Teilnehmer der Weiterbildung „loszulassen", hat sicher zu der eingetretenen Misere wesentlich beigetragen. Die Leidtragenden solcher Fehlentscheidungen sind dabei sowohl die Teilnehmer wie die fremdernannten Amateur-Dozenten und -Trainer. Oftmals bringen sie viel guten Willen und Einsatz ein, scheitern dann aber an der Komplexität der didaktischen und methodischen Aufgaben, die es erforderlich machen, daß man sich ihnen kriterienorientiert und mit langem Atem stellt. Dieses Buch möchte dazu einen sowohl vergnüglichen wie praxisorientierten Einstieg anbieten.

Es will vor allem aber nicht dadurch langweilen, daß es eine umständliche Rekonstruktion von Theorien und Modellen der Didaktik bietet. Denn:

Die Diskussion um die bislang entwickelten wichtigsten neun Didaktik-Ansätze (vgl. K. Reich, 1977):

1. Bildungstheoretische Didaktik (Klafki u. a.)
2. Lehrtheoretische Didaktik (Berl. Ansatz, Heimann u. a.)
3. Kybernetische Didaktik (v. Cube)

4. Bildungstechnologische Didaktik (Flechsig)
5. Systemtheoretische Didaktik (König/Riedel)
6. Konstruktive Didaktik (Hiller)
7. Kommunikative Didaktik (Schäfer/Schaller)
8. Materialistische Didaktik (Huiskens)
9. Curriculare Didaktik (Frey)

ist für den praxisorientierten Dozenten in der Weiterbildung für seine konkrete Lehrarbeit nur begrenzt hilfreich.

Wir wollen uns in unserer Darstellung vielmehr bemühen, konkrete Probleme, die den Praktiker täglich bedrängen, so abzuhandeln, daß Lösungsmöglichkeiten in den Blick kommen und ein gangbarer Weg erkennbar wird.

Solche Fragen sind zum Beispiel:

Zum Lernen
- Was muß ich als Dozent über das menschliche Lernen wissen?
- Wie lernen Erwachsene?
- Was ist meine Rolle als Dozent/Trainer/Ausbilder?

Zur Vorbereitung
- Wie reduziere ich die Fülle meines Lehrstoffs?
- Wie bereite ich meinen Unterricht/mein Training vor?
- Wie formuliere ich meine Themen und Lernziele?
- Wie konstruiere ich einen interessanten/abwechslungsreichen Unterrichts- und Trainingsverlauf?
- Wie organisiere ich das Kennenlernen der Teilnehmer?
- Wie sichere ich den Erfolg von Unterricht und Training?

Zur Lernorganisation
- Wie beginne ich meinen Unterricht/mein Training?
- Wie setze ich Medien ein?
- Wie behandle ich einen abstrakten/langweiligen Stoff?
- Wie mache ich es, daß teilnehmerzentrierte Verfahren zum Zuge kommen?
- Wie wiederhole/übe ich?
- Wie stelle ich gute Fragen?
- Wie muß ich sprechen?
- Wie beende ich den Unterricht?
- Wie kontrolliere ich den Lern- und Trainingserfolg?
- Wie erfahre ich, ob mein Unterricht/Training bei den Teilnehmern gut angekommen ist?

Zur Teilnehmerzuwendung (Zum Umgang)
• Wie schaffe ich ein gutes Lernklima?
• Wie löse ich Konflikte?
• Wie gehe ich mit den Teilnehmern um?

Was die folgende Darstellung also *nicht* will, wurde bereits angedeutet: Eine vorwiegend im Abstrakt-Theoretischen verbleibende Erörterung vorliegender Didaktik-Ansätze und deren mögliche Übertragung auf den Bereich der Weiterbildung. Vielmehr soll eine möglichst praktisch-pragmatisch gehaltene Orientierungshilfe zur Lösung der Hauptschwierigkeit von Dozenten und Trainern in der Weiterbildung geboten werden, nämlich einen motivierenden, also

– abwechslungsreichen,
– interessanten und
– aktivierenden Unterricht zu gestalten.

		Lernort	Ausmaß direkter Dozentenaktivität und -verantwortlichkeit
1.	Das traditionelle Selbststudium	Der Privatbereich Die Bildungsinstitution	·/.
2.	Das interaktive Selbststudium mit Neuen Medien und Telekommunikations- mitteln (z. B.: CBT = Computer-based Training)	Der Privatbereich Der Betrieb	·/.
3.	Der Unterricht	Die Bildungsinstitution	XXX
4.	Das (Arbeits-) Seminar (z. B.: Erfa-Seminar)*	Die Bildungsinstitution	XX
5.	Das Rollen- und Planspielseminar	Die Bildungsinstitution	X/XX
6.	Die Unterweisung	Der Betrieb	XX/XXX
7.	Das Training	Der Betrieb Die Bildungsinstitution	XX/XXX
8.	Die Arbeitsmoderation	Der Betrieb Die Bildungsinstitution	XX/XXX

* Erfa = Erfahrungsaustausch
Tendenz: X = geringes Ausmaß; XX = mittleres Ausmaß; XXX = hohes Ausmaß
Abb. 1: Lehr- und Lernformen in der Weiterbildung

Da es bekanntlich nichts Praktischeres gibt als eine solide Theorie, soll und muß auch dieses Vorhaben theoretisch fundiert sein. Das in der Praxis vorkommende Problem muß erkennbar gemacht, von mehreren Seiten beleuchtet und mit Lösungshinweisen versehen werden.

Die Weiterbildung kennt die in Abb. 1 aufgeführten acht verschiedenen Lehr-/Lernformen mit einem jeweils unterschiedlichen Ausmaß von direkter Dozenten- oder Traineraktivität und -verantwortlichkeit. Bei diesen acht verschiedenen Lehr-/Lernformen gehören *Unterricht und Training* zweifellos zu den am häufigsten verwendeten Formen. In ihnen hat ein Dozent und Trainer als dringlichstes Problem, anregende Lernverhältnisse zu schaffen, die die Teilnehmer zum Lernen motivieren können. Daher wird sich die folgende Darstellung auf diese am häufigsten verwendeten und zugleich besonders problemreichen Grundformen des Lehrens und Lernens in der Weiterbildung beziehen.

Die genannte Konzentration auf Unterricht und Training läßt sich mit Blick auf die vorherrschende Praxis besonders nachdrücklich begründen. Es scheint nämlich so zu sein, daß Dozenten/Trainer/Ausbilder derzeit

1. vorwiegend und einseitig einen instruierend-darbietenden Unterrichtstypus (vgl. Abb. 2) bevorzugen, in dem der Dozent dominiert und in dem es primär nur um den systematischen Aufbau von Wissensbeständen geht;
2. vorwiegend und einseitig die Lehr- und Sozialform des darbietend-entwickelnden Lehrgesprächs (vgl. 1. Teil, II und 2. Teil, IV) wählen, an der über längere unterrichtliche Zeiträume hinweg starr festgehalten wird und die oft gekoppelt ist mit einer sehr einseitigen Mediennutzung, wie z. B. dem Overheadprojektor („Folienschleuder");
3. vorwiegend und einseitig ihren Unterricht nach fachlichen Gesichtspunkten planen und durchführen, wohingegen didaktische Gesichtspunkte stark zurücktreten;
4. das Training didaktisch und methodisch zu monoton sowie zu wenig handlungs- und praxisorientiert durchführen.

	Typ	*Vorrangiges Ziel*	*Form: Dozenten- zentriert, eher darbietend*	*Form: Teilnehmer- zentriert, eher erarbeitend*
1.	Einführender Unterrichtstyp	übergreifende Motivation	X	
2.	Instruierender (darbietender) Unterrichtstyp	Aufbau von Wissensbeständen	X	
3.	Problemorientierter Unterrichtstyp	Aufbau von Problemverständnis		X
4.	Erarbeitender Unterrichtstyp	Eigenständige Erarbeitung neuer Wissensbestände u. neuer Problemver- ständnisse		X
5.	Wiederholender (sichernder) Unterrichtstyp	Vertiefung und Sicherung	X	X

Abb. 2: Unterrichtstypen in der Weiterbildung

Stellt man die Frage, womit diese Einseitigkeit vieler Dozenten und Trainer zu tun hat, so gibt es darauf vor allem zwei zentrale Antworten:

1. Selbstverständnis, Einstellungen und eigene Lernerfahrungen beziehen sich ständig auf ein Unterrichts- oder Trainingsmodell, in dem das Fachliche einseitig dominiert (=„logotrope" Grundhaltung). Es wird gleichsam ständig verdrängt, daß Unterricht eine „Lern"-veranstaltung für Teilnehmer ist, die bestimmte psychomentale (=geistig-seelische) Prozesse und Tätigkeiten absolvieren müssen, um sich des Gegenstandes zu bemächtigen. Demgegenüber ist der Unterricht oder das Training für sehr viele Dozenten/Trainer/Ausbilder im Unterbewußtsein eine Veranstaltung, die „der Sache" und einer Institution zu dienen hat. Die Teilnehmer – als Erwachsene – sind gleichsam „alt und erfahren genug", als daß sich der Dozent um sie und ihre Aneignungsprobleme kümmern müßte.
2. Neben diesem – über weite Strecken unbewußten – Lehr-/Lernkonzept vieler Dozenten spielt wesentlich ein zweiter Punkt eine entscheidende Rolle: Die mangelhafte Qualifikation für das Didaktische, das Methodische. Man wird ja auch in aller Regel Dozent/Trainer/Ausbilder nicht wegen seiner unterrichtlichen Fähigkeiten, sondern weil man dafür fachlich herausragend geeignet erscheint. Über eine speziell didaktische Ausbildung dagegen verfügen nur wenige Dozenten und Trainer. Daher kann man sich auch nicht an optimalen eigenen Erfahrungen als Modellen/Vorbildern orientieren, da auch in anderen Bildungsinstitutionen – etwa der Schule oder Hochschule – ein Übergewicht des Fachlichen gegenüber dem Didaktischen herrscht. So fehlt es vielfach schlicht an möglichen und realisierbaren Alternativen zu einem Unterricht oder Training, in dem der Dozent nach alter Manier als „Einzelunterhalter" viel spricht und fragt, während die Teilnehmer vorwiegend nur zuhören oder zuschauen.

An dieser Stelle ist es sinnvoll, die Lehr-/Lernformen „Unterricht" und „Training" kurz zu charakterisieren:

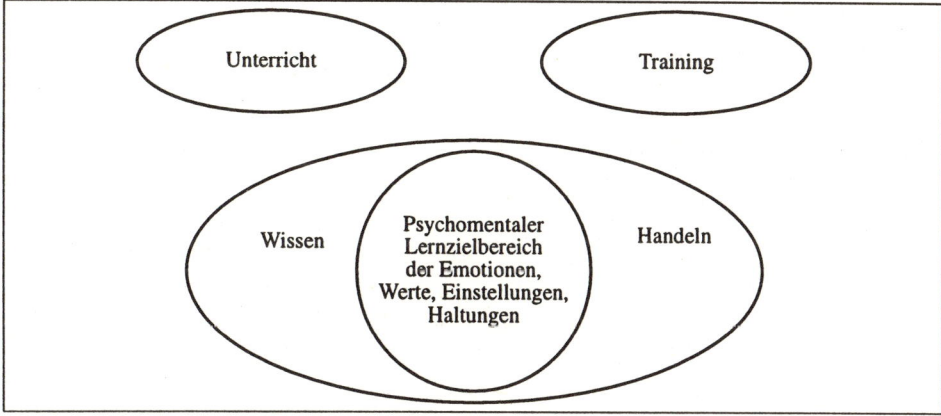

Abb. 3: Unterricht und Training im Zusammenhang

Während man in der Allgemeinen Didaktik unter **Unterricht** eine didaktische Organisationsform versteht, in der gruppenbezogene Lehr-/Lernprozesse *vor allem* auf den Lernzielebenen

– des Wissens (= Kognition) und
– des Psychosozial-Mentalen (= Emotion), der Werte, Einstellungen, Haltungen

angestrebt werden, ist das **Training** eine entsprechende Organisationsform, in der auf praxisorientierte Weise vor allem folgende Lernzielebenen angestrebt werden:

– das psychomotorisch-handlungsbezogene Können (= Konation/Verhalten)
– das psychosozial-mentale Empfinden und Werten
  (= Emotion, Einstellung, Haltung).

Das bedeutet, daß in beiden Organisationsformen alle drei Lernzielbereiche – Wissen, Sozialemotion, Handeln/Verhalten (allerdings in unterschiedlicher Gewichtung) – vorkommen (vgl. Abb. 3)!

Aus dieser Optik setzt sich der vorliegende Text mit den folgenden *fünf* Ebenen der Dozenten- und Trainertätigkeit auseinander, die zwar als ausgrenzbare Teilbereiche voneinander zu unterscheiden sind, in der Praxis aber zusammenwirken und ineinandergreifen.

1. Die mitmenschlich/soziale Ebene:
   Der Dozent/Trainer/Ausbilder als kooperativer Lernpartner

2. Die personale Ebene:
   Der Dozent/Trainer/Ausbilder als mitmenschliches (Lern-) Modell

3. Die organisatorische Ebene:
   Der Dozent/Trainer/Ausbilder als Organisator des Hintergrundes von Lernprozessen

4. Die fachliche Ebene:
   Der Dozent/Trainer/Ausbilder als ausgewiesener Fachmann

5. Die methodisch-didaktische Ebene:
   Der Dozent/Trainer/Ausbilder als guter Lehrer

Es wird an dieser Stelle ausdrücklich auf den Beitrag „Professionalität und die Kompetenzproblematik des Dozenten/Trainers/ Ausbilders" (2. Teil, I) hingewiesen. Dort wird im Modell der sog. Kompetenzwanne diese 5fache Kompetenzproblematik operationalisiert und auf die Praxis des Lehrens und Lernens hinorientiert.

Das vorliegende Buch ist gewissermaßen zweimal geschrieben worden. Im ersten Teil – „Unterrichten und Trainieren – Wie macht man das?" – wird der Gesamtzusammenhang für den Einsteiger in leicht verständlicher Form dargestellt.

Im zweiten Teil – „Bausteine und Materialien" – werden vertiefte Kenntnisse zu ausgewählten, zentralen Fragen einer Didaktik des Lernens mit Erwachsenen vermittelt, bevor am Ende des Buches spezielle Literaturhinweise zu den wichtigen Themen des Textes folgen.

In der Einführung zur fünften Auflage von „Lehren in der Weiterbildung" wurden einige Feststellungen getroffen, die wir hier gern wiederholen möchten: „Es ist uns ein Anliegen, ‚allen Beginnern' auf dem Felde des Lehrens und Lernens nahezubringen, welchen Spaß und welche erfüllende Freude erfolgreiche Lehrarbeit mit Erwachsenen bringen kann. Die vielfältigen sozialen Begegnungen, die mannigfachen Hilfestellungen und Beratungssituationen, die dankbare Freude der Teilnehmer beim Lernerfolg als Ausdruck gelungener Lernpartnerschaft aber sind nur möglich, wenn die Lehrenden eher einen indirekten ‚Lehr-/ Lernweg' einschlagen, d. h.

– die Teilnehmer möglichst viel selbst erarbeiten lassen,
– Gesprächen und Diskussionen Raum schaffen,
– für Rollenspiele, Planspiele, Projekte und Partner- wie Gruppenarbeit mehr Zeit geben als für die ‚ewigen' Lehrvorträge und Lehrgespräche."

Dozenten wollen ernst genommen werden – Teilnehmer aber auch! Unsere Teilnehmer sind keine Kinder, die fachlich gewindelt werden müssen. Sie sind auch nicht zu verwechseln mit den nach Atzung gierenden Vogelkindern, die im Nest sitzen und die Schnäbel aufsperren... Auch wenn es Teilnehmer gibt, die Fernsehkonsumhaltungen in das Lernfeld einschleppen, also ihre „Schnäbel aufsperren" wollen – kein Dozent sollte darauf hereinfallen. Am Ende wird ihm seine Servierpraxis zu Recht anklagend vorgehalten und das „Serviertablett" zielgerichtet an den Kopf geworfen... wiederum zu Recht. Erwachsene Teilnehmer ernst nehmen heißt also, ihre Vorkenntnisse, Erfahrungen und Fähigkeiten in das Lerngeschehen voll einzuarbeiten. „Lernen machen" heißt so verstanden primär, das „Ausatmen" zu organisieren – also Handlungen wie Sprechen, Spielen, Üben, Diskutieren, Zeichnen, Schreiben, Ausarbeiten, Vortragen, Vormachen usw. zu organisieren. Demgegenüber konzentrieren sich leider immer noch viele Dozenten/Trainer/Ausbilder darauf, das „Einatmen" zu organisieren – primär also das Zuhören; sie halten dadurch ihre Teilnehmer für unmündig und schaffen es, daß rezeptives Verhalten zur häufigsten „Lerntätigkeit" der Teilnehmer wird. Zuhören jedoch ist gar keine Lerntätigkeit, mit ihr kann man bestenfalls etwas verstehen, nicht jedoch etwas lernen – aber das hatten wir ja schon...

Zusammenfassung

1. Die vorliegende Darstellung will *keine* abstrakttheoretische Rekonstruktion und Diskussion der bislang entwickelten neun wichtigsten Didaktiktheorien bieten.
2. Übergreifendes Ziel ist vielmehr, dem Dozenten und Trainer eine auf die praktischen Probleme gerichtete Orientierungshilfe zu liefern, wie er ein motivierendes Lehr-/Lerngeschehen realisieren kann.

3. Von den acht übergreifenden Lehr-/Lernformen in der Weiterbildung (Traditionelles Selbststudium, Interaktives Selbststudium mit Neuen Medien, Unterricht, Arbeitsseminar, Rollen- und Planspiel-Seminar, Unterweisung, Training, Arbeitsmoderation) spielen in der vorliegenden Darstellung der Unterricht und das Training die zentrale Rolle.

4. Die Konzentration auf Unterricht und Training läßt sich
   a) mit der Dominanz des „Instruierenden Unterrichtstyps",
   b) mit einseitiger Verwendung einer bestimmten Lehr- und Sozialform im Unterricht,
   c) mit der einseitigen fachlichen Orientierung vieler Dozenten sowie
   d) mit didaktischer Monotonie und zu geringer Handlungs- und Praxisorientierung vieler Trainingsabläufe begründen. Unterricht und Training erscheinen demzufolge besonders verbesserungswürdig.

5. Es wurde gezeigt, daß die genannte Einseitigkeit vieler Dozenten vor allem zwei Gründe hat: Fehlende Grundeinstellung zu teilnehmerzentrierten Lernprozessen, mangelhafte didaktische Qualifikation.

6. Dem wurde gegenübergestellt, daß ein guter Dozent und Trainer auf fünf Ebenen qualifiziert tätig zu werden hat: Auf der mitmenschlich-sozialen, der personalen, der organisatorischen, der fachlichen und der methodisch-didaktischen Ebene. Entsprechend wird die vorliegende Darstellung die genannten fünf Qualifikationsebenen besonders berücksichtigen.

7. Unterricht und Training unterscheiden sich als Lehr-/Lernformen hinsichtlich ihrer Gewichtung der angestrebten Lernziele graduell voneinander: Unterricht zielt eher auf Wissen, Training eher auf handlungsbezogenes Können.

Bin ich der Richtige?

„Jedes menschliche Wesen hat eine kompliziertere Struktur
als die Gesellschaft, der es angehört."
(Alfred N. Whitehead)

Wer von denen, die plötzlich Hals über Kopf als Dozenten oder Trainer mit Lehr-/ Lernprozessen konfrontiert wurden, hat sich nicht am Beginn schon gefragt:

Bin ich dafür der oder die Richtige? – Kann ich das? – Was muß ich als Trainer und/oder Dozent für diese Tätigkeit eigentlich mitbringen? – Was sind die subjektiven Voraussetzungen für den pädagogischen Erfolg bei erwachsenen Lernern?

Zunächst: Wer sich solche oder ähnliche Fragen stellt, bringt bereits eine sehr wesentliche Voraussetzung in diese berufliche Tätigkeit ein: nämlich die, daß er sich darüber im klaren ist, daß fachliche Kenntnisse und Kompetenzen allein den Erfolg als Pädagoge keinesfalls garantieren können und daß es einer Reihe pädagogisch-, psychologisch-, didaktischer Kenntnisse und Fähigkeiten bedarf, um als Dozent und Trainer in der Praxis zu bestehen. Da Sie zu diesem Buch gegriffen haben, ist wohl anzunehmen, daß Sie von dieser Voraussetzung ausgehen, zu der man Ihnen erst einmal nur gratulieren kann!

Lassen Sie sich das, was es nun zu erklären gibt, auf 2fache Weise nahebringen: einmal mit dem folgenden kleinen Modell, zum anderen mit einigen Zusatzerklärungen. Es geht dabei um die in der Person des Dozenten und Trainers liegenden „Basisfaktoren der Teilnehmerzentriertheit und Lernpartnerschaft".

Zunächst: „Basisfaktoren der Teilnehmerzentriertheit und Lernpartnerschaft" heißt, daß eine befriedigende und erfolgreiche Lehr-/ Lernarbeit in der Weiterbildung von Erwachsenen von einer Reihe von subjektiven Faktoren auf seiten des Dozenten und Trainers abhängt. Sie alle beziehen sich darauf, ob der jeweilige Dozent und Trainer in seinem Denken und Tun, seiner Grundhaltung, Einstellung und seinem didaktischen Handeln hinreichend auf die Teilnehmer als Lernpartner konzentriert ist oder nicht. Der Teilnehmer hat mit all seinen Fragen, seinen Voraussetzungen und Fähigkeiten im Mittelpunkt des Geschehens zu stehen! Lehren und Trainieren sind nämlich Dienstleistungen für ihn.

Der Dozent und Trainer hat für den Teilnehmer dazusein – und zwar in jeder denkbaren Beziehung. So wie der Kunde bekanntlich König ist, so ist der Teilnehmer der „Auftraggeber" für den Dozenten und Trainer. Dieser hat als „Lieferant" die bestehenden „Kundenwünsche" als grundlegende Voraussetzung seiner Arbeit zugrunde zu legen und für Qualität und „Kundenzufriedenheit" zu sorgen. Das kann er aber nur,

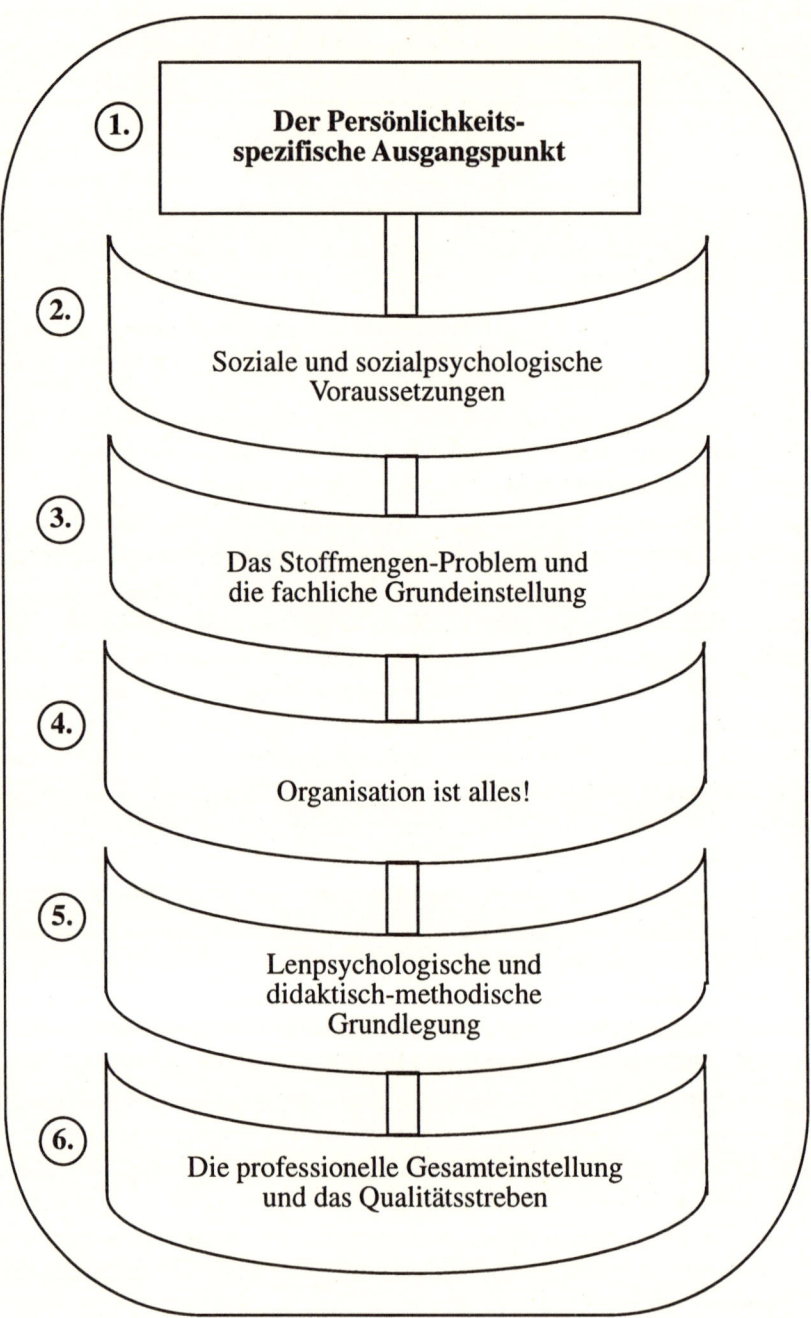

Abb. 4: Bin ich der Richtige?

wenn Teilnehmerzentriertheit und Lernpartnerschaft die beiden „Kreiselkompasse" darstellen, die sein Handeln und Tun bestimmen.

Im folgenden werden die 6 Aspekte des Modells (Abb. 4) „Bin ich der Richtige?" erläutert:

Der erste Faktor: Persönliches

Wie andere soziale Dienstleistungen setzt Lehren und Trainieren voraus, daß der jeweilige Trainer von seiner Persönlichkeit her für eine solche Tätigkeit geeignet ist. Ausschlußkriterien sind vor allem die folgenden sieben Merkmale:

1. Extrem autoritäre Persönlichkeitsstruktur,
2. Psychotische und schwerwiegende neurotische Persönlichkeitszüge (oft in Verbindung mit autoritären Persönlichkeitszügen),
3. Starke Neigung zu Rigidität (= Verhaltensstarrheit/-starrsinn),
4. Extreme Introvertiertheit,
5. Depressive Grundhaltung und prinzipielle Abneigung gegenüber anderen Menschen,
6. Markante Sprachstörungen wie etwa starkes Stottern oder auch andere Artikulationsprobleme,
7. Extrem dialektgebundenes Sprechen.

> **Berliner Spruch:**
> „Mensch jeh in Dir!"
> „War ick schon, is ooch
> nischt los!"

Niemand wird zu Lehrtätigkeiten gezwungen. Es ist auch nicht einzusehen, daß jemand, der von Haus aus unmusikalisch ist, ausgerechnet Sänger werden muß.

Lehren und Trainieren ist eine hochspezialisierte Tätigkeit wie andere auch, für die es gute wie weniger gute individuelle Voraussetzungen gibt. So wie es auf diesem Gebiet Naturtalente gibt, so gibt es eben auch Menschen, die sich aus den genannten sieben Gründen für diese Tätigkeit von vornherein nicht eignen und die – auch aus Eigenschutz – davor bewahrt werden sollten, andere Menschen beim Lernen anzuleiten, obgleich sie selbst massive Hilfe benötigen...

Sieht man einmal von den bezeichneten Ausschlußkriterien ab, so kann jedem Anwärter für die Dozenten- und Trainertätigkeit nur Mut gemacht werden, denn das meiste an dieser Tätigkeit ist ja durchaus erlernbar.

Sehr gute persönliche Voraussetzungen bringt mit, wer

1. eine optimistische Grundhaltung und Lebenseinstellung hat,
2. eine mäßige Extrovertiertheit hat,
3. eine positive Einstellung zum Umgang mit anderen Menschen hat,

4. eine gute Portion Humor besitzt,
5. soziale Sensibilität und Empathie (Mitfühlen mit anderen) besitzt.

So kann denn die eigene Person, der eigene Charakter einem Dozenten und Trainer entweder regelrecht im Wege stehen oder aber auch das Lehren und Trainieren wirksam unterstützen.

Der zweite Faktor: Soziales

Mit dem soeben aufgeführten Gesichtspunkt der sozialen Sensibilität und Empathie ist bereits ein zweiter Faktor zur Frage – „Bin ich der Richtige?" – aufgeworfen. Denn Lehren und Trainieren ist zuallererst soziales Handeln, das vom Dozenten und Trainer eine besondere Empfindsamkeit für das soziale Miteinander, für Lern- und Arbeitsklima, für Konflikte und ihre Bereinigung, für Teilnehmerbekräftigung und -motivierung etc. verlangt.

Alles organisierte, institutionelle Lernen ist also diesbezüglich stark von der sozialen Kompetenz des Dozenten abhängig.

Gerade Erwachsene reagieren sehr empfindlich auf den sozialen Zusammenhang bzw. das soziale Klima, zumal wenn sie in der vermeintlich schwachen Rolle von Lernenden sind, die Hilfe brauchen.

Der dritte Faktor: Fachliches

Niemand kann erfolgreich als Dozent und Trainer wirken, der seine umfangreichen Fachkenntnisse unsortiert über seine Teilnehmer ausschüttet oder – um ein anderes Bild zu verwenden – seine Detailkenntnisse mit der Gießkanne gleichmäßig, aber intensiv über die Lernenden ausgießt. In den meisten Veranstaltungen der Weiterbildung passiert aber genau das. – Und warum? Weil der Dozent und Trainer

a) einen Denkfehler macht und
b) eine erlernbare Kompetenz zumeist nicht besitzt.

Der Denkfehler besteht darin, daß gemeint wird, man habe als Dozent und Trainer die Aufgabe, im Verhältnis 1 : 1 die eigenen Kenntnisse und Kompetenzen auf die Lernenden zu übertragen. Genau dies ist aber nicht die Aufgabe von Dozenten und Trainern! Vielmehr ist ihre Fachkompetenz notwendig, um die für die Teilnehmer wichtigen Kenntnisse und Fähigkeiten zielgerichtet und praxisorientiert auszuwählen. Fachkompetenz ist demzufolge Auswahl- und Reduktionskompetenz zugleich.

Das erlernbare Element in dieser Stoffmengengeschichte sind demzufolge die Stoffreduktionstechniken (vgl. 2. Teil, II). Jedem Dozenten und Trainer ist daher dringend zu empfehlen, als Grundlage für eine erfolgreiche Arbeit diese Techniken zu erlernen, die ihm zugleich die Fähigkeit vermitteln, die ausgewählten Details in größere Zusammenhänge einzubetten (= Fachlandkarten) sowie mit zwingenden Beispielen zu versehen (= Prototypen). Außerdem schaffen diese Techniken auf wundersame Weise eine wohltuende fachliche Ordnung.

Auf kaum etwas reagieren erwachsene Lerner positiver als auf eine reduzierte, übersichtliche und durch einleuchtende Beispiele konkretisierte Lehre. Zugleich fällt ein rosiges Licht auf den Dozenten und Trainer, der sich damit auf wahrhafte Weise fachlich als versiert ausweist. Denn er zeigt damit, daß er weiß, was wirklich wichtig und was unwichtig ist. Er dosiert die Stoffmenge, führt Schritt für Schritt zum Lernerfolg und behält bei alldem die Übersicht, die er in Form von Fachlandkarten den Teilnehmern quasi als Fahrplan auf der „Lernreise" ständig gut sichtbar im Lehrsaal präsentiert.

Statt dessen benutzen manche Dozenten die ungebremste, unreduzierte „Wissensdusche" sogar regelrecht, um vor den Teilnehmern mit ihrem Wissen zu renommieren, sich auf peinliche Weise als die herausragenden Fachleute zu präsentieren. Sie bieten ein Trauerspiel für eine unzureichende, unprofessionelle pädagogische Dienstleistung. Denn statt die Bedürfnisse und Lerninteressen der Teilnehmer konsequent in den Mittelpunkt zu stellen, geht es ihnen um ihr Eigenrenommee, ihr Ansehen und Prestige, somit quasi um private Interessen...

Der vierte Faktor: Organisatorisches

Zwar gilt der Satz „Organisation ist nicht alles", jedoch in der Didaktik auch jener andere: „Ohne Organisation ist alles nichts!" Da didaktische Situationen in hohem Maße auf einer guten Organisation beruhen, sind chaotisch veranlagte oder zu Chaos neigende Dozenten und Trainer fehl am Platz. Überhaupt sollten besonders Anfänger mit allen Arten von Improvisationen und spontan herbeigeführten Situationen erst einmal vorsichtig sein. Es improvisiert sich nämlich als „Newcomer" nicht so leicht. Dabei bezieht sich der Faktor Organisation auf folgende Aspekte:

* Organisation der Lehr-/Lernausstattung (Medien, Unterlagen etc.);
* Organisation der unmittelbaren Rahmenbedingungen (Räume, Mobiliaraufstellung, Pausengestaltung, Essen und Trinken etc.);
* Organisation des sozialen und didaktischen Prozeßablaufs (Gruppierung der Teilnehmer, Verlaufsgestaltung, Medienprozeßorganisation, Zeitablauf etc.);
* Organisation spezifischer Aspekte des Teilnehmerumgangs (bei Seminargestaltungen in Hotels z. B. Freizeitaktivitäten etc.).

Als Grundsatz kann gelten: Eine gute Organisation wird von den Teilnehmern als sehr positiv erlebt. Sie gewinnen den Eindruck, daß man sich um sie kümmert, daß der Dozent professionell agiert, und sie erleben, daß eine gute Organisation die Lernprozesse begünstigt.

Der fünfte Faktor: Lernpsychologie und Didaktik

„Durch Zuhören kann man nicht lernen – nur etwas verstehen." Dieser Satz, der sich im Laufe der Darstellung noch genauer klären wird, zeigt in aller Schärfe, worum es beim fünften Faktor geht!

Es geht nämlich um professionelle Bedingungen, die der Dozent und Trainer für ein wirkliches Lernen schaffen muß. Bedingungen also, die ausdrücken, daß der Dozent ein professionelles Verständnis für menschliches Lernen hat und in der Lage ist, vielfältige didaktische Bedingungen herzustellen, in denen eben nicht nur Zuhören möglich ist.

Die Teilnehmer brauchen also ein interessantes – durch Methodenmix gekennzeichnetes – Lernumfeld, in dem sie dazu motiviert werden, aktiv und handelnd zu lernen, also schreibend, diskutierend, zeichnend, spielend, beobachtend und sehend, ausprobierend etc. Es ist dies ein Lernen, in dem als Lehr- und Sozialformen eben nicht nur der Lehrvortrag und das „ewige" foliengestützte Lehrgespräch (= Folienschleuder) vorkommen. Vielmehr ist es ein Lernen mit einem interessanten Wechsel von Einzel-, Partner- und Gruppenarbeit, mit Filmeinsatz, Simulations-, Rollen- und Planspielen, mit Diskussionen und Gesprächen – kurz ein Lernen, das den ganzen Menschen packt und ihn – sozial eingebettet – mit auf die Lernreise nimmt. Diese lernpsychologische und didaktische Grundlegung gehört mit zu den unbestreitbaren fundamentalen Aufgaben einer Lehrkraft. Denn optimale Bedingungen für das Lernen, die dadurch geschaffen werden, sind ja letztlich *das* Ziel jedes institutionellen Lehrens und Lernens schlechthin. Demnach sind grundlegende lernpsychologische und didaktische Kenntnisse vonnöten, wie sie in diesem Buch behandelt werden, ehe mit dem Lehren begonnen werden sollte.

Der sechste Faktor: Qualitätsstreben

Wie in anderen Lebensbereichen auch, so trennt sich auch beim institutionell veranstalteten Lehren und Lernen auf seiten der Dozenten die „Spreu vom Weizen" allein durch das Merkmal „Qualitätsstreben". Der fundamentale Wunsch, in allen Bereichen des beruflichen Tuns zum Wohle der Kunden – der Lernenden also – das Beste zu geben, kann freilich nur greifen, wenn dem Bestreben auch Fähigkeiten zur Seite stehen, die eine organisatorisch-didaktische wie menschlich-soziale und fachliche Umsetzung überhaupt erst ermöglichen. Aber auch der Wunsch und die Motivation zur Qualität und die entsprechenden Fähigkeiten greifen erst, wenn diese auch durch entsprechende Handlungen eingelöst werden. Qualitätsorientiertes didaktisches Handeln ist somit eines *der* grundlegendsten Qualifikationsmerkmale des Dozenten und Trainers in der Weiterbildung.

Erster Teil
Praxisanleitung

Unterrichten und Trainieren, wie macht man das?
Oder: Wie plane, realisiere und überprüfe ich meine Lehrtätigkeit?

„Es ist nicht genug zu wissen,
man muß es auch anwenden."
(Johann W. v. Goethe)

Vorklärung 1:
Unterricht und Training

Beginnen wir mit einer Frage:

> Was ist der Unterschied zwischen Unterricht und Training, und wie wirkt sich
> dieser Unterschied auf die Lehrpraxis aus?

Nun, der Unterschied ist nicht so groß, wie Sie vielleicht vermuten. Schauen Sie sich
einmal die folgende Skizze an und versuchen Sie, daraus den Hauptunterschied abzuleiten:

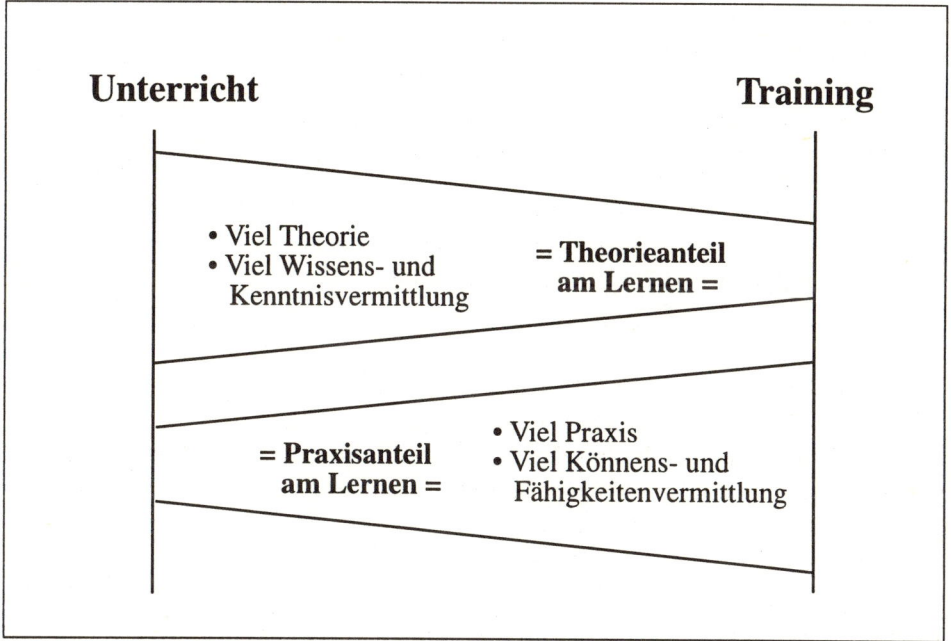

Abb. 5: Unterricht und Training – eine Gegenüberstellung

Sicher haben Sie herausgefunden, daß sowohl Unterricht wie Training jeweils Anteile
an *Theorievermittlung* (=Wissen) sowie an *Fähigkeitenvermittlung* (=Können) in
unterschiedlicher Gewichtung haben bzw. haben können. (So kann es sicher auch einmal Unterricht geben ohne jede Vermittlung von Fähigkeiten und umgekehrt Training
ohne jede Theorievermittlung, was aber beides in der Praxis eher selten ist.)

Der Unterschied besteht also lediglich in einer verschiedenen Gewichtung:

Unterricht = viel Theorie & weniger Praxis
Training   = weniger Theorie & viel Praxis

Organisiere ich nun als Dozent/Trainer/Ausbilder ein Lehr-/Lerngeschehen, bei dem bei überwiegender Wissensvermittlung auch einige Übungen oder praktische Anwendungen vorkommen, so bewege ich mich im Bereich Unterricht. Dominieren dagegen praktische Umsetzungen, Handlungsabläufe und Übungen und spielt die Theorie, das Wissen, die begründete Erklärung eine eher untergeordnete Rolle, so sind wir im Bereich Training.

Einem Unterricht, der ganz im Bereich der Theorie verharrt, fehlt mindestens ebensoviel wie einem Training, das aus puren praktischen Übungen besteht. In der Praxis werden beide Lernbereiche zwar oft entmischt nach dem Motto:

Unterricht = Theorie,
Training   = Praxis.

Erfahrene Fachleute ebenso wie die moderne Lernpsychologie aber bestätigen, daß diese Entmischung von Theorie und Praxis für das Lernen selbst eher schädlich ist.

Denn: Theorie mit praktischer Umsetzung sitzt besser;
Praxis mit Einsicht und Durchblick ist fundierter.

Also denn: Unterricht und Training haben vieles, wenn nicht das meiste gemeinsam. Beide unterscheiden sich nur durch Akzente, durch Gewichte.

Als Beispiel soll dazu die bekannte *4-Stufen-Methode* der praktischen Unterweisung dienen, wie sie in **Trainingsprozessen** gut angewendet werden kann: Die Prozeßstufen für das Lernen lauten hier:

1)	Vorbereitung	Theoretische Grundlegung
2)	Vormachen	Praxis I (Beobachtung)
3)	Nachmachen	Praxis II (Ausführung)
4)	Üben	Praxis III (Wiederholung)

Ohne die erste Stufe der Vorbereitung würde es dem Training ohne Zweifel
⇒ an theoretischer Einbettung und Fundierung,
⇒ an Kriterien für die Handlungsausführung und
⇒ an Beurteilungskriterien für die kritische Handlungsbewertung, das Ergebnis also, mangeln.

Umgekehrt ist es meist in **Unterrichtsprozessen**. Hier sieht der Weg einer 4-Stufen-Methode meist so aus

1)	Problemdarstellung	Theorie I: Fragen
2)	Theoretischer Überblick und Details	Theorie II: Mögliche Lösungshilfen
3)	Erarbeitung einer theoretischen Lösung	Theorie III: Theoretische Lösung
4)	Praktische Anwendung und praktische Konsequenzen	Praktische Ausführungen

Im Unterricht ist das „Jetzt probieren wir das mal praktisch!" für die Lerner meist ein geradzu erlösendes Wort. – Man sieht daran, wie wichtig es für ihren Lernprozeß ist, nicht in der Theorie steckenzubleiben.

Vorklärung 2:
Die Rolle des Dozenten/Trainers/Ausbilders

In der folgenden Praxisanleitung gehen wir davon aus, daß Sie ein erstklassiger Fachmann für – sagen wir –

- „öffentliche Finanzwirtschaft" oder
- „Führung und Zusammenarbeit" oder
- „Rentenrecht" oder
- „Allgemeines Polizeirecht" oder
- „Grundlagen der EDV" oder
- „Personalbeurteilung als Führungsmittel" usw. sind.

> Der Dozent/Trainer/Ausbilder – ein Fachmann für ...

Wir versichern Ihnen: Damit haben Sie zweifellos eine gute Grundlage, in der Weiterbildung zu bestehen! ‚Damit' – das bedeutet, daß Sie ein erstklassiger Fachmann sind.
    Die Frage ist jedoch: Reicht diese fachliche Qualifikation allein aus, Erwachsene in ein Sachgebiet einzuführen, sie darin zu unterrichten?

> Der Dozent/Trainer/Ausbilder – ein Fachmann für guten Unterricht?

Die Tatsache, daß Sie zu diesem Buch gegriffen haben, zeigt, daß Sie wohl eher der Auffassung zuneigen, daß ein Dozent fachlich und didaktisch (!) befähigt sein muß. – Er sollte wissen, wie man interessant unterrichtet, wie man mit Erwachsenen umgeht und mit ihnen arbeitet. Darin sind wir also einig!

Der Dozent/Trainer/Ausbilder – ein hilfreicher, kooperativer Lernpartner.

Erwachsene lernen leichter, williger und interessierter, wenn sie im Unterricht vom Dozenten als gleichberechtigte Partner ernst genommen und akzeptiert werden. Daher ist es für den Dozenten wichtig zu wissen, wie man mit den Erwachsenen richtig umgeht. Darüber wird in einem eigenen Abschnitt diskutiert werden.

Wichtig ist in diesem Zusammenhang vor allem, daß sich der Dozent/Trainer/Ausbilder in all seinem Tun darauf konzentriert, die Lernenden in den Mittelpunkt seiner Überlegungen und Handlungen zu stellen. Sie sind die Kunden, sie sind die „Könige" und „Königinnen", für die die ganze Sache veranstaltet wird.

Der Dozent/Trainer/Ausbilder – ein guter Organisator.

Ohne eine gute Organisation kann es im modernen Sinne keinen guten Unterricht geben. Wer chaotische Verhältnisse zuläßt, darf sich nicht wundern, wenn geistiges und soziales Chaos bei den Lernenden um sich greift.

Der Dozent/Trainer/Ausbilder – ein menschliches Vorbild.

Jeder Leiter, ob er es will oder nicht, wird von den Teilnehmern zunächst einmal als Modell betrachtet, an dem man sich orientieren möchte. So kommt an dieser Stelle eine sehr menschliche Ebene in das Lernen hinein: Sympathie und verständnisvolle Zuwendung seitens der Teilnehmer ergeben sich weniger daraus, daß der Dozent/Trainer/Ausbilder menschlich „perfekt" agiert. Das wäre gar nicht möglich. Vielmehr wird er als Vorbild akzeptabel, wenn er selbst verständnisvoll Zuwendung schenkt. Dann kann er auch einmal Fehler machen. Merke: Die Wärme und Herzlichkeit, die man als Vorbild in einen sozialen Raum hineingibt, kommt in aller Regel genauso wieder zurück.

Halten wir also fest: Der Dozent ist bzw. sollte für die Teilnehmer gleichzeitig sein:

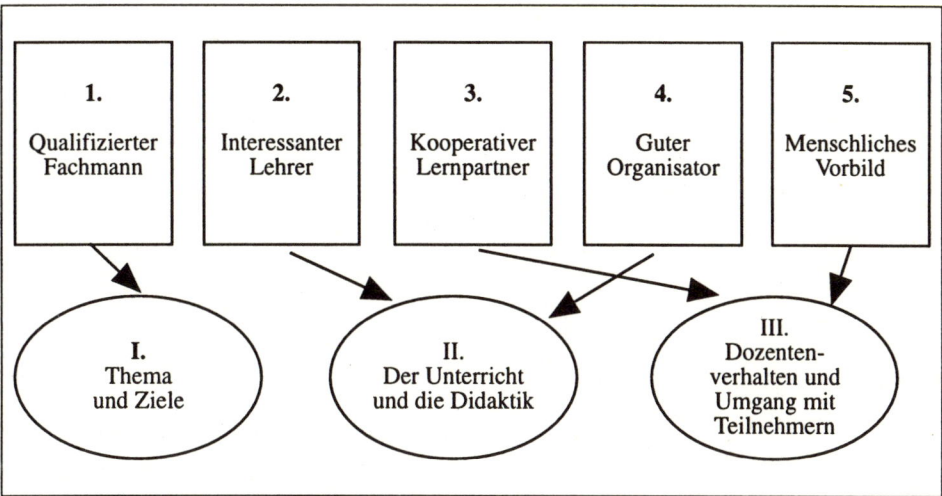

Abb. 6: Die Rolle des Dozenten/Trainers/Ausbilders

Daher wollen wir die nachfolgende Praxisanleitung auf die fünf genannten Fähigkeiten eines Dozenten abstellen und in unsere Ausführungen einfließen lassen.

I. Thema und Ziel

Ein Dozent/Trainer/Ausbilder für „Allgemeines Polizeirecht" soll in 3 Unterrichtsstunden (á 45 Min.) das Thema „Der Generalauftrag der Polizei" abhandeln. Die Teilnehmer sind uniformierte Polizeivollzugsbeamte des Bundesgrenzschutzes im Alter von 26 bis 28 Jahren.

Der Dozent sitzt an seinem Schreibtisch und überlegt, wie er nun vorgehen soll...

„Mir schwant etwas", sagte der Gänserich, als die Hälse seiner Kinder immer länger wurden..."

Falls Sie diesen Witz zu unwissenschaftlich finden, vergessen Sie ihn, und lesen Sie auch die vielleicht noch kommenden nicht mehr!

Hauptproblem: „Stofffülle"! Wie grenze ich das Thema ein?

Falls Sie aber auch diese gesamte Praxisanleitung des 1. Teils zu unwissenschaftlich finden, so lesen Sie doch einfach nur den 2. Teil! Dort werden eine Reihe von Fragen, die hier nur angesprochen werden, wissenschaftlich begründet dargestellt. Oder lesen Sie zuerst den 2. Teil und dann erst den 1. Teil!

Der Blick in einen ggf. vorhandenen Ausbildungs-, Weiterbildungs- oder Stoffplan hilft dem geplagten Dozenten nicht weiter, weil dort überwiegend nur Themenangaben nebst zeitlichem Rahmen aufgeführt sind. So bleibt nichts anderes übrig, als nach dem Motto „Hilf Dir selbst, so hilft Dir Gott!" vorzugehen, was außerdem den großen Vorteil hat, daß der Dozent seinen Unterricht in detaillierter Form selbst plant, den er dann anschließend mit viel größerer Überzeugungskraft auch umsetzen kann.

Gehen wir also schrittweise vor!

Eine **Inhaltsanalyse** soll über eine **didaktische Reduktion** (d. h. lehr-/lernbezogene „Verkleinerung" bzw. Verkürzung) und Anwendung bestimmter **Reduktionstechniken** zur endgültigen **Festlegung von Lernzielen** führen!

Schematisch dargestellt ist folgendes Vorgehen gemeint:

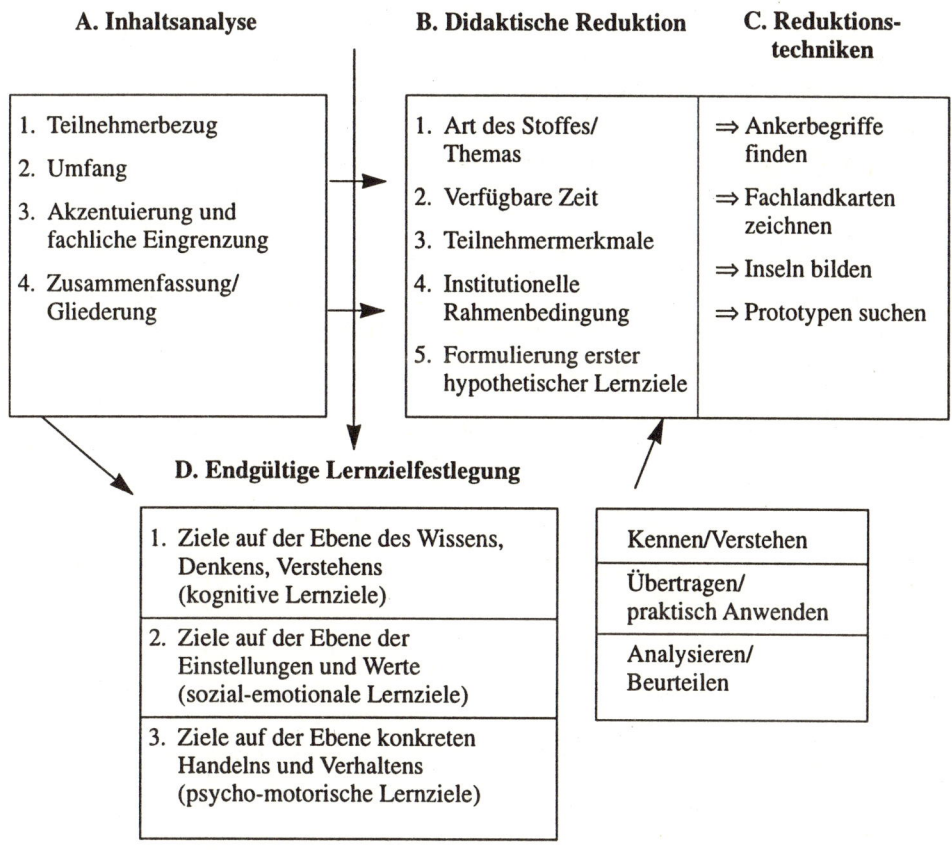

Abb. 7: Schrittweises Vorgehen bei der Unterrichtsplanung

A. Die Inhaltsanalyse

1. Schritt:

Der Dozent überlegt sich kurz, in welcher Beziehung das Thema zu den Teilnehmern steht: Warum und für welchen beruflichen Zusammenhang sollen meine Teilnehmer etwas über das Thema lernen? – Bezugspunkt kann dabei eine 45-Min.-Stunde ebenso sein wie eine Unterrichtseinheit von mehreren Einzelstunden.

Vielleicht wird es für Sie am besten sein, wenn Sie das Lesen dieser Praxisanleitung mit der Ausarbeitung einer eigenen Unterrichtskonstruktion begleiten! Setzen Sie für Ihre Planung gleich Schritt für Schritt um, was Sie hier lesen!

2. Schritt:
Der Dozent bestimmt den Gesamtumfang des Themas, wie es sich fachsystematisch darstellt. Was gehört alles zu meinem Thema?
Meist kommt schon hier der große Schrecken, wie umfangreich das zu behandelnde Thema ist und wie wenig Zeit zu seiner Behandlung doch zur Verfügung steht.

3. Schritt:
Jetzt sollte der Dozent/Trainer/Ausbilder das Resultat seiner Überlegungen einmal zusammenstellen und stichwortartig übersichtlich auflisten. Er wird dann sofort feststellen, daß

* zum einen Wichtiges und Unwichtiges gleichbedeutend nebeneinanderstehen,
* zum anderen insgesamt immer noch zu viel Stoff aufgelaufen ist.

So empfiehlt es sich, zunächst aus rein fachlicher Sicht die Inhalte auf die zentralen und wesentlichen Punkte einzugrenzen. Solche zentralen Punkte heißen im folgenden „Ankerbegriffe". Diese sind praktisch Oberbegriffe für bestimmte abgegrenzte Inhalte/Themenbereiche.

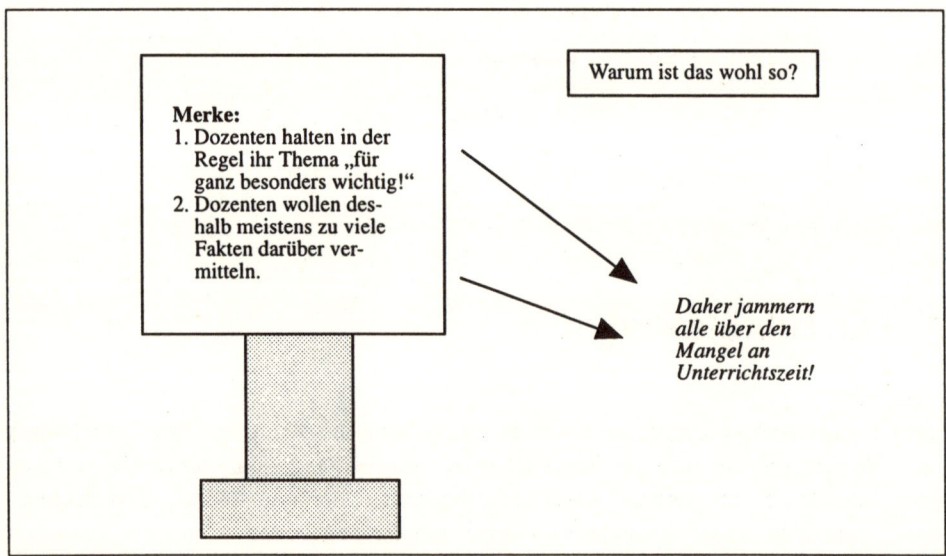

Leitgedanke: Was ist fachlich unbedingt erforderlich, um das Thema, den Gegenstand, das Problem richtig, angemessen und fachlich vertretbar anzubieten?

Diese fachliche Konzentration und Reduktion auf das Zentrale und Wesentliche eines Gegenstandes kann für das geplante Lerngeschehen nur von Vorteil sein. Wir wissen heute:

Ein Dozent ist mit seinem Unterricht erfolgreicher, wenn er sein Thema auf das Wesentliche konzentriert und übersichtlich und klar geordnet anbietet.

Merke: In der Lehre ist weniger zumeist mehr!!

4. Schritt:
Nachdem Themenauswahl, Themeneingrenzung, fachliche Stoffdurchdringung und eine erste Reduzierung durchgeführt sind, bietet sich eine zusammenfassende und übersichtliche Auflistung und Gliederung der Inhalte an. Dabei sollten Hauptpunkte von Unterpunkten unterschieden werden. Auf diese Weise entsteht eine inhaltliche Aufbereitung, die dem Dozenten eine klare Übersicht und die Trennung von Wichtigem und weniger Wichtigem ermöglicht. Was auf diese Weise entstanden ist, könnte man als komprimierte Kurzfassung der Unterrichtsthematik oder als knappe Gliederung bezeichnen.

Ein Beispiel aus dem Bereich „öffentliche Finanzwirtschaft" soll das Gesagte erläutern. Thema einer 90-Min.-Doppelstunde soll sein: „Haushaltsgesetz und Haushaltsplan". Nach Absolvierung der oben beschriebenen vier inhaltlichen Planungsschritte lautet das Ergebnis:

Inhaltsanalyse

I. Der Haushalt – ein
   • Planungsinstrument
   • Bewirtschaftungsinstrument
   • Kontrollinstrument

II. Das Haushaltsgesetz
   • seine rechtlichen Grundlagen
   • der Inhalt des Haushaltsgesetzes

III. Der Haushaltsplan
   • seine rechtlichen Grundlagen
   • sein Aufbau/seine Gliederung

B. Erste didaktische Reduktion

Die erste didaktische Reduktion – so wird hier vorgeschlagen – soll als eine ausführliche Form der Stoffreduzierung der Anwendung der vier Reduktionstechniken (siehe C.) vorausgehen. Später, wenn der Anfänger mehr Erfahrung und Übung hat, dürfte auch Schritt C allein als eine realistische Form der Unterrichtsvorbereitung ausreichen. Also erst einmal ausführlich – dann viel, viel kürzer!!

Die didaktische Reduktion ist eine Art weiterer Verkürzung und Präzisierung der Unterrichtsinhalte zum vorgegebenen Thema unter ersten unterrichtsbezogenen Gesichtspunkten. Der Dozent überlegt in vier Schritten, wie sich das gegebene Thema in bezug auf

1 – Eigenheiten des Stoffes
2 – Zeitvorgaben
3 – Teilnehmermerkmale/-eigenheiten
4 – Institutionsbedingungen

weiter eingrenzen, präzisieren und konkretisieren läßt. Dazu im folgenden noch einige besonders wichtige Fragen:

Die „didaktische Reduktion" ist bereits ein Schritt mehr in Richtung auf den Teilnehmer und damit auf den Unterricht zu.

Alle folgenden Planungsschritte bereiten bereits schon ganz konkret den Unterricht vor!

---

1. Eigenheiten des Themas/Stoffes

- Was ist das für ein Thema?
- Hat es einen hohen Abstraktionsgrad?
- Ist es für die Teilnehmer in allgemeiner Form lebensbedeutsam?
- Kennt der Durchschnittsbürger (Teilnehmer) das Grundproblem und vielleicht schon inhaltliche Teilbereiche?
- Lassen sich zum Gesamtthema bzw. zu bestimmten Teilbereichen gute, anschauliche Beispiele finden und anbieten?
- Was ist von diesem Thema für die Teilnehmer an ihrem Arbeitsplatz wichtig?
- Was lernen die Teilnehmer bei diesem Thema vermutlich leichter und schneller, wobei werden sie eher und stärker gefordert?

2. Zeitvorgaben

- Wie verteilt sich die gegebene Zeit ungefähr auf dieses Thema, diesen Stoff?
- Wofür brauche ich mehr, wofür wohl weniger Zeit?
- Ist meine Stoffauswahl nun zeitlich überhaupt realisierbar, oder muß ich inhaltlich Abstriche machen?

Die Frage der Zeit wird natürlich später nochmals wichtig, wenn der Dozent seine methodischen Entscheidungen zu treffen hat. (Es macht dann zeitlich z. B. einen wesentlichen Unterschied, ob ein Lehrvortrag oder eine Gruppenarbeit zur Bewältigung eines Teilthemas vorgesehen ist. – Aber darauf kommen wir später noch zurück!)

3. Teilnehmermerkmale
- Was ist mir vom Kenntnisstand der Teilnehmer bekannt?
- Welchen Bildungsstand/Ausbildungsgrad haben die Teilnehmer? (Habe ich es z. B. mehr mit „Praktikern" oder mehr mit „Theoretikern" zu tun?)
- Gibt es bei diesen Teilnehmern vermutlich besondere Interessen am Thema? Welche sind das? (Was wollen/sollen die Teilnehmer aus dem Gelernten machen?)

Aus derartigen Kenntnissen, Überlegungen und Vermutungen können sich wesentliche Gesichtspunkte der Themeneingrenzung und -akzentuierung ergeben:

- Was kann ich kürzer, mehr zusammenfassend behandeln? Wo muß ich genauer und ausführlicher vorgehen?
- Muß ich jeweils vom Beispiel ausgehen? Muß ich überhaupt mehr in der Praxis bleiben, oder soll, ja, muß ich bei diesen Teilnehmern in der Tendenz mehr theoretisch-fachwissenschaftlich orientiert vorgehen?
- Was am vorliegenden Thema lernen diese Teilnehmer vermutlich leichter und schneller? Wobei werden sie eher Schwierigkeiten haben?

Derartige Fragen helfen, die inhaltliche Ebene meines Themas Schritt für Schritt und zunehmend deutlicher in eine unterrichtliche Ebene zu überführen!

4. Institutionsbedingungen
- Welche Interessen hat die veranstaltende Institution in bezug auf meinen Unterricht und dieses Thema? Welche Akzente setzt sie, wo sieht sie evtl. ihre Schwerpunkte?
- Welche Rahmenbedingungen finde ich vor: Teilnehmerzahl, Räume und Raumgrößen, Ausstattungen usw.? Welche Unterrichtsbedingungen ergeben sich daraus für das gestellte Thema?
- Welche Konsequenzen hat mein Unterricht für die Teilnehmer: Zertifikat, Prüfung, Feststellungsverfahren, Bescheinigung etc.? Wie werden sich die Teilnehmer daher vermutlich zum Thema verhalten (Motivation)?

5. Formulierung erster hypothetischer präziser Lernziele

> **Merke:** *„Wenn man nicht genau weiß, wohin man will, landet man leicht da, wo man gar nicht hin wollte."*
>
> R. F. Mager

Inhaltsanalyse und erste didaktische Reduktion münden in der Formulierung möglichst konkreter Lernziele (Unterrichtsziele). Man könnte sagen: Die Formulierung präziser Lehr-/Lernziele ist der springende Punkt jeder Unterrichtsplanung. Denn: Verfügt der Dozent/Trainer/ Ausbilder über klare Lernziele, so bekommt sein unterrichtliches Handeln Richtung. Er weiß dann genau, was er will, wozu er etwas will und mit welchem Gewicht er etwas will. – Mit anderen Worten:

- Lernziele bezeichnen inhaltlich, worauf der jeweilige Unterricht hinausläuft, was der Unterricht erreichen soll!
- Lernziele bezeichnen genau die Zielebene, in welchem Bereich sich der Unterricht also vorwiegend bewegt (Denken, Fühlen/Werten, Handeln).
- Lernziele bezeichnen genau, mit welchem Gewicht, mit welcher Intensität etwas im Unterricht behandelt werden soll.

  Damit ergeben sich zwei weitere positive Konsequenzen für den Dozenten:
  1. Genaue Beziehung der Lernebene auf die berufliche Funktionsebene: Klare Lernziele lassen sofort erkennen, ob der angebotene Unterrichtsprozeß für die berufliche Praxis bedeutsam ist oder nicht.
  2. Bessere, klarere Möglichkeit, den Lernerfolg am Ende des Unterrichts abzuschätzen oder möglicherweise zu überprüfen: Klare Lernziele benötigen praktisch lediglich eine Umformulierung in Frageform, dann können sie als Instrument der Überprüfung des Unterrichtserfolges dienen.

Merke: Überprüfung, „Kontrolle" sollte bei Erwachsenen in der Regel heißen: „Selbstüberprüfung", „Selbstkontrolle"!

Einige **Unterscheidungen** müssen im folgenden getroffen werden:

1. Lernziele sind zunächst daraufhin zu betrachten, welchen Grad an Genauigkeit und Detalliertheit sie aufweisen! Man unterscheidet heute:
   - **Richtlernziele**
   - **Groblernziele**
   - **Feinlernziele.**

Dabei sind die Beziehungen so zu sehen, daß jede Unterstufe die jeweilige höhere Lernzielstufe präzisiert:

⇒ *Richtlernziele:* Sie beziehen sich auf übergreifende institutionelle und bildungspolitische Rahmenvorgaben (z. B. und u. a. „Der mündige Bürger" oder „Bürgernahe Verwaltung").

⇒ *Groblernziele:* Sie beziehen sich auf eine speziellere Weiterbildungsmaßnahme, wie z. B. auf ein bestimmtes, etwa einwöchiges Seminar (z. B. und u. a. „Aufgabenbereiche öffentlichen Verwaltungshandelns bestimmen können"), wobei jeder Tag durch ein bis drei Groblernziele repräsentiert sein kann.

„Unterrichtsnebel"
„Ich kann nicht deutlich genug betonen, daß ein Lehrer an seiner eigenen Unsicherheit scheitert oder sich im Nebel seines eigenen Handelns verirrt, wenn er nicht genau weiß, was seine Schüler am Ende des Unterrichts können sollen."
R. F. Mager

⇒ *Feinlernziele*: Sie erst beziehen sich auf eine bestimmte Unterrichtssequenz (z. B. und u. a. „Kriterien eines bürgernahen Verwaltungshandelns nennen und herleiten können")!

Damit ist deutlich, daß ein Dozent auf der Ebene der Gesamtplanung einer Fortbildungsmaßnahme Groblernziele und auf der Ebene des einzelnen Unterrichts, der speziellen Unterrichtssequenz, praktisch Feinlernziele ansteuert. Ob das allerdings bedeutet, daß alle Feinlernziele vorher definiert werden sollen, ist in der Fachdiskussion heftig umstritten. Da erwachsene Teilnehmer Freiräume brauchen, ist der Konstruktion von Feinlernzielen eine klare Grenze zu setzen! (Vgl. dazu 2. Teil, III!)

Merke: Auf den verschiedenen Lernzielstufen werden jeweils immer wieder neue Entscheidungen fällig. Feinlernziele, die gerade auch von den Teilnehmern selbst gesetzt werden sollen, präzisieren so zwar die Groblernziele, sie lassen sich aber logisch nicht aus diesen ableiten! („Deduktions- oder Ableitungsproblem")

Werden Feinlernziele vom Dozenten/Trainer/Ausbilder beispielhaft formuliert, so ist es wichtig, die Ziele unbedingt in präziser Form anzugeben, sie möglichst in Kategorien beobachtbaren Verhaltens zu fassen:

Also: Auf der Feinlernzielebene sollte nicht so formuliert werden:
„Der Teilnehmer soll ein Verständnis für Fragen bürgernahen Verwaltungshandelns entwickeln."
Sondern so:
„Der Teilnehmer soll drei Problemebenen bürgernahen Verwaltungshandelns – x, y, z – benennen, unterscheiden und erklären können."

2. Lernziele sind weiterhin zu unterscheiden hinsichtlich der Könnensbereiche, auf die sie sich beziehen.

Zwar dominiert im Weiterbildungssektor eindeutig:

der Bereich des Wissens, Denkens und Verstehens   =   kognitiver Bereich

Es ist aber für jeden Dozenten gut zu wissen, daß es daneben zwei weitere Könnens- und Lernzielbereiche gibt, die im Weiterbildungssektor vorkommen:

---

der Bereich der Werte, Gefühle und Einstellungen   =   affektiver Bereich

---

und

---

der Bereich des Handelns und ~~Verstehens~~ Verhaltens   =   psychomotorischer Bereich

---

Es dürfte jedem einleuchten, daß es ein Unterschied ist, ob Unterrichtsangebote sich – um im Beispiel zu bleiben –

entweder:	⇒	auf Wissen und Kennen von Problemen einer bürgernahen Verwaltung
oder:	⇒	auf Einstellungen und werthafte Begründungen zu bürgernahem Verwaltungshandeln
oder:	⇒	auf die Einübung konkreter Verhaltensweisen bürgernahen Handelns

beziehen. Dies klar zu unterscheiden, bleibt auch dann noch sinnvoll, wenn man sich bewußt macht, daß es Überlappungen zwischen diesen Bereichen gibt; z. B. enthalten wertmäßige Einstellungen immer Wissens- und Kennenselemente, und die Einübung von kriterienbezogenen Verhaltensweisen setzt die Kenntnis der Kriterien voraus.

3. Lernziele – im folgenden soll der kognitive (auf das Denken, Wissen, Verstehen bezogene) Bereich im Vordergrund stehen – müssen schließlich klar hinsichtlich ihrer Intensitätsstufe bezeichnet werden.

Das bedeutet z. B., daß eine Entscheidung darüber getroffen werden muß

- ⇒ ob lediglich Überblickswissen
- ⇒ ob Grundkenntnisse oder aber
- ⇒ ob vertiefte systematische Kenntnisse im jeweiligen Unterricht angestrebt werden sollen.

Es gibt auch noch andere, wesentlich präzisere Möglichkeiten der Gewichtung. Dabei ergeben sich z. B. unterschiedliche Intensitätsstufen aus den genauer bezeichneten Fähigkeiten der Teilnehmer, mit dem Stoff, dem Thema, den Sachverhalten usw. des Unterrichts umzugehen:

Stufe 1:   Kennen und verstehen
Stufe 2:   Übertragen u. praktisch anwenden (umsetzen) können
Stufe 3:   Analysieren und beurteilen können

Achtung! Die jeweils niedrigere Intensitätsstufe ist Voraussetzung zur Bewältigung der nächst höheren!

Am einfachsten ist es für den Dozenten, wenn er sich das folgende kleine Schema zur Grundlage macht:

	GRUNDTHEMA – INHALT		
	⇑ ⇓	⇑ ⇓	⇑ ⇓
	1. Teilthema	2. Teilthema	3. Teilthema
kennen verstehen			
übertragen praktisch anwenden			
analysieren beurteilen			

In dieses Schema lassen sich beispielhaft operationalisierte Lernziele (=Lernziele in Formulierungen beobachtbaren Verhaltens) eintragen. Das Tableau liefert dem Dozenten einen klaren Überblick, welche Absichten er in einer Unterrichtseinheit mit welchen (Teil-) Themen verwirklichen will.

Merke: Wer sich prüfbare Ziele setzt, schützt sich vor Einseitigkeiten, überflüssigen Details und Unausgewogenheiten der Themenbehandlung.

Dazu nun ein kleines Beispiel:

	kennen, verstehen	übertragen, praktisch anwenden	analysieren, beurteilen
1. Teil-thema	Drei Aufgaben des Haushalts im Rahmen der Finanzwirtschaft erläutern können.	./.	./.
2. Teil-thema	Das Haushaltsgesetz in seinen wichtigsten Merkmalen beschreiben (bestimmen/erläutern) können.	Durch Vergleich die Besonderheiten des Haushaltsgesetzes gegenüber anderen Gesetzen erklären können.	./.
3. Teil-thema	Den Haushalt in seinem Aufbau (Gliederung) beschreiben können.	An drei Finanzierungs-beispielen die Aufgaben des Haushaltsgesamtplans erläutern können.	Die Entwicklungen, Umfänge und Finanzierungsarten der Bundeshaushalte von 1960, 1970 u. 1980 im Vergleich in Grundzügen analysieren u. problemorientiert darstellen können.

Es fragt sich nun, ob mit der Formulierung der Lernziele bereits das Unterrichtsge-schehen, der Unterrichtsablauf, das Vorgehen, die Methodik festgelegt, geplant und bestimmt sind. Eine kurze Überlegung zeigt uns, daß dies keineswegs der Fall ist! Denn mit der Eingrenzung der Unterrichtsinhalte und der die Richtung bestimmenden Lernziele ist die Frage des

Wie?

- des unterrichtlichen Vorgehens (= der Methodik),
- der zu verwendenden Medien (unterrichtlichen Hilfsmittel),
- der vorzusehenden Kontrollen (Wahl eines Typus von Selbst- oder Fremdkontrolle) noch völlig offen.

Lernziele sind die Richtungsweiser, die Verkehrszeichen des Unterrichts!

C. Die Techniken der Stoffreduzierung

Ist der Unterrichtsstoff, das Unterrichtsthema auf diese Weise in einem ersten Schritt bis hin zur Formulierung von Lernzielen erst einmal aufbereitet, so folgt für den Anfänger in einem zweiten die endgültige Festlegung mit Hilfe der vier Stoffreduktionstechniken. Haben Sie später mehr Erfahrung und Übung in Fragen der Stoffreduktion, so reicht es, wie gesagt, wenn Sie anstelle der didaktischen Analyse nur noch die Stoffreduktionstechniken anwenden.

4 Techniken der Stoffreduzierung:

1. Das endgültige Festlegen (= Fixieren) der gesuchten *Ankerbegriffe*.

2. Die Darstellung der *Ankerbegriffe* in einer Fachlandkarte, aus der Zusammenhänge und Schwerpunkte (Gewichtungen) sofort visuell erkennbar sind.

> *Stoffreduktion:*
> *„Dann trage ich mein Haar jetzt eben offen", schimpfte der Chinese trotzig, nachdem sich sein Friseur außerstande erklärt hatte, mit dem letzten noch verbliebenen Haar einen Chinesenzopf zu flechten.*

3. Die ins Einzelne gehende Zerlegung der Ankerbegriffe (= Detaillierung), die man „*Inselbildung*" nennt. (Die Oberbegriffe erhalten jeweils die ausgewählten Unterpunkte!).

4. Die Bildung von *Prototypen*: Das sind zwingende Beispiele, die die festgelegten Ankerbegriffe enthalten und an denen man den ganzen Sachverhalt beispielhaft erklären kann.

Wichtig ist in der Praxis der Stoffreduktion dann noch die Technik der Präsentation von Orientierungswissen, mit Hilfe dessen die festgelegten Anker miteinander verbunden werden können.

Die Anwendung dieser Stoffreduktionstechniken als zweiten Schritt nach der didaktischen Analyse sei dem noch wenig erfahrenen Dozenten/Trainer/Ausbilder ganz besonders dringend empfohlen! Denn später, in der täglichen Praxis, sollen und können die vier Reduktionstechniken die ausführliche didaktische Reduktion ersetzen. Er sollte sich sogleich, also quasi schon vor Beginn der Lehrtätigkeit, mit der Technik der Stoffreduktion vertraut machen. Dazu findet sich im zweiten Teil, III im 1. Baustein eine ausführliche Arbeitsgrundlage! Warum aber ist Stoffreduktion eigentlich so wichtig? – Nun, die Antwort ist, daß zu viel Stoff, zu überladene Themen verhindern, daß genügend Zeit für eine teilnehmerzentrierte, didaktisch hochwertige Verarbeitung des zu lernenden Gegenstandsbereichs zur Verfügung steht. Wer zuviel Stoff vermitteln will, endet bei der Wissensdusche oder dem sog. Nürnberger Trichter: Lehrvorträge und Folienschleuderei sind die zwangsläufige Folge.

Wir unternehmen daher nun den zweiten Schritt:
Auf der Grundlage unseres Tableaus der Lernziele und der wesentlichen Aspekte der Stoffreduktion fragen wir nun nach Möglichkeiten der Unterrichtsgestaltung...

Der Dozent/Trainer/Ausbilder, ein Fachmann für guten Unterricht.

II. Der Unterricht

Es ist der Wunsch und die Hoffnung jedes Dozenten, sein Unterricht möge die Teilnehmer zum Lernen anregen, sie motivieren. Es möge ihm gelingen, das Thema, den Stoff abwechslungsreich und interessant zu vermitteln. Viele Dozenten resignieren mit dieser Hoffnung allerdings vor der Überlegung, gerade ihr Thema sei so „trocken", so abstrakt, so unanschaulich, daß didaktisch da nichts zu machen sei. Da könnten letztlich nur der Appell an den guten Willen und die Arbeitsmoral der Teilnehmer helfen.

So gut, so falsch! Abwechslungsreicher Unterricht ist handwerklich herstellbar, läßt sich auf verschiedene Weise zu Wege bringen und ist in interessanter, abwechslungsreicher Form gerade dann vordringlich wichtig, wenn der Unterrichtsstoff

- abstrakt,
- trocken und unanschaulich erscheint.

Wir wollen im folgenden daher fünf Möglichkeiten, Vorgehensweisen, Wege aufzeigen, den Unterricht für die Teilnehmer interessant und motivierend zu gestalten, wobei wir mit den Grundfragen beginnen wollen:

A. Was heißt denn eigentlich „Lernen"?

B. Bedarfsabfrage: Warum und Wie?

C. Die Strukturierung (Der Lernverlauf)

D. Die Lehr- und Sozialformen (Die Arbeitsformen)

E. Lerngerüst und Stundenschluß (Der Ein-/Ausstieg)

F. Die Veranschaulichung und der Umgang mit den Hilfsmitteln (Der Medieneinsatz)

G. Die Lehrskizze als Unterrichtsvorbereitung

„Spruchweisheiten"

1. Teil
He who can – does.
He who cannot – teaches!

2. Teil
He who cannot teach, teaches how to teach.

3. Teil
He who cannot teach how to teach, writes books about teaching...
Lehren heißt: Lernenmachen!

A. Was heißt denn eigentlich Lernen?

Viele Leute glauben, Unterricht sei eine Veranstaltung, in welcher ein Fachmann (der Dozent/Trainer/ Ausbilder) den Laien (den Teilnehmern/ Nichtfachleuten) etwas erzählt, mitteilt oder erklärt, während diese ihm zuhören.

> **Hinweis:**
> Wenn Sie schon an dieser Stelle Genaueres über das Lernen erfahren wollen, so lesen Sie im Anschluß an dieses Kapitel den entsprechenden Baustein über Lernen im 2. Teil.

Man kann hier von einem „Einbahnstraßenmodell" des Lernens sprechen, analog der Idee vom Nürnberger Trichter. Jemand, der etwas hat – „weiß" –, füllt es denen ein – „erzählt es denen" –, die es nicht haben – „wissen" –. Die Veranstaltung, in der solches vor sich geht, nennt man dann *Unterricht.*

Im Wort vom „beibringen" ist diese alte, überholte Vorstellung vom Lernen noch voll enthalten. Der Dozent als Fachmann bringt dem Nichtfachmann etwas „herbei", der es – wenn es „herbeigebracht" wurde – anschließend in Besitz nimmt.

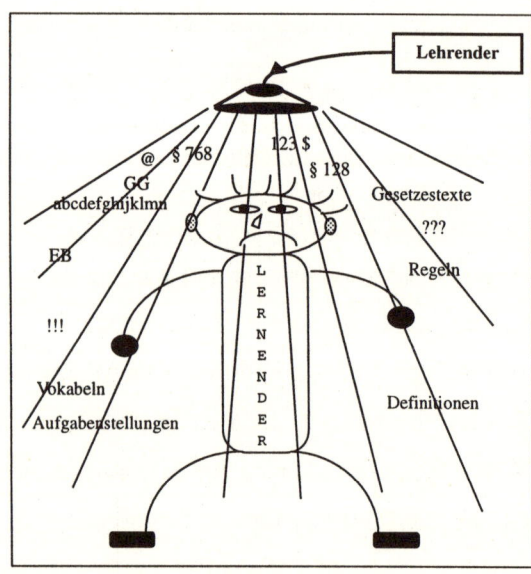

Abb. 8: Die Wissensdusche

Merke: „Greifen" und „Begreifen" haben etwas wortgeschichtlich Gemeinsames!

Der Weg: Vom Greifen (Anfassen, Anschauen) zum Begreifen!

Diese – man möchte sagen – rührend-naive Vorstellung vom Lernen ist weit verbreitet und hält sich hartnäckig. Selbst in der Wissenschaft vom menschlichen Lernen – der Lernpsychologie – beginnt man erst seit etwa 30 Jahren ein anderes Modell, eine andere Sichtweise, eine andere Vorstellung vom menschlichen Lernen zu entwickeln und die Forschung daran zu orientieren. Klar ist eines: Wer nicht genau weiß, wie der Mensch lernt, der ist auch nicht imstande, dafür geeignete Unterrichtsprozesse zu planen und zu gestalten; der kann auch nicht lerngerecht lehren! „Darum sage mir, wie der Mensch lernt, und ich sage Dir, wie Du lehren mußt!"

Abb. 9: Der Nürnberger Trichter

Ein erfolgreicher Dozent braucht ein richtiges Verständnis vom menschlichen Lernen, um seine Lehrtätigkeit daran orientieren zu können.

Eine neue Vorstellung vom Lernen

Lassen wir also unsere überholte Vorstellung vom Lernen beiseite und wenden wir uns der angemesseneren **neuen Sichtweise** Schritt für Schritt zu (vgl. dazu auch 2. Teil, II, 1. und 2.; Döring/Ritter-Mamczek, 1999, 4. Teil, VII!):

> **1. Schritt:**   Lernen, ein ganzheitlicher Vorgang!

Am Lernprozeß ist der ganze Mensch beteiligt, nicht nur der Kopf, der Verstand. Lernen als partielle, aber dennoch grundlegende innere Umgestaltung des Menschen heißt individuelle Veränderung. Wer verändert sich schon leicht und gern! Insbesondere Erwachsene, die bereits ein festgefügtes Weltbild aufgebaut haben, tun sich in bezug auf Veränderungen schwer. Soll aber Lernen zu einer verbindlichen innerlichen Veränderung führen, so muß der ganze Mensch beteiligt werden.

> **2. Schritt:**   Beteiligung von Kopf, Herz und Hand!

Soll aber die Gesamtpersönlichkeit beim Lernen beteiligt sein, so muß der Lernprozeß außer dem Verstand den Bereich der Gefühle und den des Handelns mit ansprechen. Es gilt zu berücksichtigen:

Existente(s) Vorwissen, Kenntnisse	⇒	werden verändert/erweitert.
Existente Gefühle, Wertvorstellungen, Motive, Einstellungen	⇒	werden verändert oder erweitert.
Existente(s) Handlungsbereitschaften, Fähigkeiten, Können	⇒	werden verändert oder erweitert.

Wer allein die genannten drei psychischen Bereiche ins Auge faßt, versteht oder ahnt doch zumindest, daß naiv ist, wer glaubt, Lernen bestünde einfach in der Übernahme von Informationen. Stellen wir uns einen Beamten aus irgendeiner Bundesbehörde mit mehrjähriger Erfahrung vor, der an einer Fortbildungsveranstaltung über „Zusammenarbeit am Arbeitsplatz" teilnimmt. Was immer der Dozent dieser Veranstaltung ihm an neuem Wissen, neuen Einstellungen, neuen Verhaltensweisen vermitteln will – er kann getrost davon ausgehen, daß er bei diesem Teilnehmer bereits auf bestimmte Einstellungen zu dieser Frage, auf Wissen und Vorerfahrungen stößt. Wiederum wäre er naiv, würde er davon ausgehen, er brauche seinem Teilnehmer nur neues Wissen über Zusammenarbeit am Arbeitsplatz zu vermitteln, um sein Ziel zu erreichen. Wenn Lernen bedeuten soll, daß sich unser Teilnehmer verbindlich um neue Formen der Zusammenarbeit am Arbeitsplatz bemühen soll, dann müssen seine Bedenken, Ängste, negativen Vorerfahrungen und Einstellungen regelrecht „bearbeitet" oder „abgearbeitet" werden, ehe die Chance für eine Veränderung gegeben sein kann.

3. Schritt: Lernen heißt: auf verschiedene Weise tätig und aktiv sein!

Wenn Lernen den Prozeß der verbindlichen Verinnerlichung im Denken, Fühlen und Handeln darstellt, so dürfte unmittelbar einleuchten, daß sehr verschiedene Aktivitäten des Lernenden erforderlich sind, damit es zu einer Änderung kommen kann. Niemand kann glauben, daß Zuhören eine dafür ausreichende Voraussetzung bietet. Sich eines Sachverhalts bemächtigen heißt z. B., ich höre etwas Neues; ich rede über das Neue; ich schreibe und zeichne etwas darüber; wir probieren etwas aus; wir diskutieren darüber; wir machen ein Rollenspiel; wir sehen uns dazu ein Beispiel im Film an; wir lösen gemeinsam einen Fall usw.

4. Schritt: Es sind mehrere Anläufe nötig!

Lernen verläuft in der Regel in einem Prozeß der allmählichen, schrittweisen Aneignung eines neuen Wissens-, Wert-, Einstellungs- und Verhaltensrepertoires. Dazu bedarf es mehrerer Anläufe und der verschiedensten Wiederholungen. Nur selten wird etwas in einem Zug gelernt. Auch von daher sind die verschiedensten Aktivitäten (3. Schritt) erforderlich:
1. Ich höre etwas Neues und ahne ungefähr, worum es geht.
2. Ich lese etwas Ergänzendes darüber und sehe schon klarer.
3. Ich spreche mit anderen darüber, es bleiben nur noch drei unklare Punkte.
4. Ich konstruiere ein zeichnerisches Erklärungsmodell und erläutere es anderen Teilnehmern. Jetzt ist mir der Sachverhalt klar.
5. Ich realisiere ein kleines Rollenspiel und übe den Sachverhalt praktisch ein. Nun kann ich bereits ansatzweise richtig handeln.

5. Schritt: Lernen heißt demzufolge zweierlei:
                  aufnehmen *und* handeln!!

Aus dem bisher Gesagten ergibt sich, daß Lernen zwei Prozeßphasen aufweist: zum einen eine Aufnahme- und Verarbeitungsphase (= Einatmen) und zum anderen eine Übertragungs- und Anwendungsphase (= Ausatmen). Mit Phase 1 („Einatmen") wird etwas verstanden, in Phase 2 („Ausatmen") wird etwas gelernt! Daher ist es Aufgabe jedes Dozenten/Trainers/Ausbilders, vor allem Tätigkeiten des „Ausatmens" als Lerntätigkeiten zu organisieren, als da sind: sprechen, diskutieren, ausarbeiten, spielen, schreiben, zeichnen, gestalten, organisieren, planen, vor-, nachmachen usw.. Für den Lernenden ist wichtig, daß man durch Zuhören, durch Lesen, durch Zuschauen, durch Betrachten usw. nichts lernen, sondern bestenfalls etwas verstehen kann.

---

6. Schritt: Die verschiedensten Hilfsmittel einsetzen!

Sollen den Teilnehmern unterschiedliche Lernaktivitäten in mehreren Anläufen ermöglicht werden, so bedarf es der verschiedensten unterrichtlichen Hilfsmittel. Diese haben sehr verschiedene, primär aber zwei Funktionen:
1. Veranschaulichung, Konkretion, Praxisbezug des Lernprozesses ($\rightarrow$ Lernhilfe)
2. Steuerung und Unterstützung teilnehmerorientierter oder -zentrierter Lernprozesse ($\rightarrow$ Arbeitshilfe)

Ohne unterrichtliche Hilfsmittel ist ein Dozent mit einem Handwerker vergleichbar, der kein Handwerkszeug verfügbar hat, gleichwohl aber Arbeitsprozesse abwickeln will. Es dürfte einleuchten, daß dies schwerlich möglich ist und wenn, dann nur unter den größten qualitativen Abstrichen. Ein Dozent, der sich nicht mit Nachdruck um eine gute Medienausstattung seines Unterrichts bemüht, verhält sich daher letztlich teilnehmerunfreundlich. Er bietet den Lernenden zu wenig Hilfen an, den Lernprozeß entsprechend den eigenen Erfordernissen für sich optimal zu nutzen. Jeder Lernende repräsentiert nämlich einen eigenen Lerntyp, der auf Lernangebote ganz unterschiedlich reagiert. Je optimaler unterrichtliche Hilfsmittel zum Einsatz kommen, desto mehr Lernende haben eine Chance, das Lernziel zu erreichen.

Fassen wir zusammen:

Lernen als ein aktiver, verbindlicher Prozeß der Verinnerlichung ist eher Handeln und Tätigsein als passives Zuhören. Dieses neue Verständnis vom Lernen hat für das Lehren weitreichende Konsequenzen. Wir haben sie in den Grundzügen in sechs Schritten skizziert:

1. Schritt: Lernen ist ein ganzheitlicher Vorgang.
2. Schritt: Kopf, Herz und Hand sind dabei beteiligt.
3. Schritt: Verschiedene Aktivitäten sind zur erfolgreichen Verinnerlichung erforderlich.
4. Schritt: Dabei sind mehrere Anläufe nötig.
5. Schritt: Es sind vor allem Tätigkeiten und Handlungen („Ausatmen") zu organisieren.
6. Schritt: Unterrichtliche Hilfsmittel sind unentbehrliche Helfer des Dozenten für die Lernenden.

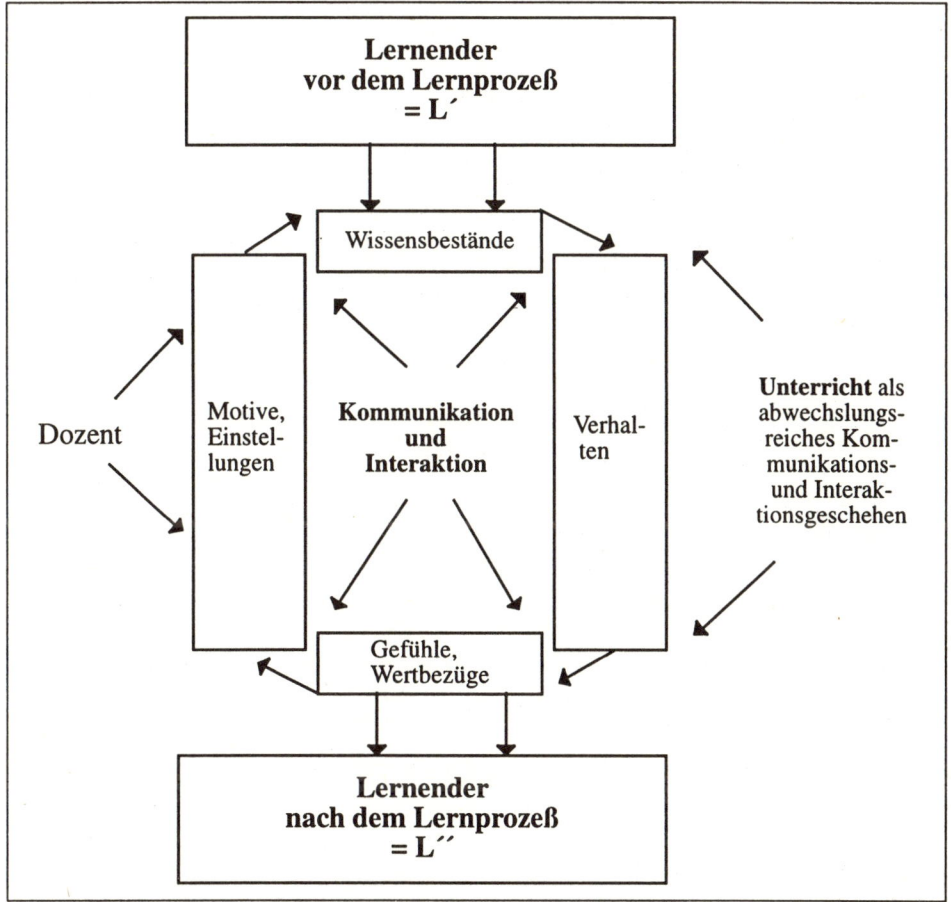

Abb. 10: Der Lernprozeß im Unterricht

Hatten wir eingangs die überholte, traditionelle Vorstellung vom Lernen modellhaft skizziert, so können wir dasselbe nun für die neue Konzeption tun: Wir betrachten dazu den lernenden Teilnehmer, der sich im Verlauf des Lernprozesses verändern soll:

Der entscheidende Unterschied zwischen altem und neuem Modell besteht in der Betonung des Unterrichtsprozesses (= aktiver Aneignungs- bzw. Internalisierungsvorgang) mit möglichst abwechslungsreichen Abläufen („Ein- und Ausatmen") zur Bewältigung des Lerngegenstandes. Etwas modisch nennt man solche Prozesse heute „Interaktions- und Kommunikationsprozesse" und meint damit: Vortragen, Diskutieren, Rollenspielen, Erklären, Aufschreiben, Zeichnen usw..

Lehren heißt heute:
Optimale Organisation und Gestaltung solcher intensiver Aneignungs- und Internalisierungsprozesse.

B. Die Bedarfsabfrage

Alle Planungen und Überlegungen über zukünftige Unterrichtsprozesse sind notwendigerweise mehr oder weniger gut begründete Vermutungen des Dozenten darüber, wie die Teilnehmer sich dem Thema und dem Unterrichtsangebot gegenüber verhalten werden. Aus diesem – und noch einigen anderen Gründen – stehen in der modernen Weiterbildung Bedarfsabfragen am Beginn des eigentlichen Lerngeschehens. Diese sind besonders zu Beginn längerer Lernverläufe – etwa mehrtägiger geschlossener Seminare – wichtig, um

> Achtung:
>
> Die Bedarfsabfrage bei den Teilnehmern darf keinesfalls verwechselt werden mit der *Ermittlung des Bildungsbedarfs* beim Träger der Veranstaltung (= der veranstaltenden Institution als Kunden). Dieses *Bildungsbedarfsmanagement* findet lange vor der Unterrichts- oder Trainingsdurchführung statt und bedient sich dabei spezieller *Methoden zur Ermittlung* des bestehenden *Bildungsbedarfs* einer Institution.
>
> Die *Bedarfsermittlung* in einer Institution schafft also die Grundlage für die *Unterrichtsplanung* eines Dozenten. Die daran anschließende *Bedarfsabfrage* geschieht dagegen unmittelbar zu Beginn des Unterrichts bei den erschienenen Teilnehmern.

einerseits sog. Blindfliegen zu vermeiden, andererseits die teilnehmenden Erwachsenen verantwortlich am Lerngeschehen zu beteiligen.

Für eine **Bedarfsabfrage** am Beginn des Lerngeschehens sprechen vor allem fünf Gesichtspunkte:

1. Erstes Kennenlernen der anwesenden Teilnehmerpersönlichkeiten,
2. sofortiges Aktivieren der Teilnehmer durch Schaffung eines Sprechanlasses sowie Weckung von Lernbereitschaft und Kooperation,
3. Ermittlung der Erwartungen, Wünsche, Interessen der Teilnehmer,
4. ungefähre Klärung der Vorkenntnisse, des Vorwissens der Teilnehmer, und aus alledem resultierend
5. flexibleres, genaueres Abstimmen des Unterrichtsgeschehens auf die Teilnehmer (Prinzip der Passung).

Es gibt nur einen Einwand gegen die Bedarfsabfrage, der sich aus der Notwendigkeit der vorausgehenden Unterrichtsplanung ergibt!

In Fragen formuliert:

- Was ist, wenn die Teilnehmerwünsche sich nicht mit der Unterrichtsplanung des Dozenten in Einklang bringen lassen?
- Haben Unterrichtsplanung und Unterrichtsvorbereitung überhaupt einen Sinn, wenn am Beginn des Lerngeschehens dann doch eine Bedarfsabfrage steht?

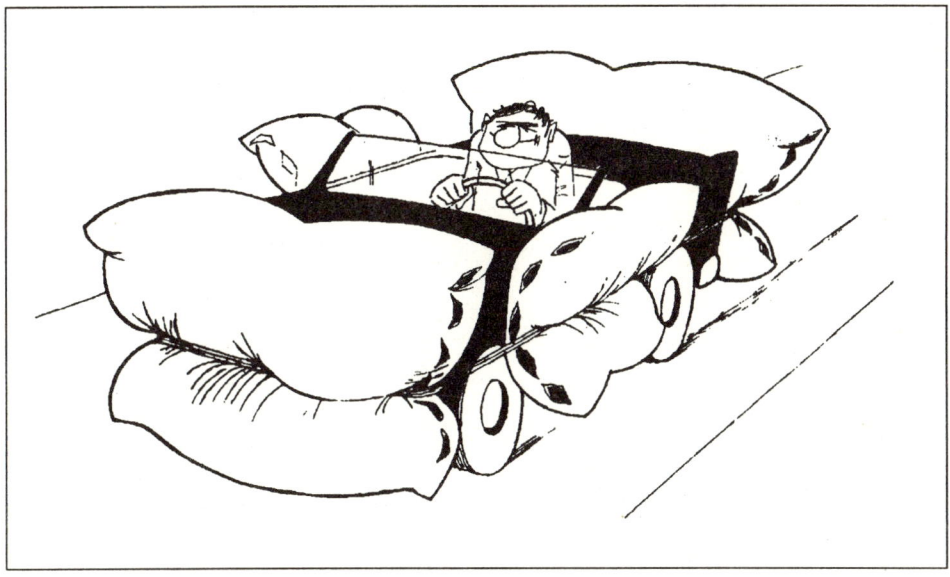

Ohne Bedarfsabfrage sollte der Dozent sein Unterrichtsgefährt gut polstern!

Dazu wäre eine Menge zu sagen, z. B. dies, daß eine Bedarfsabfrage in der Regel nicht völlig vom Dozentenkonzept abweichende Wünsche artikulieren dürfte. Vielmehr wird es im Normalfall um eine Gewichtung bestimmter Inhalte gehen, denen dann zeitlich mehr oder weniger Raum gegeben werden kann.

Das Hauptargument für die Bedarfsabfrage bei optimaler Unterrichtsvorbereitung aber lautet: Eine fachlich und didaktisch solide Vorbereitung schafft erst die Voraussetzung für ein flexibles Eingehen auf die Teilnehmer. Der Freiraum zum Improvisieren wird also erst durch exakte Planung erschlossen. Dies gilt im übrigen nicht nur für die Bedarfsabfrage, sondern ebenso für die gesamte Unterrichtsgestaltung.

In all den Fällen, wo vorbereitete Unterrichtsplanung und in der Bedürfnisabfrage geäußerte Teilnehmerwünsche gut zusammenpassen, wird die Lernbereitschaft der Teilnehmer besonders groß sein. In der Bedarfsabfrage zeigt sich also ein spezielles Moment moderner Erwachsenenbildung, das sich in partnerschaftlichem Umgang, Kooperation und Mitbestimmung der Teilnehmer ausdrückt. Auf genau dieser Linie liegt ein halboffenes Curriculum (= Lernangebot), das mit einer Bedarfsabfrage gekoppelt ist. Verständigung als Prinzip des Lernens mit Erwachsenen! Von hierher erklärt sich auch, warum Feinlernziele in der modernen Erwachsenenbildung bestenfalls beispielhaft und prototypisch ausgearbeitet und vorausgeplant werden sollten. Erwachsene sind als Subjekt viel mehr für ihre Lernziele zum großen Teil selbst verantwortlich und sollten nicht verplant werden!

Man unterscheidet heute *zwei Grundformen der Bedarfsabfrage*:
a) die mündliche Aussprache und **b)** die schriftliche Befragung.

Während die mündliche Form wegen der großen Zeitersparnis vor allem bei kürzeren Unterrichtsangeboten Verwendung findet, setzt man die verschiedenen Formen der schriftlichen Bedarfsabfrage vor allem bei mehrtägigen Weiterbildungsveranstaltungen ein.

Bedarfsabfrage als Interessenausgleich oder
unterschiedliche Interessen im Unterricht!

Wird die mündliche *Bedarfsabfrage* zumeist mit dem persönlichen Vorstellen der Teilnehmer verknüpft, gliedert man die schriftlichen Formen unterrichtlich eher aus und verbindet sie mit einem ersten einführenden Erfahrungsaustausch.

Dazu soll nun eine Form der schriftlichen Bedarfsabfrage – die „*Kartenabfrage*" – kurz vorgestellt werden.

Der Dozent verteilt dazu farbige Pin-Karten (9,5 x 20,5 cm) und schreibt das Seminar- oder Unterrichtsthema als Überschrift auf ein Plakat, das auf einer Stellwand breitflächig angeheftet ist. Die Teilnehmer werden nun gebeten, auf die Pin-Karten ihre zentralen Lernanliegen, Erwartungen, Wünsche zu schreiben (zentrale Begriffe, gut lesbar). Um eine Kartenflut zu vermeiden und die Teilnehmer auf das Wesentliche zu konzentrieren, sollte man vereinbaren, daß jeder Teilnehmer nur maximal 3 bis 5 Karten schreiben darf. Diese Karten werden nach dem Einsammeln vom Dozenten verlesen, evtl. vom Schreiber kurz erläutert und – sofort grob sortiert – an die Stellwand geheftet. Nachdem alle Karten angeheftet sind, wird die Gruppen- bzw. Themenbildung optisch durch Einkreisen mit einem farbigen Filzschreiber unterstützt und dabei das Gesamtbild zusammenfassend erläutert. Die Anzahl der Karten zu einem Gesichtspunkt oder Teilthema bietet zugleich eine für alle sichtbare optische Gewichtung der Teilnehmerbedürfnisse und -wünsche.

Auf der Grundlage dieser Bedarfsabfrage kann der Dozent nun sein vorbereitetes Pro- gramm- und Unterrichtsangebot erläutern, gewichten und auf die Teilnehmerwünsche abstimmen. Damit aber ist eine wesentliche Voraussetzung für eine gute Mit- arbeit der Teilnehmer und ein

Teilnehmerabstimmung:
Der Vater zu seinem Sohn: *„Werdet ihr in der Schule eigentlich sexuell aufgeklärt?"* – *„Das gerade nicht"*, antwortet der Sohn grinsend, *„aber was möchtest Du denn gern wissen...?"*

kooperatives Lernklima geschaffen. Denn die Teilnehmer werden dem Dozenten die gezeigte Flexibilität und Kooperation sicher hoch anrechnen. Von daher ist auch ein spontanes, unvorbereitetes Eingehen des Dozenten auf spezielle Teilnehmerwünsche wenig risikoreich, denn der Dozent hat einen gewichtigen Bonus auf seiner Seite …

C. Die Strukturierung (Der Lernverlauf)

Nach der Bedarfsabfrage ist ein nächster Punkt – die Gestaltung des Lernverlaufs – für den geplanten Unterricht wichtig. Wir werden im folgenden einige zentrale Gesichtspunkte einer realistischen Unterrichtsvorbereitung und -durchführung ken- nenlernen, deren Beachtung ein erfolgreiches Lehren in der Weiterbildung sicherstellt. Es gilt, eine didaktische Struktur des Lernprozesses aufzubauen, also

* zum einen den Unterrichtsprozeß in einen vernünftigen Ablauf, einen Aufbau, eine plausible Verlaufsgestalt zu bringen,
* zum anderen, überschaubare, abgrenzbare Phasen oder Sequenzen zu bilden, die nicht zu kurz, aber auch nicht zu lang sein dürfen, damit ein wechselvolles Lern- geschehen entsteht!

Damit wird die Handhabung des Faktors „Zeit" zu einem wesentlichen didaktischen Gestaltungsprinzip gemacht. Werden einzelne Lernphasen/-sequenzen zu lang, so ent- stehen Langeweile, Desinteresse, Abschalten. Sind die Phasen zu kurz, so kommen leicht Hektik, Unruhe und Überforderung in den Unterricht hinein.

Zwei Faustregeln oder : „Die 20-Minuten-Regel"

1.	Steht der Dozent/ Trainer/Ausbilder im Mittelpunkt des Lerngeschehens:	die einzelne Phase nicht länger als 20 Minuten werden lassen.	z. B.: Lehrvortrag Lehrgespräch
2.	Stehen die Teilnehmer im Mittelpunkt und tragen mit ihrer Aktivität den Unterricht:	die einzelne Phase nicht kürzer als 20 Minuten werden lassen.	z. B.: Gruppenarbeit Partnerarbeit

Der Dozent/Trainer/Ausbilder geht also im Normalfall mit Zeitblöcken von 20 (bis 30) Minuten für die einzelnen Lern- und Unterrichtsphasen um. Jeweils nach dieser Zeit käme dann also ein *Aktivitätswechsel*!

Etwa so:

1.	Steht der Dozent/ Trainer/Ausbilder im Mittelpunkt des Lerngeschehens:	die einzelne Phase nicht länger als 20 Minuten werden lassen.	z. B.: 10-min Film mit kurzer Erklärung
2.	Stehen die Teilnehmer im Mittelpunkt und tragen mit ihrer Aktivität den Unterricht:	die einzelne Phase nicht kürzer als 20 Minuten werden lassen.	z. B.: Vorbereitung eines Rollenspiels

Gerade Erwachsene können aufgrund ihrer Berufstätigkeit und meist mehrjährigen Abstinenz von Bildungs- und Ausbildungssituationen nur sehr schwer stundenlangen Vorträgen eines Dozenten/Trainers/Ausbilders folgen. Selbst wenn es bei einem solchen Vorgehen nicht zu Protesten oder Störungen kommen sollte, so wird der Lernerfolg dabei doch äußerst gering sein. Die Teilnehmer schalten innerlich ab, dösen oder träumen vor sich hin, bekommen also kaum etwas mit.

Rezeptives (= aufnehmendes) Lernen nennt man auch **Einbahn-Kommuni-kation**. Diese Lernart ermüdet besonders Erwachsene sehr rasch!

Merke: Auch für das Lernen – wie für das Essen – gilt der Grundsatz:
„Immer öfter mal was anderes!"

Nimmt man daher einmal eine Doppelstunde von 90 Minuten, so ergibt sich vom Stundenverlauf her als ein möglicher Aufbau z. B. dieser: Im Zentrum soll eine 40minütige Teilnehmerarbeit stehen. Es ergäbe sich dann die Möglichkeit, jeweils 25 Min. vor sowie in Anschluß an diese Gruppenarbeit zu legen.

Ein Lerngeschehen wird von Teilnehmern als interessant und abwechslungsreich erlebt, wenn es

- einerseits zeitlich einen günstigen Aufbau hat, d. h. die einzelnen Lernphasen jeweils weder zu kurz noch zu lang sind (davon war eben die Rede!),
- andererseits in bezug auf die Teilnehmeraktivitäten einen vernünftigen Wechsel der Tätigkeiten ermöglicht und zuläßt (davon ist jetzt zu reden!).

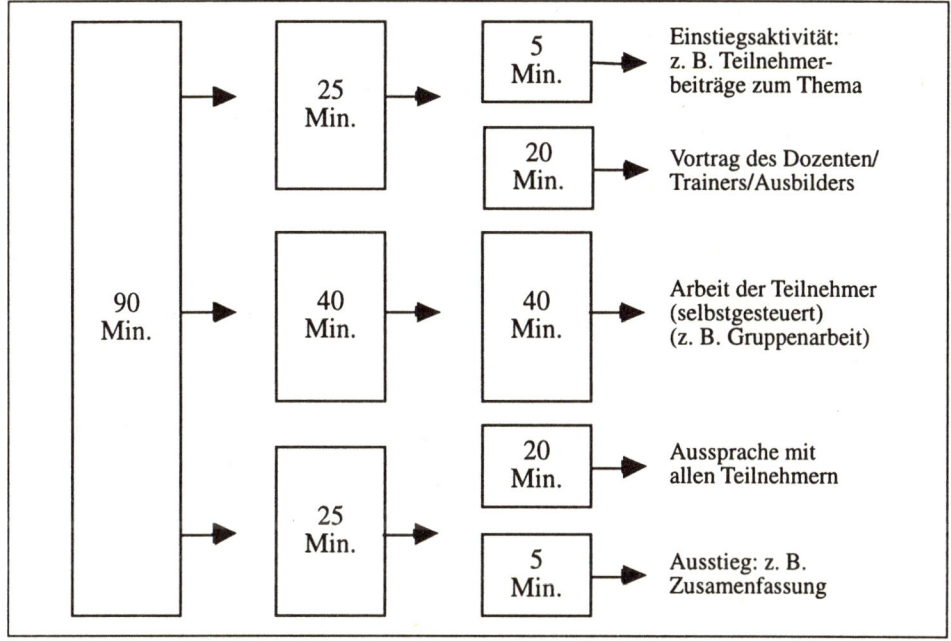

Abb. 11: Stundenverlauf – Ein Beispiel

Zwei grundlegende Arten von Tätigkeiten lassen sich voneinander unterscheiden, die sich im Unterrichtsprozeß abwechseln sollten:
- Tätigkeiten mit stärker aufnehmendem, rezeptivem Charakter,
- Tätigkeiten mit stärker handlungsbezogenem, expressivem Charakter.

Man kann dies mit einem geistigen Atmungsprozeß vergleichen. Nach dem Einatmen müssen wir ausatmen. Ähnlich verhält es sich mit den Lernprozessen. Nach der Phase mit vorwiegend rezeptiven Tätigkeiten (= Einatmen) sollte eine andere folgen, in der vorwiegend eigenständig gehandelt wird (= Ausatmen). Wir stellen gegenüber:

Tendenziell eher rezeptive Tätigkeiten **„Einatmen"**		Tendenziell eher expressive Tätigkeiten **„Ausatmen"**	
→	Zuhören	→	Sprechen
→	Zuschauen/Beobachten	→	Selbermachen
→	Lesen	→	eigenständiges Schreiben
→		→	Planen, Gestalten
		→	
→	Abmalen, Abschreiben	→	eigenständiges Zeichnen/Malen
→	Nachmachen, Nachvollziehen	→	Spielen, Vormachen
→		→	

Zwar lassen sich Überschneidungen bei einigen dieser Tätigkeiten feststellen, uns soll es hier aber um die große Linie, die wesentliche Tendenz gehen. Diese lautet: Unterricht sollte so strukturiert werden, daß ein wechselhaftes Tätigwerden der Teilnehmer möglich wird. Dieses wechselvolle Geschehen stellt der Dozent letztlich dadurch her, daß er das *Lehrmethoden-Instrumentarium*, d. h. die verschiedenen Lehr- und Sozialformen, beherrscht und anwendet und sich nicht einseitig auf eine ganz bestimmte konzentriert: z. B. den Lehrvortrag oder das Lehrgespräch oder... oder... oder...

Didaktische Strukturierung des Unterrichts bedeutet geistige Atemhilfe!

D. Die Lehr- und Sozialformen (Die Arbeitsformen)

Die verschiedenen Lehr- und Sozialformen bilden das Repertoire der Arbeitsformen, mit deren Hilfe ein Dozent das Lerngeschehen im Unterricht gestalten und die Aktivitäten der Teilnehmer lenken kann. Vielseitig unterrichten heißt daher, von diesem Repertoire bei der Unterrichtsplanung und -durchführung auch tatsächlich Gebrauch zu machen.

In der neueren Didaktik der Weiterbildung sind vor allem die folgenden fünf Haupttypen im Gebrauch:

- Der Lehrvortrag
- Die Einzel- und Partnerarbeit
- Das Lehrgespräch
- Die Gruppenarbeit
- Das Rollen- und Planspiel

Der Lehrvortrag
Er stellt eine sehr einseitige Form der Einbahnkommunikation dar. Daher ist er für die Teilnehmer besonders belastend. Aus diesem Grunde sollte er unbedingt zeitlich auf maximal 20 Minuten begrenzt werden. Bei ihm kommt es besonders auf Verständlichkeit an (Die 4 „Verständlichmacher": vgl. 1. Teil, IV.). Er eignet sich sehr gut zur knappen, zusammenhängenden Darstellung von Sachverhalten, die eingeordnet, übersichtlich gemacht, zusammengefaßt oder eingeleitet werden müssen. Im Lehrvortrag kann der Dozent seine fachliche und didaktische Kompetenz gut zur Darstellung bringen.

Die Einzel- und Partnerarbeit
Hier werden die Teilnehmer sehr stark vereinzelt, um so eine individuellere Auseinandersetzung mit dem Thema zu ermöglichen. Einzel- und Partnerarbeit stellen die Teil-

nehmer stärker auf sich und machen von daher klare Arbeitsaufträge und -anweisungen erforderlich. Einzel- und Partnerarbeit eignen sich besonders gut für die Gestaltung von produktiven und expressiven Tätigkeiten. Die Handhabung des Faktors Zeit ist für den Dozenten hier schwieriger als beim Lehrvortrag.

Das Lehrgespräch
Hierbei führt der Dozent ähnlich stark wie beim Lehrvortrag, tut dies aber mit dem Instrument der didaktischen Frage. Da Fragen eine Kunst ist, steht und fällt das Lehrgespräch mit der Qualität der Fragen. Eine gute Mischung aus engen (= geschlossenen) und weiten (= offenen) Fragen ermöglicht es den Teilnehmern, auch innerhalb dieser Lehr- und Sozialform „geistig ein- und auszuatmen", so daß das Lehrgespräch weit weniger belastend ist als der Lehrvortrag (Zwei- oder Mehrbahnkommunikation).

Die Gruppenarbeit
Hierbei wird die Teilnehmerschaft in mehrere Kleingruppen von je max. 5 (!) Mitgliedern aufgeteilt, die entweder alle dieselbe Aufgabe in Angriff nehmen (= arbeitsgleiches Verfahren) oder an verschiedenen Aufgaben eines Gesamtthemas arbeiten (=arbeitsteiliges Verfahren). Für das Gelingen der Gruppenarbeit ist wichtig, daß eine klare, am besten schriftliche Arbeitsanweisung (nebst Arbeitsunterlagen) vorliegt, die den Gruppenprozeß tragen und unterstützen kann. Wichtig sind ferner auch das Einüben der Teilnehmer in diese Arbeitsform (mittelfristige Strategie) sowie die entsprechenden Raumbedingungen (Gruppenräume). Die Frage, ob Gruppenarbeit ein zu zeitaufwendiges Verfahren ist, wie vielfach behauptet wird, hängt wesentlich davon ab, wie gut Dozent und Teilnehmer mit Gruppenarbeit umgehen können.

Zusammenarbeit!

Das Rollen- und Planspiel
Rollen- und Planspiele haben in der neueren Weiterbildung an Bedeutung gewonnen, weil sie eine Brücke zum Bereich der Praxis bilden. Im Rollen- und Planspiel wird das Lernfeld näher an das berufliche Funktionsfeld herangeschoben. In einer kleinen Rollenspielsequenz z. B. wird eine reale berufliche Situation im Kleinen abgebildet und handelnd bewältigt. Hierbei wird theoretisch Gelerntes auf einen bestimmten Fall angewendet und praktisch umgesetzt.

Ein Beispiel:
Ausbilder werden in einem Jugend-Psychologie-Seminar mit dem Thema „Umgang mit Heranwachsenden" befaßt. In kleinen Rollenspielen werden reale Konflikte und ihre Bewältigung durchgespielt.

Planspiele sind größere Unterrichtsprojekte, die sich über mehrere Seminartage erstrecken können und modellhaft das politische und institutionelle Zusammenspiel möglicherweise beteiligter gesellschaftlicher Gruppen und Kräfte in der Lösung politischer, bürokratischer, rechtlicher oder sozialer Probleme darstellen. In mehreren Gruppen und mit verteilten Rollen werden dabei manöverähnlich ganze Sequenzen und Abläufe einschließlich Sitzungen, Protokollen, Schriftwechseln usw. im Spiel abgebildet. Der einzelne Dozent kann Planspiele nur einsetzen, wenn er ausgearbeitete Spielkonzepte verfügbar hat. Diese selbst zu erstellen, dürfte kaum möglich sein. Professionell erstellte Planspiele basieren überdies auf einem integrierten Computereinsatz, damit Spielsituationen möglichst realitätsnah abgebildet werden können.

Zusammengefaßt:
„Geistiges Ein- und Ausatmen" – Strukturierung des Unterrichts mit Hilfe der verfügbaren Lehr- und Sozialformen – heißt also, einen geeigneten Wechsel dieser Arbeitsformen herbeizuführen. Je deutlicher dieser Wechsel akzentuiert wird, desto ausgeprägter erleben ihn die Teilnehmer.

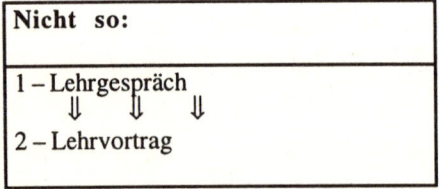

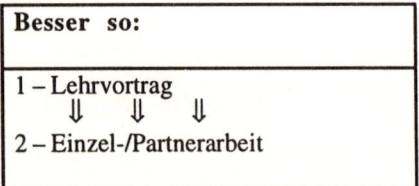

E. Lerngerüst und Stundenschluß (Der Ein- und Ausstieg)

Was wissen wir bis jetzt über wichtige Gesichtspunkte der Unterrichtsgestaltung, die ein Dozent kennen und beachten sollte?

1. Die Unterrichtsvorbereitung beginnt mit einer Inhaltsanalyse und mündet in eine didaktische Reduktion. Mit Hilfe der Stoffreduktionstechniken werden Ankerbegriffe, Fachlandkarten, Inseln und Prototypen aufgebaut. Es werden Groblernziele und beispielhaft einige Feinlernziele festgelegt. Das erste Arbeitsergebnis bildet ein kurzes Lernzieltableau.
2. Der zweite Schritt der Planungen bezieht sich auf Überlegungen zum Lernverlauf. Dieser wird in zeitlich begrenzte Abschnitte – Lernphasen – zerlegt, denen bestimmte Teilthemen und Teilnehmeraktivitäten so zugeordnet werden, daß ein abwechslungsreiches Tun möglich wird (geistiges „Ein- und Ausatmen").
3. Das geeignete Instrument zur Herstellung eines optimal strukturierten Unterrichts ist im Lehrmethoden-Instrumentarium der Lehr- und Sozialformen gegeben. Der Dozent wählt aus ihnen für die geplanten Lernphasen geeignete aus. Er sollte darauf achten, daß sie einen deutlichen Wechsel der Teilnehmeraktivitäten zwischen eher rezeptiven und eher produktiven/expressiven Tätigkeiten ermöglichen (= Ein-/Ausatmen).

Wichtige Gründe sprechen dafür, dem *Unterrichtsbeginn* und dem *Unterrichtsschluß* besondere Aufmerksamkeit zu widmen. Dieses spezielle Interesse am „Ein- und Ausstieg" begründet sich primär lernpsychologisch. Mit einem überzeugenden *Unterrichtsbeginn* oder Einstieg wird das Lernfeld für den Teilnehmer nämlich lernbedeutsam geöffnet. Es wird so etwas wie ein Lerngerüst aufgebaut, in das sich die späteren Details des Unterrichts einbetten lassen. Mit einem interessanten und motivierenden Stundenbeginn werden gleichsam erste Pflöcke eingeschlagen, an denen sich das spätere Lerngeschehen festmachen läßt. Damit bietet ein guter Stundenbeginn eine erste wesentliche Orientierungsgrundlage für alles weitere unterrichtliche Lernen: Möglicherweise mit Sinnfragen, zentralen Begriffen und einer ersten allgemeinen Übersicht.

Von ganz ähnlicher Bedeutung wie der Stundenbeginn oder Einstieg ist der *Stundenschluß* oder *Ausstieg*. Er bildet den Abschluß, die Abrundung des Unterrichts. Ohne ihn macht der Lernprozeß einen unvollständigen Eindruck, wirkt er wie abgebrochen. Der gute Ausstieg faßt noch einmal das Wesentliche kurz zusammen, bringt alles noch einmal auf den Begriff, macht die Themen noch einmal übersichtlich und deutet Ausblicke und Fortsetzungsmöglichkeiten an. So wie der Stundenschluß damit das Lernergebnis sichert und zusammenfaßt, so dient er den Teilnehmern wie dem Dozenten dazu, eine Art Lernkontrolle (Selbst- wie Fremdkontrolle) durchzuführen.

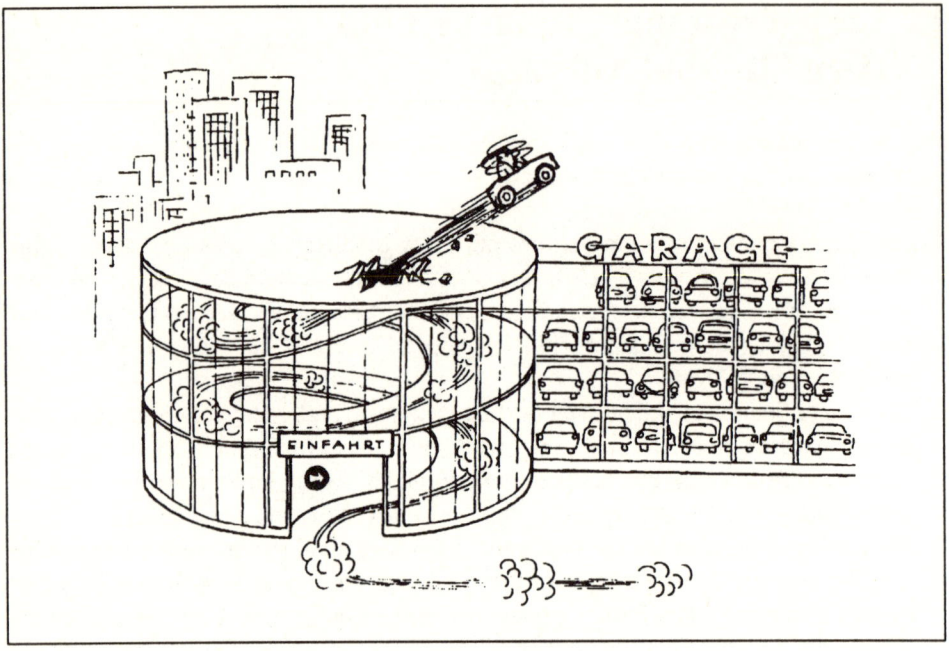

Einstieg – Ausstieg

Bevor wir je ein Beispiel für einen Ein- und Ausstieg skizzieren, soll zunächst jeweils eine Übersicht über verschiedene Typen von Stundeneröffnungen und Stundenschlüssen geliefert werden:

1. Der *„Aufhänger"* als punktueller Einstieg:
   „Ein Nagel wird in die Wand geschlagen": z. B. Presse-, Funk-, Fernsehmeldungen;

2. Die *Wiederholung:*
   Anknüpfung an vorher Gelerntes, zugleich Sicherung/ Lernkontrolle;

3. Die zeitliche und sachliche *Gliederung* des Unterrichts:
   „Das Vorgehen in dieser Stunde";

4. Die Darstellung eines *Fallbeispiels:*
   Problemfall oder humorvolle Schilderung oder übergreifendes Praxisbeispiel etc.;

5. Das Aufgreifen von *Teilnehmererfahrungen, -wissen* in gesprächsmäßiger Form oder in Form kleiner Rollenspiele;

6. Das vereinfachende *Schema oder Modell:*
   Als verkürzende Abstraktion des Themas, Sachverhaltes;

7. Die *„kognitive Landkarte":*
   Als ausführlicheres Suchschema zur Darstellung von komplexen Zusammenhängen, Graphiken, Zeichnungen, Tabellen, Flußdiagrammen etc.

> **Merke:** Das Lerngerüst des Unterrichts sollte medial so präsentiert werden, daß es während der ganzen Unterrichtsstunde sichtbar ist. Möglichst keine Folien oder Tafelzeichnungen, die in der Stunde wieder ausgewischt werden, verwenden! Plakate sind am besten geeignet!

In der Regel dürfte es so sein, daß ein, zwei oder auch drei Typen zusammen zu einem Einstieg verschmolzen werden!

Beispiel:

1. Der Dozent/Trainer/Ausbilder beginnt seinen Unterricht mit einer kleinen Problemskizze:
   Er verliest eine kleine Zeitungsmeldung zum Thema des Unterrichts und erläutert daran kurz die Fragestellung.
   (Typ 1: Der „Aufhänger")
2. Der Dozent erläutert daran anschließend an einem vereinfachenden Schema (Tafelskizze) übersichtsmäßig den Sachverhalt in seinen grundlegenden Zusammenhängen und markiert dabei gleichzeitig die notwendigen Arbeitsabschnitte.
   (Typ 6: Schema/Modell)

Beide Typen (1 + 6) zusammen bilden hier in einer Art Vorphase des systematischen Arbeitsganges ein Lerngerüst für den Unterricht. Die Teilnehmer kennen nun das Problem und gegebenenfalls seine Aktualität; sie haben erfahren, warum dieses Thema bearbeitet wird (Sinnbezüge), und sie wissen, welche Teilthemen und welcher Themenumfang zu bewältigen sind. Nun kann es losgehen...!

> **Achtung!**
> Erwachsenen unbedingt ein sinnbezogenes Lernen ermöglichen:
> Was? Warum? Wozu? Wohin? Womit?
> (→ Bedarfsabfrage!)
> Die im Einstieg angebahnte Beantwortung derartiger Fragen fördert die Lernbereitschaft!

Konstruieren Sie doch gleich einmal einen eigenen „Einstieg" für Ihren Unterricht, und verwenden Sie dazu auch zwei der o. a. Typen!

So, nun zum „Ausstieg" – dem Stundenschluß. Zunächst wieder eine Übersicht über vier verschiedene *Grundtypen:*

1. Der Stundenschluß als *Lernkontrolle:*
   • mündlich/schriftlich
   • offen/geschlossen
   z. B. als Abfrage, Lerntest/Lernkontrolle in schriftl. Form, Arbeitsblatt-Bearbeitung
   neuer Aufgaben etc.;
2. Der Stundenschluß als *systematische Zusammenfassung:*
   z. B. durch den Dozenten/Trainer/Ausbilder oder einen Teilnehmer; häufig: Lehrvortrag mit Medienunterstützung;
3. Der Stundenschluß als (praktische) *Anwendung:*
   • fallorientiert
   • aufgabenorientiert
   Ziel ist hier vorrangig der Transfer, die sichernde und abrundende Übertragung des
   Gelernten auf Neues;
4. Der Stundenschluß als mediale *Illustration:*
   a) Neueinführung eines das Thema abrundenden bzw. abschließenden Mediums
      (dieses darf nicht zu komplex sein!) oder
   b) Wiederverwendung eines bereits eingeführten Mediums (dieser Typ will das
      Gelernte abschließend nochmals veranschaulichen und zugleich konkretisieren.
      Oft wird hierbei das Schema/Modell oder die kognitive Landkarte des Einstiegs
      verwendet. Abrundung der Stunde!).

Der lernpsychologische Sinn des Stundenschlusses liegt darin begründet, daß die Teilnehmer in knapper Form die Lernergebnisse des Unterrichts nochmals übersichtlich,
zusammenhängend und geordnet angeboten bekommen bzw. selber wiederholend
darstellen. Übersicht, abschließender Rückblick, Ergebnissicherung, Konsequenzen
und Ausblicke sind die zentralen Ziele des Ausstiegs. Darüber hinaus bildet ein gelungener Stundenschluß so etwas wie einen Ausweis für eine „handwerklich" gekonnte,
professionell akzeptable Dozentenleistung. Gute Ein- und Ausstiege sind, so gesehen,
eine Art Visitenkarte des Dozenten. Er zeigt mit ihnen eine gute Planung sowie
gekonnte Unterrichtsführung vor, schafft neben der fachlichen Leistung auch didaktisch Vertrauen.

Beispiel:
Ein Dozent hat im Lehrgebiet „Polizeirecht" das Thema „Rechtsgrundlagen der Vernehmung" in einer 45-Min.-Stunde behandelt. Grundlage des Unterrichts waren die
§§ 136 und 136a der Strafprozeßordnung. An unterrichtlichen Medien wurden neben
dem Gesetzestext eine Overhead-Folie zum Teilthema „Belehrungspflichten" sowie
ein Filmausschnitt von 10 Min. Dauer aus dem Film „Strafsache gegen F." zum
Teilthema „Unzulässige Vernehmungsmethoden" eingesetzt. An Lehr- und Sozialformen kamen eine Diskussion (15 Min.), ein Lehrvortrag (10 Min.), die genannte Film-
Demonstration (10 Min.) nebst kurzer Auswertung im Lehrgespräch (5 Min.) zum
Einsatz.

   Dem Dozenten verbleiben demnach noch 5 Min. für einen abrundenden Stundenschluß. Der Dozent wählt den Typ 2 „systematische Zusammenfassung" und gibt dazu

das folgende Schema in Form eines Arbeitsblattes vor, in das jeder Teilnehmer eigene Eintragungen machen kann. Der Dozent ruft die Lösungen dazu bei den Teilnehmern ab:

Orientierungsgrundlage ist die STPO: §	_____
§	_____
Belehrungspflichten:	_____
_____	
_____	
Unzulässige Vernehmungsmethoden:	_____
_____	
_____	

F. Die Veranschaulichung und der Umgang mit den Hilfsmitteln (Der Medieneinsatz)

In unserem einleitenden Abschnitt über das Lernen (1. Teil, II A.) wurde bereits dargestellt, daß Medien als unterrichtliche Hilfsmittel vor allem zwei Funktionen haben: Zum einen die Funktion als *Instruktionshilfe* (Veranschaulichung, Konkretion und Praxisbezug), zum anderen die als Arbeitshilfe zur Steuerung von teilnehmerorientierten bzw. -zentrierten Lernprozessen.

1. Instruktionsfunktion

Unterrichtliche Hilfsmittel (= Medien) helfen dem Dozenten, seinen Unterricht dadurch effektiver zu gestalten, daß möglichst viele Teilnehmer die im Unterricht angebotenen Informationen

* gut aufnehmen,
* angemessen verarbeiten,
* längerfristig im Gedächtnis behalten und
* sich leicht wieder erinnern können.

Nehmen wir an, daß über das unterrichtliche Thema aus dem Polizeirecht, „Rechtsgrundlagen der Vernehmung", ausschließlich vortragsmäßig gesprochen wird, ohne daß unterrichtliche Hilfsmittel wie Tafel, Gesetzestext, Overhead-Folie, Arbeitsblatt, Film usw. eingesetzt werden. Mit Sicherheit sind dann alle die Teilnehmer frustriert,

die Gesprochenes schlechter aufnehmen können als zum Beispiel
Geschriebenes oder Gezeichnetes
oder konkret Vorgezeigtes oder
selber Durchgespieltes. Alle
diese Teilnehmer sind als anders
veranlagte Lerntypen in unserem
Beispiel also lernmäßig behindert und benachteiligt. Statt daß
unser Dozent – wofür er ja
eigentlich engagiert ist – mög-

Medieneinsatz im Hühnerstall:
Trägt ein Hahn ein Straußenei in den Hühnerstall und sagt: *„Ich möchte Ihnen ja
nicht zu nahe treten, meine Damen, aber
ich halte es doch für richtig, Ihnen einmal
vorzuführen, was anderswo so geleistet
wird!"*

---

lichst vielen Teilnehmern beim Lernen behilflich ist, also sich bemüht, vielseitig zu
arbeiten, schränkt er die meisten Teilnehmer dadurch ein, daß er nur *einen* Weg, *eine*
Lernspur anbietet, nämlich das gesprochene Wort.

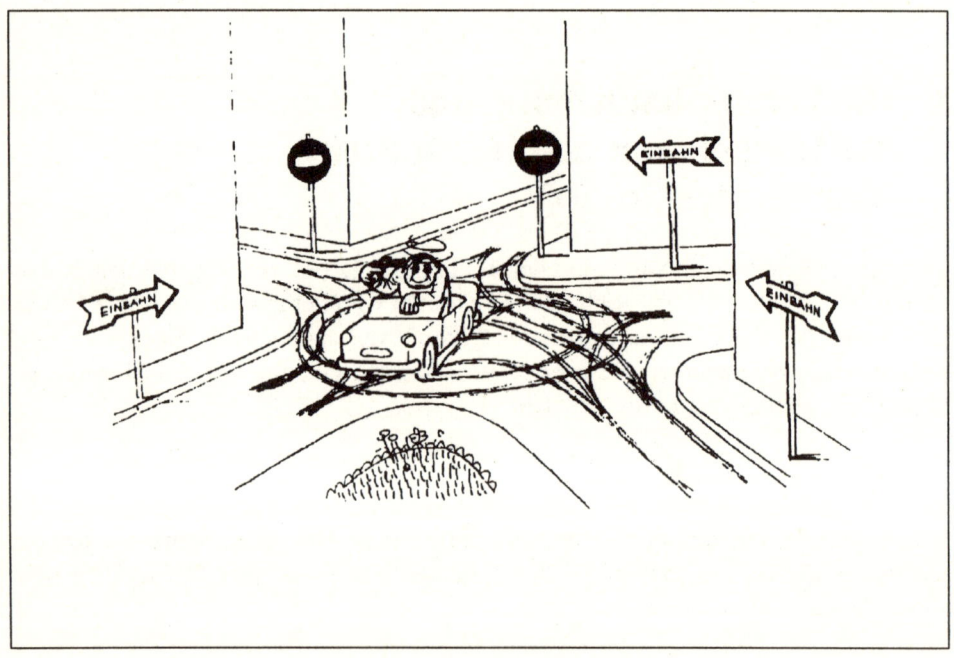

Medien als Instruktionshilfe

2. Arbeitshilfe

Hier geht es nun darum, Medien für bestimmte Teile des Unterrichts so einzusetzen,
daß die Teilnehmer relativ selbständig, ohne die ständige Mitwirkung des Dozenten,
in Einzel-, Partner- oder Gruppenarbeit vorgehen können.

Bleiben wir bei unserem Beispiel „Rechtsgrundlagen der Vernehmung". Unser Dozent will die Frage des Umfangs der Belehrungspflicht mit einer 25minütigen Partnerarbeit einleiten. Dazu setzt er als Medium das folgende Arbeitsblatt als Arbeitsanweisung sowie einen Gesetzestext ein:

Thema: „Umfang der Belehrungspflicht" (Beispiel)
Aufgabe: Bestimmen Sie den Umfang der Belehrungspflicht
                    vor einer Vernehmung!

Arbeitshinweis:
1. Lesen Sie dazu die §§ 136, 136a der Strafprozeßordnung!
2. Stellen Sie Ihr Arbeitsergebnis auf einer Folie zur Präsentation im Plenum dar!

Medium: Strafprozeßordnung
Arbeitsform: Arbeitsgleiche Partnerarbeit
Arbeitszeit: 25 Min.

Medien als Arbeitshilfe

An dieser Stelle ist es sinnvoll, kurz die 16 wichtigsten unterrichtlichen Medien für den Bereich der beruflichen Weiterbildung systematisch aufzuführen und hinsichtlich ihrer Erstellung und ihres Einsatzes kurz zu erläutern:

Gruppe: Bücher und Zeitungen
- Fach-, Sach- und Lehrbücher
- Gesetzestexte und Kommentare
- Unterrichtsprogramme in Buchform
- Tageszeitungen und Zeitschriften

Gruppe: Lehr- und Lernmaterialien
- Plakate, Tafelbilder, Pin-Karten, Wandbilder
- Overhead-Folien
- Arbeitsblätter, -anweisungen, -hilfen
- Arbeitsunterlagen, Manuskripte

Gruppe: Reale Gegenstände
- Formulare, Erlasse
- Akten, Aktenstücke
- Arbeitsgeräte, -materialien
- Arbeitsvorgänge, Fälle, Arbeitsprozesse

Gruppe: Audio-visuelle Medien
- Overhead-Projektion
- Film-Projektion
- Video-Tapes (=Aufzeichnungen, Mitschnitte aus dem Fernsehen)
- Dia-Projektion

Sieht man sich dieses keineswegs vollständig dargestellte Gesamtrepertoire genauer an, so ist man erstaunt, welche Vielfalt an Hilfsmitteln an sich verfügbar ist und wie wenig davon normalerweise eingesetzt wird. Einerseits dürfte dafür verantwortlich sein, daß Dozenten die Bedeutung des Einsatzes unterrichtlicher Hilfsmittel für ihren Unterricht nicht (er-) kennen, zum anderen finden

> Qualität des Dozenten?
> Qualität des Unterrichts?
>
> ⇓ ⇓ ⇓ ⇓ ⇓ ⇓ ⇓ ⇓ ⇓
>
> „Am Gebrauch und Einsatz der unterrichtlichen Hilfsmittel
> kann man beides erkennen."

sie oft verschiedene Hilfsmittel und apparative Voraussetzungen institutionell nicht vor. In diesem Fall ist ein Einsatz daher gar nicht möglich. Hier ist eindringlich darauf hinzuweisen, daß Dozenten in einem erheblichen Maße dafür verantwortlich sind, daß vor Ort die notwendigen Voraussetzungen für ein erfolgreiches Lehren geschaffen werden!

Sie sind die Fachleute für Unterricht. *Sie* müssen wissen, was erforderlich ist. *Sie* müssen die notwendigen Anschaffungen beantragen und durchsetzen. Im übrigen sind verschiedene Hilfsmittel käuflich nicht zu erwerben, sondern müssen vom einzelnen Dozenten selber her- bzw. bereitgestellt werden, z. B. und vor allem:

* Plakate, Tafelbilder, Folien,
* Arbeitsblätter, -anweisungen,
* Arbeitsunterlagen, Manuskripte,
* Video-Mitschnitte,
* Zeitungsausschnitte,
* Modellhafte Aktenvorgänge.

Diese notwendige (partielle) Selbsterstellung unterrichtlicher Hilfsmittel stellt deshalb eine unabdingbare Voraussetzung für ein erfolgreiches Lehren und Trainieren in der Weiterbildung dar, weil
a) diese Medien nicht käuflich zu erwerben sind und
b) selbsterstellte Medien am besten zum jeweiligen Unterricht des Dozenten passen.

Man sollte hinsichtlich des Arbeitsaufwandes und der Mühe bei Selbsterstellung und Organisation der Hilfsmittel einen ganz wesentlichen Punkt nicht übersehen: Sind unterrichtliche Medien erst einmal verfügbar, so verbessern sie nicht nur die Qualität des Unterrichts, sondern erleichtern dem Dozenten seine Arbeit ganz wesentlich:

* Da sie jederzeit wiederverwendbar sind, stellen sie eine sehr ökonomische und effektive Zeitersparnis für wiederkehrende Unterrichtsprozesse dar.
* Da sie im Unterricht Funktionen des Dozenten übernehmen, vereinfachen sie ihm die Arbeit ganz wesentlich. Wer ständig den Unterricht über seine Person ablaufen läßt und keine teilnehmerzentrierten Verfahren einsetzt, darf sich nicht wundern, wenn ihn das Lehren und Unterrichten stark belasten und anstrengen.

Fazit

1. Unterrichtliche Hilfsmittel haben primär zwei Funktionen:
   a) eine Instruktionsfunktion (Veranschaulichung, Konkretion, Praxisbezug),
   b) die Funktion als Arbeitshilfe (vor allem bei teilnehmerzentrierten Lehr-/Lernverfahren).

2. Es gibt eine breite Palette unterrichtlicher Hilfsmittel, unter denen vor allem 16 für den Bereich der beruflichen Weiterbildung in Betracht kommen.

3. Unterrichtliche Hilfsmittel zu erstellen bzw. bereitzustellen, gehört zum professionellen Auftrag jedes Dozenten.

4. Die Selbstherstellung bzw. eigenverantwortliche Bereitstellung unterrichtlicher Hilfsmittel ist effektiv und ökonomisch.

G. Die Lehrskizze als Unterrichtsvorbereitung

Was wissen wir nun eigentlich über die Gestaltung des Unterrichtsprozesses? Fassen wir unsere grundlegenden Kerngedanken nochmals kurz zusammen:

1. Zum Unterricht müssen wir uns ein reduziertes *inhaltliches Konzept* erarbeiten (didaktische Reduktion, Stoffreduktionstechniken).
2. Parallel dazu ist ein Lernzieltableau zu erstellen, das Groblernziele und beispielhaft einige Feinziele enthalten sollte. (Vorsicht bei Erwachsenen vor zu vielen Feinzielen: Gefahr der Gängelei, Einschränkung der individuellen Freiheit und Lernverantwortung!)
3. Der darauf abzustellende *Lernprozeß* der Teilnehmer darf sich keineswegs auf passives Zuhören reduzieren, sondern ist als möglichst vielseitiger, aktiver Verinnerlichungs- und entsprechender Veräußerlichungsprozeß (= Ein-/Ausatmen) von „Kopf", „Herz" und „Hand" zu gestalten.
4. Die *Bedarfsabfrage* bei den Teilnehmern dient dazu, daß sich der Dozent/Trainer/Ausbilder Gewißheit über die Bedarfsgerechtigkeit seines Angebots verschafft, gegebenenfalls die vorgesehenen Themen etwas anders akzentuiert und gewichtet, notfalls aber auch Umstrukturierungen vornimmt und spontan Neuangebote einbaut.
5. Der eigentliche Unterrichtsprozeß ist nach zeitlich begrenzten *Lernphasen* zu planen, die jeweils ein möglichst verschiedenartiges Aktivwerden der Teilnehmer ermöglichen („Ein-, Ausatmen") sollen.

> *„Erst macht man einen Plan. Der ist kein großes Licht. Dann macht man einen zweiten Plan, geh'n tun sie beide nicht."*
> Nach B. Brecht

6. In diesen Lernphasen sollte der Dozent auch verschiedene *Lehr- und Sozialformen* (Arbeitsformen) sich einander abwechseln lassen.
7. Jede Unterrichtseinheit sollte einen planmäßigen *Ein- und Ausstieg* (Stundenbeginn und Stundenschluß) haben. Im Einstieg sollte primär ein Lernrahmen für den Unterricht, im Ausstieg so etwas wie ein Gesamtresümee geboten werden.
8. Der Lernprozeß sollte sinnvoll durch den gezielten Einsatz veranschaulichender und aktivierender unterrichtlicher *Hilfsmittel* unterstützt werden (Instruktions-, Arbeitshilfen). Dazu steht ein breites Repertoire zur Verfügung, das der Dozent bereitzustellen hat.

Die Lehrskizze als realistische Unterrichtsvorbereitung ist der Versuch des Dozenten, die genannten Unterrichtsmomente in einer Planskizze zusammenzufassen. Sie sollte auf jeden Fall drei Bedingungen erfüllen: Sie sollte
- nicht zu ausführlich sein,
- übersichtlich gestaltet sein, um als Orientierungshilfe dienen zu können,
- die zentralen Kategorien des Unterrichts enthalten.

*Bei der Verwirklichung von (Unterrichts-)Plänen
braucht man auch ein bißchen Glück.*

Im vorliegenden Fall wird das nachfolgende Schema vorgeschlagen (Abb. 12), wobei zu den einzelnen Kategorien noch folgendes festzuhalten ist:

Zeit:
Hier sollte die konkrete Uhrzeit notiert werden, damit sich der Dozent jeweils mit einem Blick orientieren kann, ob er in der Zeit ist. Also für eine Phase nicht schreiben: 20 Min., sondern lieber 9.00 – 9.20 h.

Lernziel:
Das jeweilige Teillernziel als Groblernziel der einzelnen Phase nur in Kurzform, aber operationalisiert (in Kategorien beobachtbaren Verhaltens) notieren. Es ist möglich, daß ein Lernziel auch einmal für zwei oder mehrere Phasen gilt.

Thema:
Das jeweilige Teilthema in Kurzform notieren.

Lehr- und Sozialform und Medium:
Nur die Bezeichnung einsetzen.

Teilnehmeraktivitäten:
Es wird die zentrale Aktivität der Teilnehmer in einer Phase notiert. Die Angaben dienen dabei vor allem der Kontrolle eines abwechslungsreichen Tuns der Teilnehmer (→ vermutete Lernphase).

	Zeit	Lernziel (Stichwort)	Thema	Lehr- & Sozialform	Medium	Teilnehmer- aktivitäten
Phase 1						
Phase 2						
Phase n^{-1}						
Phase n						

Abb. 12: Die Lehrskizze

III. Das Training

Das meiste, was Sie bislang gelesen haben, gilt sowohl für den Unterricht wie für das Training:

- die Themen und Zielbestimmung
- die Inhaltsanalyse
- die didaktische Reduktion
- die Stoffreduktionstechniken
- die Beschreibung des Lernprozesses
- die Bedarfsabfrage
- die Lernprozeß-Strukturierung
- die Lehr- und Sozialformen
- das Lerngerüst und der Stundenschluß (Einstieg/Ausstieg)
- die Veranschaulichung und die Medien
- die Lehrskizze als Planungsgrundlage

Dennoch bleibt eine Reihe von Besonderheiten bzgl. des Trainings in der Weiterbildung, die wir Ihnen im folgenden kurz erklären wollen.

Coaching, das mittlerweile auch verstärkt Verbreitung in der Weiterbildung gefunden hat, möchten wir in diesem Rahmen nicht detailliert diskutieren, sondern verweisen auf unseren Band 4 „Weiterbildung im lernenden System", in welchem wir das Thema *Coaching* behandeln werden.

A. Das Methodenrepertoire

Innerhalb des Methodenkanons gibt es eine ganze Reihe von Verfahren, die für das betriebliche Training besonders geeignet sind. Zu nennen sind hier:

1. – die 3-Stufenmethode
2. – die 4-Stufenmethode
3. – die 7-Stufenmethode
4. – das Unterweisungsgespräch

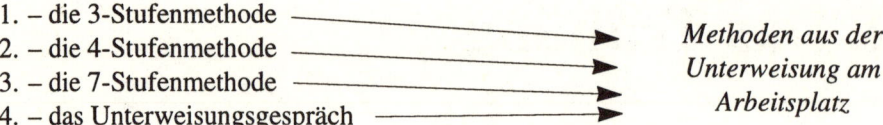

*Methoden aus der
Unterweisung am
Arbeitsplatz*

5. – die kleine Simulation
6. – das Rollenspiel
7. – das komplexe Planspiel

Die ersten vier Methoden entstammen der Unterweisung am Arbeitsplatz, wie sie in der dualen Berufsausbildung verwendet werden.

Die *Unterweisung am Arbeitsplatz* ist eine Lehr-/ Lernform mit folgenden besonderen Merkmalen:

1. Ernstcharakter des Lernens in der Arbeitssituation mit dem „Zwang" zum Gelingen;
2. Lernort Arbeitsplatz, nicht Unterrichtsraum;
3. Begrenzte Teilnehmerzahl (= Einzel-/Gruppenunterweisung) mit Face-to-Face-Charakter des Lernens;
4. Gegenstände des Lernens: konkrete Aufgabenstellungen ganzheitlicher Arbeitsprozesse;
5. Zeitfaktor und situative Gegebenheiten: deutlich kürzerer Zeitverlauf sowie Einbettung des Lernens in stets vorrangige Arbeitsabläufe.

Trotz dieser Besonderheiten treffen alle oben dargestellten lernpsychologischen Merkmale Erwachsener auf Unterweisungsprozesse genauso zu wie auf Unterrichtsabläufe. Insofern ist die lernpsychologische Basis dieselbe, sie ist lediglich mit Blick auf die markierten fünf Besonderheiten entsprechend verändert anzuwenden und adäquat zu interpretieren.

Von besonderer Bedeutung bei der Unterweisung am Arbeitsplatz ist die Herstellung eines optimalen Arbeitsklimas und die besondere Berücksichtigung der sozialpsychologischen Erfordernisse dieser besonderen Lernform.

Die Übertragung der 3-, 4-, 7-Stufenmethode und des Unterweisungsgesprächs (vgl. W. Jäckering, 1978, S. 74 ff.) auf Lernsituationen der Weiterbildung liegt auf der Hand. Geht es doch bei all diesen Methoden um das Erlernen von Tätigkeiten.

„Macht Spiel aus dem Ernst." (Gerhart Hauptmann)

Das *Hauptmerkmal*, die *Charakteristik* der Unterweisung:
Jede Unterweisung am Arbeitsplatz ist als ein „über-die-Schulter-schauendes"
Lehrverfahren anzulegen, bei der der Ausbilder den Auszubildenden tun *läßt* und
dieses Tun kommentierend – möglichst bekräftigend, jedoch immer korrigierend
– begleitet. Folgende Einzelmerkmale sind also besonders zu beachten:

• Von Anfang an tun lassen! (⇒ Ausatmen)
• Kurze Kommentare geben statt langer Vorträge!
• Bekräftigungen: Ermutigung/Lob!
• Erklären und begründen *lassen*! (Warum es so und nicht anders gemacht wer-
  den muß; warum es überhaupt getan werden muß etc.)

In der **3-Stufenmethode**, der einfachsten Form, geht es um 3-stufig aufgebaute Lernschritte:

Vormachen	und sagen, warum es getan werden muß, und warum es so und nicht anders gemacht werden muß;
Nachmachen	lassen und sagen lassen, warum man es so und nicht anders machen muß;
Üben	lassen, bis es sitzt.

In der **4-Stufenmethode** – der gebräuchlicheren Form – gibt es noch eine vorbereitende erste „Theoriephase" bzw. so etwas wie einen besonderen Einstieg:

1. Vorbereitungsstufe:
(Aktivitätsschwerpunkt beim Ausbilder)
• Thema bezeichnen und inhaltlich strukturieren
• Lernziel nennen
• Vorkenntnisse feststellen
• Interesse wecken/motivieren
• Arbeitsmaterialien, Unterlagen, Werkzeuge, Arbeitsplatz bereitstellen

2. Vorführungsstufe:
(Aktivitätsschwerpunkt beim Ausbilder)
• Erste Vorführung: schrittweise zeigen und sagen, was – wie – warum ge-
  schieht;
• Zweite Vorführung: flüssig vorarbeiten und nur noch die Teilvorgänge unter
  Betonung der Kernpunkte nennen;
• Schlüsselfrage: „Wollen Sie es jetzt einmal versuchen?"

Ggf. weitere Erklärungen und Vorführungen, bis der Lernpartner die Entscheidung trifft, den ersten Versuch zu wagen.

3. Nachahmungsstufe:
(Aktivitätsschwerpunkt beim Teilnehmer)
• Erster Versuch: nacheinander und ohne zu sprechen arbeiten lassen, ggf. Fehler berichtigen;
• Zweiter Versuch: schrittweise ausführen und erklären lassen, wie – was – warum geschieht; ggf. weitere Versuche verlangen;
• Schlüsselfrage: „Trauen Sie sich zu, jetzt allein weiterzuarbeiten?"
• Teilnehmer legt die seiner Ansicht nach gelungene Arbeit zur Begutachtung vor.

4. Abschlußstufe:
(Aktivitätsschwerpunkt beim Ausbilder/Teilnehmer)
• Arbeitsausführung loben und kritisch würdigen.
• Selbständig üben lassen.
• Zu Fragen ermuntern.
• Anfangs öfter nachsehen und ggf. helfen.
• Unterweisung ausdrücklich beenden und Lernerfolgserlebnis stiften.

Die *7-Stufenmethode* stellt eine Erweiterung der 4-Stufenmethode dadurch dar, daß die zweite Stufe in ein *Motivieren* und *Informieren* sowie ein *Kernpunkteherausschälen* aufgegliedert wird. Außerdem wird die Nachahmungsstufe in ein *Nachmachen/Nacherklären* sowie ein ausdrückliches erstes, selbständiges *Ausprobieren* zerlegt.

Das *Unterweisungsgespräch* ist eine Methode des handlungsbezogenen Lernens für „Schreibtischtäter". Es kommt z. B. für das Erlernen aller Bürotätigkeiten in Betracht und stellt ein stufiges, gesprächsgestütztes Verfahren gegenseitigen Erklärens und Tuns dar.

Die *kleine Simulation* ist eine 3- bis 10-minütige praktische Lern- und Übungssituation, in der eine berufsrelevante Situation dargestellt oder geübt werden kann. Die Simulation wird theoretisch eingebettet, erklärt und nach der Darstellung besprochen und evaluiert. Es wird tendenziell eher improvisiert.

Das *Rollenspiel* dagegen ist ausführlicher. Es hat eine genauere, vorbereitete Arbeitsgrundlage und wird zumeist in Gruppenarbeit vorbereitet. Wie die Simulation wird das größere Rollenspiel also auch vor- und nachbereitet. Es zielt darauf ab, komplexere Arbeitssituationen darzustellen und zu üben.

Demgegenüber ist das **Planspiel** in der Weiterbildung (vgl. T. Geilhardt; T. Mühlbradt, 1995) von allen sieben Formen des Trainings die komplexeste Form. Planspiele kön-

„Training und praxisbezogener Umgang mit dem Trainer..."
(Abbildung aus: W. Jank/H. Meyer, 1994, S. 357)

nen daher von einzelnen Dozenten/Trainern/Ausbildern auch nicht selbst geplant und vorbereitet werden. Planspiele kann man nur als Fertigprodukte kaufen und sie dementsprechend nur so verwenden, wie sie sind. In der Regel werden sie heute mit einem Computer-Einsatz gekoppelt, so daß dafür ein umfangreiches Trainingsszenario gebraucht und aufgebaut werden muß. Planspiele eignen sich hervorragend dafür, aufwendige berufsrelevante Situationen zu trainieren, die sich über längere Zeiträume erstrecken. So kann ein Planspiel z. B. vier Tage, aber auch zwei Wochen dauern. Klassische Themenstellungen des Planspiels sind Unternehmensentwicklungen, Kommunikations- und Interaktionsgeschehensabläufe in Unternehmen, Bürgeraktionen, Katastrophenschutzübungen, Manöver etc..

B. Didaktische Perspektiven

Grundlegende didaktische Aspekte wurden im Zusammenhang mit der Frage des Unterschieds von Unterricht und Unterweisung sowie im vorhergehenden Abschnitt besprochen. Fragen wir nun weiter, welche Themen sich denn für trainingsbezogenes Lernen besonders eignen?

Schauen Sie sich dazu die folgende Themenliste einmal genauer an und überlegen Sie, welche Themen Sie unterrichtlich, welche trainingsbezogen anbieten würden?!

1. Verkäuferschulung und Verkaufstraining
2. Kommunikations- und Interaktionstraining
3. Präsentationstechniken
4. Sensitivity-Training
5. Kreativitätstraining
6. Moderationstechniken
7. Grundlagen der Rhetorik
8. Führung und Beratung
9. Projektmanagement
10. Buchhaltung und Buchführung
11. Prüfungspsychologie und Prüfungspraxis
12. Mediendidaktik und Medieneinsatz im Unterricht

Sicher stimmen Sie zu, daß die ersten sechs Themen sich eindeutig auf Training beziehen. Ab Nr. 7 kann man sich vielleicht streiten, es sei denn, man einigt sich darauf, daß die zweite Hälfte der Themen unbedingt als Training durchzuführen wären. Dann wäre es die Zielstellung, mehr das Können und die praktischen Fähigkeiten der Teilnehmer zu entwickeln. Damit wird noch einmal unterstrichen, daß die Entscheidung für die grundlegende Lehr-/Lernform Unterricht oder Training zunächst einmal von den basalen Lernzielen abhängt. Ein weiteres didaktisches Kriterium, das man betrachten kann, ist das der Teilnehmerzahl und *inneren Gruppierung oder Differenzierung* der Teilnehmer. Training als mehr praxisbezogenes Lernen läßt sich nur in kleineren Gesamtgruppen optimal gestalten.

Ist die max. Gruppengröße für Unterricht 18, so beträgt diese für Training 12 Teilnehmer. „Innere Differenzierung" bedeutet nun, daß die Gruppengröße von 12 Teilnehmern durch weitere innere Aufgliederungen – z. B. bei Übungs- und Spielformen – verkleinert wird, damit möglichst jeder Teilnehmer praktisch trainieren und üben und sich der Dozent/Trainer/Ausbilder auch um jeden Teilnehmer bei diesen Übungen

„Soviel zum Thema Rollenspiele..." (vgl.: G. Hoberg, 1994, S. 311)

real kümmern kann. Die möglichen Differenzierungsformen können dann wie folgt aussehen:

z. B. bei 12 Teilnehmern:
= 12 Einzellerner mit Einzelarbeit
= 6 Partnerschaften à 2 Teilnehmer
= 3 Gruppen à 4 Teilnehmer für Gruppenarbeit
= 4 Gruppen à 3 Teilnehmer für Gruppenarbeit
= Mischformen bei Arbeits- und Spielformen,
    bei Simulationen, bei Rollenspielen etc.

Demnach ist die innere Differenzierung – als Aufgliederung der Gesamtgruppe – ein wesentliches didaktisches Merkmal von Training.

Eine zusätzliche Perspektive ergibt sich, wenn man an das Medienrepertoire denkt, das zum Einsatz kommt. Auch hier muß man wiederum feststellen, daß ein prinzipieller Unterschied zum Unterricht nicht besteht, da unterrichtliche Hilfsmittel in beiden Formen vorkommen. Dennoch bleiben mit Blick auf die didaktische Praxis methodische Unterschiede. Schauen wir uns dazu die häufigsten fünf unterrichtlichen Hilfsmittel für Trainingsformen an:

---

1. Film, Video und CD-ROM zur dynamischen Veranschaulichung und Analyse von Trainingsaufgaben und erbrachten Trainingsleistungen.
2. OH-Projektor, Flipchart, Tafel und Pinwand zur statischen Veranschaulichung, zur theoretischen Verdeutlichung, zur Erarbeitung von Themen, zur Bearbeitung von Aufgaben, zur Durchführung von Übungen.
3. Arbeitsaufträge und Tischvorlagen zur Anleitung teilnehmerzentrierten Erarbeitens und Übens.
4. Technische Medien wie Discs oder Kassetten zur auditiven „Veranschaulichung" oder zur medialen Anleitung und Unterstützung von Trainingsprozessen (z. B. durch Musik).
5. Arbeitsgeräte als Träger arbeitsbezogener Lern- und Trainingssituationen.

Man sieht sofort, daß das Medienrepertoire, das im Training zum Einsatz kommt, nicht so breit gefächert ist wie beim Unterricht.

Medien haben im Training nämlich vor allem die Aufgabe, das praktische Tun und Üben zu unterstützen. Im Unterricht dagegen nehmen sie funktionsbezogen einen viel breiteren Raum ein.

C. Lernbilanz, Feedback, Evaluation

Jedes Lerngeschehen hat irgendein Ergebnis, positiv oder negativ gesehen. Das gilt für Unterricht – also den Aufbau von Wissensbeständen, Einstellungen und Haltungen, fachlichen und überfachlichen Denk- und Arbeitsstrategien usw. – genauso wie für Training – also den Aufbau von allgemeinen Handlungsfähigkeiten (Können), Handlungsbereitschaften (Motivation) und Verhaltenstechniken (Geschick, Fertigkeiten, Routine).

Demzufolge muß auch im Training der Frage der Lernbilanz, der Rückmeldung des individuellen Lernergebnisses (=Feedback) sowie der Erörterung von Verbesserungsmöglichkeiten (=Evaluation) Raum gegeben werden. Denn gerade das gestufte, planmäßige Erlernen von Handlungen braucht zur Korrektur wie zur Bekräftigung die ständige Rückmeldung. Jeder, der z. B. einmal in der Sportdidaktik gearbeitet hat, wird das nachdrücklich bestätigen können.

Die *Einzelstufen des Erlernens einer Handlung oder Tätigkeit* sind
(vgl.: Zweiter Teil, III 4):

1. – Einstieg:	die Imitation
2. – Erweiterung:	die Ausführung auf Anweisung
3. – Vertiefung:	die Festigung des Handlungsablaufs
4. – Erweiterung:	die Präzisierung der Handlungsabwicklung durch Steuerung
5. – Vertiefung:	die Gliederung der Handlung nach Sequenzen und Prozeßteilen
6. – Erweiterung:	die Naturalisierung und Automatisierung als Festigung und Verinnerlichung

Aus dieser Stufung läßt sich ersehen, daß das Handlungslernen genauso differenziert geplant und didaktisch gestützt werden muß wie das „Denklernen" oder „Wissenslernen" (=kognitives Lernen).

Für jede der sechs bezeichneten Ausführungsstufen des Trainings sind eigene Rückmeldesituationen zu schaffen – sei es durch technische Hilfsmittel, sei es durch direkte Beobachtung –, damit die Lernenden in ihrem Lernfortschritt Sicherheit gewinnen können und nicht etwa falsche Ausführungsschritte erlernen.

IV. Motivierendes Dozenten-verhalten und der Umgang mit den Teilnehmern

„Der Mensch ist des Menschen erster und vorzüglichster Lehrer."
(Johann G. Herder)

Es gibt kaum Zweifel daran, daß der Unterrichtserfolg eines Dozenten in der Weiterbildung wesentlich bestimmt wird von der Art und Weise, *wie* er mit seinen erwachsenen (!) Teilnehmern umgeht. Noch so gute fachliche Qualitäten und eine noch so optimale Unterrichtsplanung und -gestaltung werden in ihrem Wert gemindert oder gar zunichte gemacht, wenn sich der Dozent in didaktischer und sozialer Hinsicht wie „die Axt im Walde" benimmt.

Wovon hier also zu reden ist, kann man demnach als die „dritte Säule" des Erfolges in der Weiterbildung bezeichnen: Der Dozent, ein kooperativer Lernpartner!

Immer beachten:
Der Dozent in der Weiterbildung hat zwar Lernende, aber keine Schüler vor sich!
Der Teilnehmer ist gleichberechtigter Partner!

Die vier von uns besonders herausgehobenen Gesichtspunkte lassen sich auch in folgende vier Fragen kleiden:

1. Wie drücke ich mich als Dozent verständlich aus?
2. Wie mache ich meine Teilnehmer geistig munter?
3. Wie erzeuge ich ein gutes, lernförderndes Sozialklima?
4. Wie gehe ich mit meinen Teilnehmern am besten um?

Was das im einzelnen heißen soll, möge die Abbildung 13 verdeutlichen.

Der Dozent, eine „geistig-kulinarische" Schnecke?

„Die Spezialität unseres Lokals", sagt der Ober, *„sind Schnecken!"* – *„Ich weiß"*, antwortet der Gast, *„beim letzten Besuch hier hat uns eine bedient...!"*

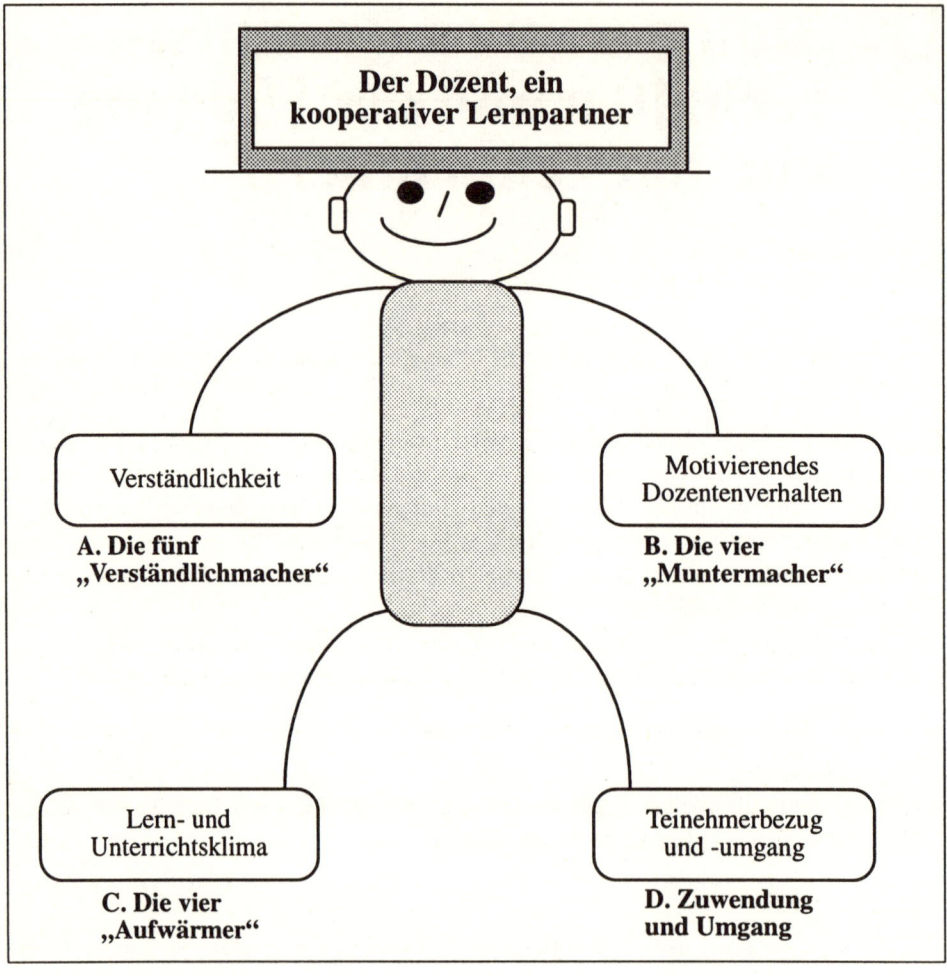

Abb. 13: Der Dozent, ein kooperativer Lernpartner

Die folgenden Abschnitte sollen die gestellten vier Fragen etwas genauer erläutern und dazu beitragen, ein besseres Verständnis für diesen Teil der pädagogisch-didaktischen Aufgaben und Möglichkeiten eines Dozenten aufbauen zu helfen.

A. Die fünf „Verständlichmacher"

Eine der wesentlichen Voraussetzungen dafür, daß erwachsene Teilnehmer in Weiterbildungsveranstaltungen Lernbereitschaft zeigen, ist die, daß der Dozent sich verständlich ausdrückt. Wie wissenschaftliche Untersuchungen eindeutig zeigen, nehmen Erwachsene einem Dozenten nichts so übel wie eine hochgestochene, abstrakte, möglicherweise mit Fremdwörtern gespickte Sprechweise. Offenbar verbaut ihnen ein derartiger nebulöser Jargon nicht nur das tatsächliche Verstehen der Unterrichtsthematik, vielmehr baut Unwillen über das gezeigte Sprachgehabe des Dozenten darüber hinaus zusätzliche psychische Barrieren auf, die jede Lernbereitschaft abtöten können.

Eine verständliche Sprache erhöht daher die Motivation der Teilnehmer!

a) Sie fühlen sich partnerschaftlich angenommen.
b) Der zu lernende Sachverhalt erscheint nicht mehr als so schwierig.
c) Es wird leichter, Vorwissen und Vorerfahrungen zu mobilisieren und in den Lernprozeß einzubringen.

Eine gute Verständigung ist das halbe Leben!

Aus einer Reihe wissenschaftlicher Untersuchungen kennen wir heute *Merkmale* einer gut verständlichen Sprache. Mit ihrer Hilfe ist es uns daher möglich, genauer anzugeben, worauf jeder Dozent achten sollte, wenn er Wert darauf legt, verstanden zu werden. Der Einfachheit und eigenen Verständlichkeit wegen wollen wir diese *fünf* Hauptmerkmale als unsere „*Verständlichmacher*" bezeichnen.

> **Verständliche Sprache?** Ein Gütekriterium für jeden Dozenten in der Weiterbildung! Es zeigt u. a., daß er die zu lehrenden Sachverhalte wirklich beherrscht.

Die fünf „Verständlichmacher" sind:

1. Das freie Reden oder auch „Sprechdenken"
2. Die Einfachheit
3. Die Ordnung und gedankliche Gliederung
4. Die Prägnanz oder Treffsicherheit
5. Die Stimulans oder Anregung

Merke: Schriftlich vorformulierte Texte sind in ihrer *Gestaltung* zwar perfekter, dagegen in ihrer *Verständlichkeit* als gesprochene Sprache viel problematischer. **Darum:** Beim Lehren also das Vorlesen unbedingt unterlassen! In der Weiterbildung ist nur Sprechdenken „erlaubt"!

Wir wollen im folgenden diese fünf „Verständlichmacher" noch etwas genauer beschreiben und erläutern.

1. Das freie Reden oder auch „Sprechdenken"

Viele Dozenten glauben, die Leistungsfähigkeit ihres Unterrichts durch eine perfekte Sprache sicherstellen zu müssen. Um dies zu erreichen, schreiben sie sich alles auf, was sie im Unterricht sagen wollen und lesen ihren Teilnehmern dann im Unterricht „aus ihren gesammelten Werken" vor. Zu ihrer oftmals großen Verblüffung stellen sie dann bald fest, daß die Teilnehmer

a) davon sehr gelangweilt sind,
b) viele bald „schlafen"
c) und der Rest trotz Aufmerksamkeit nur einen geringen Lerngewinn davonträgt.

Wie kommt das? Wie hat man sich das zu erklären? Nun, die Sache ist verhältnismäßig einfach: Die Sprache ist zu perfekt, zu glatt, weil abgelesen, außerdem zu schlecht betont und meist mit zu langen Sätzen bestückt, schließlich wird in aller Regel zu hastig, zu schnell gesprochen.

Der Teilnehmer versteht daher viel leichter, wenn der Dozent als Sprecher ungefähr so redet, wie er denkt. Da niemand in verschachtelten, buchreifen Sätzen denkt, wird der Satzbau sofort einfacher, die Denkspur ist leichter nachzuvollziehen. Außerdem ist im freien Sprechdenken:

- die Wortwahl einfacher,
- der Sprechakt – weil nicht so perfekt – natürlicher,
- die Redegeschwindigkeit in aller Regel etwas herabgesetzt.

Wie lernt man nun das Sprechdenken am besten und schnellsten? Auch dies ist eigentlich sehr einfach: Indem man ab sofort nichts mehr zum Vorlesen in den Unterricht

richt mitnimmt. – Sprechdenken lernt man nur dann verhältnismäßig rasch, wenn man sich zwingt, viel frei zu reden. Es ist halt wie mit dem Erlernen des Autofahrens: Man lernt es nur durch viel Fahren.

Ein Tip: Eine Gliederung dessen, was man vortragen will (als Ersatz für einen Stichwortzettel) auf ein Plakat oder an die Tafel schreiben und im Unterricht verwenden: Natürlich als Hilfe für die Teilnehmer...! Siehe da, man hilft sich damit selber und verliert die Angst, steckenzubleiben.

2. Die Einfachheit

Die große Kunst, einfach zu sprechen, bezieht sich im wesentlichen auf zwei verschiedene Ebenen:
- einmal auf die *Wortwahl*,
- zum anderen auf den *Satzbau*.

Wer einfach sprechen will, muß zunächst einmal im allgemeinen schwer verständliche *Fremdwörter* und *Fachausdrücke* weitgehend vermeiden und statt dessen Wörter aus der Umgangssprache verwenden. Statt zu sagen: „Die basalen Kategorien einer relevanten Organisationslehre sind...“, sollte der Dozent lieber vorschlagen: „Wir wollen nun einmal ein bißchen grundsätzlicher überlegen, was für eine Organisationslehre wichtig sein könnte...“

Nicht wahr, die zweite Formulierung ist uns sympathischer?! Sie ist nicht so bombastisch, viel bescheidener, lädt zum Mitdenken und Mitarbeiten ein. Sie vermittelt ganz stark den Eindruck, die Sache sei gar nicht so schwierig und kompliziert, jeder könne dazu einen Beitrag leisten.

Man sieht also, daß der Verständlichmacher „Einfachheit“ einen hohen aktivierenden und motivierenden Wert hat. Das gilt genauso für den Satzbau: Es sollten beim Sprechen kurze Sätze bevorzugt werden. Sehr hilfreich sind eingestreute kleine rhetorische Fragen, die der Dozent im nächsten Satz sogleich beantwortet. Auch die Wiederholung eines kurzen Satzes mit denselben oder in anderen Worten ist meist eine große Denk- und Lernhilfe. Denn Fragen und Wiederholungen „schaffen Luft“, verlangsamen das Tempo und erhöhen die Möglichkeiten zum Mitdenken.

> **Ein einfacher Satz**
> *„Derjenige, der den, der die Warnungstafel, die am Wege, der durch die Wiesen führt, steht, beschädigt hat, überführt, erhält eine Belohnung aus der Gemeindekasse.“*

3. Die Ordnung und gedankliche Gliederung

Der genannte Verständlichmacher ist ein hohes Lied auf die Logik und gedankliche Stimmigkeit. Sie ist besonders für den Lernenden von geradezu zentraler Bedeutung, denn sie schafft für den Mitarbeitsbereiten gedankliche „Helligkeit“ und Klarheit. Am besten ist es daher, wenn die Sachverhalte schön der Reihe nach behandelt werden. Die dazugehörige Gliederung sollte für alle sichtbar und gut leserlich an der Tafel, auf einem Plakat oder auf einem jedem Teilnehmer ausgehändigten Arbeitsblatt aufgeschrieben werden. Ein Dozent mit einem ausgeprägtem Verständlichmacher „Ordnung/ Gliederung" legt eindrucksvoll von zweierlei Zeugnis ab:

1. von seiner fachlichen Kompetenz,
2. von einer guten Unterrichtsvorbereitung.

Beides sind Sachen, die Teilnehmer mögen und die zur Mitarbeit anregen.

4. Die Prägnanz oder Treffsicherheit

Der Verständlichmacher „Prägnanz" ist die Fähigkeit, zum Punkt zu sprechen, die Dinge klar und präzise auf den Begriff zu bringen. Wir kennen das aus der Umgangssprache: Es ist geradezu nervtötend, wenn der Partner ständig um die Dinge herumredet, ohne die Kernpunkte klar und deutlich auszusprechen. Manch einer wird dann drastisch und wehrt sich mit den Worten:

„Mensch, Du quatschst mich besoffen." Fehlende Prägnanz ist für Lernende besonders mißlich, denn sie kann verwirren. Eine treffsichere Rede dagegen vereinfacht vieles, vor allem das Mitdenken.

Einfachheit der Sprache und Prägnanz der Antwort

Um prägnant formulieren zu können, ist es bisweilen erforderlich, den Sachverhalt, das Problem, die Frage usw. etwas zu vereinfachen. Dies ist eine große Kunst, bedeutet aber für viele Dozenten eine große Hürde. Sie haben – in deutscher Gründlichkeit – Angst, fachlich angreifbar zu werden. Dabei vergessen sie oft, daß es

1. um Lernprozesse und Fragen des Verstehens und Behaltens der Teilnehmer geht,
2. um eine bewußte Vereinfachung geht, die man – nachdem das Prinzip, der Kerngedanke, der entscheidende Punkt usw. erst einmal klargemacht sind – nachgängig leicht ergänzen, erweitern oder korrigieren kann.

Lehren heißt oft, das Bewußtsein und Verständnis der Teilnehmer in konzentrischen Kreisen zu erweitern. Wer gleich zu Anfang mit 1000 Einzelheiten, Aspekten, Gesichtspunkten, Fragen usw. operiert, verhält sich wie jemand, der immer gleich mit der Tür ins Haus fällt. Das sollte man ja schon in der Liebe nicht so machen, wie viel weniger beim Lehren, das ja Lernen, Denken und Behalten bewirken soll.

5. Die Stimulans oder Anregung
Die Verständlichkeit der Sprache hängt schließlich auch ab von dem Grad an direkter zusätzlicher Anregung, den die Redeweise des Dozenten vermittelt. Dabei ist vor allem an folgendes zu denken:

* Verwendung von *Ausrufen* und von *wörtlicher Rede* soweit wie möglich,
* *Bildung von Beispielen* aus dem täglichen Leben sowie der beruflichen Sphäre der Teilnehmer,
* *direktes Ansprechen* der Teilnehmer,

Übertreibung oder überraschende Wendung??

- Verwendung *rhetorischer Fragen*, die der Dozent selbst beantwortet,
- Verwendung bestimmter, bekannter *Reizwörter,* möglichst in neuer, witziger Verpackung,
- Einbettung der *zu* vermittelnden Sachverhalte in wahre oder erdachte *Geschichten,*
- Verwendung bewußter *Übertreibungen* und *überraschender Wendungen* mit anschließender Richtigstellung.

Stellt man sich zusammenfassend die fünf behandelten Verständlichmacher – Sprechdenken, Einfachheit, Ordnung/Gliederung, Prägnanz, Stimulans – vor Augen, so wird deutlich, welche ausgezeichneten Möglichkeiten die Sprache des Dozenten bietet, die Teilnehmer zum aktiven Mitdenken und Mitarbeiten zu bewegen.

Verständlichkeit ist somit die wirksamste Grundlage für ein motivierendes Dozentenverhalten:

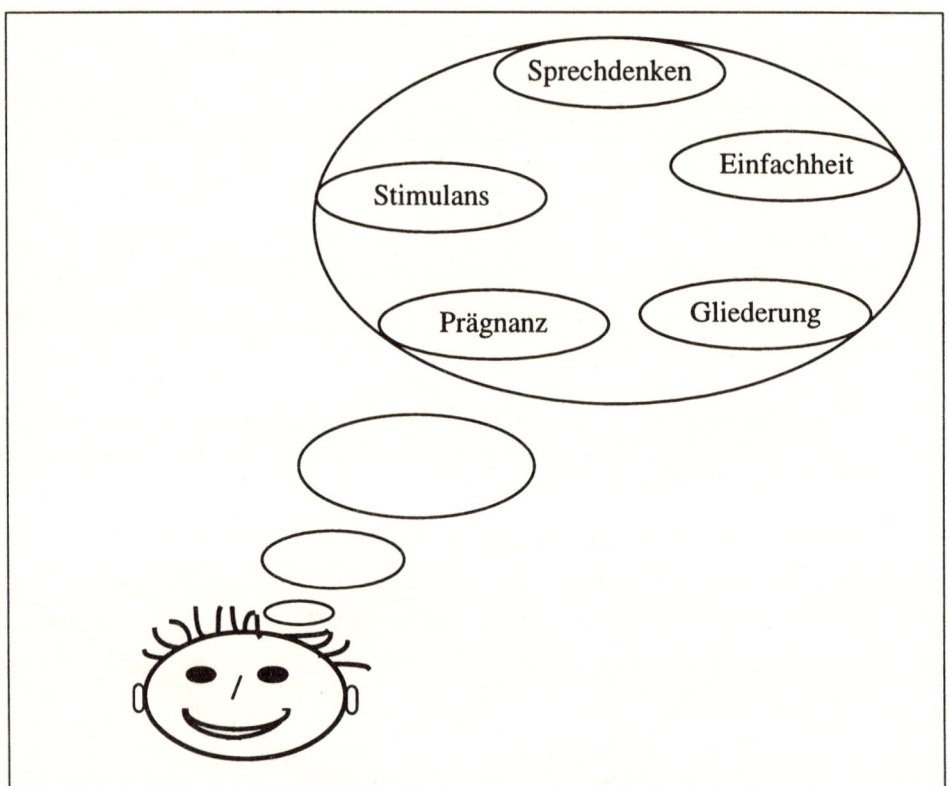

Abb. 14: Die fünf „Verständlichmacher"

B. Die vier „Muntermacher"

In dem Abschnitt über die Verständlichmacher haben wir gesehen, daß der Dozent über die Sprache durchaus schon „muntermachend" auf die Teilnehmer wirken kann. Darüber hinaus stehen ihm vier weitere Helfer, die sogenannten „Muntermacher" i. e. S. zur Verfügung, um den Unterricht und die Teilnehmer über sein *eigenes Verhalten in* Schwung zu bringen:

1. Das freigebend-kontrollierende Verhalten
2. Das energievolle Verhalten
3. Das streitbare Verhalten
4. Das geistreiche Verhalten

Bevor wir nun auch die vier Muntermacher erläutern, noch kurz diese Charakterisierung:

Nicht vergessen! Das Dozentenverhalten, von dem hier die Rede ist, stellt als Ganzes nur *einen* Aspekt eines motivierenden, interessanten Unterrichts dar:
• Die inhaltliche Aufbereitung sowie
• die Didaktik und Methodik
stellen die beiden anderen „Säulen" eines interessanten Unterrichtsgeschehens dar!

• freigebend-kontrollierendes Verhalten
• energievolles Verhalten
}
Diese beiden Merkmale beziehen sich vorwiegend auf das Problem der Lenkung im Unterricht (= Führungsverhalten).

• streitbares Verhalten
• geistreiches Verhalten
}
Diese beiden Merkmale beziehen sich vorwiegend auf die intellektuellen Fähigkeiten des Dozenten.

1. Freigebend-kontrollierendes Verhalten

Hierbei handelt es sich um einen Muntermacher von besonderer Bedeutung. Denn da wir es in der Weiterbildung mit Erwachsenen zu tun haben, ist die Frage nach dem Ausmaß von deren Möglichkeiten, sich selbst zu regulieren, wichtig für ihre Lernbereitschaft. Gefragt ist bei diesem Muntermacher nach einem Dozenten, der im Unterrichtsgeschehen planvoll Freiräume schafft, in denen die Teilnehmer stärker selbstbestimmt agieren können. Dies bezieht sich einmal auf die methodisch-didaktische Struktur des Unterrichts (Einsatz teilnehmerzentrierter Lehr- und Sozialformen), zum anderen auf das hier interessierende Dozentenverhalten selber:

- Das Stellen weiterer, offener Fragen.
- Das Setzen von Denkanstößen und Impulsen.
- Die Hilfestellung beim Problematisieren des Sachverhaltes durch die Teilnehmer.
- Das Ermöglichen von Eigenaktivitäten der Teilnehmer: Plakat-/ Tafelbeschriftung, Erläuterungen vor der Lerngruppe, Entwickeln eines Problems, einer Lösung am Arbeitsprojektor etc.
- Die Ermunterung von Teilnehmerfragen und Teilnehmeraktivitäten.
- Die Realisierung von kleinen Denk- und Arbeitspausen, in denen die Teilnehmer auch tatsächlich überlegen, mitdenken und mitarbeiten können.

Wichtig ist, daß dieses freigebende Verhalten des Dozenten nicht mit Laisser-faire-Verhalten verwechselt wird, einer spezifischen Form von Gleichgültigkeit und Passivität des Dozenten. Vielmehr sollte er die Freigabe *kontrolliert* realisieren. Er sollte genau wissen, was in der Lerngruppe vor sich geht, wann Eigenaktivitäten der Teilnehmer am Platze sind, wie lang eine Arbeits- und Denkpause sein sollte, welcher Teilnehmer als nächstes aktiviert werden sollte usw.

Kontrolliert freigebendes Verhalten

Achtung! Wer viel Lenkung im Unterricht ausübt, lähmt die Teilnehmer regelrecht. – Die meisten Dozenten sind diesbezüglich viel zu aktiv.

Besser: Die Teilnehmer soviel wie eben möglich selber machen lassen!

2. Das energievolle Verhalten

Jeder Dozent bietet seinen Teilnehmern ein Modell für das eigene Verhalten an. Er ist eine Art Vorbild, an dem man sich bewußt und unbewußt (!) orientiert. Verhält sich der Dozent lahm, passiv und gelangweilt und verbreitet er ein Klima des Desinteresses, so darf er sich nicht wundern, wenn sich seine Teilnehmer ebenso verhalten. – Geht er jedoch energisch auf die anstehenden Fragen los, zeigt er Engagement und Interesse und den unbedingten Willen, die „Sache" zum erfolgreichen Ende zu bringen, so wird sich seine Energie auf die Teilnehmer übertragen, wird sie munter machen und aktivieren. Es genügt nicht, daß sich der Dozent für die Sache, den Unterricht und die Teilnehmer interessiert, er muß dieses Interesse auch durch energievolles Verhalten praktisch glaubhaft umsetzen.

Merke: Es gibt nichts Schläfrigeres als Schläfrigkeit.

---

3. Das streitbare Verhalten

Hier geht es nicht darum, daß der Dozent ständig einen Streit vom Zaune bricht. Streitbares Verhalten meint vielmehr, daß sich der Dozent gleichsam augenzwinkernd an bestimmten Stellen (!) „dumm" stellt: die Teilnehmerbeiträge z. B. bewußt nicht richtig verstehen will, Argumente falsch verwendet, unlogisch argumentiert, ungeeignete Einwände formuliert usw. Dies alles – wie gesagt – ein bißchen verschmitzt, nie persönlich verletzend und mit dem augenzwinkernden Effekt, den Teilnehmern die Chance zu geben, den Dozenten

> **Streitbares Verhalten**
> *„Ein schönes Bild haben Sie gemalt",* sagt ein Atelierbesucher zum Maler, *„ich kann mich nicht satt sehen!"* Darauf der Maler: *„Ich auch nicht! Daher möchte ich es Ihnen gern verkaufen!"*

durch gute Argumente zu widerlegen, zu zeigen, daß man ihm nicht auf den Leim gegangen ist, daß man aufgepaßt und die Sache verstanden hat.

Streitbares Verhalten in diesem Sinne ist überaus belebend. Es kann befreiend gelacht werden, denn letzten Endes ist ja der Dozent der „Dumme" und die Teilnehmer können zeigen, daß sie aufmerksam sind, etwas gelernt und Kompetenz erworben haben.

4. Das geistreiche Verhalten

Unser letzter Muntermacher bezieht sich auf die Fähigkeit des Dozenten, u. a. folgende Merkmale in seinem Verhalten abzubilden:

- Überraschende Vergleiche anstellen und ungewohnte Einfälle produzieren.
- Ungewohnte Wendungen benutzen.

- Gute Beispiele und Bilder wählen.
- Humorvolle und anekdotische Bezüge herstellen.
- Schlagfertigkeit und Witz zeigen.
- Scheinbar einfache Fragen mit „Tiefgang" stellen.
- Einen komplizierten Sachverhalt vereinfachen und auf einen kleineren Nenner bringen.
- Historische Hintergründe andeuten.
- Einen theoretischen und abstrakten Sachverhalt fallbezogen durchspielen.

Daß zum geistreichen Verhalten neben einer guten fachlichen Kompetenz vor allem Schlagfertigkeit, Witz und Einfallsreichtum gehören, dürfte klar sein. Daher ist ganz besonders hier eine gute Übung im Sprechdenken vonnöten. Dieses bildet eine unabdingbare Voraussetzung für geistreiches Verhalten.

Geistreiches Verhalten und der ungewohnte Einfall!

An dieser Stelle sollte daher ein Hinweis darauf erfolgen, wie man als Dozent seine Leistungsfähigkeit in Sachen „Verständlichmacher", „Muntermacher", „Aufwärmer" und „Teilnehmerumgang" (s. u.!) verbessern kann:

a) Teilnehmerbefragungen durchführen (siehe 2. Teil des Buches!), um herauszufinden, wie einen die Teilnehmer wirklich erleben.
b) In kleinen Schritten vorgehen und sich nicht alles auf einmal vornehmen. Gezielt auf ein oder zwei Merkmale achten!
c) Bei einem Kollegen hospitieren und den Gesamtprozeß wie spezifisches Dozentenverhalten beurteilen lassen.
d) Unterrichtsnachbereitungen und Analysen anstellen! Wichtiges aufschreiben, Verbesserungsvorschläge notieren.

C. Die vier „Aufwärmer"

Die im folgenden zu besprechenden „Aufwärmer" beziehen sich auf die Aufgabe jedes Dozenten, ein konstruktives, lerngünstiges *Unterrichtsklima* herzustellen. Es geht darum, die Teilnehmer gefühlsmäßig für den Unterricht zu gewinnen, sie gleichsam für das Lernen zu erwärmen. Es wäre ein schwerwiegender Irrtum anzunehmen, der Lernprozeß spiele sich nur im Kopf ab, es sei gleichgültig, in welcher Stimmung, mit welchen Gefühlen die Teilnehmer dem Unterricht beiwohnten. Wer so denkt, verkennt den engen Zusammenhang zwischen Gefühlen, Stimmungen, Denk- und Lernvorgängen. Ein humorvoll-entspanntes, partnerschaftlich-wertschätzendes und bekräftigendes Klima ist für die meisten Teilnehmer eine Grundvoraussetzung für ein Lernen in der Gruppe.

Besonders erwachsene Lerner sind oft sehr sensibel, gehen mit durchaus beachtlichen Vorbehalten, ja, Ängsten, in den Unterricht hinein. Ihnen macht – weil ein wenig lernungewohnt – das kontinuierliche, systematische Lernen Probleme, zumindest bestehen diesbezüglich bei ihnen oftmals entsprechende Sorgen.

Um so befreiender und hilfreicher, wenn sie auf einen Dozenten treffen, der mit Hilfe der folgenden vier Aufwärmer für ein angenehmes Unterrichtsklima sorgt:

1. Partnerschaftliches Verhalten
2. Wertschätzendes Verhalten
3. Bekräftigendes Verhalten
4. Humorvolles Verhalten

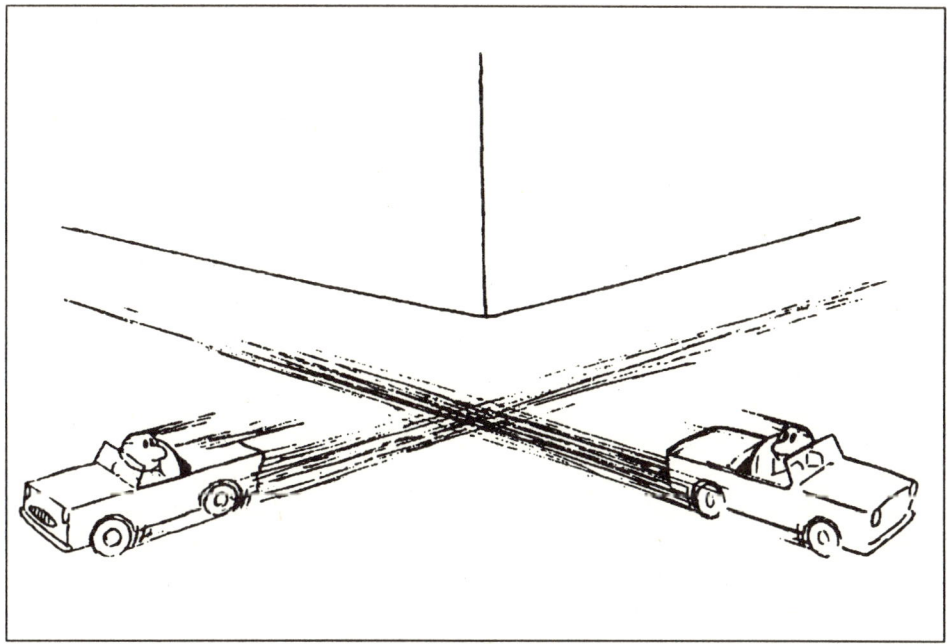

Partnerschaftliches Verhalten??

1. Das partnerschaftliche Verhalten
Hier ist wichtig, daß der Dozent kein Ranggefälle
- a) zwischen den Teilnehmern oder
- b) zwischen sich und den Teilnehmern

aufkommen läßt. Unter Weglassung von Titeln und Ämterbezeichnungen wird ein freundlicher Umgang gesucht, der am ehesten die Gewähr für ein sachbezogenes Arbeiten bietet.

Das Verhalten des Dozenten ist in jeder Beziehung umkehrbar („reversibel"), das heißt, alle Verhaltensweisen des Dozenten gegenüber den Teilnehmern können von diesen in gleicher Weise auf ihn angewendet werden. Der Dozent nimmt seine Teilnehmer ernst, ist immer gesprächsbereit. Er vermittelt den Teilnehmern das klare Gefühl, daß er immer für sie da ist, jederzeit als Ansprechpartner zur Verfügung steht.

2. Das wertschätzende Verhalten
Das wertschätzende Verhalten geht über den partnerschaftlichen Umgang noch hinaus. Der Dozent zeigt deutlich sein Interesse an der Person seiner Teilnehmer. Er vermittelt Wärme und Verständnis für ihre Situation und ist auch außerhalb des Unterrichts für sie da. Der Dozent bemüht sich darum, personenbezogene Konflikte (den sog. Schlagabtausch) im Unterricht tunlichst zu vermeiden. Er versucht, auch im sozialen Miteinander der Teilnehmer ein Klima der Freundlichkeit und Wärme zu erzeugen.

Dazu dient z. B. die Einführung des sog. „Butlerprinzips" am Beginn eines Lehrgangs oder Seminars: „Jeder ist jedermanns Diener." – Es ist immer wieder erstaunlich zu beobachten, wie mit diesem einfachen Kunstgriff das soziale Klima einer Lerngruppe positiv beeinflußt wird.

3. Das bekräftigende Verhalten
Das menschliche Verhalten wird – wie Untersuchungen zeigen – u. a. stark beeinflußt von der Hoffnung, erfolgreich zu sein. Eine Unterrichtssituation, die für viele Teilnehmer die Erfahrung ermöglicht, beim Lernen erfolgreich gewesen zu sein bzw. sein zu können, bekräftigt zum Weiterlernen.

Jeder Dozent verfügt über drei Möglichkeiten, Teilnehmer zu bekräftigen und zu verstärken:

- a) Die direkte Bekräftigung (es wird z. B. Lob, Zustimmung, Anerkennung ausgesprochen):
  - aa) im Unterrichtsgeschehen, vor der ganzen Lerngruppe;
  - ab) außerhalb des Unterrichtsgeschehens, etwa im Gespräch unter vier Augen.
- b) Die indirekte Bekräftigung durch Ermöglichung der Darstellung von positiven Teilnehmerleistungen vor der Gesamtgruppe: Hier besteht die Verstärkung mehr in der Darstellung der Ergebnisse in der Gruppe, hat also mehr einen sozialen Charakter. Teilnehmer verstärken Teilnehmer.
- c) Die Selbstverstärkung: Der Teilnehmer erhält die Möglichkeit, sich eine sach- oder aufgabenbezogene Rückmeldung über seine Leistung selbst zu geben, sich also sel-

ber zu bekräftigen. Hierbei handelt es sich um eine besonders erwachsenengerechte Form der Bekräftigung, denn der Teilnehmer ist bei dieser Form weder vom Dozenten noch von den anderen Teilnehmern abhängig. Selbstverstärkung ist in diesem Sinne als die emanzipierteste Form der Verstärkung zu bezeichnen.

Um aber keine Mißverständnisse aufkommen zu lassen:

Alle drei Verstärkungsformen haben in der Weiterbildung ihren Platz: Direkte und indirekte Bekräftigung, ebenso die Selbstverstärkung!

Viele – besonders aber die lernunerfahrenen – Teilnehmer in der Weiterbildung benötigen durchaus den direkten persönlichen Kontakt und Zuspruch, auch und gerade das direkte Lob und die persönliche Anerkennung. Zu beachten ist dabei freilich, daß diese sachlich voll berechtigt sein müssen. Ein „Pseudolob" ohne Hintergrund, das nur der Bekräftigung wegen ausgesprochen wird, ist für Erwachsene durchschaubar und eher peinlich!

Es kommt sicher auf den Bildungsstand, die Lernerfahrungen sowie das soziale Herkommen der Teilnehmer an,

*   wie intensiv und
*   in welcher Form

sie am ehesten zu bekräftigen sind. Hier kommt es auf das Gespür und die Feinfühligkeit des Dozenten wesentlich an.

Verstärkung ja, Übertreibung nein!

4. Das humorvolle Verhalten

Der letzte unserer vier Aufwärmer ist der Humor. Von ihm wird das Unterrichtsklima auf das nachhaltigste beeinflußt. Sehr zu Recht, denn tierischer Ernst, Verbissenheit und straffe Arbeitsorientierung sind der Tod jeder Arbeitsbereitschaft. Lernen muß – und kann ja auch – Spaß machen. Lachen kann regelrecht befreiend wirken, lockert alle Beteiligten auf, ist ein gefühlsmäßiger „Warmmacher" im sozialen Miteinander.

Zwar kann man nicht jedem Dozenten abverlangen, als professioneller Humorist aufzutreten. Jedoch ist zumutbar, daß jeder Dozent sich um gelegentliche Einschübe bemüht, in denen einmal gelächelt oder auch gelacht werden kann. Oft helfen da einzelne Teilnehmer einem nicht so witzig veranlagten Dozenten weiter. Fast jede Lerngruppe hat da so ihren Spaßmacher. Ihn gilt es dann zu ermutigen, mit kleineren „Einlagen" dem Dozenten unter die Arme zu greifen...

Fassen wir noch einmal kurz zusammen:

Neben den Muntermachern stehen mit den vier Aufwärmern jedem Dozenten Hilfsmittel zur Verfügung, die Teilnehmer für das Unterrichtsgeschehen zu gewinnen: Partnerschaftliches, wertschätzendes, bekräftigendes und humorvolles Verhalten sind hier zu nennen. Durch eigenes Vorbild (Modellverhalten) und den systematischen und gezielten Einsatz der Aufwärmer wird ein konstruktives Unterrichtsklima geschaffen, das viele der erwachsenen Teilnehmer als Lernhilfe dankbar annehmen werden.

Humor ist, wenn man trotzdem lacht!

D. Dozentenverhalten und Teilnehmerumgang

Motivierendes Dozentenverhalten heißt nicht nur

- Verständlichkeit (= „Verständlichmacher"),
- Ermunterung (= „Muntermacher") und
- Wärme/Wertschätzung (= „Aufwärmer")!

Dazu gehört auch der Einsatz eines unterrichtlich angemessenen, konstruktiven Verhaltens, das von der Körpersprache des Dozenten bis zum Umgang mit den Teilnehmern reicht. Es geht darum, wesentliche Punkte herauszustellen, die beachtet werden müssen, wenn der Dozent günstige Rahmenbedingungen für seinen Unterricht schaffen will. - Damit dieses Buch nicht zu umfangreich wird, sollen diese Punkte im folgenden nur kurz aufgelistet und ganz knapp erläutert werden. (Im 3. Teil des Buches finden Sie entsprechend weiterführende Literatur!)

Zunächst die fünf wichtigsten Punkte zur *K ö r p e r s p r a c h e* :

---

1. Augenkontakt herstellen – keinen „Blindflug" anstellen!

Der Dozent sollte sich dieses Mittels bedienen, um darüber informiert zu sein, was bei den Teilnehmern vor sich geht. Daher ist es nötig, frei zu sprechen, die Teilnehmer ständig anzusehen!

---

2. Zuwendung realisieren – Interesse zeigen!

Dem Teilnehmerinteresse am Unterricht entspricht das Dozenteninteresse am Teilnehmer! Darum: Niemanden übersehen! Teilnehmerwünsche und -beiträge beachten und würdigen! Auf die Teilnehmer zugehen! Auch abwegige Beiträge als Versuch der Mitarbeit akzeptieren!

---

3. Mimik und Gestik entwickeln und einsetzen!

Der Dozent ist freilich kein Schauspieler! Aber in Grenzen sollte er den Verständlichmacher Stimulans auch in seiner Körpersprache mit gestischen und mimischen Mitteln wenigstens ansatzweise abbilden. Grundsatz: Wehret der Lahmheit und Schlafbereitschaft des Dozenten wie der Teilnehmer. (Jedoch: Fingerüberfälle und jede Theatralik vermeiden!) Auf der gleichen Ebene liegt:

---

4. Die Sprache: Lautstärke und Modulation beachten!

Wer als Dozent tätig ist, sollte seine Sprechwerkzeuge so benutzen, daß er für alle verständlich ist. Durch angemessene Betonungen und Variation der Sprechgeschwindigkeit kann der Eindruck des „Leiertons" und der „Tibetanischen Gebetsmühle" gar nicht erst aufkommen. Denn: Dynamisches Sprechen ist Ausdruck von Engagement, Aktivität und Interesse... (Modellverhalten).

---

5. Sitzen, stehen, gehen – aber kein Wanderprediger!

Also: Standorte im Unterricht durchaus wechseln! Regel: Beim Vortrag und darstellend-entwickelnden Lehrgespräch *stehen,* beim fragend-entwickelnden Lehrgespräch, beim Unterrichtsgespräch und bei Dozenteneinhilfen oder Mitarbeit in teilnehmerzentrierten Verfahren (Einzel-, Partner-, Gruppenarbeit) *stets sitzen.* Ranggefälle vermeiden! – Jedoch: Dynamisches und funktionales Sitzen/Stehen/ Gehen dürfen nicht zum Unruheherd im Unterricht werden. Kein „Wanderprediger" oder „Löwe im Käfig" sein! Gebändigte Dynamik und kraftvolle Ruhe ist die erste Dozentenpflicht!

Im übrigen: Auch der Medieneinsatz erfordert ein dynamisches Verändern des Standortes im Raum.

Nach den fünf wichtigsten Punkten zur Körpersprache nun entsprechend fünf Punkte zum

Umgang mit den Teilnehmern:

---

1. Sitzordnung, Namenschilder – Anrede beachten!

Eine gesprächsfördernde Sitzordnung in U-Form oder in quadratischer Form – alle Teilnehmer können sich ins Gesicht sehen (= face-to-face-Situation) – sowie Namenschilder vor jedem Teilnehmer fördern die Mitarbeit und begünstigen das Arbeitsklima. Der Dozent sollte jeden Teilnehmer von der ersten Minute an mit seinem Namen anreden!

Tip: Am Beginn Namen so schnell wie möglich auswendig lernen! (Hierzu gibt es z. B. bestimmte Namensspiele, die nach einer Spielrunde bereits das Erinnern aller Teilnehmernamen ermöglichen.)

> **2. Sorgfältige Vorbereitungen (Manuskripte, Tafelanschriften, Medien, Räumlichkeiten etc.) jeweils direkt vor dem Unterricht sind eine Verbeugung des Dozenten vor den Teilnehmern!**

Geht der Dozent hier sorgfältig vor, gibt er seinen Teilnehmern wortlos zu verstehen, daß er seine Aufgabe – und damit letztlich die Teilnehmer als Gegenüber – ernst nimmt. Damit zeigt er positives Modellverhalten. Außerdem: Gute Vorbereitung zahlt sich unweigerlich positiv aus: Es klappt alles besser!

Überlegte Vermeidung von Schwierigkeiten

> **3. Einwände, Konflikte und Kritik der Teilnehmer sachlich behandeln!**

Geäußerte Einwände von Teilnehmern niemals als Kampfansagen behandeln! Das vergiftet die Atmosphäre. Einwände und Kritik auch nicht unter den Teppich kehren. Besser ist es, sie sachlich zu behandeln, sie vielleicht an die Tafel zu schreiben, andere Teilnehmer Stellung nehmen zu lassen, sich selber sachlich zu äußern. – Kommen gefühlsmäßige Konflikte auf, diese zur Lösung i. d. R. in die Gruppe zurückgeben!

Schwierigkeiten sind dazu da, überwunden zu werden!

---

4. Fragen als Führungshilfen benutzen!

Guter Unterricht ist immer ein gut geführter Unterricht. Mit Hilfe von *fünf Frage-typen* kann der Dozent nichtdirektiv (indirekt und kooperativ) Führungshilfen geben, ohne das Klima zu beeinträchtigen:

- Gegenfragen (bei Einwänden hilfreich zur Überprüfung der Argumentation);
- Umwegfragen (zur Überbrückung einer Denk-, Argumentationsschwierigkeit);
- Alternativfragen (=entweder/oder, Entscheidungshilfen);
- Rhetorische Fragen (Denkpausen, Denkhilfen, Akzentsetzungen);
- Sicherungs-/Kontrollfragen (Verständnissicherung, „Brückenbau" zum nächsten Unterrichtsabschnitt).

---

5. Außerunterrichtlichen Umgang mit den Teilnehmern – wenn möglich – pflegen!

Viele unterrichtliche Probleme und Konflikte treten gar nicht erst auf, wenn sich der Dozent und die Teilnehmer gut kennen und verstehen. Wenn es daher möglich ist, sollte der Dozent unbedingt mit den Teilnehmern gemeinsam Essen gehen, Wein trinken, Kegeln gehen, Spaziergänge machen usw. Solche außerunterrichtlichen Aktivitäten sind konkrete Beiträge zu einem guten Unterrichtsklima.

Fassen wir das zum Dozentenverhalten und Teilnehmerumgang Gesagte zusammen, so ergibt sich, wie viele Möglichkeiten ein Dozent hat, die Motivation und Arbeitsbereitschaft seiner Teilnehmer anzuregen und zu unterstützen. Wesentlich und umfassend geschieht dies durch Herstellung eines guten „Betriebs-"/Unterrichtsklimas. Das folgende Schaubild veranschaulicht dies nochmals zusammenfassend:

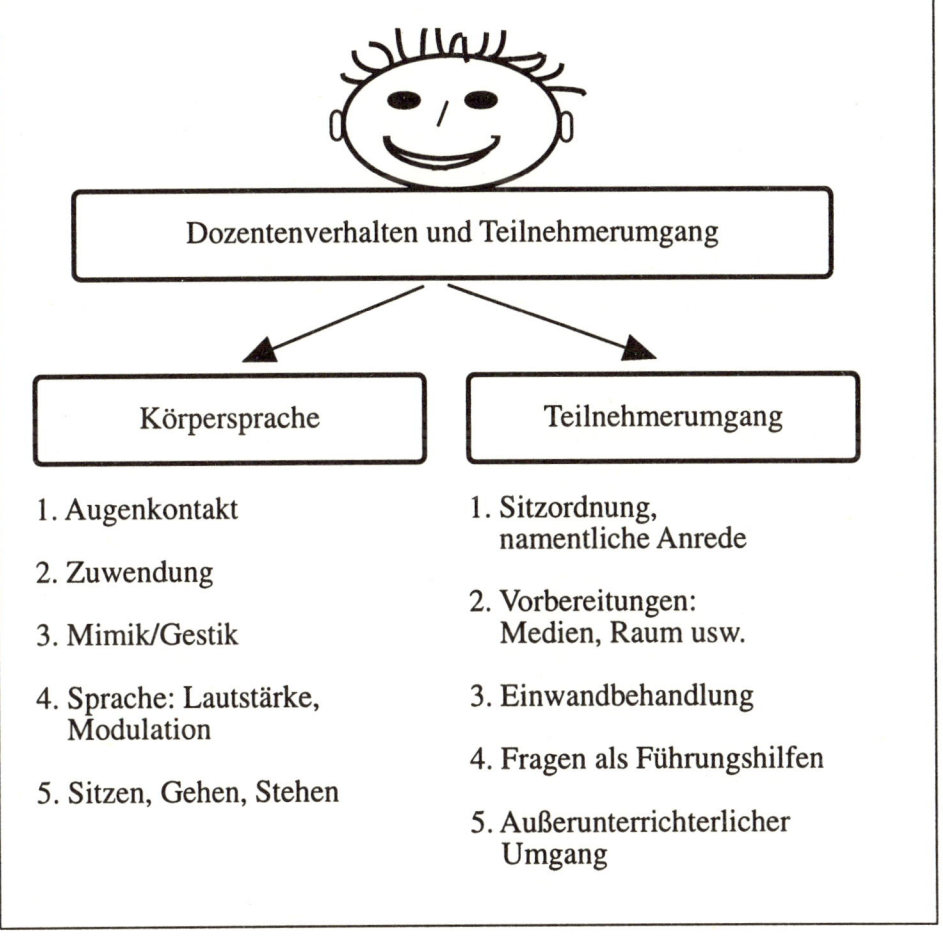

Dozentenverhalten und Teilnehmerumgang

Körpersprache	Teilnehmerumgang
1. Augenkontakt	1. Sitzordnung, namentliche Anrede
2. Zuwendung	2. Vorbereitungen: Medien, Raum usw.
3. Mimik/Gestik	3. Einwandbehandlung
4. Sprache: Lautstärke, Modulation	4. Fragen als Führungshilfen
5. Sitzen, Gehen, Stehen	5. Außerunterrichterlicher Umgang

Abb. 15: Dozentenverhalten und Teilnehmerumgang

V. Hinweise für eine realistische Unterrichtsvorbereitung

An zwei Stellen der bisherigen Darstellung war schon von Unterrichtsplanung und -vorbereitung die Rede: „Die Lehrskizze als Unterrichtsvorbereitung" (vgl. Abschnitt II G) sowie das „Lerngerüst" und „der Stundenschluß" (vgl. Abschnitt II E). In der Tat sind dies die beiden Säulen jedes akzeptabel vorbereiteten Unterrichts. Nun weiß aber jeder einigermaßen erfahrene Dozent, daß es durchaus nicht selten vorkommt, daß eine ausführliche Vorbereitung auf den Unterricht – etwa in der Art einer didaktischen Analyse nicht möglich ist. In diesem Fall ist eine – vor allem zeitlich machbare – *realistische Vorbereitung* vom Dozenten gefragt, für die einige Hinweise nützlich sind.

Drei Voraussetzungen, die der Dozent z. T. selber schaffen kann, erleichtern die Unterrichtsvorbereitung ganz wesentlich:

a) wenn wiederkehrende Lehrveranstaltungen vorbereitet werden,
b) wenn Manuskripte, Medien und Materialien sauber geordnet zur Wiederverwendung aufbewahrt werden,
c) wenn der Dozent über das in diesem Buch beschriebene Grundwissen und Können verfügt.

Gehen wir als *Beispiel* von einem Dozenten aus, der eine 4stündige Lehrveranstaltung (= zweimal 90 Min.) vorzubereiten hat, die er zwar in Zukunft öfters durchführen wird, aber die nun zum ersten Mal vorzubereiten ist. Er verfügt demzufolge weder über einen Themenkatalog noch über Lernziele, geschweige denn über Manuskripte, Materialien oder Medien...
Eine realistische Unterrichtsvorbereitung hätte hier davon auszugehen, daß das anstehende Problem nur in mehreren Stufen und Etappen zu bewältigen ist, daß also erst von Mal zu Mal eine qualitativ bessere Unterrichtsvorbereitung vorliegen kann, die sich freilich der jeweiligen Erfahrungen der vorausgegangenen Stunden zu bedienen hätte.

Realistische Vorbereitung!?!

Die Aufgabe wäre demnach zu reduzieren und der Dozent müßte sich bei der Erstvorbereitung vielleicht auf nur zwei Punkte beschränken:

a) Erstellung der Unterrichtsthemen und Teilthemen,
b) Strukturierung des Unterrichtsablaufs.

Zu a) Hier wird lediglich durch eine verkürzte Inhaltsanalyse und die Anwendung der Techniken zur Stoffreduktion (vgl. 1. Teil, I A/B) der thematische und rudimentär-didaktische Hintergrund des Unterrichts aufbereitet. Das Resultat sind Groblernziele, eine Fachlandkarte mit Themen und Unterthemen sowie ein Prototyp (vgl. 1. Teil, II G).

Zu b) Sodann wird eine verkürzte Unterrichtsstruktur erstellt, in der lediglich die Abfolge der Lehr- und Sozialformen nebst zeitlicher Festlegung enthalten sind.

Das Ergebnis dieser 1. Vorbereitung zu einer wiederkehrenden Unterrichtseinheit sieht dann folgendermaßen aus:

Doppelstunde I (90 Min.): Thema X : 9.00 - 10.30 Uhr

1. Lehrvortrag (Einstieg: Gliederung): Übersicht und Begründung (Fachlandkarte) (9.00 - 9.15 Uhr)

2. Gruppenarbeit (=GA) (Erarbeitung): Teilthema X_1
   (9.15 – 9.45 Uhr)
   Arbeitsauftrag: wird auf einem Flipchart skizziert oder mündlich erteilt.
   Arbeitsmaterial: z. B. Gesetzestext oder Buchtext etc. im Besitz der Teilnehmer.

3. Plenum: Auswertung der GA
   (9.45 - 10.15 Uhr)

4. Lehrvortrag: Teilthema X_2 und Zusammenfassung
   (10.15 – 10.30 Uhr)

Es ist klar, daß diese reduzierte Vorbereitung noch erhebliche Mängel aufweist, dafür hat sie den Vorteil, realistisch und vernünftig zu sein. Die noch unvollständigen oder fehlenden

- Lernziele
- Unterrichtsstrukturen
- Manuskripte & Akten
- Medien

können – wie gesagt – Schritt für Schritt – von Mal zu Mal – bereitgestellt werden. Ihre spätere Erstellung hat auf jeden Fall noch den Vorteil, im Lichte bereits einschlägiger Unterrichtserfahrungen zu erfolgen, so daß der Dozent gezielter planen kann. Uns scheint, daß diese gestufte Form der Unterrichtsvorbereitung gerade für nebenberuflich tätige Dozenten der einzig vernünftige Weg ist, schrittweise zu einer didaktisch akzeptablen Ausarbeitung zu kommen.

VI. Die Überprüfung des eigenen Unterrichts

Ähnlich wie viele Lehrer an Schulen und Hochschullehrer an Universitäten fürchten sich manche Dozenten/Trainer/Ausbilder in der Weiterbildung vor Rückmeldungen, wie der Unterricht bei den Teilnehmern angekommen ist. Dabei sind Informationen darüber, wie der Unterricht erlebt wurde, ob man in ihm lernen konnte, was besonders gelungen und was eher mißlungen war, grundlegend für eine Revision, Überarbeitung und Verbesserung.

* Wer nicht weiß, was falsch war, kann keine Korrekturen vornehmen!
* Wer nicht weiß, was richtig war, weiß nicht, was beizubehalten oder gar noch auszubauen ist.

Sich sein eigenes Urteil zu bilden ist zwar unerläßlich, schützt aber nicht vor Fehleinschätzungen. Gerade das, was Teilnehmer – als die Hauptabnehmer und Hauptbetroffenen – sagen, ist für den Dozenten interessant und wichtig. Dies gilt vor allem auch für die mehrtägigen Lehrveranstaltungen in der Weiterbildung, die keine schriftlichen Leistungsüberprüfungen, Tests oder mündlichen Prüfungen haben. Hier ist die Teilnehmerbefragung in Verbindung mit einer ausführlicheren Schlußaussprache eine geradezu unerläßliche Maßnahme.

> **Auch eine Rückmeldung**
> Bei einem Studenten wird eingebrochen. Zischt der Einbrecher den überraschten jungen Mann an: *„Seien Sie still, ich suche nur Geld!"* Darauf der: *„Warten Sie einen Moment, ich suche mit...!"*

Wer hier Bedenken hat, sollte sich die folgenden drei zusätzlichen Überlegungen vergegenwärtigen:

* Wer sich der Kritik anderer stellt, muß nicht fürchten, etwas zu verlieren. Vielmehr gewinnt er auf jeden Fall die Achtung, den Respekt, ja, den Dank der Teilnehmer.
* Nicht alle Rückmeldungen werden sich auf Kritik und Ablehnung beziehen. Der Dozent darf auch auf positive, zustimmende und konstruktiv anregende Hinweise rechnen. Er erfährt so auch Anerkennung und Bestätigung.

• Nur wer sich selbst kritisieren läßt, hat die Glaubwürdigkeit und letztlich das Recht, andere zu kritisieren. Die Schlußaussprache bietet damit dem Dozenten die Möglichkeit, seinerseits den Teilnehmern gezielt und glaubwürdig Rückmeldungen zu geben.

Es gibt verschiedene Möglichkeiten, kontrollierte Teilnehmerbefragungen durchzuführen. Die drei wichtigsten – im 2. Teil des Buches (VI) beispielhaft abgedruckten – sind:

• Abfrage per Fragebogen;
• Punktbewertung über ein vorgegebenes Schema an der Tafel (Plakat);
• Kombination beider Verfahren.

Der Vorteil der Verwendung von Fragebogen ist zu sehen

• in größerer Genauigkeit (Differenziertheit) des Urteils,
• in flexibler Verwendung (sowohl als Stimmungsbarometer unmittelbar nach einer LV wie als Abfrage nach Wochen oder Monaten).

Ein gewisser Nachteil besteht in dem größeren Auswertungsaufwand, der die Verwendung als Stimmungsbarometer erschwert. Demgegenüber ist die Punktbewertung sehr einfach zu handhaben. Sie bietet sofort allen Teilnehmern ein zwar grobes, aber klares Bild darüber, wie die Teilnehmer bestimmte zentrale Punkte der Lehrveranstaltung erlebt haben und unmittelbar nach Ende gewichten und bewerten.

In der Schlußaussprache sollte nach Präsentation der Ergebnisse der Versuch vorherrschen, Hinweise, Erläuterungen und Ergänzungen zur Abfrage zu geben. Keinesfalls aber dürfen Beschuldigungen, Anklagen oder Rechtfertigungen das Feld beherrschen. Nach Klärung des in der Abfrage Gemeinten sollte die Schlußaussprache sich besser auf zu ziehende Konsequenzen und konstruktive Verbesserungsvorschläge konzentrieren. Motto: „Was und wie können wir (es) das nächste Mal besser machen?!" Denn: „Nobody and nothing is perfect!"

Zweiter Teil

Bausteine und Materialien zu ausgewählten Fragen

I. Lehrbefähigung und Professionalität

Kein Zweifel, der Prozeß der inneren Professionalisierung der Weiterbildungspraxis ist eine komplexe, mehrfaktoriell bedingte Aufgabenstellung.

Gegeben sein müssen:

- Professionelle Rahmenbedingungen (in der Regel im Betrieb) betreffend Raum- und Personalausstattung, Medienversorgung und Zeitbudgets usw.
- Akzeptable Finanzierungsverhältnisse
- Eine bildungsfreundliche Organisationskultur und ein entsprechendes Betriebsklima
- Die Aufgeschlossenheit des Managements und der Unternehmensführung für soziale Aspekte des Betriebes im allgemeinen und der Bildungsproblematik im besonderen usw.

Es heißt nicht die Bedeutung der genannten Faktoren schmälern, wenn der folgende Teil nachdrücklich auf den „persönlichen Faktor" innerhalb der genannten Rahmenbedingungen eingeht.

Denn: Ohne kompetente

a) Weiterbildungsmanager,
b) Betriebspädagogen (Dozenten/Trainer/Ausbilder) und
c) Weiterbildungsbeauftragte

ist Professionalität des betrieblichen Bildungssystems nicht zu erreichen! Daher rücken die Kompetenzen und Kompetenzebenen, die das Personal der Weiterbildungsabteilung zur Herstellung eines möglichst wirksamen Bildungs- und Lernerfolges benötigt, durchaus in das Zentrum eines sowohl wissenschaftlichen wie praktischen Interesses. Im folgenden soll daher der Dozent/Trainer/Ausbilder genauer untersucht werden.

1. Baustein:
Professionalität und die Kompetenzproblematik des Dozenten/Trainers/Ausbilders

Es ist die These des nachfolgend abgebildeten Modells, daß die üblicherweise in der Erwachsenenbildung so stark herausgestellte fachliche Kompetenz
a) zum einen durchaus keine Priorität vor den übrigen Kompetenzen verdient und
b) zum anderen einen ganz anderen Stellenwert hat, als üblicherweise angenommen.

Vielmehr ist es so, daß das Lernen Erwachsener in der Weiterbildung vernünftiger-weise primär ganzheitlich und sinnbestimmt organisiert und ausgestaltet werden soll-te. Die Erwartungshaltung Erwachsener in der Weiterbildung ist von daher differen-ziert und mit Blick auf den Dozenten/Trainer/Ausbilder durchaus auf den ganzen Menschen und nicht nur auf den Fachmann gerichtet.

Merkmale des Lernens Erwachsener in der Weiterbildung sind:

1. Abneigung gegen alle Formen verschulten, abstrakt-theoretischen, vortragsbestimmten Lernens, daher starkes Interesse an guter Verständlichkeit und didaktischer Aufberei-tung der Lernangebote.
2. Starkes Interesse an ganzheitlichen sinn-/aufgaben-/fall- und praxisbestimmten Lern-angeboten.
3. Wegen größerer statusbezogener Ängste starkes Interesse an partnerschaftlichem Sozial-klima, humorvollem Umgang und guter sozialer Kommunikation.
4. Aufgrund sozialisations- und berufsbezogener Erfahrungen starkes Interesse an einer überzeugenden Dozenten-/Trainer-/Ausbilderpersönlichkeit mit hoher Ausstrahlung.
5. Aufgrund sozialisations- und berufsbezogener Erfahrungen starkes Interesse an einer guten Organisation und einem überschaubaren, gut geordneten Ablauf des Lernge-schehens.

Schaut man sich die bezeichneten fünf überwiegend berufs- und sozialisationsbeding-ten Lernermerkmale Erwachsener genauer an, so erkennt man die folgenden Kompe-tenzebenen, die vom Betriebspädagogen erwartet werden:

- die überfachlich-personale Kompetenzebene,
- die soziale Kompetenzebene,
- die organisatorische Kompetenzebene,
- die fachliche Kompetenzebene,
- die didaktische Kompetenzebene.

Dabei kann es im folgenden *nicht* darum gehen, ein ideales Dozentenbild zu entwer-fen, sondern nur darum, verschiedene Facetten der Arbeitstätigkeit eines Dozenten/ Trainers/Ausbilders in der Weiterbildung ins Auge zu fassen. Diese Facetten ins

Bewußtsein zu heben bedeutet, das professionelle Selbstverständnis des Weiterbildners zum Thema zu machen, das seinerseits eine zentrale Determinante für das konkrete berufliche Handeln ausmacht.

In diesem Sinne sind in jüngster Zeit verstärkte erziehungswissenschaftliche Bemühungen um das Kompetenzproblem und die Professionalisierung des Dozenten/Trainers/Ausbilders in der Weiterbildung in Gang gekommen. Besonders zu erwähnen ist hier die handlungstheoretisch und sozial-kognitiv begründete Theorie professionellen Dozentenverhaltens von K.-D. Ziep (1990).

Die oben genannten fünf Kompetenzbereiche sind in folgendem Modell übersichtlich zusammengefaßt:

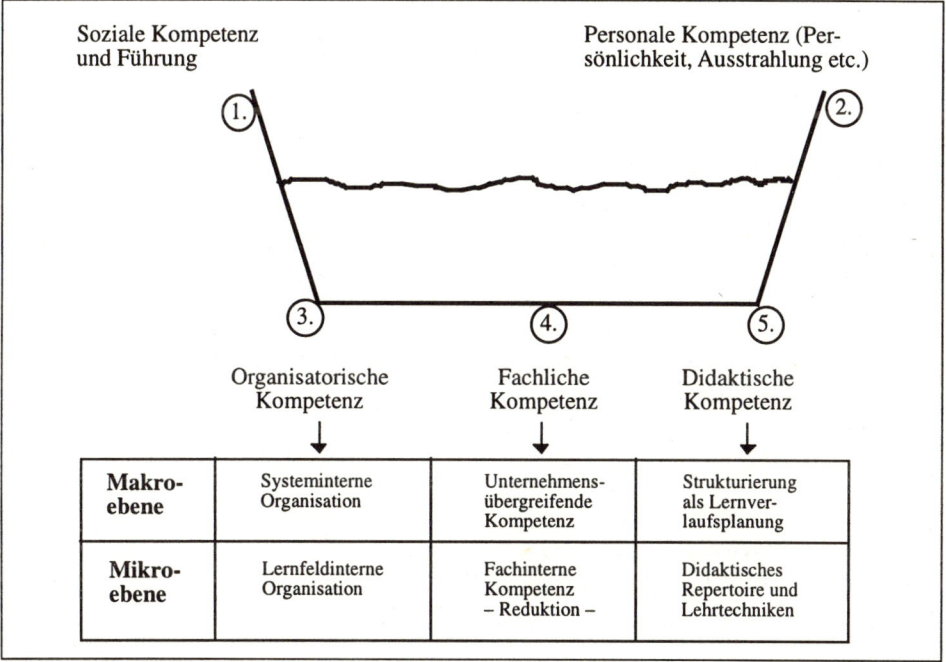

Abb. 16: Die „Kompetenzwanne" des Dozenten

Nachfolgend sollen diese bezeichneten Kompetenzebenen nun genauer ausdifferenziert und erläutert werden.

K.-D. Ziep unterscheidet bei der Explikation des Kompetenzbegriffs (1990, S. 203 ff.) vier Ebenen:

a) Die Prozeßebene von Kompetenz:
   Das ist die Fähigkeitenebene, Handlungsprozesse in der Weiterbildung praktisch auszugestalten.

b) Die Modalebene von Kompetenz:

Das ist die Fähigkeitenebene, kommunikative, interaktive und reflexive Denk- und Handlungsverläufe in den Prozeßrahmen einzubringen.

c) Die Strukturierungsebene von Kompetenz:

Das ist die Ebene, in der sich die Fähigkeit zeigt, einen Lernverlauf zu planen, zu gliedern und möglichst abwechslungsreich anzulegen.

d) Die Funktionsebene von Kompetenz:

Das ist die Fähigkeitenebene, in der konkrete Lehrfertigkeiten (z. B. mediendidaktische Lehrfertigkeiten) zum Tragen kommen.

Die folgende Darstellung konzentriert sich auf die unter c) aufgeführte Strukturebene von Kompetenz, wie sie bei K.-D. Ziep dargestellt wird (ebd., S. 210 ff.).

Strukturtheoretisches Kompetenzmodell

---

1. Soziale Kompetenz und Führung:
a. Sozio-emotionale Sensibilität, Kenntnisse und Fertigkeiten
b. Konflikt- und Problemlösungskompetenz
c. Fähigkeit zu Kooperation und Partnerschaft
d. Führungswissen und Führungskompetenz

2. Personale Kompetenz (Persönlichkeit, Ausstrahlung etc.):
a. Authentizität und Charisma
b. Intellektuelle Lebendigkeit und Vielseitigkeit
c. Geistig-seelische Energie und Frische
d. Humor

3. Organisatorische Kompetenz:
a. Allgemeine systeminterne Organisation
b. Lernfeldinterne Organisation: Lernorganisation

4. Fachliche Kompetenz:
a. Unternehmensübergreifende Kenntnisse
b. Fachinternes Wissen und Fertigkeiten
c. Theoretische Kompetenz, Reduktions- und Reflexionsvermögen
d. Allgemeines Hintergrundwissen

5. Didaktische Kompetenz:
a. Strukturierung als Lernverlaufsplanung
b. Didaktische Repertoires und Lehrtechniken
c. Kommunikative Fähigkeiten

Abb. 17: Kompetenzebenen und Einzelkompetenzen

Zu 1. Soziale Kompetenz und Führung

1a) Sozio-emotionale Sensibilität, Kenntnisse und Fertigkeiten

Auf der Ebene sozialer Kompetenz ist zunächst die Grundfähigkeit anzusprechen, die jeder Dozent braucht, um Lernprozesse Erwachsener richtig anzuleiten: sozial-emotionale Sensibilität. Es handelt sich hierbei – allgemein gesprochen –

a) um die Kenntnis der sozial-emotionalen Basis allen menschlichen Lernens – sowie die von Erwachsenen im besonderen – (statusbezogenen Ängste);

b) um spezifische, quasi-therapeutische Fähigkeiten und Fertigkeiten im Umgang mit erwachsenen Lernern:

- Empathie (= Mitfühlen/Sichhineinversetzenkönnen),
- Perzeption (soziale Wahrnehmungsfähigkeit),
- Ermutigung/Bekräftigung,
- Fähigkeit, sozial behutsam zu integrieren und auszugleichen.

1b) Konflikt- und Problemlösungskompetenz

Hierbei geht es um die Fähigkeit, evtl. auftretende soziale Konflikte und Probleme konstruktiv und sozial-integrativ zu lösen, um den Lernprozeß der Gesamtgruppe nicht zu stören oder gar zu gefährden. Das bedeutet, daß sich jeder Dozent darüber im klaren sein muß, daß Lernprozesse generell zwei Ebenen haben:
- eine fachlich-sachlogisch-formelle Ebene und
- eine emotional-beziehungsorientiert-informelle Ebene.

Treten Konflikte und Probleme im Lernfeld auf, so werden sie in der Regel auf der formellen Ebene (in der Einkleidung überzogener, sachlicher Einwände oder sozialer Widerstandsfähigkeit) vorgetragen und sichtbar, indessen spiegeln sie meistens ein dahinter verborgenes informelles Problem. Ein Dozent ist daher gut beraten, wenn er – um größere soziale Konflikte gar nicht erst entstehen zu lassen – die emotional-beziehungsorientiert-informelle Ebene ständig im Auge behält und mitbearbeitet, um ein gutes Lernklima zu erhalten:

- Regelmäßiger Einsatz von Stimmungsbarometern,
- Abfragen,
- Visualisierungen sozial-emotionaler Zustände,
- Aussprachen

sind dafür erprobte Hilfsmittel. Dennoch auftretende Konflikte und Probleme sollten niemals (!) „von oben" – durch den Dozenten – „gelöst" werden. Eine konstruktive Konfliktstrategie sollte vielmehr immer die ganze Lerngruppe einbeziehen!

Eine quasi therapeutische Kompetenz wird vom Dozenten/Trainer/ Ausbilder bei allen Arten von Lernschwierigkeiten, Lernstörungen und Lernbehinderungen gefordert. Zwar kann im Lernfeld keinesfalls therapiert werden. Durch behutsame Gesprächsführung mit der Gesamtgruppe sowie durch gezielte Einzelberatung (!)

kann der Dozent jedoch zugunsten von Lernbereitschaft und Lernfähigkeit der Teilnehmer sehr viel erreichen (=konsultative Kompetenz).

1c) Fähigkeit zu Kooperation und Partnerschaft

Damit sind wir bereits bei einem für die Weiterbildung konstitutiven sozialen Faktor: der konsequenten Abkehr von autokratischen bzw. autoritären Verhaltensweisen. Abgesehen davon, daß sie in einem sozialen Rechtsstaat schlicht als systemwidrig zu bezeichnen sind, stellen sie auf markante Weise für das Lernen Erwachsener soziale Barrieren und Hindernisse auf, statt den Lernprozeß zu fördern. Erwachsene (wie übrigens auch Kinder) reagieren auf kooperatives und partnerschaftliches Verhalten in den meisten Fällen reversibel, d. h. sie bemühen sich ihrerseits um dieses Verhalten. Erfahrene Dozenten nennen diesen Effekt im Seminar das sog. „Butlerprinzip" (= „Jeder ist jedermanns Diener!"). Es setzt sich in der Regel mit Eigendynamik fort, sofern der Dozent hier Zeichen setzt. Die Konsequenz ist, daß sich die Teilnehmer untereinander zu helfen beginnen, eventuelle Statusbarrieren abbauen und das soziale Klima positiv auszugestalten versuchen.

1d) Führungswissen und Führungskompetenz

Die sozialen Kompetenzen des Dozenten/Trainers/Ausbilders gipfeln in seinem Führungsverhalten. Denn Lehren (in der Weiterbildung) heißt immer auch Führen, und in bestimmter Hinsicht ist die allgemeine Didaktik in eben diesem Sinne eine Führungslehre. Wie das folgende Modell ausweist, bündeln sich im Führungsverhalten zentrale soziale Fähigkeiten wie in einem Brennglas. Hervorzuheben sind besonders:

- Der (bereits angesprochene) partnerschaftliche Umgang mit den Teilnehmern als Basis für einen vernünftigen sozialen Umgang. – Das alles übergreifende soziale Modellverhalten des Dozenten, in dem alle im dargestellten Konzept ausgewiesenen sozialen Einzelmerkmale quasi zusammenlaufen.
- Die Reversibilität (= Im sozialen Miteinander umkehrbares Verhalten).
- Das Schaffen von Erfolgserlebnissen für die Teilnehmer.
- Das systematische Entwickeln von Frustrationstoleranz bei den Teilnehmern (= Fähigkeit, Mißerfolge zu ertragen und konstruktiv zu verarbeiten).
- Die Fähigkeit, bestimmte Einzelmerkmale sozialen Verhaltens abzudecken und zu zeigen, wie: Engagement, Wertschätzung/Wärme, mäßige Lenkung, Nähe, Interesse und Unterstützung.

Zu 2. Personale Kompetenz (Persönlichkeit/Ausstrahlung etc.)

Der personale Faktor im Lehr-/Lerngeschehen – das ergibt sich bereits aus dem Faktor „Modellverhalten" im vorgestellten Führungskonzept – kann beim Lernen Erwachsener in der Weiterbildung schwerlich überschätzt werden. Denn Erwachsene sind aufgrund ihrer fortgeschrittenen Biographie und beruflichen Erfahrung in der Regel für Persönlichkeitsaspekte in sozialen Feldern – und speziell in Abhängigkeitsverhältnissen – besonders sensibel.

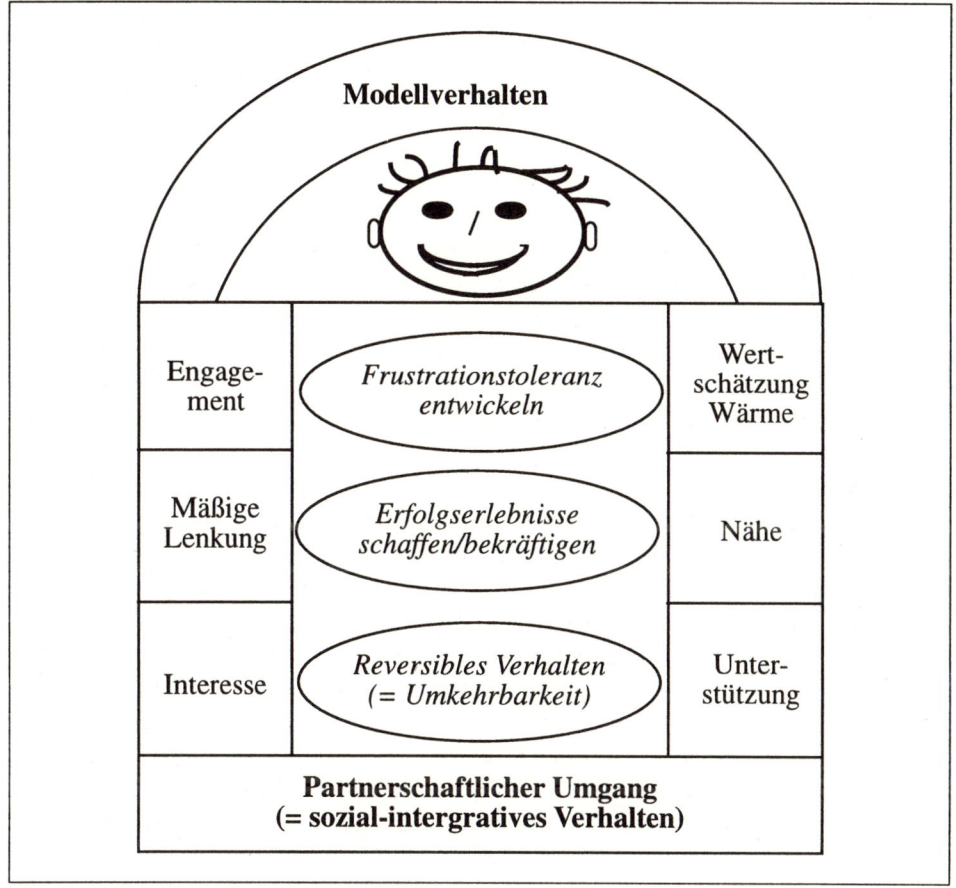

Abb. 18: Modellverhalten und Kompetenzen des Dozenten/Trainers/Ausbilders

2a) Authentizität und Charisma

Daß der Dozent/Trainer/Ausbilder in unverstellter, eben authentischer Form mit den Teilnehmern umgeht, ist eine Grundvoraussetzung für die Herstellung einer vertrauensvollen Beziehung zwischen ihm und den Teilnehmern. Auch das, was in Führungsverhältnissen „Charisma" oder „Ausstrahlung" genannt wird, ist an die Voraussetzung von Authentizität geknüpft. Erwachsene reagieren auf jede Art von Gekünsteltheit, Unechtheit und Falschheit sehr sensibel. Der Vertrauensverlust überträgt sich unweigerlich auch auf den Lernprozeß und die fachlichen Aussagen. Insofern ist der Faktor menschliche Integrität und Authentizität wichtig für den primären Prozeß der Weiterbildung: das Lernen.

2b) Intellektuelle Lebendigkeit und Vielseitigkeit

Der Dozent/Trainer/Ausbilder ist Partner nicht nur für die Lerngruppe als ganze, sondern auch für jeden einzelnen Teilnehmer – und dies auf einer sehr persönlichen Ebene. Intellektuelle Lebendigkeit und Vielseitigkeit ist von daher die Voraussetzung dafür, daß der Dozent auf intellektueller Ebene vielseitig ansprechbar ist und umgekehrt vielfältig anregend wirken kann. Auch das von vielen Teilnehmern sehr geschätzte und als überzeugend erlebte geistreiche Verhalten ist mit intellektueller Lebendigkeit und Vielseitigkeit beschrieben.

2c) Geistig-seelische Energie und Frische

Es ist für die Lernbereitschaft und Lernfähigkeit der Teilnehmer von großer Bedeutung, daß der Dozent/Trainer/Ausbilder geistig-seelische Energie und Frische ausstrahlt. Energisches Verhalten verhindert mit seiner Dynamik die für das Lernen zu Recht gefürchtete Monotonie, Langeweile und Fadheit. Als Modell bietet ein energiegeladener und geistig frischer Dozent ein personales Lern- und Identifikationsangebot, das in umfassender Form auch dazu auffordert, das vom Dozenten vertretene fachliche Lernangebot, sein Thema, seine „Botschaft" zu bearbeiten und anzunehmen.

2d) Humor

Wenn es richtig ist, daß aufgrund der stärkeren statusbezogenen Lernängste Erwachsener einem entspannten Lernklima große Bedeutung zukommt, dann ist Humor eine besonders lernförderliche Kompetenz des Dozenten. Nun kann man humorvolles Verhalten sicherlich schwer erlernen, zumal Humor u. a. eine bestimmte, lebensbejahende, sozial-emotionale Gestimmtheit voraussetzt, die nicht bei jedem in der erforderlichen Stärke von Natur mitgegeben ist. Auf zweifache Weise kann der „von Hause aus" weniger mit Humor gesegnete Dozent sich jedoch helfen: zum einen durch Medieneinsatz (z. B. kleine humorvolle Videospots), zum anderen durch Akzeptanz und Ermunterung entsprechender Teilnehmerbeiträge, die in den meisten Teilnehmergruppen ohne Schwierigkeiten – oft von mehreren „Spaßvögeln" – angeboten werden.

Zu 3. Organisatorische Kompetenz

3a) Allgemeine systeminterne Organisation

Wie das abgebildete Gesamtmodell der sogenannten „Kompetenzwanne" ausweist, bezieht sich Organisation in der Makroebene auf die Herstellung geeigneter systembezogener Gesamtbedingungen für die intendierten Lehr-/Lernprozesse im äußeren Rahmen:

- Vorbereitende Gesamtorganisation,
- Räumlichkeiten,
- Ausstattungen,
- Begleitmaterialien,
- Bereitstellung aller erforderlichen Hilfsmittel,
- Transportmöglichkeiten,
- Verpflegung und Versorgung der Teilnehmer etc.

Auch wenn Dozenten/Trainer/Ausbilder sich in diesem Makrobereich in der Regel auf die logistische Unterstützung des Bildungssystems stützen können, so bleibt die Letztverantwortung für die bezeichneten Aufgaben doch beim Dozenten, der die obengenannten Leistungen im voraus bedenken, konkret abrufen und dann im realen Lernfeld damit umgehen muß. Auftretende Probleme und Fehler werden denn auch dem für das Lernfeld verantwortlichen Dozenten zugeschrieben und angelastet.

3b) Lernfeldinterne Organisation (Lernorganisation)
Auf der lernfeldinternen Organisationsebene handelt es sich um die Kompetenz, alle im Zusammenhang mit Lernvorgängen stehenden Prozesse durch organisatorische Maßnahmen abzustützen und angemessene Abläufe sicherzustellen:

* Die allgemeine Lernorganisation wie z. B. Strukturierung des Lerngeschehens;
* Die spezifische Organisation im Bereich des Lehr- und Sozialformen-Repertoires (z. B. Organisationsvorgänge bei Gruppenarbeit, bei Rollenspielen, Simulationen etc.);
* Die spezifische Organisation im Bereich der didaktischen Medien (Bereitstellung/Einsatz/Umgang).

Zu 4. Fachliche Kompetenz

4a) Unternehmensübergreifende Kenntnisse
Die unternehmensübergreifenden Kenntnisse sind Voraussetzung für die Organisation, Stoffreduktion und Durchführung von Lehr-/Lernprozessen in der Weiterbildung. Dabei bleiben sie aber i. d. R. im Hintergrund und fließen nur indirekt in das Unterrichtsgeschehen (Planung usw.) ein.

4b) Fachinternes Wissen und Fertigkeiten
Die sinnvolle Aufspaltung der Fachkompetenz des Dozenten/Trainers/Ausbilders nach unternehmensübergreifenden und fachinternen Kenntnissen und Fertigkeiten sollte nicht den Blick dafür verstellen, daß das im Lernfeld zu aktualisierende Fachwissen des Dozenten primär mit der Kompetenz zu didaktischer Reduktion verknüpft sein muß. Daß neben der fachinternen Kenntnisebene noch jene betriebsübergreifende hinzukommen sollte, beinhaltet keineswegs eine zusätzliche quantitative Aufblähung des zu vermittelnden Stoffes. Vielmehr soll umgekehrt durch eine ganzheitliche und übergreifende Sichtweise die zentrale (!!) Aufgabe des Dozenten für Stoffreduktion und exemplarisches Lehren unterstützt und erleichtert werden.

Extensive Fachkompetenz gemäß a) und b) ist demnach notwendig und erforderlich primär (!) für Stoffreduktion (!), nicht jedoch – wie vielfach irrtümlich von Dozenten angenommen wird –, um diese breiten Fachkenntnisse in das Lernfeld einzubringen und dort die Teilnehmer zu „ersticken"!

4c) Theoretische Kompetenz und Reflexionsvermögen
Dozenten/Trainer/Ausbilder als Lehrer sind – wenn sie qualifiziert sind für ihre Tätigkeit – möglichst praktisch orientierte „Theoretiker". Ihre theoretische Kompetenz und ihr theoriegeleitetes Reflexionsvermögen ist insoweit eine fachlich unverzichtbare basale Kompetenz. Praxis soll einerseits theoretisch „durchleuchtet" werden, andererseits sollen in professioneller betrieblicher Weiterbildung Theorien „praktisch gemacht", d. h. es soll Theorie auf Umsetzung und Anwendung hin – gleichsam in praktischer Absicht – gelernt werden. Mit anderen Worten: Praxis soll theoretisch und Theorie praktisch gemacht werden.

Professionelle, wissenschaftlich orientierte Weiterbildung muß auf diesem Zusammenhang unbedingt bestehen, will sie nicht in bloßem Rezeptdenken oder kurzschlüssiger „Praxeologie" enden. In diesem Sinne gibt es in der Weiterbildung nichts Praktischeres als eine solide reflektierte Theorieorientierung.

4d) Allgemeines Hintergrundwissen
Die Fachkompetenz des Dozenten/Trainers/Ausbilders findet ihre Abrundung in einem breiten allgemeinen Hintergrundwissen. Für erwachsene Lerner ist es sehr wichtig, daß die Lernangebote

- eine breitere sinn- und praxisbezogene Einbettung erfahren,
- mit Beispielen, Bildern, Vergleichen, Parallelen aus verwandten Bereichen angereichert werden,
- im Hinblick auf gesellschaftspolitische, historische, technische, kulturelle Trends und Entwicklungen vielseitig erweitert werden.

Wiederum gilt – gerade auch für diesen Bereich –, daß ein vielbelesener, kenntnisreicher Dozent für viele Teilnehmer in der Weiterbildung ein besserer Ansprechpartner ist als der „Fachidiot" reinsten Wassers, der nicht über den Tellerrand zu schauen vermag. Als Lernpartner und Modell kann ein Dozent mit einem kulturell und intellektuell breit gefächerten Hintergrund auch generell besser für Offenheit und Lernbereitschaft wirken.

Zu 5. Didaktische Kompetenz

Eine der zentralen Kompetenzebenen des Dozenten/Trainers/Ausbilders – schlechthin der Fähigkeitsbereich für jede pädagogische Tätigkeit – ist die didaktische Kompetenz. Es handelt sich hierbei um alle in direktem Zusammenhang mit dem Lehren und Lernen stehenden Aufgaben und Tätigkeiten. So wie die Didaktik als Wissenschaft alle Fragen untersucht, die in einem weiten Sinne mit Lehren und Lernen zu tun haben, so geht es im praktischen Zusammenhang um ein ebenso breit gefächertes Kompetenzspektrum.

5a) Strukturierung als Lernverlaufsplanung

Eine der grundlegenden didaktischen Aufgaben des Dozenten/Trainers/Ausbilders ist, das Lerngeschehen planend vorzubereiten und die Lernaktivitäten der Teilnehmer für die zur Verfügung stehende Lernzeit lerngerecht zu strukturieren, also eine Abfolge stimmiger Lernphasen herzustellen, in denen sich die Lerntätigkeiten der Teilnehmer gut entfalten können (vgl. 1. Teil, II). Um Langeweile und Demotivierung der Teilnehmer zu verhindern, ist es wichtig, daß der Dozent darauf achtet, einen guten Wechsel der Lerntätigkeiten (Ein-/Ausatmen) herzustellen und die einzelnen Lernphasen nicht zu lang oder zu kurz werden zu lassen.

Eine lernpsychologisch und didaktisch richtig geplante und organisierte Unterrichtsstruktur ist als Grundkompetenz auf die Verfügbarkeit didaktischer Repertoires angewiesen. Besonders das Methoden- bzw. Lehr- und Sozialformenrepertoire und das Medienrepertoire sind hier hervorzuheben.

5b) Didaktische Repertoires und Lehrtechniken

Professionelle didaktische Kompetenz ist auf die Verfügbarkeit vor allem der folgenden drei Repertoires und Lehrtechniken verwiesen:

- *Methoden- oder Lehr- und Sozialformenrepertoire*: Dabei handelt es sich weitgehend um die verschiedenen Möglichkeiten der Gruppierung von Teilnehmern in Lernprozessen:
  Man unterscheidet
  a) die Lehr- und Sozialformen zur inneren Differenzierung von den
  b) Lehr- und Sozialformen in der undifferenzierten Großgruppe
  c) und den Mischformen.

- *Medienrepertoire*:
  Dabei handelt es sich um alle Arten von unterrichtlichen Hilfsmitteln, die man gemeinhin in vier Gruppen gliedert:
  a) Bücher und Zeitungen,
  b) Reale Gegenstände,
  c) Lehr- und Lernmaterial,
  d) Audio-visuelle Medien.

- *Lerntätigkeitsrepertoire*:
  Hier geht es darum, daß der Dozent über die Kompetenz verfügt, ein möglichst breites Repertoire an Lerntätigkeiten der Teilnehmer im Lernfeld zu induzieren, vor allem
  a) expressive Tätigkeiten (wie Sprechen, Diskutieren, Schreiben, Zeichnen, praktisches Üben, Rollenspielen etc.) sind von
  b) rezeptiven zu unterscheiden, wie etwa Zuhören, Lesen, Beobachten, Analysieren.

Handelt es sich bei den didaktischen Repertoires vor allem um verfügbare Instrumentarien, die der Dozent/Trainer/Ausbilder kennen und handhaben können sollte, so geht es bei den Lehrtechniken um didaktische Verhaltensweisen, die der Dozent zur Induzierung eines guten Lernklimas sowie einer optimalen Lernmotivation und Arbeitsbereitschaft zeigen sollte. Vier Typen von Lehrtechniken sind hier primär zu unterscheiden (vgl. 1. Teil, IV):

⇒ Die „Verständlichmacher" (=verständlicher Ausdruck)
⇒ Die „Muntermacher" (=motivierende Verhaltensweisen)
⇒ Die „Aufwärmer" (=sozial-emotional-klimatische Verhaltensweisen)
⇒ Der Teilnehmerumgang und die Teilnehmerzuwendung

5c) Kommunikative Fähigkeiten

Schon bei den Lehrtechniken taucht die Fähigkeit zum verständlichen Ausdruck als „Verständlichmacher" auf. Die kommunikative Kompetenz des Dozenten geht aber über die eigene sprachliche Ausdrucksfähigkeit eindeutig hinaus. Sie umfaßt außer dieser:

- die Fähigkeit zu aktivem Zuhören,
- die Fähigkeit zum kommunikationsgerechten Einsatz von Körpersprache,
- die Fähigkeit zum richtigen Einsatz von Schriftsprache und anderen Kommunikationsträgern (= technische Medien),
- die Fähigkeit, sich methodisch adäquat neues Wissen anzueignen,
- die Fähigkeit, Teilnehmer innerhalb und außerhalb des Lernfeldes zielgerecht zu beraten (konsultative Aufgaben).

Zusammenfassung:
Pädagogische Kompetenz und Professionalität

Die im Modell der Kompetenzwanne vorgelegte Gesamtübersicht über die fünf Kompetenzebenen und die dargestellten Einzelkomponenten bettet die Frage der fachlichen Befähigung des Dozenten in einen funktionsbezogenen Gesamtzusammenhang ein. Es wird deutlich, daß entgegen landläufigen Auffassungen die fachliche Kompetenz im Lernfeld der Weiterbildung auf gar keinen Fall eine beherrschende oder überragende Rolle zu spielen hat.

Eine solide fachliche Kompetenz mit guten Detail- und Hintergrundkenntnissen sowie praktischen Fertigkeiten sind zunächst einmal nur in der Vorbereitungs- und Planungsphase wichtig, um das Stoffreduktionsproblem zu lösen.

Anders als im Funktionsfeld hat Fachwissen im Lernfeld eine völlig andere Bedeutung. Es dient nicht dazu, Arbeitsprozesse mit Ernstcharakter zu fundieren, sondern die Teilnehmer „lernen zu machen", zu informieren und zu qualifizieren, sie in einem Erprobungsfeld systematisch auf Arbeitsprozesse vorzubereiten und auf diese hinzuführen.

Damit steht das Lernen, das Verstehen und Begreifen, das Üben und Wiederholen, das Lernklima, das soziale Miteinander usw. im Vordergrund bzw. im Mittelpunkt. Das Fachwissen an sich hat dabei keinerlei Eigenbedeutung. Wichtig ist im Lernfeld allein der Vermittlungsprozeß, ihm hat sich das ausgewählte Fachwissen zu- und unterzuordnen. Denn: Welchen Sinn und welchen Nutzen hätte eine perfekte, vollständige, faktenorientierte Präsentation, wenn die Teilnehmer außerstande wären, sich dieselben auch zielgerecht anzueignen? Stoffülle hat daher in der Weiterbildung nichts zu suchen, ja, sie ist funktionswidrig!

Der Dozent/Trainer/Ausbilder ist nicht qua Fachmann im Lernfeld, sondern einzig als mit pädagogisch-didaktischen Aufgaben betrauter Lehrer! Nicht „Faktenhuberei" ist daher im Lernfeld gefragt, sondern „Lernhuberei"!!!

Aus diesem Blickwinkel ist dann auch das strukturelle Kompetenzproblem zu betrachten: Der Dozent bewegt sich in einem komplizierten sozialen Feld, hat sich personal voll einzubringen, muß differenzierte Organisationsaufgaben bewältigen, als versierter Fachmann eine lernzielgerechte Stoffreduktion zuwege bringen und schließlich eine Lehr-/Lernsituation planen, vorbereiten und ausgestalten. Diese vielfachen Aufgaben lassen sich nur bewältigen, wenn sich der Dozent/Trainer/Ausbilder vor irgendwelchen Marotten und Einseitigkeiten hütet und die Gesamtheit der gestellten pädagogisch-didaktischen Aufgaben ins Auge faßt und ausbalancierend zu bewältigen sucht. Dazu benötigt er soziale, personale, organisatorische, fachliche und didaktische Kompetenzen.

Der Professionalisierungsprozeß in der Weiterbildung wird hinsichtlich der Dozenten nur Fortschritte machen, wenn in systematischen Qualifikationsstrategien diese fünf Grundkompetenzen durch Training planmäßig und schrittweise aufgebaut werden; in diesem Sinne läßt sich die Weiterbildung in ihrer Qualität letztlich nur durch personale Weiterbildung voranbringen ...

2. Baustein:
Lehrbefähigung als didaktische Qualifikation

Lehrbefähigung als didaktische Qualifikation ist ein Weiterbildungskonzept, mit dessen Hilfe die Professionalisierung der in der beruflichen Bildung lehrenden Dozenten/Trainer/Ausbilder erreicht werden kann. Das Programm setzt voraus,

1. daß pädagogische Begabung und eine breite Erfahrung für didaktische Erfolge zwar durchaus wichtig sind, die Bewältigung der komplizierten didaktischen Aufgaben dadurch allein aber noch nicht sichergestellt ist;
2. daß die Lehrbefähigung verbessert und ausgebaut werden kann, das heißt, jeder Dozent/Trainer/Ausbilder eine Chance hat, durch Weiterbildung sein erworbenes Erfahrungswissen zu strukturieren und sein didaktisches Leistungsvermögen zu steigern.

Unter Professionalisierung ist jener Prozeß zu verstehen, in welchem die Lehrbefähigung als didaktische Qualifikation bewußt gemacht, ausgebaut und entwickelt wird. Professionalisierung als Prozeß hat sich dabei psychologisch auf dreifacher Ebene zu vollziehen:

I.   *auf kognitiver Ebene:*
     Aufarbeitung und Systematisierung von Berufswissen,

II. *auf affektiver (=sozial-emotionaler) Ebene:*
     Bewußtmachung und Förderung didaktischer Verhaltens- und Bewertungsmuster sowie Aufbau einer spezifischen Berufsmotivation,

III. *auf konativer Ebene:*
     Ausbau und Vertiefung berufspraktischer Fertigkeiten (= skills).

Weiterbildungsbemühungen haben sich – so betrachtet – gleichwertig auf alle drei Bereiche zu erstrecken. Es genügt keineswegs – wie traditionellerweise üblich –, lediglich ein spezifisches didaktisches Wissen zu aktualisieren. Denn: Ein solches Wissen ohne bewußten *Wertbezug* und flexible *Handlungskompetenz* muß in seiner Wirksamkeit beeinträchtigt sein und eine geringe Dauerhaftigkeit aufweisen, weil ihm das subjektiv-psychologische Fundament fehlt! Lehrbefähigung als didaktische Qualifikation wird demnach im Prozeß der Professionalisierung der Aus- und Fortbilder bewußt gemacht, ausgebaut und entwickelt und umfaßt:

I.   die Professionalisierung des didaktischen *Wissens,*
II. die professionelle Ausrichtung didaktischer Verhaltens- und Bewertungsmuster,
III. die Professionalisierung der Lehrfertigkeiten (des Lehrverhaltens).

Es ist durchaus wichtig, an dieser Stelle ausdrücklich darauf hinzuweisen, daß die personale Professionalisierung, wie sie hier skizziert wird, unabdingbar auf professionelle Bedingungen im systemischen Bereich angewiesen ist. Unprofessionelle Rahmenbedingungen in der Bildungsinstitution wirken sich nämlich destruktiv auf professionelle Einstellungen, Standards und Verhaltensweisen des Personals aus.

Merke: Wer das System nicht ändert und entwickelt oder glaubt, dies nicht zu können, muß wissen, daß dann langfristig nichts anderes übrig bleibt, als sich selbst zu ändern, bzw. sich im schlechten Sinne an dieses schlechte System anzupassen.

Im einzelnen ergeben sich dabei inhaltlich die folgenden exemplarischen Schwerpunkte:

I.   *Didaktisches Wissen*
     1. *Bedingungen* des Unterrichts: Institutionelle (einschließlich rechtlicher Bedingungen) und anthropogene Voraussetzungen (= Bedingungsfelder);
     2. *Entscheidungsfelder* des Unterrichts:
        Ziele, Themen, Methoden, Medien, Kontrollen;
     3. *Analyse, Beurteilung* und *Bewertung* von Unterrichtsprozessen, -bedingungen und -ergebnissen.

II. Didaktische Verhaltens- und Bewertungsmuster

1. *Kooperation:* Unterricht als soziale Interaktion;
2. *Innere Differenzierung:* Der Einzelne und seine Lernleistung;
3. *Aktivität und Interesse:* Lernangebot und Lernbeteiligung;
4. *Eigenverantwortliches Lernen*: Teilnehmerzentrierte Lehr- und Lernverfahren;
5. *Funktionen* und Rolle des Dozenten.

III. Lehrtätigkeiten – Lehrfähigkeiten

1. *Lehrverhalten* und unterrichtliche *Medien*;
2. *Didaktische Fähigkeiten*/Fertigkeiten (="skills");
3. Die *Sprache* des Lehrenden;
4. *Unterrichtsbeobachtung* und -analyse:
   Fremd-/Selbstwahrnehmung als Verhaltenskontrolle.

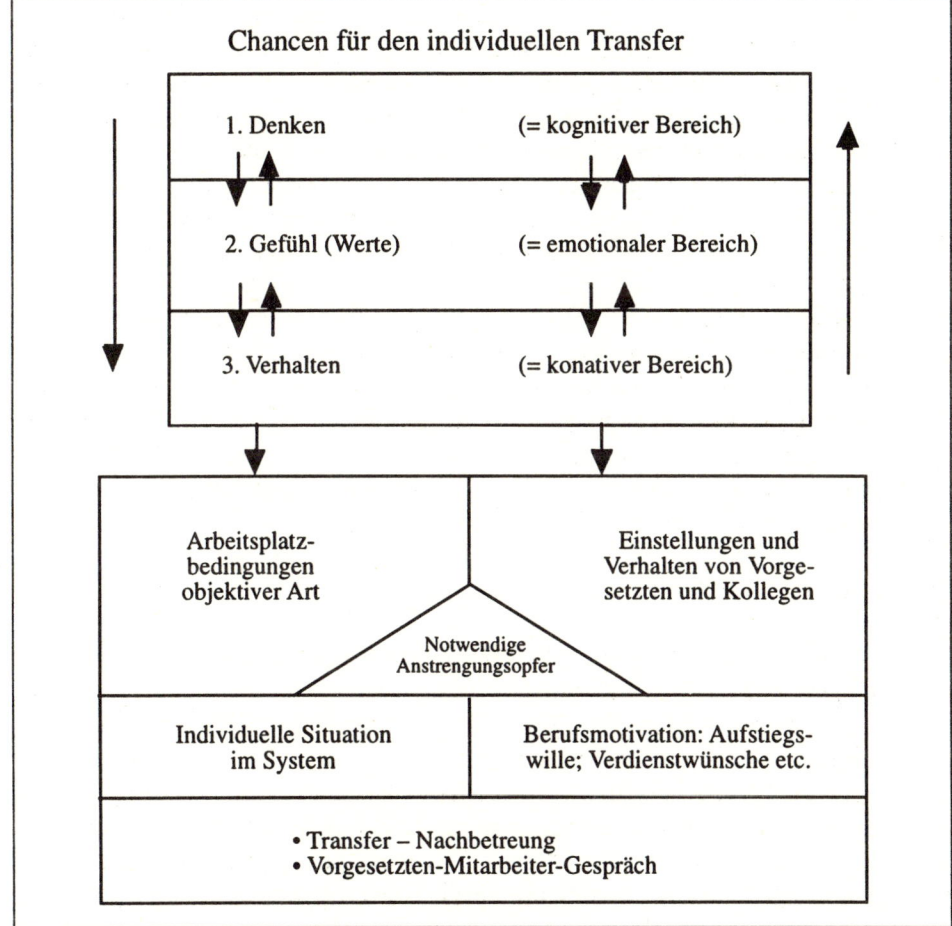

Abb. 19: Einstellungspsychologie und berufliche Situation

Erst eine derartige – bis in die konkrete Verhaltensebene hinein fundierte – Lehrbefähigung bietet die Gewähr dafür, daß die vertiefte und weiterentwickelte didaktische Qualifikation im beruflichen Alltag wirksam bleibt und Bestand hat. Die Professionalisierung der Dozenten/Trainer/Ausbilder in der Weiterbildung erweist sich damit einerseits als ein wichtiger Beitrag zur Sicherung und Intensivierung der innersystemischen Weiterbildungsprogramme und bietet andererseits die Gewähr für Berufserfolg und Berufszufriedenheit der Dozenten/Trainer/Ausbilder in der Praxis.

Zur Professionalisierung erzieherischer Berufe

Der Begriff Professionalisierung wird heute in zwei Bedeutungen verwendet. Er bezeichnet

1.) den Prozeß der sozialgeschichtlichen Ausformung eines bestimmten Berufes – also etwa die Entwicklung der Lehrtätigkeit von einer vorübergehenden, nebenberuflichen Beschäftigung (z. B. durch Schuster oder andere Handwerker) zur beamteten Lehrtätigkeit. Auf dieser Ebene läßt sich anhand entsprechender Kriterien der Grad der Professionalisierung eines Berufes bestimmen: Eingangsqualifikationen, Sozialprestige, Besoldung. Während z. Z. der Beruf des Lehrers an allgemeinbildenden Schulen in diesem Sinne als professionalisiert anzusehen ist, gilt dies für den Dozenten/Trainer/Ausbilder in der Weiterbildung noch nicht.
2.) Unter Professionalisierung versteht man darüber hinaus die Frage nach den berufsinternen Konditionen, unter denen jeweils gearbeitet wird, vor allem die Frage nach dem Grad der Berufs- und damit der Zweckorientiertheit des *Berufsverhaltens* selbst. Zwar steht außer Frage, daß das Maß einer so verstandenen Professionalisierung in den einzelnen Berufen und Berufsgruppen nicht nur unterschiedlich stark ausgeprägt ist, sondern daß auch prinzipielle Unterschiede zwischen den verschiedenen Berufsgruppen bestehen – etwa zwischen technischen und künstlerischen Berufen; gleichwohl sind sich aber alle Fachleute darin einig, daß durchgängig alle erzieherischen Berufe in dieser Hinsicht einen erheblichen Nachholbedarf aufweisen!

Die wichtigsten Gründe für dieses Defizit sind:

1.) die Verformung des pädagogischen Bewußtseins durch konservative pädagogische Ideologien, Erziehung als Kunstlehre, Theorie vom geborenen Erzieher, Theorie der pädagogischen Autorität, Theorie des pädagogischen Bezuges, Theorie der sogenannten Gemeinschaftserziehung usw.;
2.) der diesbezügliche erziehungswissenschaftliche Rückstand in Forschung und Lehre sowie die höchst unzulänglichen Aus- und Weiterbildungsverhältnisse;
3.) die defizitären beruflichen Verhältnisse, die die Ausprägung und Darstellung eines professionellen Berufs- und Selbstverständnisses erschweren oder verhindern (etwa: unzureichende Hilfsmittelausstattung, Betreuung zu großer Gruppen, Arbeitsüberlastung, Mangel an Hilfspersonal usw.).

Die Folge einer derartig unzureichenden Professionalisierung der erzieherischen Berufe ist ein höchst unspezifisches, privatistisches und persönlichkeitsorientiertes berufliches Verhalten, dem umfeldgemäße Flexibilität und Dynamik fehlen und das sich daher kaum situativ verändert.

So hat die Unterrichtsforschung z. B. im Hinblick auf die Gruppe der Lehrer gezeigt, daß einerseits bestimmte wiederkehrende Verhaltensformen beim einzelnen Lehrer auch dann dominieren, wenn dieser in verschiedenen Klassen oder Altersstufen unterrichtete, daß aber andererseits das Verhalten verschiedener Lehrer in denselben Klassen in bezug auf die untersuchten Merkmale kaum eine Ähnlichkeit aufwies. Ferner konnte aufgewiesen werden, daß Lehrer – entgegen den proklamierten höheren Lernzielen wie etwa Kritikfähigkeit, Kreativität – ein Unterrichtsverhalten realisieren, das solche Ziele nicht nur nicht fördert, sondern sie im Gegenteil geradezu verhindert: Lehrer dominieren im Beruf zu stark, d. h.,

1. sie sprechen zu viel – der Lehrer spricht 10 mal so viel wie der einzelne Schüler, nämlich 80% aller im Unterricht gesprochenen Wörter;
2. Lehrer lenken zu stark – pro Unterrichtsstunde stellt der Lehrer ca. 50 Fragen, gibt zusätzlich ca. 50 Anweisungen und Befehle und beginnt ferner etwa ein Dutzend Sätze, die Schüler zu Ende sprechen müssen; er gewährt infolgedessen zu wenig und zu kurze Ruhepausen, in denen die Schüler unbeeinflußt vom Lehrer arbeiten können und in denen sich eine soziale Kommunikation zwischen den Schülern entfalten könnte.

Überdies hat sich gezeigt, daß Lehrer zu etwa 85% frontalunterrichtlich vorgehen, d. h. alternierende Gruppierungstechniken und differenzierende Lehrverfahren kaum realisieren. Mit Ausnahme von – den Frontalunterricht zumeist unterstützenden – Schulbüchern werden unterrichtliche Hilfsmittel, die eine zu starke Lehrerzentrierung verhindern könnten, nicht oder nicht in ausreichendem Maße eingesetzt.

Die Professionalsisierung erzieherischer Berufe stellt sich als *praktisches Problem* in dreifacher Weise dar:

> **1. als ein System-,**
> **2. als ein Ausbildungs- und**
> **3. als ein Forschungsproblem.**

Zu 1. Das Systemproblem

Versteht man unter „System" hier in umfassender Weise die Gesamtheit der beruflichen Umfeldbedingungen, so bedeutet Professionalisierung im Hinblick auf diesen Aspekt, daß die erzieherischen Institutionen in sachlicher und personeller Hinsicht den beruflichen Aufgaben und Zielsetzungen gemäß hinreichend ausgerüstet werden. Wer z. B. von einer Kindergärtnerin die Anbahnung und Förderung der sozialen Reife der Kinder erwartet, muß eine Gruppengröße von mehr als 15 Kindern unter Hinweis auf Ergebnisse der Sozialisations- und Kleingruppenforschung ablehnen.

Zu 2. Das Ausbildungsproblem

Professionalisierung als Aus- und Weiterbildungsproblem erschöpft sich nicht in der Vermittlung berufsrelevanten Wissens; die Entwicklung professioneller Verhaltensformen ist vielmehr ebenso stark an die Veränderung des konkreten (Berufs-)Verhaltens selbst gebunden. Wesentlich dabei ist, daß dem Lernenden über ein hinreichendes Feedback (Rückantwort) eine intensive Selbstwahrnehmung ermöglicht wird. Die verschiedenen bisher entwickelten Ausbildungsverfahren für professionelles pädagogisches Verhalten gleichen sich trotz aller Unterschiede in diesem Punkt. Es lassen sich unterscheiden:

1. Gruppendynamische Seminare zur Steigerung der Selbstwahrnehmung in der Personensphäre;
2. Pädagogische Situations- und Interaktionsanalysen in Klein- und Großgruppen;
3. Skilltraining (Übung „handwerklicher" pädagogischer Fähigkeiten) durch Microteaching (Verfahren, bei dem mit Hilfe audiovisueller Medien an kleinen Schülergruppen – 6 Schülern – kurze Unterrichtssequenzen von 5- bis 15minutiger Dauer an begrenzten Inhalten und bei begrenzter Zielstellung geübt werden);
4. Modell-Lernen durch Unterrichtsmitschau;
5. Vermittlung theoretischer (wissenschaftlicher) Kenntnisse über entwicklungs-, lern- und verhaltenspsychologische Grundlagen des pädagogischen Verhaltens wie über dessen soziokulturelle Hintergründe.

Zu 3. Das Forschungsproblem

Professionalisierung als Forschungsproblem ist vor allem die Frage nach einer Theorie erzieherischen Berufsverhaltens, von der aus forschungsrelevante Fragestellungen zu entwickeln wären. Eine solche Theorie ist bislang erst in Ansätzen entwickelt (vgl. z. B. K. W. Döring, 1980; B. Koring, 1989; K.-D. Ziep, 1990; J. Sagebiel, 1994; D. Wahl, 1991). Es scheint, als ob im einstellungspsychologischen Persönlichkeitskonzept ein Zugang zur Lösung dieses Problems vorliegt. Entsprechend dem Defizit in der Theoriebildung ist auch die empirische Forschung zu dieser Frage – vor allem in der Bundesrepublik – noch zu gering entwickelt.

II. Lernen und Lernfähigkeit von Erwachsenen

1. Baustein:
Über Lernen und Lerntheorien

Der folgende Baustein unternimmt in einer Art Einführung den Versuch, das Problem des menschlichen Lernens aus dem Blickwinkel der neueren Lernpsychologie so darzustellen, daß daraus praktische Konsequenzen für das Lehren und Trainieren in der Weiterbildung gezogen werden können.

Die Darstellung geht sodann auf die Spezifika des Lernens von Erwachsenen und deren Lernfähigkeit ein, da es sich hier um eine grundlegende Voraussetzung des tertiären Bildungsbereichs (beruflich *und* nichtberuflich) handelt. Das Konzept des lebenslangen Lernens setzt ja voraus, daß der Erwachsene über eine Lernfähigkeit verfügt, die ihm – wie dem jungen Menschen – ein systematisches Lernen ermöglicht.

Die Spezifika des Lernens Erwachsener sind für den didaktisch orientierten Dozenten/Trainer/Ausbilder daher von besonderem Interesse. Vier Fragen werden also nachfolgend behandelt:

• Was ist der derzeitige wissenschaftliche Stand der Lernforschung und Lerntheorie?
• Wie müssen wir heute das Phänomen „Lernen" verstehen?
• Was wissen wir über die Lernfähigkeit Erwachsener?
• Wie lernen Erwachsene?

1. Die klassischen Lerntheorien sind gescheitert

Obgleich es weltweit seit 80 Jahren eine intensive Lernforschung gibt, die zur Etablierung der Lernpsychologie als allgemein anerkannter Sozialwissenschaft geführt hat, ist das Phänomen *„Lernen"* ein weiterhin äußerst umstrittenes wissenschaftliches Thema. Wir sind heute von einer *einheitlichen Theorie* menschlichen Lernens weit entfernt!

Ist es nun aber so, daß wir über Lernen noch keinerlei oder nur unzureichende Kenntnisse haben? Keineswegs! Vielmehr liegt eine kaum mehr zu überbietende Fülle von Forschungsansätzen und Einzeldaten vor, die es dem praktizierenden Dozenten/Trainer/Ausbilder äußerst schwer macht, aus dieser Forschung praktische Folgerungen für seine Lehrtätigkeit zu ziehen.

Hinzu kommt die Schwierigkeit, auf dem Gebiet des *Lernens mit Erwachsenen* (Hochschulbereich, Bereich der beruflichen Aus- und Weiterbildung) mit den verschiedenen vorliegenden Erkenntnissen umzugehen. So ist die Frage durchaus noch strittig, ob das Lernen von Kindern und Heranwachsenden mit dem von Erwachsenen ähnlich, vergleichbar oder gar identisch ist und ob demzufolge an Kindern gewonnene lernpsychologische Erkenntnisse auf das Lernen Erwachsener übertragbar sind.

In dieser Frage wird hier *der* Standpunkt eingenommen, der sich neuerdings immer stärker durchsetzt, nämlich daß sich sehr wohl *sozialisationsbedingte Unterschiede* im Lernen Erwachsener gegenüber dem von Kindern ausmachen lassen, daß aber das Lernen beider Gruppen als *menschliches Lernen* aus *einem* Erklärungszusammenhang heraus verstehbar bleiben muß.

Insofern tut die „*Erwachsenen-Didaktik*" gut daran, die Erkenntnisse der wissenschaftlichen Lernpsychologie zunächst einmal voll zu berücksichtigen, ehe sie Unterschiede im Lernen von Kindern und Erwachsenen in den Vordergrund schiebt.

Die nachfolgenden Ausführungen

- arbeiten zunächst grundlegende *Ansätze* der klassischen Lernforschung heraus,
- zeigen auf, welche Ansätze und Bemühungen bislang vorliegen, die verschiedenen Theorien zu einem *Gesamtbild* des menschlichen Lernens zu verschmelzen (Integrationsversuche),
- stellen *ein* neues Konzept – nämlich das *Informationsverarbeitungskonzept* – vor, das geeignet erscheint, kognitives menschliches Lernen umfassender zu erklären, als die vorliegenden klassischen Einzeltheorien.
- Der am Schluß angebotene Arbeitshinweis will als Hilfe zu einer praxisbezogenen Anwendung (Transfer) verstanden werden (Vertiefung).

In bezug auf die Erforschung menschlichen Lernens wurden bislang eine Reihe von Ansätzen entwickelt, die man zunächst

a) nach der Auffassung des Verhältnisses von Lernen und Umwelt, sodann
b) nach dem spezifischen Verständnis vom menschlichen Lernen selbst
   unterscheiden kann.

Zu a)
Im wesentlichen liegen hier drei Typen von Theorien vor:

- *Reifungstheorien:*
  Danach ist der Hauptmotor der menschlichen Entwicklung der Reifungsvorgang. Diese Richtung – auch nativistisch genannt – reduziert oder minimiert den Anteil des Lernens stark, wenn er ihn nicht geradezu ausschließt.

- *Milieutheorien:*
  Hier wird der Schwerpunkt auf die Umwelteinflüsse gelegt, das genetische Potential an der Lern- und Entwicklungsfähigkeit des Menschen wird geleugnet bzw. gering eingeschätzt.

- *Interaktionistische Theorien:*
  Hier wird davon ausgegangen, daß die menschliche Entwicklung stets ausgehen muß von einer geistigen Aktivität des Menschen, die in einer Interaktion, d. h. Auseinandersetzung mit Sachverhalten, Problemen, Positionen und anderen Menschen ausmündet.

Das hier im Mittelpunkt stehende Informationsverarbeitungskonzept, auf das später genauer eingegangen wird, überwindet die überholten Reifungs- und Milieutheorien und gehört damit zur modernen Richtung der Interaktionistischen Theorien.

Zu b)

Das Gesamtbild, das die Lernforschung bislang bietet, läßt sich zunächst einmal grob folgendermaßen skizzieren (s. Abb. 20 auf S. 136).

Zur Erklärung vorab:
Das Wort *Behaviorismus* stammt vom englisch-amerikanischen Wort „behavior" und bedeutet Verhalten; Lernen wird im Behaviorismus beschrieben in Kategorien beobachtbaren Verhaltens.

Das Wort *kognitiv* beschreibt die Denkleistung bzw. das Denken betreffende Eigenschaften.

2. Skizzierung der wichtigsten Lerntheorien

Das oben dargestellte Schema soll für das Verständnis des Zusammenhangs umseitig noch einmal ausführlicher mit den jeweils entwickelten wichtigsten Theorien und Autoren wiedergeben werden.

Es ist hier weder möglich noch sinnvoll, alle bezeichneten Einzeltheorien darzustellen. Wichtiger zum Gesamtverständnis ist es vielmehr, die drei großen traditionellen Richtungen (I, II, III) in ihren Grundzügen zu skizzieren und zu problematisieren, um danach ausgewählte Details aus dem Informationsverarbeitungsansatz (IV) aufzubereiten, die eine direkte Handlungsregulierung ermöglichen.

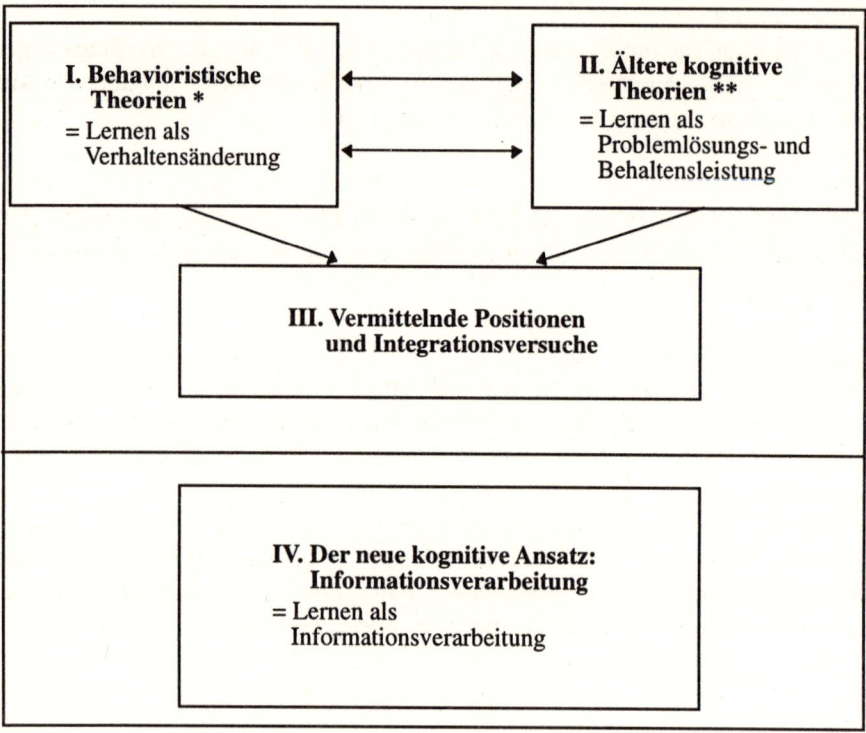

Abb. 20: Der Gesamtzusammenhang der Lernforschung

* behavioristisch: von „behavior", das Verhalten, Lernen wird beschrieben in Kategorien beobachtbaren Verhaltens
** kognitiv: die Denkleistung, das Denken betreffend

Zu I. Behavioristische Theorien:

Der Behaviorismus versucht, die Lernvorgänge so zu erfassen, daß sie in Kategorien
beobachtbaren Verhaltens beschrieben werden können. Er arbeitet deshalb zwangs-
läufig mit einem sog. „Black-Box-Modell", bei dem alle internen psycho-mentalen
Verarbeitungsprozesse ausgeklammert werden, da sie sich einer Beobachtung angeblich entziehen.

Die Folge dieses gewählten wissenschaftlichen Vorgehens ist eine enorme Verkürzung der Perspektive. Da Lernen und Denken nämlich spezifisch interne Prozesse
darstellen, wird hier genau das aus dem Wissenschafts- und Forschungsprozeß ausgeklammert, was gerade den zentralen Punkt an der Sache ausmacht. Im Ergebnis werden dann verhältnismäßig simple Theorien und Erklärungsmuster entwickelt, die dem
Sachverhalt – der Leistungsfähigkeit des menschlichen Lernens – nicht annähernd
gerecht werden können. Bestimmte vom Behaviorismus entdeckte Prinzipien
menschlichen Verhaltens dagegen lassen sich – zumindest teilweise – durchaus verwenden (z. B. die Orientierung am Erfolg = „reinforcement").

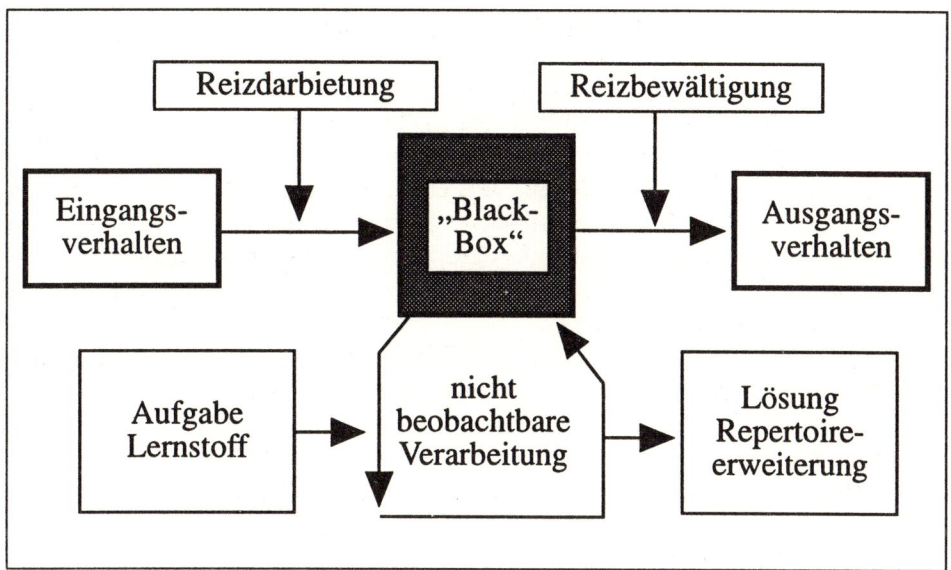

Abb. 21: Das „Black-Box-Modell"

Zu II. Ältere kognitive Theorien:

Dem Behaviorismus steht von Anfang an – also seit beinahe 100 Jahren – der Kognitivismus gegenüber. Er geht davon aus, daß Lernen ein spezifischer interner psychomentaler Prozeß ist. Das vorherrschende wissenschaftliche Vorgehen zur Erfassung und Analyse von Lernprozessen ist daher nicht die Verhaltenskontrolle – wie beim Behaviorismus –, sondern wesentlich die phänomenologisch-ganzheitliche Beobachtung und Beschreibung psychisch relevanter Ereignisse.

Dabei suchten die älteren kognitiven Theorien primär Organisationsgesetze und -prinzipien, nach denen das Gehirn Beziehungen wahrnimmt und aufbaut, nach denen es die Beziehungen zwischen Teil und Ganzem, Mittel und Ziel etc. erfaßt. Daher sind die beiden zentralen Begriffe dieser älteren kognitiven Richtung die der *„Gestalt"* und die des *„Feldes"*. Bewältigung von Problemen („Gestalt") und Situationen in einem Lebensraum („Feld") stehen daher hier wesentlich im Vordergrund.

Die Kritik am älteren Kognitivismus macht sich vor allem daran fest, daß auch hier kein umfassenderes Bild vom menschlichen Lernen in den Blick kommt. Die zweifellos bedeutsamen kognitiven Begriffe „Gestalt" und „Feld" sind ihrerseits ebenso ausschnitthaft wie vieles am Behaviorismus. Eine umfassendere Perspektive für menschliches Lernen, die von der Informationsaufnahme (Wahrnehmung) über die Stufen der Verarbeitung bis zur dauerhaften Speicherung und anschließenden Reaktivierung reicht, liefert erst der neuere Kognitivismus mit dem Informationsverarbeitungskonzept.

Zu III. Vermittelnde Positionen und Integrationsversuche:

Die Einseitigkeiten und Schwächen des Behaviorismus und älteren Kognitivismus versuchen eine Anzahl von Lernpsychologen zu überwinden, indem sie entweder zwischen Behaviorismus und Kognitivismus zu vermitteln suchen (Tolman, Bandura) oder integrative hierarchische Modelle aufstellen, in denen verschiedene Lernarten unterschieden und als aufeinander aufbauend gedacht werden (Gagné, Roth). Sie leiten sich her von der Frage, wie der Pädagoge für sein praktisches Handeln Nutzen aus den verschiedenen Theorien ziehen soll, da doch menschliches Lernen sich stets als ein ganzheitlicher Vorgang darstellt.

   Das bekannteste Integrationskonzept von Gagné nennt acht Klassen von Bedingungen, denen acht Typen oder Arten des Lernens entsprechen.

1. Signallernen
2. Reiz-Reaktions-Lernen
3. Motorische Kettenbildung
4. Sprachliche Kettenbildung (Assoziationslernen)
5. Diskriminationslernen (Unterscheidungslernen)
6. Begriffslernen
7. Regellernen
8. Problemlösen

Nach Gagné sind diese acht Lernarten hierarchisch zu sehen:

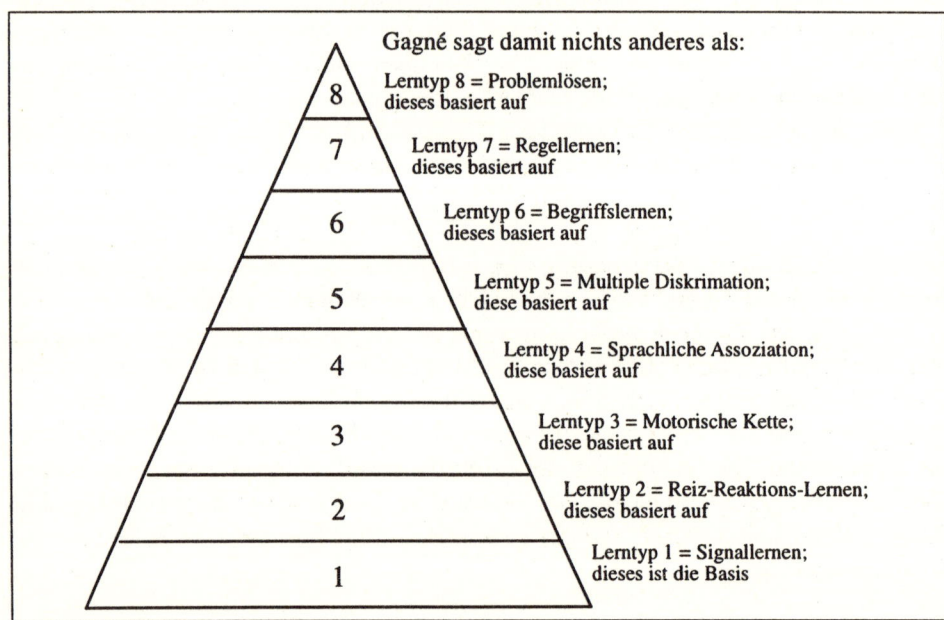

Abb. 22: Lernarten nach J. Gagné

Die Hauptkritik an den vermittelnden Positionen bezieht sich zum einen darauf, daß sie wiederum (wie z. B. Tolman und Bandura) nur Teilperspektiven über das Lernen vermitteln, zum anderen auf den Umstand, daß sie eine eher additive Vorstellung vom menschlichen Lernen entwickeln.

Zu IV. Der neue kognitive Ansatz: Die Informationsverarbeitung:

Seit den sechziger Jahren unseres Jahrhunderts hat begonnen, was man in der Psychologie als die „kognitive Wende" bezeichnet hat. Dieser neuere Kognitivismus rückt die Gesamtheit aller mit der Aufnahme, Verarbeitung, Speicherung und Wiedergabe von Informationen zusammenhängenden Phänomene in den Mittelpunkt der Forschung.

Diesen breit gefächerten und in mindestens fünf Schwerpunkte gegliederten Informationsverarbeitungsansatz wollen wir Ihnen im dritten Abschnitt des vorliegenden Bausteins ausführlicher darstellen!

Abbildung 23 (S. 140) gibt eine Zusammenfassung bzw. einen ausführlichen Überblick über die soeben skizzierten vier lernpsychologischen Theorieansätze und deren Vertreter.

3. Der Informationsverarbeitungsansatz (Thesen)

Der Gedanke, menschliches Lernen im weitesten Sinne als Aufnahme und Verarbeitung von Informationen zu erklären, hat große Plausibilität, wenn man bedenkt, daß nach allgemeiner Ansicht die geistige Fähigkeit, Informationen jedweder Art aufzunehmen und flexibel, versprachlicht-abstrahierend und sinnbezogen zu verarbeiten, als *das* anthropologische (Anthropologie = Lehre vom Menschen) Merkmal des Menschen angesehen wird, das ihn von den übrigen Lebewesen unseres Kosmos auf spezifische Weise unterscheidet. Es ist nach diesem Ansatz demzufolge so, daß der Cortex, unsere beiden Gehirnlappen, den Radius der menschliche Lern- und geistigen Leistungsfähigkeit abstecken. Die zentralen Fragen des Informationsverarbeitungsparadigmas sind demnach

- das Informationsinteresse (= Motivation),
- die Informationsaufnahme,
- die Informationsverarbeitung,
- die Informationsspeicherung,
- die Reaktivierung gespeicherter Informationen,
- die Informationswiedergabe,
- der theoretische Informationstransfer,
- die praktische Informationsanwendung.

Im Hinblick auf den Umstand, daß der neue kognitive Ansatz – mit einigen Einschränkungen – erst ca. 30 Jahre alt ist, kann es kaum überraschen, daß es so etwas

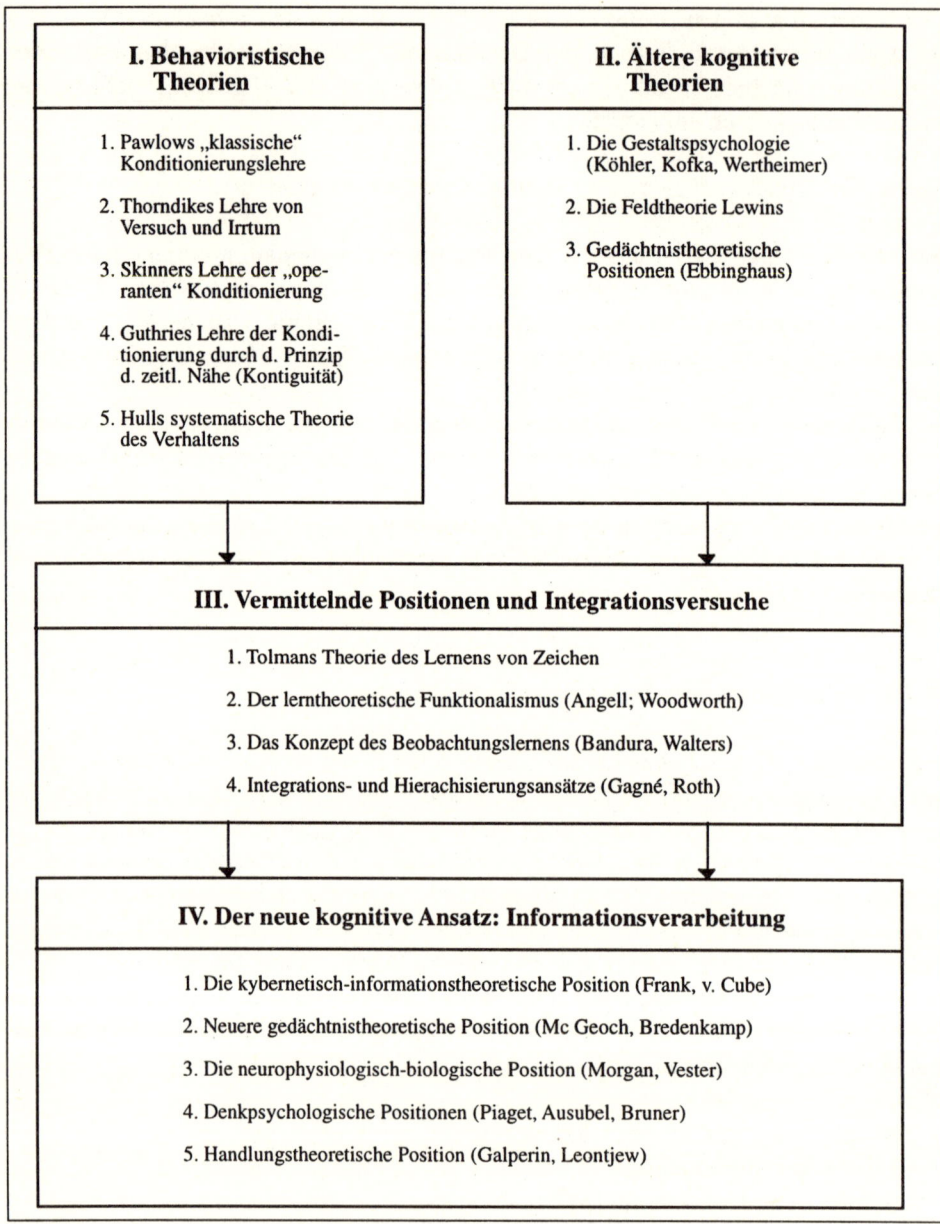

Abb. 23: Wichtigste Lerntheorien im Überblick

wie eine geschlossene Informationsverarbeitungstheorie noch nicht gibt. Vielmehr entstanden eine Reihe unterschiedlicher Vorgehensweisen und Forschungsstrategien zu diesem Thema. Der Informationsverarbeitungsansatz umfaßt daher im wesentlichen die in Abb. 23 genannten fünf theoretischen Positionen oder Einzeltheorien, auf die im folgenden kurz eingegangen werden soll.

Zu 1: Die kybernetisch-informationstheoretische Position

Bei diesem Ansatz geht es darum, Computerprogramme zu konstruieren, die es ermöglichen, menschliches Denken und Lernen zu simulieren: „Eine Theorie über Verhalten (= Lernen) läßt sich prüfen, indem man zunächst eine im Einklang mit der Theorie entworfene Maschine baut und sodann zusieht, ob diese Maschine das interessierende Verhalten simuliert" (E. R. Hilgard/G. H. Bower, Bd. 2, S. 471). Alle Forschungen zur künstlichen Intelligenz gehören hierher (KI-Forschung).

Zu 2: Neuere gedächtnistheoretische Positionen

Hier geht es darum, aus einer Aufklärung der menschlichen Vergessensprozesse heraus zu einem Verständnis menschlichen Lernens (=Informationsaufnahme, -verarbeitung, -speicherung) zu kommen. Da man immer wieder feststellen mußte, daß sprachlich kodierte (=verschlüsselte) Sachverhalte besser behalten werden und leichter reaktivierbar sind als solche Zusammenhänge, die ohne sprachliche Hilfen eingeprägt wurden, war es zwingend, daß gedächtnistheoretische Untersuchungen sich zentral mit *Sprache* beschäftigen mußten. Innerhalb des Ansatzes dominiert eindeutig die sog. *Inferenztheorie,* die von der Vorstellung einer assoziativen Verknüpfung zwischen zwei oder mehreren Elementen ausgeht (z. B. Paarassoziationen).

Zu 3: Die neurophysiologisch-biologische Position

Dieser Ansatz beleuchtet die menschliche Informationsaufnahme und -verarbeitung aus der Sicht der diesen Prozessen zugrunde liegenden neurophysiologischen und biologischen Prozesse. Im Mittelpunkt stehen dabei Fragen der Hirnanatomie, der Informationsspeicherung, der hormonalen und physiologischen Begleiterscheinungen (z. B. Streß), der sensumotorischen Aufnahmefähigkeit, der Aufmerksamkeit, der Motivation und letztlich des Zusammenspiels der verschiedenen Gehirnareale (z. B. Lateralitätsforschung).

Zu 4: Denkpsychologische Positionen

Diese Richtung des Informationsverarbeitungskonzepts beschäftigt sich mit den geistigen Prozessen, die zur Aneignung von Informationen führen. Dabei spielen Fragen der Versprachlichung, der Logik, der Veranschaulichung, der Verknüpfung, der Verwendung von (logischen) Strukturen und Strategien eine entscheidende Rolle.

Zu 5: Handlungtheoretische Positionen

Die handlungstheoretische Richtung des Informationsverarbeitungskonzepts kommt her vom dialektischen Materialismus und wird von den beiden am meisten beachteten sowjetischen Lernpsychologen Galperin und Leontjew vertreten. In diesem Ansatz geht es um die Frage nach dem Zusammenhang sinnbezogener „äußerer" Handlungen des Menschen mit „inneren" psychischen Tätigkeiten. Es wird davon ausgegangen, daß der Mensch in der tätigen Auseinandersetzung mit der Umwelt sein Bewußtsein und sein Denken ausbildet: „Spezifisch menschliches Handeln ist demnach durch *bewußte Handlungsorientierung und -regulierung,* durch denkende Einsicht in gesetzmäßige Beziehungen in Natur und Gesellschaft charakterisiert" (H. Rosemann, 1974,

S. 51). Die eigentliche psychische Tätigkeit des Menschen wird demnach als eine nach innen verlegte ursprünglich äußere Handlung interpretiert.

Wenn danach das Informationsverarbeitungskonzept (Paradigma) keine konsistente – also geschlossene – Gestalt aufweist, so lassen sich doch eine Reihe *zentraler Themen* herausstellen, an denen zur Zeit gearbeitet wird. Das Gemeinsame und Verbindende der verschiedenen Informationsverarbeitungstheorien ist die Abkehr von den traditionellen Lerntheorien und deren *Hauptschwäche*:

der Vernachlässigung der
internen/inneren Verarbeitungsprozesse
beim menschlichen Lernen

Der *Hauptvorzug* dieses Ansatzes ist die Möglichkeit, Aspekte der traditionellen Lerntheorien (z. B. das Lernen am Erfolg, das Lernen durch Einsicht usw.) durchaus konstruktiv heranzuziehen und inhaltlich zu integrieren.

Die Hauptthemen des Informationsverarbeitungskonzepts sind:

• Gehirn und seine Funktionsweise
• Gedächtnis: Formen und Prozesse
• Hormonale und physiologische Grundlagen des Denkens
• Motivations- und Verstärkungsprozesse
• Kreativität und Problemlöseverhalten
• Denkmethoden und Methodeninventar
• Gefühle als nichtkognitive Bestandteile des Denkens
• Individuelle Aspekte der Informationsaufnahme und das Lerntypenproblem.

Für den in Lehr-/Lernprozessen zum didaktischen Handeln gezwungenen Dozenten/Trainer/Ausbilder empfiehlt sich vor allem eine Integration von

Neurophysiologisch-biologischer Position   = NBP
Denkpsychologischer Position   = DP
Handlungstheoretischer Position   = HP

Im folgenden sollen aus diesen drei Informationsverarbeitungskonzepten je zwei grundlegende thesenartige *Schlußfolgerungen* gezogen werden, die für das didaktische Handeln wichtig und zum Verständnis eines optimalen Lernens in Unterrichtsprozessen unerläßlich sind (vgl. dazu auch: Döring/Ritter-Mamczek, 1999, 4. Teil, VII).

1. These (NBP)

> Der angebotene Unterrichtsstoff sollte – wenn möglich – über mehrere, verschiedene Eingangskanäle angeboten werden,
> * damit möglichst viele verschiedene *Lerntypen* angesprochen werden,
> * damit beim einzelnen Teilnehmer eine gute *Verankerung* im Langzeitgedächtnis erreicht wird.

Der neurophysiologisch-biologische Ansatz faßt die geistige Verarbeitung und Speicherung im lernenden Organismus in einem *Drei-Stadien-Konzept* zusammen:

* Ultrakurzzeitgedächtnis (= sensorischer Speicher; elektrische Grundlage; „8-Sekunden-Gedächtnis")

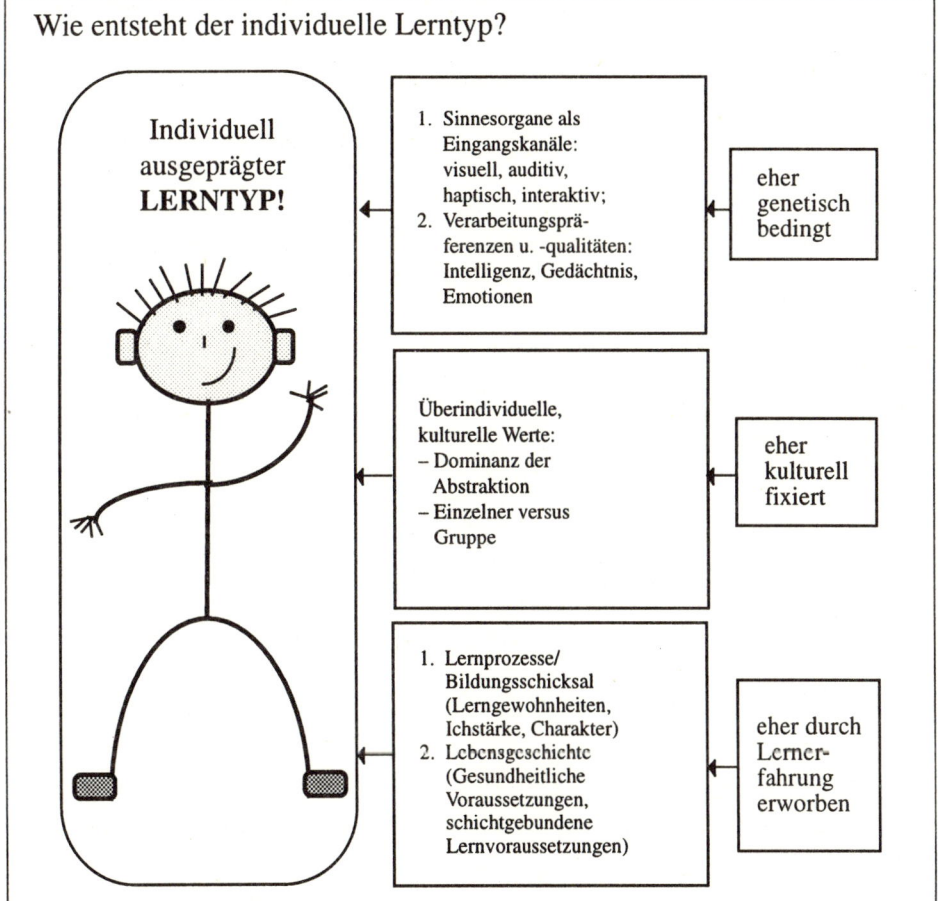

Wie entsteht der individuelle Lerntyp?

Individuell ausgeprägter **LERNTYP!**

1. Sinnesorgane als Eingangskanäle: visuell, auditiv, haptisch, interaktiv;
2. Verarbeitungspräferenzen u. -qualitäten: Intelligenz, Gedächtnis, Emotionen

eher genetisch bedingt

Überindividuelle, kulturelle Werte:
– Dominanz der Abstraktion
– Einzelner versus Gruppe

eher kulturell fixiert

1. Lernprozesse/ Bildungsschicksal (Lerngewohnheiten, Ichstärke, Charakter)
2. Lebensgeschichte (Gesundheitliche Vorausetzungen, schichtgebundene Lernvoraussetzungen)

eher durch Lernerfahrung erworben

Abb. 24: Der individuelle Lerntyp

- Kurzzeitgedächtnis wird aktiviert durch besondere Aufmerksamkeitsprozesse (Herstellung einer RNS-Matritze zur Proteinsynthese; „20-Minuten-Gedächtnis")
- Langzeitgedächtnis (=semantisches Gedächtnis; Proteinmarkierung an den Synapsen und Legen von Gedächtnisspuren/ Diffusspeicherung)

Die Überführung einer zu erlernenden Information vom sensorischen Speicher zum Langzeitgedächtnis stellt dem Dozenten demnach zwei Aufgaben:

- Wahrnehmungshilfen geben (Medieneinsatz) und
- semantische Hilfen geben (begriffliche und bedeutungshaltige Orientierungen).

Das folgende Modell beschreibt das Drei-Stadien-Konzept der Informationsverarbeitung:

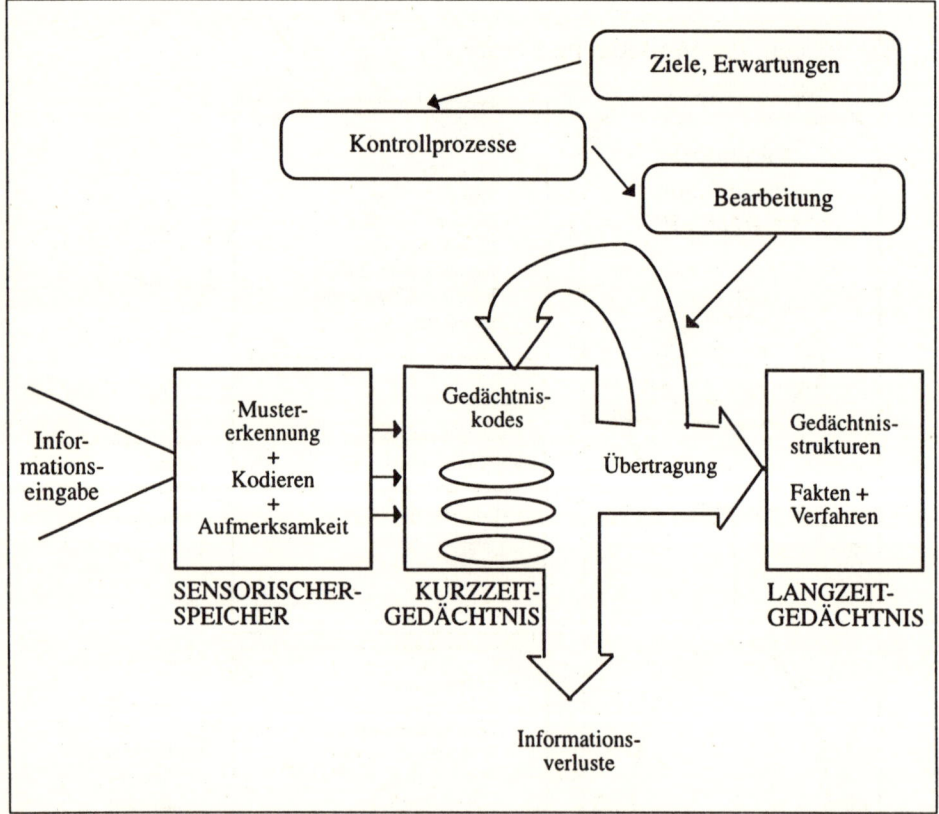

Abb. 25: Das Drei-Stadien-Konzept der Informationsverarbeitung (vgl. dazu E. R. Hilgard, G. H. Bower, 1983)

2. These (NBP)

> Unter Berücksichtigung einer guten *hormonellen* Grundlage für die Verarbeitung von Informationen sollte eine gute Balance zwischen
> • Hoffnung auf Erfolg und
> • Furcht vor Mißerfolg
> hergestellt werden.

Eine maßvolle – aufgabenorientierte – Spannung im Unterrichtsprozeß mit mäßiger Ausschüttung von *Adrenalin* und *Noradrenalin* (= Eustreß) verhindert Langeweile und Unterforderung der Teilnehmer. Daher ist eine mittlere Aufgabenschwierigkeit – Anspruchsniveau –, wo sich die Hoffnung auf Erfolg und die Furcht vor dem Mißerfolg in etwa die Waage halten, anzustreben. Distreß ist aber auf jeden Fall zu vermeiden (Gefahr der Lernblockade!).

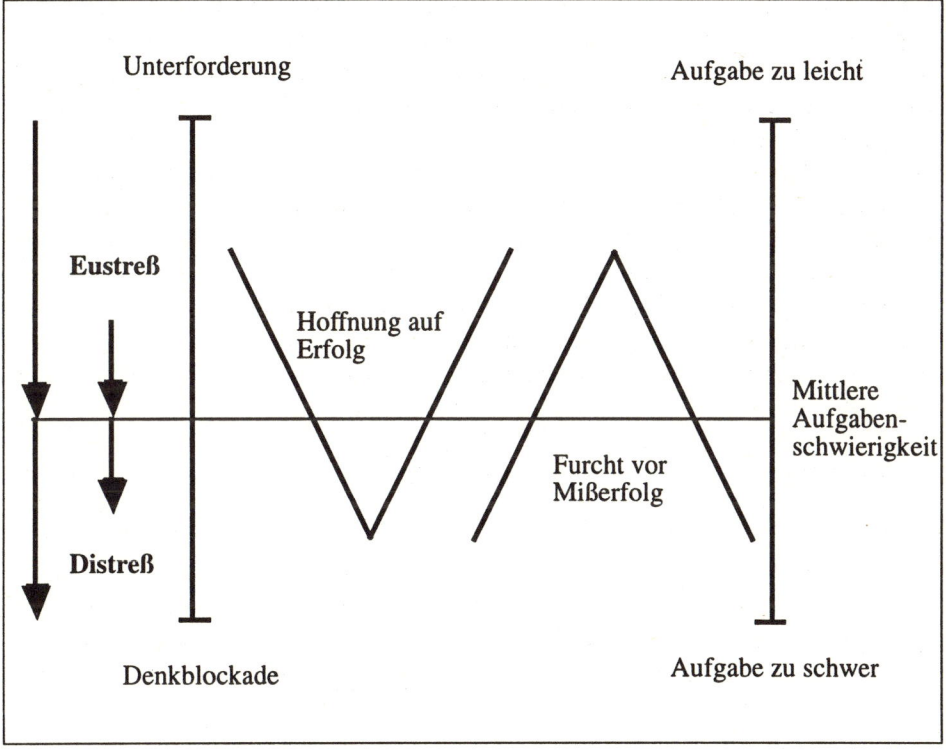

Abb. 26: Motivationsmodell nach Heckhausen aus informationstheoretischer Sicht (Streßtheorie)

3. These (DP)

Der Unterrichtsprozeß sollte sich um den systematischen Aufbau eines *Denk-methoden-Inventars* besonders intensiv bemühen. Denken ist dabei aufsteigend zu verstehen als:

1. Begriffsbildung
2. Problemanalyse
3. Aufbau von Schemata/Strukturen/Ordnungen
4. Prozeß der Umstrukturierung
5. Entwicklung von Lösungswegen
6. Entwicklung von Strategien

Ein solches, das Lernen des *Lernens* förderndes Unterrichtsvorgehen schafft die Voraussetzung für eine bewußtere Informationsaufnahme.

Wie H. Skowronek (1979, S. 296 ff.) zu Recht feststellt, liegt demnach die Bedeutung des Informationsverarbeitungsparadigmas „vor allem in der Orientierung auf diese *kognitiven Strategien,* die, allgemein gesprochen, der Selbstregulation des Lernenden bei beschränkter Aufnahme-, Speicherungs- und Wiedergewinnungskapazität des lernenden Systems (= Teilnehmer) dienen".

Demzufolge kommt der fachlichen Durchdringung eines Lehrgebiets durch den Dozenten auf Grundbegriffe, Verfahren und fachspezifische Strategien hin die größte Bedeutung zu. So zeigte z. B. eine Untersuchung von Orleans (1952) an Mathematiklehrern hinsichtlich derartiger denkpsychologischer Grundlagen ihres Unterrichts außerordentlich wichtige Resultate: „Vielleicht der wichtigste Faktor, der dazu führt, daß die Kinder [...] die Arithmetik nicht verstehen [...] ist der, daß die Lehrer die Verfahren und Begriffe, die sie darstellen, selbst nicht kennen [...]" (nach Feger/Trotsenburg, 1967, S. 358).

4. These (DP)

Für die Frage des *Vergessens* von gespeicherten Informationen ist wahrscheinlich weniger der allmählich zunehmende Verlust bestimmter Gedächtniselemente (Informationen) verantwortlich. Viel wichtiger scheint die *Zugänglichkeit* der gespeicherten Informationen zu sein, das heißt das Beherrschen spezifischer *Such- und Reaktivierungs- oder Wiedergewinnungsprozesse.*

H. Skowronek (1979, S. 295) stellt dazu mit Recht fest: „Die Wiedergewinnung gespeicherter Kenntnisse und Fertigkeiten wird durch Hinweise oder 'Suchschemata' angeregt und gesteuert, bis die beispielsweise für eine Problemlösung geeigneten 'wiedererkannt' sind. Solche Suchprozesse implizieren nicht einfach ein Abrufen relevanter Bestände, sondern häufiger eine Rekonstruktion oder Umstrukturierung dieser. Der Wiedergewinnung folgen Reaktionsgenerierung, Ausführung und, die 'Schleife' beendend, die Rückmeldung der Wirkungen der ausgeführten Handlung."

Hier nun ist wichtig darauf hinzuweisen, daß ein Unterricht, der den Aufbau eines Denkmethoden-Inventars (These 3) systematisch betreibt, gute Voraussetzungen für die Wiedergewinnung von Informationen schafft. Kognitive Strukturen, Schemata, Begriffssysteme und Strategien wirken dabei nämlich wie *„exekutive" Kontrollmechanismen,* die bei Problemlösungsprozessen die Aufmerksamkeit steuern und kontrollieren. So lassen sich nach Skowronek (1979, S. 296) „gute von schwachen Problemlösern nach dem Grade unterscheiden, in dem sie über generalisierte heuristische Methoden (Heuristik ist die Lehre vom Erkenntnisgewinn) der Problemerkennung und Lösungsstammbäumen, Rückwärtsarbeiten vom Ziel her u. a. m. verfügen."

5. These (HP)

Die Grundlage jedes menschlichen Lern- und Denkprozesses, die zur Aufnahme und Verarbeitung von Informationen führt, ist die *tätige Auseinandersetzung* mit der Umwelt in äußeren und inneren Handlungen. Damit kommt im Lehrgeschehen der Schaffung von Situationen, in denen sich die Teilnehmer aktiv auseinandersetzen können, größte Bedeutung zu.

Die aktive Auseinandersetzung schließt soziale Kommunikation und Interaktion (= teilnehmerzentrierte Verfahren) ebenso ein wie eine aktivierende Sachauseinandersetzung des Einzelnen mit dem Gegenstand des Unterrichts.

6. These (HP)

Jeder Dozent hat in seinem Unterricht dafür zu sorgen, daß die Teilnehmer über eine solide *Orientierungsgrundlage* (= Lernrahmen) verfügen. Diese hat dafür zu sorgen, daß der Lernende von Anfang an weiß, worauf es ankommt, daß er einen Überblick über das Lernfeld (kognitive Landschaft) erhält und grundlegende Merkmale des Lerngegenstandes bereits vorher markiert bekommt.

Die handlungstheoretische Position des Informationsverarbeitungsparadigmas versteht unter inneren *geistigen Handlungen* maximal verkürzte und verallgemeinerte äußere Handlungen.

Daher verlangen auch die inneren geistigen Handlungen – wie die äußeren – eine „kognitive Analyse der Handlungsziele, konkrete Realisierungshinweise, Handlungsstrategien, Kenntnisse über das Was, Wie und Warum des Handelns und Fähigkeiten zur eigenständigen Erarbeitung von Kenntnissen und Einstellungen. Die *Handlungs-orientierung* wird als besonders wichtig angesehen, da sie den Ausgangspunkt und die ständige Bezugsbasis der gesamten Handlungsregulierung bildet" (Rosemann, 1974, S. 55).

In einer Reihe empirischer Untersuchungen über das Lernverhalten Erwachsener konnte die Wirksamkeit einer sinnbezogenen *Orientierungsgrundlage* und bewußt vollzogenen *Handlungsorientierung* eindrucksvoll bestätigt werden. Teilnehmer, denen solche Hilfen gegeben wurden, lernten wesentlich intensiver, das heißt vor allem, sie waren effektiver im Erlernen und *Wiedererinnern* des Ganzen wie einzelner Details.

2. Baustein: Lernbegriff und Lehrpraxis

Einführung

Die Gestaltung von Lehr-/Lernprozessen in der Weiterbildung wird von Dozenten/ Trainern/Ausbildern vollzogen, die in dieser Tätigkeit ihre Vorstellungen vom menschlichen Lernen im allgemeinen und vom Lernen Erwachsener im besonderen praktisch umsetzen. Diese lernpsychologische Umsetzung geschieht entweder bewußt oder aber unbewußt. Wie auch immer: In der Praxis der Weiterbildung – so wie sie sich dem Beobachter darstellt – präsentiert jeder Dozent didaktisch ein Konzept des Lernens Erwachsener, das man als stille „Theorie der Praxis" des jeweiligen Dozen-ten/Trainers/Ausbilders bezeichnen könnte. Professionalisierung der Weiterbildungs-praxis muß daher bedeuten:

a) Aufbau wissenschaftlich fundierter Kenntnisse über das menschliche Lernen im allgemeinen und das Erwachsener im besonderen;
b) Aufbau von Kenntnissen und Fertigkeiten, die didaktische Praxis nach diesen Erkenntnissen auch konkret auszugestalten;
c) Verfügbarkeit bzw. Herstellung von optimalen Rahmenbedingungen (= System- und Lernbedingungen), damit die Umsetzung auch praktisch möglich ist und gelin-gen kann.

1. Die Konkurrenz überkommener Lernvorstellungen aus der Praxis

Wenn der Aufbau eines fundierten Lernmodells in Konkurrenz zu überkommenen Lernvorstellungen und Lernkonzepten zu geschehen hat, so ist zunächst zu fragen, wie diese Vorstellungen tatsächlich aussehen. Auch wenn zu dieser Praxis kaum Untersuchungen vorliegen, ist das Realbild der „durchschnittlichen" Weiterbildungs-praxis durchaus rekonstruierbar, auch wenn diese Rekonstruktion bei der sehr heterogenen Weiterbildungsszene und der derzeitigen Datenlage keinen Anspruch auf Repräsentativität erheben kann (vgl. z. B. E. Schlutz, Unterrichtsforschung, in H. Siebert (Hrsg.), 1979, S. 482 ff.). Folgende Merkmale der derzeitigen Praxis der Weiterbildung lassen sich mit einiger Vorsicht dennoch herausstellen:

a) Stoff- und Kursleiterzentrierung der Lehrveranstaltungen mit sehr geringer Teilnehmerpartizipation und nur geringem Interesse des Kursleiters an einer didaktischen Ausgestaltung des Lerngeschehens, vor allem an einer lerngerechten Strukturierung des Lehrprozesses;
b) Relativ geringe Bandbreite der verwendeten Methoden, d. h. kaum Wechsel der Lehr- und Sozialformen mit Dominanz des dozentengesteuerten Lehrvortrags und des Lehrgesprächs;
c) Relativ geringe Bandbreite der verwendeten unterrichtlichen Medien mit eindeutiger Dominanz des OH-Projektors und einer großen Anzahl vorgefertigter Folien (= „Folienschleuder");
d) Vernachlässigung der sozial-emotionalen Dimension des Lerngeschehens sowie einer durchgehend kommunikativ-interaktiven Ausgestaltung der Lernprozesse; Fehlen eines Beratungsansatzes (konsultative Funktion);
e) Mängel im Lehrverhalten und in der Bandbreite professioneller Lehrtechniken, vor allem einseitig hoher Sprech- und Handlungsanteil auf seiten des Dozenten.

Die *Hauptkennzeichen der derzeitigen Lehrpraxis* der Weiterbildung sind demzufolge:

- Stoffülle und Stoffüberlastung des Lerngeschehens;
- Passivität und Rezeptivität als Merkmale des Lernerverhaltens;
- Monotonie der Lernabläufe wegen Einseitigkeit im Methoden- und Medienrepertoire;
- Fehlen eines gezielten Einsatzes von Lehrtechniken;
- Keine bewußte Ausgestaltung von Arbeitsklima und Lernatmosphäre;
- Dominanz des Dozenten;
- Fehlende Kommunikation und Interaktion zwischen den Teilnehmern.

In dieser – wie man sie kritisch nennen könnte – „Pädagogik der Mitteilung" wird ein Bild, eine Vorstellung menschlichen Lernens erkennbar, das bzw. die sich folgendermaßen charakterisieren läßt:

- Lernen ist ein partialistischer, nur kognitiver (=das Denken betreffender) Prozeß „des Kopfes", bei dem Gefühle, Stimmungen, Handlungen keine Rolle zu spielen haben.
- Lernen ist ein rezeptiver Vorgang, der sich primär durch Zuhören, Lesen, Abschreiben, Zuschauen bewerkstelligen läßt.
- Das Lernen in der Weiterbildung bedarf keiner didaktischen oder konsultativen Unterstützung, da es durch „fertige" Erwachsene in eigener Verantwortung vollzogen wird.

- Lernen ist im Kern ein primär „theoretischer" Prozeß, in dem „harte" Fakten und Theorien vom Lerner systematisch aufgenommen und verarbeitet werden müssen. Dazu bedarf es eines Spezialisten, eines primär sach- und fachkundigen Dozenten.
- Lernen ist ein speziell den einzelnen Lerner als Individuum betreffender Vorgang, bei dem soziale Beziehungen und Bezüge unwichtig sind.
- Lernen ist ein „Vorgang von oben", bei dem ein alleinverantwortlicher, fachlich versierter Dozent unkundige Teilnehmer informiert. So wie Lehren demzufolge ein eher aktiver Prozeß ist, wird Lernen eher als ein passiv-rezeptiver Vorgang verstanden.

2. Die neuere Lernpsychologie und ihr „Gegenkonzept"

Blickt man auf das Informationsverarbeitungskonzept der neueren Lernpsychologie, wie es im kognitionspsychologischen Ansatz und seinen fünf Teiltheorien (vgl. II, 1) ausgearbeitet wurde, so zeigt sich sehr schnell, daß hier eine Art Gegenkonzept zur eben skizzierten Lehrpraxis und ihrem impliziten Lernkonzept entwickelt wird. Im folgenden soll nun so etwas wie ein allgemeines Lernmodell der kognitiven Psychologie quasi als Substrat aus dem kognitivistischen Paradigma herausgefiltert und dargestellt werden. In einem gesonderten Abschnitt sollen dann einige praktische Konsequenzen expliziert werden.

Im Gegensatz zum Behaviorismus, der Lernen in Kategorien beobachtbaren Verhaltens beschreibt, richtet der Informationsverarbeitungsansatz der kognitiven Psychologie sein Interesse gleichsam nach innen. Für ihn hat Lernen sehr viel mit Denken und den Grundlagen zielgerichteten Handelns zu tun. In der Betonung der Bedeutung gefühlsbezogener Faktoren wie die der Motivation, des Lernklimas und sozialer Faktoren des Lernens zeigt sich überdies, daß der Informationsverarbeitungsansatz ein eher ganzheitliches Lernmodell vertritt. Denken, Fühlen und Handeln sind im kognitionspsychologischen Lernansatz demnach die fundamentalen Aneignungsstrategien, die der Lerner entweder als einzelner oder in sozialer Gruppierung zur Verfügung hat, um Neues zum inneren Besitz werden zu lassen.

Es ist die These der folgenden Ausführungen, daß es möglich ist, über die entwickelten fünf Lerntheorien hinweg, nämlich

1. die neurophysiologisch-biologische Theoriebildung,
2. die Denkpsychologie einschließlich sozial-kognitiver Theorien,
3. die Handlungstheorien (=Handlungsregulationstheorie),
4. die kybernetisch-informationstheoretische Position,
5. die Gedächtnistheorien,

ein Gesamtmodell herauszupräparieren, das nicht nur dem ganzheitlichen Denkansatz des kognitionspsychologischen Ansatzes entspricht, sondern überdies auch als handlungsleitendes Konzept für die pädagogische Praxis in der Weiterbildung fungieren kann.

Im folgenden werden demnach unter Rückgriff auf die Kognitionspsychologie acht „Schritte" der Informationsverarbeitung voneinander unterschieden und zeitlich nacheinander präsentiert. Dies geschieht aus heuristischen Gründen. In der realen Informationsverarbeitungssituation sind dagegen die folgenden drei Varianten möglich:

- Gleichzeitigkeit verschiedener,
- Vertauschung einzelner,
- Weglassung einzelner dieser acht Verarbeitungsschritte.

3. Das Lernmodell des Informationsverarbeitungsansatzes

Lernen als Informationsverarbeitungsprozeß läßt sich modellmäßig am treffendsten als ein 2stufiger oder 2phasiger Vorgang charakterisieren:

A) Rezeptive Phase: „Einatmen"

B) Expressive Phase: „Ausatmen"

Wie das folgende Modell (s. Abb. 27, S. 152) ausweist, sind in beiden Phasen jeweils vier „Schritte" voneinander zu unterscheiden, denen sich jeweils vier Typen von Lernschwierigkeiten oder Lernstörungen zuordnen lassen.

1. Schritt: Antrieb/Anreiz/Motivation

Allem bewußten Lernen, jeder zielgerichteten Informationsaufnahme liegt ein individuelles – also biographie-, fähigkeiten- und lerntypen-bezogenes – Informationsinteresse zugrunde. „Ohne Antrieb, Anreiz, Motivation kein Lernen!" – könnte das Motto lauten. Dabei spielt es dann keine Rolle, um welche Art von Motivation es sich letztlich handelt. Allgemein unterscheidet man innengeleitete Motive – „intrinsische" Motivation – von außengeleiteten Motiven – „extrinsischer" Motivation. Wie neuere Untersuchungen andeuten, ist es für das Lernen Erwachsener wichtig, eine praxis- und sinnbezogene Ausgangsposition – sog. „Orientierungsgrundlage" (P. J. Galperin) – zu schaffen, um derartige intrinsische Motive schon am Beginn des Lernprozesses zu wecken.

Wenn auch im vorliegenden Modell die Motivation als ein erster Schritt des Informationsverarbeitungsvorganges bezeichnet wird, so bleibt doch festzuhalten, daß die Schaffung von Anreizen zum Weiterlernen eine den Lernvorgang ständig begleitende Daueraufgabe darstellt. Im Grunde ist dies auch der letzte Sinn aller didaktisch-methodischen Maßnahmen des Dozenten/Trainers/Ausbilders. Es handelt sich dabei um die Schaffung möglichst vielseitiger Bedingungen für die Teilnehmer, für sich

- aktuell-politische,
- fachlich-berufliche,

A) *Rezeptive Phase = „Einatmen":*

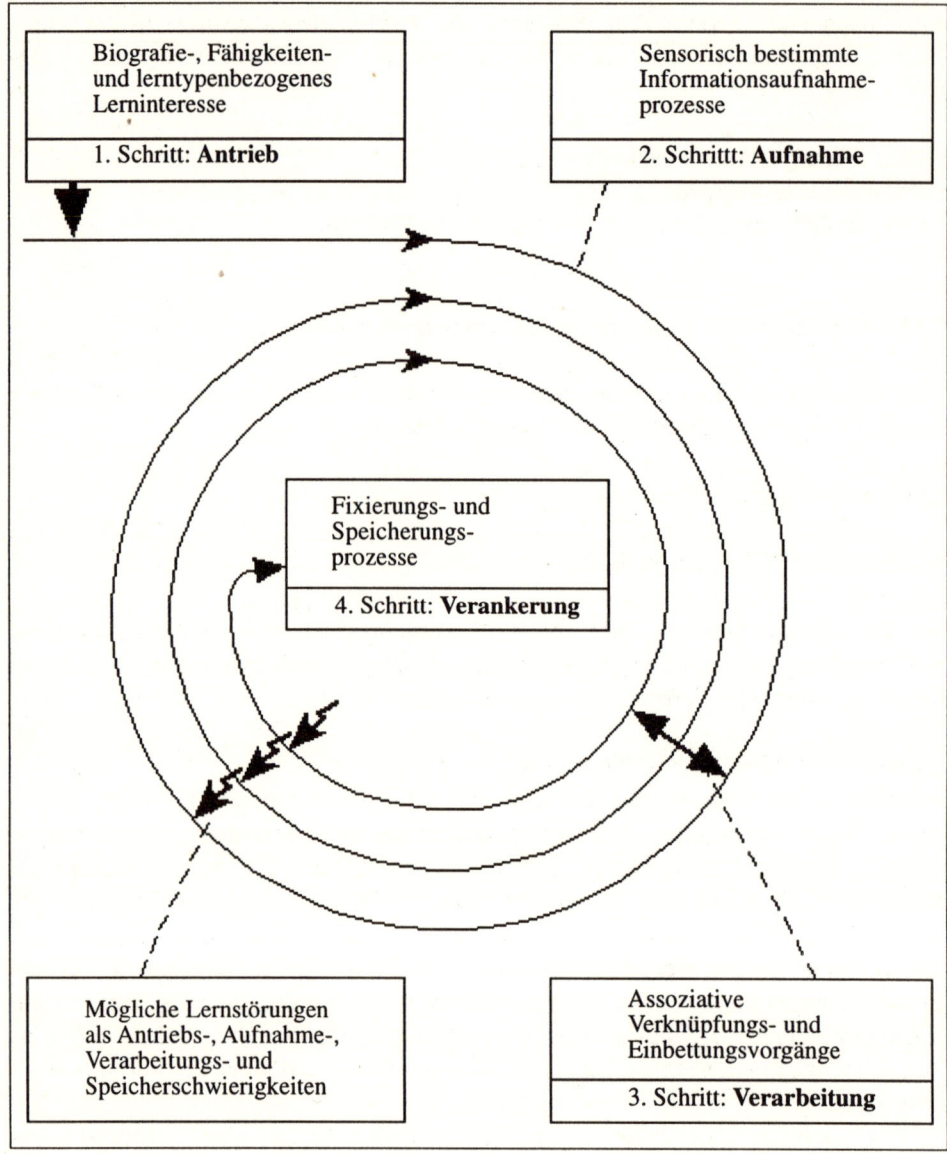

Abb. 27: Rezeptive Phase des Lernprozesses („Einatmen")

- personale,
- soziale und
- überfachlich-kulturelle

Bezugsebenen und Bezüge zum Lerngegenstand herzustellen und den Lernprozeß auf diese Weise anzuregen, ihn optimal zu stützen.

2. Schritt: Wahrnehmung (Informationsaufnahme)

Informationsverarbeitung ist an die Voraussetzung einer einwandfreien primär sensorischen Aufnahme geknüpft. Von ihr ist vor allem dreierlei bekannt:

a) Informationsaufnahme als vorwiegend sensorisch bestimmter Prozeß ist hochgradig abhängig von der eben angesprochenen Motivation.

b) „Vorwiegend sensorisch bestimmt" heißt aber nicht „ausschließlich". Denn Wahrnehmung und Informationsaufnahme sind bereits hochaktive Denkprozesse!

c) Der Prozeß der Informationsaufnahme ist in ebenso hohem Maße personenspezifisch, eben individuell und lerntypenabhängig. Jeder Lerner nimmt die angebotenen Informationen auf eine eigene – eben spezifisch „seine" – Weise auf. Denn: Bei der Informationsaufnahme findet immer zugleich konzentriertes individuelles Denken statt.

3. Schritt: Verarbeitung/Einbettung/Erste Evaluation

Im dritten Schritt werden die aufgenommenen Informationen entschlüsselt – decodiert – und mit individueller Bedeutung versehen. Neues wird mit Altem, schon Bekanntem in Verbindung gebracht und verglichen. Diese Gedankenverbindungen (Assoziationen) schaffen neue Bedeutungsfelder, in die die aufgenommenen Informationen eingebettet werden. Es wird dabei auch bereits eine erste Evaluation, das heißt kritische Überprüfung vorgenommen, denn es werden nur solche Informationen verarbeitet und eingebettet, die irgendwie plausibel und einsichtig erscheinen.

Neuerdings ist besonders auf das Problem der „horizontalen" Verarbeitung der Informationen eingegangen worden. Das damit angesprochene „Lateralitätsproblem" (= Links-/Rechtsorganisation des Gehirns) beschäftigt die neuere Hirnforschung in hohem Maße. Es scheint für die Verarbeitungsprozesse wichtig zu sein, daß das Informationsangebot möglichst „synchron" erfolgt, das heißt, daß den für beide Hirnhemisphären typischen Verarbeitungspräferenzen im Lernprozeß möglichst gleichzeitig Rechnung getragen wird. Dies bedeutet, daß ein stark einzelheitliches, lineares Informationsangebot (=linke Hemisphäre) in synchroner Form ein entsprechendes ganzheitliches, räumlich-visuelles Lernangebot (=rechte Hemisphäre) zur Seite gestellt bekommen sollte! Das gleiche gilt für logisch-analytische Angebote und die intuitiv-ganzheitliche Entsprechung (vgl. dazu unten 4. Konsequenzen).

4. Schritt: Fixierung/Speicherung/Gedächtnismäßige Verankerung

In welch hohem Maße die gedächtnismäßige Verankerung neu gelernter Informationen von Motiven und gefühlsbezogenen Begleitprozessen wie Streß, Stimmungen, Bedürfnissen, Erwartungen etc. bestimmt ist, konnte inzwischen einwandfrei geklärt werden.

Gedächtnismäßige Verankerung als vertikaler Verarbeitungsvorgang – soviel scheint sicher – führt im Ergebnis zu einer stofflichen Form von Diffusspeicherung (=Proteinmarkierung an den Synapsen neuronaler Netze), die gemäß einer Information entsprechend dem Prinzip der holographischen Vielfachspeicherung über verschiedene Hirnareale hinweg mehrfach fixiert wird: Es kommt so zum Aufbau sog. neuronaler Netze. Für die Wirksamkeit gedächtnismäßiger Verankerungen ist zweierlei wichtig: zum einen der Speichervorgang selbst einschließlich der oben angedeuteten affektiven Begleitumstände (=Encodierung), zum anderen alle Prozesse der aktiven Wiederauffindung gelernten Materials, die wir Erinnerung nennen (=Decodierung).

Lernschwierigkeiten/Lernstörungen

Alle vier dargestellten „Schritte" der rezeptiven Phase der Informationsverarbeitung können behindert oder gestört sein. Es kann sowohl zu einzelnen wie zu einer Kumulation mehrerer Schwierigkeiten kommen. Die auf diese Weise skizzierten Problemzonen des rezeptiven Lernvorgangs lassen sich vereinfacht in folgende vier Sätze kleiden:

1. „Das Thema interessiert mich nicht, ich kann mich dafür nicht erwärmen!"
2. „Ich bekomme nicht mit, was gesagt, geschrieben, gezeichnet etc. – kurz: was präsentiert wird!"
3. „Das Angebot macht für mich keinen Sinn; ich kann es nicht zuordnen, nicht mit bereits Bekanntem in Verbindung bringen!"
4. „Ich kann mir die angebotenen Informationen einfach nicht einprägen und merken; ich kann sie nicht gut verankern!"

Das hier dargestellte kognitive 2-Stufen-Konzept des Lernens gemäß „Ein- und Ausatmen", also nach rezeptiven und expressiven Lerntätigkeiten ist gerade wegen der soeben dargestellten und später noch hinzukommenden vier weiteren Arten von Lernstörungen für die Lehr-/ Lernpraxis von eminenter Bedeutung. Denn die im handlungsbezogenen Lernmodell der kognitiven Psychologie gegebenen vielfachen Lerntätigkeiten bieten einerseits eine Fülle von Sicherungen gegen Lernstörungen und schaffen andererseits auf ebenso vielfache Weise Möglichkeiten zu deren Erkennung und Behebung.

Die Informationsverarbeitungsspirale/-schleife

Die Vorstellung des „Information Processing", eines Prozeßablaufs der Informationsverarbeitung, führt im Modell zur Darstellung der Verarbeitungsspirale. Sie besagt dem Ansatz nach folgendes:

a) Der Verarbeitungsvorgang ist ein aktiver, ganzheitlicher und dynamischer Aneignungsprozeß.
b) Der Vorgang ist mehrdimensional, das heißt, die vier verschiedenen Prozeßebenen sind beteiligt, stehen teils nacheinander, teils gleichzeitig miteinander in Beziehung.

B) Expressive Phase = „Ausatmen":

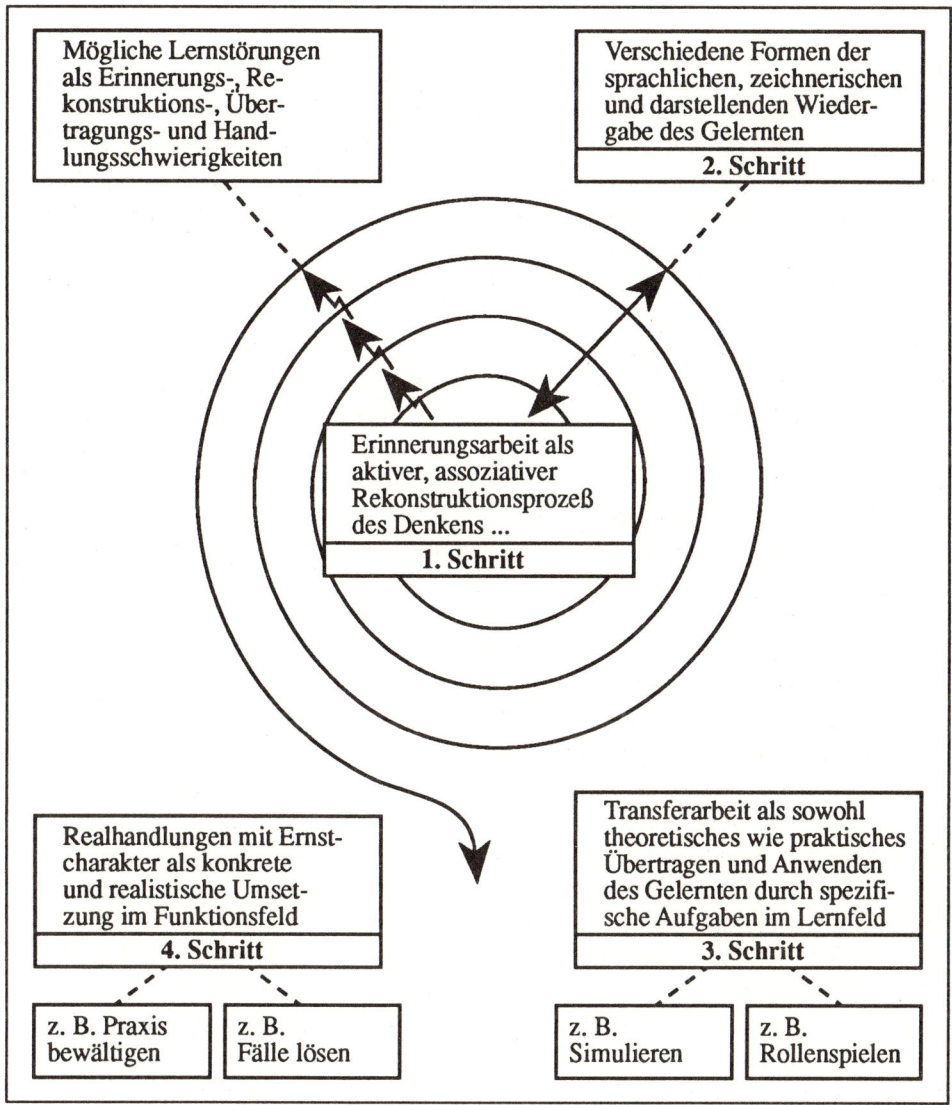

Abb. 28: Expressive Phase des Lernprozesses („Ausatmen")

1. Schritt: Erinnerung/Wiederauffindung/Reaktivierung

Was beim „Einatmen" der letzte, das ist beim „Ausatmen" der erste Schritt: Lernen beginnt in gewissem Sinne in seiner ganzen Bedeutung erst jetzt – mit dem Sicherinnern. Wiederum wird – wie neuere Untersuchungen zeigen – zur Wiederauffindung, Reaktivierung und Erinnerung ein hochaktiver Denkprozeß gefordert, der das Wiederaufleuchten der beteiligten neuronalen Netze bewirken muß. Gedächtnisspuren müssen nachgezeichnet, evtl. auftretende Lücken und Verschwommenheiten müssen durch Denken gefüllt bzw. aufgeklärt werden. Das gespeicherte Material ist zu decodieren.

2. Schritt: Darstellung/Präsentation/Wiedergabe

Wiederaufgefundenes Material wird im zweiten Schritt der expressiven Phase auf verschiedene Weise, nämlich sprachlich, zeichnerisch oder darstellerisch neu codiert und präsentiert. Wie alle Vorgänge beim „Ausatmen", so ist auch dieser zweite Schritt „eine Probe aufs Exempel", das heißt, eine Form der Evaluation. Denn über die Neucodierung im Wiedergabeprozeß wird erkennbar, ob das Aufgenommene richtig verstanden und verarbeitet wurde und ob alle Elemente erinnert werden können und verfügbar sind.

Im Hinblick auf das horizontale Problem und die Herstellung beidhemisphärischer Synchronität ist ausdrücklich darauf hinzuweisen, daß dabei von vielen Dozenten und Lernern der zeichnerischen Wiedergabe zu wenig Aufmerksamkeit geschenkt wird. Es sollte also im Lernprozeß viel mehr als allgemein üblich gezeichnet und graphisch ausgestaltet werden!

In Techniken des „Mind-mapping", der Herstellung von „Fachlandkarten", verschiedener Visualisierungstechniken sowie in der Metaplantechnik stehen verschiedene explizite Methoden für die Weiterbildung zur Verfügung.

3. Schritt: Aufgabenbezogene Übertragung/Umsetzung/ theoretische Anwendung (= Transfer)

Der dritte Schritt der expressiven Phase der Informationsverarbeitung besteht darin, das erinnerte und richtig wiedergegebene Material aufgabenbezogen zu übertragen und dort auch umzusetzen, d. h. im Kern primär theoretisch anzuwenden. Auch dieser Vorgang ist hochgradig evaluativ, insofern sich eigentlich erst in der Übertragung und Umsetzung bei theoretischen Aufgaben die Qualität des Informationsverarbeitungsprozesses erweist. Dieser primär noch theoretische Vorgang geht im Lernfeld ansatzweise schon in Praxis über, wenn z. B. durch Simulation, Übung, Rollen- oder Planspiel der Schritt auf die Realpraxis hin unternommen wird.

4. Schritt: Praxisbezogene Übertragung/Umsetzung/reale Anwendung in Handlungen

Erst im vierten Schritt der expressiven Informationsverarbeitung kommt der Lernprozeß zu seinem Höhepunkt und Abschluß. Die richtige und vollständige Umsetzung des Gelernten in der Praxis ist letztlich die Nagelprobe schlechthin für den Teilnehmer und den Dozenten/Trainer/ Ausbilder, ob wirklich gelernt wurde.
Die praktische Umsetzung kann in zwei Schritten erfolgen:
a) praktische Übungen, Simulationen, Rollen- und Planspiele im Lernfeld,
b) die konkrete Umsetzung im Praxisfeld selbst unter Ernstcharakter.

Wie bei allen Schritten der expressiven Lernphase spielt der soziale Aspekt der Informationsverarbeitung dem Grunde oder der Möglichkeit nach eine wichtige Rolle.

Denn sowohl Wiedergabe wie theoretische Übertragung und praktische Anwendung lassen sich vorzüglich sozial fundieren und unterstützen.

Lernschwierigkeiten/Lernstörungen
Wie beim „Einatmen" so gibt es auch beim „Ausatmen" entsprechend den vier „Schritten" vier Arten von Lernschwierigkeiten, die sich in die folgenden vier Sätze kleiden lassen:

a) „Ich kann mich nicht (gut) erinnern, es fällt mir nicht mehr ein!"
b) „Ich kann es nicht (gut) wiedergeben: sagen, schreiben, zeichnen, darstellen!"
c) „Ich kann es in unterrichtlichen Aufgabenstellungen nicht (gut) anwenden!"
d) „Ich kann es im Ernstfall der Praxis nicht (gut) umsetzen!"

Die Informationsverarbeitunsspirale/-schleife
Wie in der rezeptiven Lernphase symbolisiert die Informationsverarbeitungsschleife den Aspekt des „Information Processing". Dynamik und Mehrdimensionalität ist daher auch für das „Ausatmen" kennzeichnend. Es ist unübersehbar, daß in den Schritten 3 und 4 – der theoretischen Übertragung und der praktischen Anwendung – faktisch alle vorher bezeichneten Schritte des „Ein-" und „Ausatmens" prozeßhaft zusammenwirken müssen, damit die Anwendung des Neuen gelingen kann.

4. Die Konsequenzen für die Lehr-/Lernpraxis der Weiterbildung

Die Fähigkeit, neue Informationen richtig aufzunehmen, zu verarbeiten und praktisch umzusetzen, berührt die Lebensfähigkeit des Menschen in existentieller, sozialer, technischer und sozial-kultureller Hinsicht. Insofern wird im Lernmodell der kognitiven Psychologie ein ganzheitlicher Ansatz vorgelegt, der eine reale anthropologische Basis besitzt (Anthropologie ist die Wissenschaft vom Menschen). Die praktischen Konsequenzen des Modells im Lernfeld der Weiterbildung müssen immer vor dem Hintergrund dieser ganzheitlichen Perspektive gesehen werden.

Im einzelnen sind folgende Gesichtspunkte festzuhalten:

* Lernen ist dem Modell zufolge ein aktiver Aneignungsprozeß von Informationen mit rezeptiver und expressiver Komponente (= „Ein-/Ausatmen").
* Lernen ist demzufolge ein Prozeß, der sowohl etwas mit sinnbezogenem Denken als auch mit konkreten Tätigkeiten und Handlungen zu tun hat.
* Lernen hat sehr grundlegend etwas mit Gefühlen und sozialer Kommunikation und Interaktion zu tun.
* Lernen als Informationsverarbeitung ist ein hochgradig individueller Prozeß (= Lerntypenbezug).

• Die vertikale und horizontale Organisation des menschlichen Gehirns bewirkt, daß
  Bedingungen einer hirngerechten Informationsverarbeitung beachtet werden müssen (synchrone Informationsverarbeitung, gedächtnisorientiertes Lernen etc.).

Fragt man nun nach den praktischen Konsequenzen aus der Gesamtheit dieser allgemeinen Merkmale, so erscheint es sinnvoll, zunächst das generelle Lehr-/Lernmodell
aus den beiden oben dargestellten abzuleiten.

Dieses im folgenden abgebildete Modell beschreibt das Lehren als einen Einwirkungsversuch auf das „Ein-" und „Ausatmen" des Lerners. Dieser Einwirkungsversuch wird im Modell in zwei Varianten vorgestellt:

Variante 1:
Direkte Einwirkung auf den Lernprozeß durch die Faktoren: Dozent, Fach, Ziele,
Aufgaben, Thema.

Variante 2:
Indirekte Einwirkung auf den Lernprozeß durch die Faktoren: Methoden, Medien,
Kontrollen, allgemeine Organisation, Lehr-/Lernorganisation.

Das Modell klammert die sozialen Interaktionen und Kommunikationsprozesse zwischen verschiedenen Teilnehmern bewußt aus, weist aber mit Hilfe der eingezeichne-
ten Vektoren darauf hin, daß der erwachsene Lerner nicht nur Objekt von Außenwir-
kungen, sondern als Interaktionspartner auch Subjekt seiner Lernumstände ist. Das
bedeutet, daß er sich mit dem Dozenten ebenso auseinandersetzen kann wie mit den
anderen Teilnehmern bzw. mit anderen Faktoren: Zielen, Methoden, Organisation etc.

Im Gegensatz zu traditionellen Lehr-/Lernkonzepten „von oben", bei denen der
Dozent/Trainer/Ausbilder als alleiniger Mittelpunkt über alle mit dem Lernfeld
zusammenhängenden Fragen praktisch „qua Amt" von oben entscheidet, steht der
Lerner im kognitionspsychologischen Lehr-/Lernmodell eindeutig im Zentrum. Der
Dozent ist nicht mehr Hauptperson, sondern nur Helfer im Entwicklungsprozeß des
Lerners, ist eine personale – zwar leicht herausgehobene – Einflußgröße, wie es
andere nichtpersonale auch gibt. Das Modell begründet somit im Gegensatz zum traditionellen Konzept (vgl. dazu das Modell: „Die Wissensdusche" im ersten Teil, II A)
eine Pädagogik/Didaktik „von unten...", vom Lerner her.

Die in Rede stehenden pädagogisch/didaktischen Konsequenzen des kognitionspsychologischen Lehr-/Lernmodells sind vor dem Hintergrund des soeben skizzierten
Ansatzes zu erörtern, wonach der Lernprozeß und der ihn tragende Teilnehmer unan-
gefochten in den Mittelpunkt aller Überlegungen, Planungen und Handlungszusam-
menhänge gerückt werden. Dozent und Rahmenbedingungen erhalten ihren sekun-
dären funktionsbezogenen Stellenwert aus eben dieser Sicht.

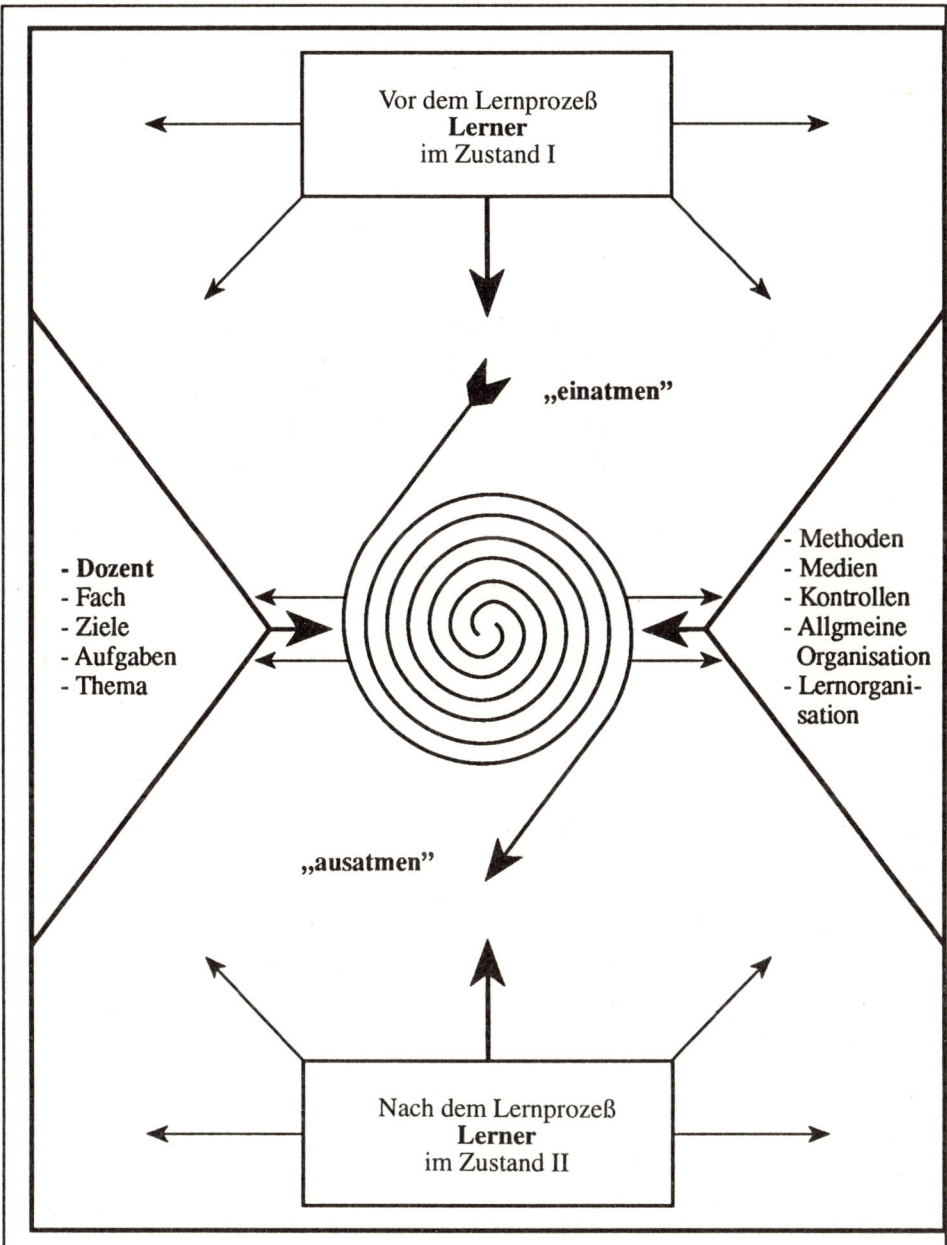

Abb. 29: Das Informationverarbeitungskonzept

Vier praktische Konsequenzen seien im folgenden bezeichnet und kurz beschrieben:

a) Strukturierung des Lernverlaufs und Organisation von Lerntätigkeiten;
b) Herstellung eines positiven Lernklimas und Realisierung eines professionellen Dozentenverhaltens;
c) Lerntypenbezug und didaktisches Repertoire;
d) Vertikale/horizontale Informationsverarbeitung und Medieneinsatz.

Zu a) Strukturierung

Wenn der kognitionspsychologische Theorieansatz Lernen als 2phasigen Prozeß rezeptiver und expressiver Lerntätigkeiten beschreibt, dann liegt darin die klare didaktische Forderung beschlossen, den Lernverlauf entsprechend als eine Folge solcher rezeptiven und expressiven Phasen zu planen und auszugestalten. Auf Details der didaktischen Strukturierung soll hier jedoch nicht näher eingegangen werden, da dies bereits an anderer Stelle geschehen ist (vgl. Erster Teil, II C).

Im vorliegenden Zusammenhang ist es jedoch wichtig festzuhalten, daß eine lerngerechte Strukturierung des Prozeßverlaufs auf ein breites didaktisches Repertoire des planenden Dozenten/Trainers/ Ausbilders verwiesen ist.

Vor allem das Lehr- und Sozialformen- und das Medienrepertoire als die beiden didaktischen Kernrepertoires sind hier gefragt. Denn die Organisation von Lernhandlungen ist als methodisches Problem unabweisbar auf die Fragen der sozialen Gruppierung und des Einsatzes geeigneter Hilfsmittel verwiesen.

Zu b) Lernklima

Der kognitionspsychologische Ansatz basiert entgegen seinem Namen auf dem engen Zusammenhang von Kognition und Emotion. Dies bezieht sich zunächst auf ein gutes begleitendes Verarbeitungsklima. Mit seinem Verhalten kann der Dozent/Trainer/Ausbilder hierzu viel beitragen. Insofern spielt auch hier wieder ein Repertoire eine große Rolle, nämlich das Verhaltensrepertoire. Sozial bekräftigende Verhaltensweisen (=die sog. „Aufwärmer") und ein geistig motivierendes Verhalten (=die sog. „Muntermacher") kommen hier zum Tragen (vgl. Erster Teil, IV):

Einerseits: • partnerschaftliches Verhalten,
               • wertschätzendes Verhalten,
               • bekräftigendes Verhalten,
               • humorvolles Verhalten,

Andererseits: • freigebend-kontrollierendes Verhalten,
               • energievolles Verhalten,
               • streitbares Verhalten,
               • geistreiches Verhalten.

Über die direkte, „atmosphärische" Wirkung auf den sozialen Zusammenhang hinaus bietet der Dozent/Trainer/Ausbilder mit diesem Verhaltensrepertoire auch ein lernfreundliches Modell, an dem sich die Teilnehmer orientieren können. Eustreß – positiven Streß – begünstigendes Dozentenverhalten schafft auf diese Weise eine gute Basis für die Informationsverarbeitung auf seiten der Lerner.

Zu c) Lerntypenbezug
Wie der Informationsverarbeitungsansatz zeigt, ist Lernen – auch wenn es sich im sozialen Rahmen vollzieht – ein im dezidierten Sinne individueller Vorgang. Die für jeden Teilnehmer höchst spezielle Mischung aus spezifischer Gehirnstruktur, hormoneller Disposition, Intelligenzstruktur, Sozialisations- und Lernerfahrungen, Lerneinstellungen, Lerngewohnheiten und Lerntechniken macht, daß Didaktik in diesem Sinne die Kunst darstellt, ein Lernangebot für viele durch „Methodenmix" quasi zu „vereinzeln". Voraussetzung ist wiederum, daß der Dozent/Trainer/Ausbilder ein breites Repertoire an methodischen Möglichkeiten besitzt, Lernsituationen vielfältig auszugestalten: Lehr- und Sozialformenrepertoire, Medienrepertoire, Verhaltensrepertoire usw..

Zu d) Horizontale/vertikale Organisation
Menschliche Informationsverarbeitung kann – so wurde bereits dargelegt – nur gelingen, wenn sie so ausgestaltet wird, daß sie als hirngerecht zu bezeichnen ist, d. h., daß es sowohl zu synchronen Informationsangeboten (siehe Links-/Rechtsproblematik: Lateralität des Gehirns) als auch zu gedächtnisgerechten vertikalen Verarbeitungsformen kommt. Die horizontale Organisation des Gehirns mit dem Aspekt synchroner Informationsvermittlungsprozesse legt als Konsequenz folgendes nahe: Die Bereitstellung und Präsentation ausgewogener Lernangebote hinsichtlich der folgenden Matrix (vgl. Döring/Ritter-Mamczek, 1999, 4. Teil, VII).

Die Links-/Rechtsproblematik des Gehirns

Logik/Analyse	⇔	Gefühlsmäßige Intuition
Sprache	⇔	Bildlichkeit
Einzelheiten	⇔	Ganzheiten/Übersichten
Lineare Aufzählungen	⇔	Räumlich visuelle Anordnungen
(z. B. Gliederungen)	⇔	(z. B. Fachlandkarten)
Theorie	⇔	Praxis
Beschreibende Feststellungen	⇔	Sinnhafte Begründungen
(= „Wiefragen")	⇔	(= „Warumfragen")

Die vertikale Organisation des Gehirns verlangt vom Dozenten darüber hinaus eine gedächtnisorientierte Vermittlungstrategie mit folgenden Konsequenzen:

a) Durchgehende Bemühung um eine grundständige – möglichst intrinsische Teilnehmermotivation
  - durch bedeutungsschaffende Informationsvermittlung,
  - durch emotional positive Erfahrungen,
  - durch ein gutes Lernklima,
  - durch variantenreiche Wiederholungen und
  - durch praxisbezogene, konkret-anschauliche und durchgehend aktivierende, tätigkeitsbezogene Lernangebote zur Überwindung des Ultrakurzzeitgedächtnisses als ersten Filter unserer Wahrnehmungen;

b) Ständige Bemühung um das Langzeitgedächtnis unterstützende, ordnungsschaffende Suchschemata. Daher: Präsentation bzw. teilnehmerzentrierte Erarbeitung von:
  - Lernrahmen, Lernübersichten, Lernskizzen,
  - Fachlandkarten,
  - Modellen, Schemata,
  - Zeichnungen aller Art und
  - Veranschaulichungen durch reale Gegenstände, Fotos, Filmpräsentationen etc.

Zweifellos wird eine kognitionspsychologisch professionelle Lernpraxis über die vier genannten Konsequenzen hinaus noch wesentlich davon bestimmt, ob der Dozent/ Trainer/Ausbilder angemessene Rahmenbedingungen der Weiterbildung vor Ort herstellen kann oder nicht:

- optimale Gruppengröße: 12-18 Teilnehmer;
- ausreichende Gruppenräume zur Kleingruppenarbeit;
- optimale Seminarraumgröße: 4 - 6 m^2 pro Teilnehmer;
- Seminarraumausstattung: Videoanlage, Metaplan, Pinnwände, 2 Flipcharts, OH-Projektor, Schreib-/Zeichenmaterial etc.;
- stützendes Begleitmaterial als Tischvorlagen oder als Lehrbücher-Ergänzung;
- störungsfreies Arbeiten mit teilweiser Distanz zum institutionellen Arbeitsplatz und teilweiser unmittelbarer Nähe zu ihm;
- Rahmenprogramm zum Gruppenklima.

Fazit:

Der implizite bzw. explizite Lernbegriff des Dozenten/Trainers/ Ausbilders kann in seiner eminenten praktischen Bedeutung für die Lehr-/Lernpraxis schwerlich überschätzt werden. Von daher wäre es von großer Wichtigkeit für den Professionalisierungsansatz in der Weiterbildung, alle Dozenten entsprechend fortzubilden.

Darüber hinaus läßt sich feststellen, daß die Didaktik als Disziplin wie als Lehrpraxis von der Lernpsychologie aus ihre fundamentale Begründung erfahren muß. Denn Lehre – kriterienorientiert ausgestaltet – kann ihr „Warum" wie ihr „Wie" letztlich nur aus dem Lernen bzw. der ihm zugeordneten Lernpsychologie beziehen.

3. Baustein:
Das Informationsverarbeitungskonzept und der Konstruktivismus (von Ulrike Durand u.a.)

Komplexe Informationsverarbeitung
und irreale Konstruktbildung
– Wie paßt das zusammen? –
Ein lernpsychologisches Puzzlespiel...

Trotz (oder aufgrund) jahrelanger intensiver Forschung auf dem Gebiet der Lernpsychologie handelt es sich beim Phänomen „Lernen" um – wie bereits an mehreren Stellen dargestellt – ein äußerst umstrittenes wissenschaftliches Thema! Anstelle einer einheitlichen Lerntheorie steht eine Vielzahl von Einzeltheorien, die sich zum Teil ergänzen, zum Teil aber auch gegenseitig ausschließen (vgl. II, 1).

Man kann diese einzelnen Lerntheorien wie die Teile eines Puzzlespiels ansehen: Während einige Teile bereits zu größeren Einheiten zusammengefügt wurden, bilden andere noch ein ungeordnetes Ganzes – sei es, weil sie nicht zusammenpassen, oder sei es, weil noch nicht der Versuch unternommen wurde, sie aneinanderzufügen. Wir haben aus diesem ungeordneten Teil zwei Puzzleelemente herausgegriffen: den Informationsverarbeitungsansatz und den konstruktivistischen Ansatz:

Informations-
verarbeitungs-
ansatz:

konstrukti-
vistischer
Ansatz:

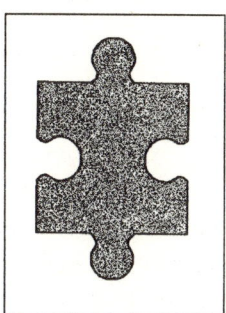

Wie sich noch zeigen wird, lassen sich diese beiden Puzzleteile problemlos zu einer Einheit zusammensetzen. Zuvor möchten wir jedoch einzeln auf die jeweilige Gestalt beider Puzzleteile eingehen:

Der Informationsverarbeitungsansatz,
dessen Entwicklung mit der sogenannten „kognitiven Wende" in den 60iger Jahren begann, beschäftigt sich mit der Gesamtheit von Aufnahme, Verarbeitung, Speicherung und Wiedergabe von Informationen. Er vertritt ein eher ganzheitliches Lernmodell, das Denken, Fühlen und Handeln als fundamentale Lernstrategien ansieht.

Der neue kognitive Ansatz weist – als Ausdruck dieser Wende – keine geschlossene Informationstheorie auf. Vielmehr umfaßt er folgende fünf theoretische Positionen oder Einzeltheorien:

1. die kybernetisch-informationstheoretische Position
2. neuere gedächtnistheoretische Positionen
3. die neurophysiologisch-biologische Position
4. denkpsychologische Positionen
5. handlungstheoretische Positionen

Diese bilden gemeinsam das Informationsverarbeitungskonzept der neueren Lernpsychologie, aus dem sich folgendes Lernmodell entwickeln läßt:

Lernen wird als 2phasiger Vorgang angesehen, der aus
• einer rezeptiven Phase („Einatmen") und
• einer expressiven Phase („Ausatmen")
besteht (vgl. dazu 2. Baustein in diesem Teil).

Das Modell begründet eine vom Lernenden ausgehende Pädagogik bzw. Didaktik, welche die Handlungen des Lehrenden lediglich als Einwirkungsversuch auf das Ein- und Ausatmen des Lernenden ansieht!

Der konstruktivistische Ansatz
geht von folgender – von P. Watzlawick formulierten – Grundthese aus:

„Die Wirklichkeit wird von uns nicht gefunden, sondern erfunden."

Die Konstruktivisten gehen davon aus, daß wir zwar alle in der Wirklichkeit – der sogenannten realen Wirklichkeit – leben, diese jedoch niemals finden bzw. aufklären können, auch wenn wir noch so sorgfältige Forschungen anstellen. Der radikale Konstruktivismus geht sogar noch einen Schritt weiter, indem er behauptet, daß wir gar nicht erkennen können, ob es die Außenwelt wirklich gibt. Die folgenden Erläuterungen beschränken sich jedoch auf den gemäßigten Konstruktivismus, demzufolge die reale Wirklichkeit zwar existiert, wir alle jedoch unfähig sind, diese Wirklichkeit so zu erleben, wie sie „objektiv" ist.

Diese Unfähigkeit hat folgende Gründe:

a) Die Möglichkeiten unserer Sinnesorgane sind begrenzt.
b) Es ist uns nicht möglich, neue Erlebnisse isoliert zu betrachten.
c) Zwischen den subjektiven Sinneseindrücken und den objektiven Gegebenheiten der Außenwelt gibt es keine Vermittlungsinstanz.

Diese drei Gründe beziehen sich auf zwei unterschiedliche Bestandteile unseres Wahrnehmungssystems:

Die erste Aussage hängt mit der Aufnahme von Daten aus der Außenwelt über unsere Sinnesorgane zusammen. Unsere Sinnesrezeptoren können zwar durch sehr unterschiedliche Umweltereignisse gereizt werden (Lichtquanten, Geruchsmoleküle, Schalldruckwellen usw.), diese Umweltereignisse stellen jedoch nur einen winzigen Ausschnitt aus der physikalischen Welt dar. Um z. B. Magnetwellen, radioaktive Strahlung oder Ultraschall wahrzunehmen, fehlen uns Menschen die entsprechenden Sinneszellen.

Die zweite Aussage hat mit dem Einfluß unseres Innern auf die Wahrnehmung zu tun. Es ist uns unmöglich, neue Erlebnisse isoliert zu betrachten, weil unser gesamtes Erleben von unserem Innern, unserer Persönlichkeit, beeinflußt wird, d. h., unsere Erwartungen, Erfahrungen, unser Gedächtnis etc. haben direkten Einfluß auf unsere Wahrnehmung.

Zwischen Sinneseindrücken und Außenwelt fehlt jegliche Verbindung. Aus diesen Gründen konstruieren wir uns unsere eigenen Wirklichkeiten, in denen wir ohne weiteres leben können, solange diese nicht im Widerspruch zur realen Wirklichkeit stehen. Entdecken wir einen Widerspruch, erfahren wir, daß unsere Konstruktion nicht mit der realen Wirklichkeit zusammenpaßt und somit nicht aufrechterhalten werden kann. Darüber, wie die Wirklichkeit aber tatsächlich beschaffen ist, erhalten wir jedoch keine dauerhaft verläßlichen Informationen.

Hinsichtlich des Lehrens und Lernens interessiert vor allem, wie der Begriff des Wissens definiert ist:

Von den Konstruktivisten wird unser Wissen nicht als Bild der realen Wirklichkeit interpretiert, sondern als Schlüssel, der uns mögliche Wege erschließt. Und zwar soll er uns Wege zu von uns gewählten Zielen erschließen. Diese Ziele sind Erklärung, Vorhersage, Kontrolle oder Steuerung von bestimmten Erlebnissen. Kurz: Es ist unser Ziel, eine gewisse Ordnung in unser Erleben zu bringen und so eine einigermaßen dauerhafte, regelmäßige Welt zu konstruieren. Paßt der Schlüssel, heißt das, daß er uns einen Weg zu diesen Zielen freigibt; es heißt weder, daß er den einzigen Weg freigibt, noch, daß er der einzige passende Schlüssel ist!

Aus der konstruktivistischen Sichtweise ergeben sich – nach P. Klimsa (1993) – wesentliche Konsequenzen in bezug auf das Modell der Informationsverarbeitung:

- Für Kommunikations-/Lernprozesse ist nicht das Input-Verarbeitungs-Output-Modell charakteristisch, sondern die Konstruktion von unveränderlichen Größen (Invarianten), die dem System (dem Lernenden) helfen, sich anzupassen bzw. anzugleichen und zu organisieren.
- P. Klimsa lehnt es ab, den Menschen als passiven Empfänger von Informationen aus der Umwelt anzusehen, wie es seiner Meinung nach der Informationsverarbeitungsansatz vertritt. Lernen bedeutet für die Konstruktivisten vielmehr die Fähigkeit zur Bildung, Revision und Erweiterung von Konstrukten über die das Individuum umgebende Wirklichkeit.

Schlüssel = Wissen
(ein Schlüssel von
vielen!)

Ziele:
- Erklärung
- Vorhersage,
- Kontrolle,
  oder
- Steuerung von
  bestimmten
  Erlebnissen

Abb. 30: Ein Schlüssel zum Ziel

- Dabei ist die Wirklichkeit nicht als Größe zu verstehen, die naturgetreu abzubilden das höchste Ziel darstellt, sondern als „Wirkumgebung", d. h. als jene Umgebung, in der das Individuum aktiv tätig ist.
- Eine ikonische Abbildung der Umwelt ist unmöglich. Die erlebte Umwelt ist vielmehr eine konstruktive konzeptionelle Größe, die die Menschen in ihrer soziokulturellen Gemeinschaft durch mehrere parallele Interaktionen erzeugen. Anstelle des Abbildungsgedankens, den der Informationsverarbeitungsansatz angeblich vertritt, soll besser die Nützlichkeit des Wissens in bezug auf das Erreichen bestimmter Ziele betrachtet werden.

Diese Kritik könnte zu dem Schluß verleiten, daß sich die Puzzleteile „Konstruktivismus" und „Informationsverarbeitungsansatz" nicht zu einer Einheit zusammenfügen lassen, da aktive Konstruktbildung und angeblich passive Informationsaufnahme nicht zu vereinbaren sind. Doch bei genauerem Hinsehen existiert dieser Widerspruch gar nicht. Vielmehr kann man bei exakter Betrachtung feststellen, daß beide Ansätze sich sehr wohl zu einer Einheit ergänzen – zu einer Einheit, die man

konstruktivistischen
Informationsverarbeitungsansatz
nennen könnte.

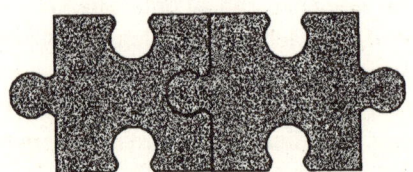

Das Lernmodell des konstruktivistischen Informationsverarbeitungsansatzes könnte als heuristisches Konzept folgendermaßen aussehen:

Beim Lernprozeß handelt es sich um einen zweiphasigen Vorgang, der aus einer rezeptiven und einer expressiven Phase besteht.

Die **rezeptive Phase** gliedert sich in folgende vier Schritte:

- Der *1. Schritt* – der Antrieb bzw. Anreiz, die Motivation – stellt einen extrem subjektiven Vorgang dar, der persönlich bedingt ist. Um bereits zu Beginn des Lernprozesses intrinsische (innengeleitete) Motive zu wecken, ist es – laut Informationsverarbeitungsansatz – wichtig, eine praxis- und sinnbezogene Ausgangsposition zu schaffen. Dieser Orientierungsgrundlage entspricht es nach konstruktivistischer Ansicht, daß wir bestimmte, von uns gewählte Ziele verfolgen (Erklärung, Vorhersage, Kontrolle oder Steuerung von bestimmten Erlebnissen).
- Der *2. Schritt* – die Wahrnehmung bzw. Informationsaufnahme – ist ein vorwiegend sensorisch bestimmter Prozeß und daher stark von der Motivation abhängig – jedoch nicht ausschließlich: Wahrnehmung bzw. Informationsaufnahme ist bereits ein aktiver Denkprozeß, der ebenso individuell und lerntypenabhängig ist. Gemäß dem Informationsverarbeitungsansatz spielen dabei bereits vorhandene Prinzipien und Konzepte sowie Strategien eine wesentliche Rolle. Insofern die Wahrnehmung ein aktiver Vorgang ist, ist sie auch konstruktbildend, da sie sowohl selektiv als auch verfälschend wirken und somit niemals ein Abbild der Wirklichkeit erzeugen kann.
- Im *3. Schritt* der Verarbeitung werden die Informationen decodiert und mit individueller Bedeutung versehen. Neue Informationen werden mit schon bekannten verbunden und verglichen. Dabei wird kritisch überprüft und selektiert. Es entspricht der konstruktivistischen Sichtweise, daß das Gehirn hierbei assoziativ vorgeht und somit keine isolierte Betrachtung von neuen Erlebnissen ermöglicht. Sowohl dem Informationsverarbeitungs- als auch dem gemäßigten konstruktivistischen Ansatz zufolge ist es Ziel des Lernenden, mit Informationen derart umzugehen, daß die Außenwelt vorhersehbar wird.
- Der *4. Schritt* in der rezeptiven Phase ist die gedächtnismäßige Verankerung neuer Informationen bzw. die Verankerung und Integration neuer Konstrukte, die im aktiven Wahrnehmungsprozeß gebildet wurden. Dafür sind Motive und gefühlsbezogene Begleitprozesse (z. B. Streß, Stimmungen, Erwartungen) von großer Bedeutung.

Alle vier Schritte der rezeptiven Phase können gestört werden durch fehlende oder mangelnde Zielkonzeptionen sowie durch Probleme bei Informationsaufnahme, Konstruktbildung, Verarbeitung und Speicherung.

Die **expressive Phase** besteht ebenfalls aus vier Schritten:

- Der *1. Schritt* ist die Erinnerung bzw. Wiederauffindung von Informationen. Hier – in der Phase des denkenden Erinnerns – werden bereits vorhandene individuell-konstruktive Konzeptionen der Wirklichkeit aus dem Gedächtnis abgerufen.

- Beim *2. Schritt* handelt es sich um die Darstellung bzw. Präsentation vorher aufgenommener bzw. „konstruierter" Informationen, wobei Wiederaufgefundenes verschiedenartig neu codiert und wiedergegeben wird. In diesem Schritt spiegelt sich zum einen der Informationsverarbeitungsansatz wider, der davon ausgeht, daß der Mensch denkt (und damit auch lernt), indem er sich auf tätige Weise mit der Umwelt auseinandersetzt. Zum anderen ist hier die konstruktivistische Ansicht vertreten, daß das Konzept der „Wirklichkeit" als „Wirk-Umgebung" zu begreifen ist, in der das Individuum tätig ist. Somit bedeutet Lernen Handeln.
- Der *3. Schritt* besteht eher darin, Erinnertes und Wiedergegebenes auf Aufgaben zu übertragen und theoretisch anzuwenden (= Transfer),
- während die praktische Umsetzung des Gelernten im *4. Schritt* vor sich geht. Hierbei ist der Nutzen des Wissens in Hinblick auf das menschliche Leben, z. B. auf das Erreichen selbstgesteckter Ziele, entscheidend und nicht unbedingt die Übereinstimmung der angeeigneten Information mit der Wirklichkeit.

Die expressive Lernphase kann durch Erinnerungs-, Rekonstruktions-, Übertragungs- oder auch praktische Umsetzungsschwierigkeiten gestört werden. Aus dem konstruktivistischen Informationsverarbeitungsansatz lassen sich folgende Konsequenzen für das Lehren und Lernen ableiten:

Konsequenzen für das Lehren:

- Was den Lehrenden betrifft, so sollte er stets darauf hinweisen, daß sein Lehrstoff nicht *die* Wahrheit darstellt, sondern daß es sich dabei um bestimmte Konstrukte handelt, die sich bisher als brauchbar bzw. geeignet erwiesen haben, im Leben und in der Wirklichkeit zu bestehen, und die deshalb solange beibehalten werden, bis sich besser geeignete finden lassen.
- Die Aufgabe des Lehrenden besteht darin, die Lernenden zu motivieren, in ihnen Interesse zu wecken und ihnen bei der Informationsaufnahme hilfreich zur Seite zu stehen. Zu diesem Zweck sollte er eine möglichst vielseitige Wahrnehmung ermöglichen und persönlich bedingte Horizonte erweitern, was er eventuell durch die Auflösung vorgefertigter Meinungen erreichen kann.
- Der Lehrende sollte Assoziationshilfen geben und somit die Verarbeitung von Informationen erleichtern und die individuelle Ausbildung neuer Konstrukte fördern.

Konsequenzen für das Lernen:

- Der Lernende hingegen sollte sich bewußt machen, daß er selbst den Lernprozeß hochgradig aktiv gestalten muß. Denn der Lehrende ist nicht allwissend, d. h. er verfügt nicht über die Wahrheit, sondern bietet ihm nur verschiedene Konstrukte bzw. Modelle an, die er – der Lernende – nicht ohne weiteres als gegeben hinnehmen, sondern kritisch betrachten sollte.
- Der Lernende sollte sich eigenverantwortlich in den Lernprozeß einbringen, indem er eigene Ideen und Lösungen beisteuert und diese ständig kritisch überprüft.

• Da auch der Lernende selbst nicht über *die* Wahrheit verfügt, sollte er sich umgekehrt anderen – nicht von ihm selbst gebildeten – Konstrukten gegenüber aufgeschlossen und tolerant verhalten.

Fazit:

Es heißt den Informationsverabeitungsansatz völlig verkennen, wenn man ihn als reine Abbildtheorie ansieht, die dem Lernenden die Rolle des passiven Informationsempfängers zuschreibt. Der Informationsverarbeitungsansatz geht nämlich keineswegs davon aus, daß der Lernende nur passiv Informationen aufnimmt und dadurch lediglich ein Abbild seiner Umwelt in sein Inneres projiziert. Vielmehr baut sich der informationsverarbeitende Lerner seine eigene Welt aktiv in verschiedenen Schritten auf.

1. Die Motivation ist ein erster höchst subjektiver Vorgang. (Wie der konstruktivistische benötigt auch der informationsverarbeitende Lerner eine Orientierungsgrundlage, d. h. gewisse Ziele, die er verfolgen kann.)
2. Die Wahrnehmung erfordert einen äußerst aktiven Denkprozeß (!), der auf individuelle Konzepte aufbaut.
3. Die Informationsverarbeitung ist ebenfalls ein aktiver und assoziativer Prozeß, der keineswegs eine isolierte Betrachtung von neuen Erlebnissen zuläßt, der vielmehr das Ziel verfolgt, die Außenwelt vorhersehbarer auszugestalten.
4. Der Lernende speichert und ruft aus dem Gedächtnis das ab, was er im aktiven Wahrnehmungsprozeß selbst konstruiert hat.
5. Auch denkt und lernt der informationsverarbeitende Lerner individuell und schöpferisch, indem er sich auf tätige Weise mit seiner Umwelt (Wirk-Umgebung) auseinandersetzt.

Sobald man also den Informationsverarbeitungsansatz als eine solchermaßen aktive Verarbeitungsform *auffaßt* und nicht als passive Abbildtheorie *verkennt*, hebt sich der konstruktivistische Einwand auf. Somit lassen sich die Puzzleteile „Informationsverarbeitungsansatz" und „Konstruktivismus" relativ problemlos zu einer größeren Einheit, d. h. zu einer umfassenderen konstruktivistisch-informationsverarbeitenden Lerntheorie zusammenfügen.

4. Baustein:
Zur Lernfähigkeit Erwachsener

1. Lernunterschiede Kind – Erwachsener

Lernen Erwachsene eigentlich anders als Kinder?
Gibt es Unterschiede zwischen dem Erwachsenenlernen und dem Kindeslernen? –
Über diese Fragen ist bislang noch recht wenig bekannt.

Es ist die These der vorliegenden Ausführungen, daß es hier keine *wesensmäßigen (!)* Unterschiede zu verzeichnen gibt, daß sich *jene* graduellen Differenzen, die dennoch vorliegen, vielmehr aus den unterschiedlichen Lebens- und Entwicklungsstufen von Kindheit und Erwachsenenalter erklären lassen und daß eine Didaktik des Lernens mit Erwachsenen insofern nichts anderes sein kann als eine zwar spezifisch akzentuierte, aber dennoch allgemeine Didaktik menschlichen Lernens und Unterrichtens.

In der historischen Dimension lassen sich drei Phasen in der Betrachtungsweise „Kind – Erwachsener" voneinander unterscheiden (vgl. A. Leon, 1977):

Phase der Ununterschiedenheit
Bis zum 18. Jahrhundert machte man zwischen Kindern und Erwachsenen keinen wesensmäßigen Unterschied. Das Kind war ein „Erwachsener en miniature" und wurde nach den Normen der Erwachsenen betrachtet und behandelt. Die Kindheit wurde erst allmählich im 18. und dann gänzlich im 19. Jahrhundert entdeckt.

Phase der Unterscheidung
Die neuere Geschichte der Pädagogik – und zwar sowohl als Theorie (= Wissenschaft) wie als Praxis – läßt sich dagegen als ein einziger Versuch ansehen, die Andersartigkeit und Eigenheit der kindlichen Existenz zu erweisen. Seit Beginn der Bemühungen um Einrichtungen der Erwachsenenbildung im ausgehenden 19. Jahrhundert haben sich diese Tendenzen eher noch verstärkt. Dazu A. Leon: „Man zieht tatsächlich in Betracht, daß der Erwachsene sich vom Kind unterscheidet, und man stellt die Haltung in Frage, die darin besteht, die Erwachsenenbildung in den Kategorien wahrzunehmen, die von der Schulpädagogik geliefert werden" (1977, S. 14).

Phase der Neubesinnung
Neuere Erkenntnisse der Gerontologie, insbesondere der Lern-, Entwicklungs- und Intelligenzpsychologie Erwachsener, legen heute jedoch die Einsicht nahe, daß zwischen der Kindheit und dem Erwachsenenalter wichtige übergreifende Ähnlichkeiten bestehen, was Lernen, Lernschwierigkeiten und die Lernfähigkeit selbst betrifft.
Wie das Kind lernt der Erwachsene aufgrund eines komplizierten Zusammenspiels von Anlage- und Umweltbedingungen, von Entwicklungs-, Sozialisations- und Lernfaktoren mit denen einer ganz bestimmten Lebens-, Berufs und Kultursituation. Der verbreitet angenommene prinzipielle Bruch zwischen Kindheit und Erwachsenen existiert nur in der Theorie! In der Wirklichkeit sind die Übergänge fließend. Auch der Erwachsene entwickelt sich ständig fort. Er durchlebt verschiedene Lebens- und Entwicklungsstufen, die – gegeneinander gehalten – ebenso einschneidend unterschiedlich erlebt werden können wie der Übergang von der Kindheit zum Erwachsenenalter. Es gibt demnach ebensowenig *das* Kind wie *den* Erwachsenen.

Als Merkmale erwachsener Lerner führt A. M. Hubermann (1975, S. 34 ff.) auf:

- Erwachsene „sind insofern verantwortungsbewußter und reifer, als sie ihr Lernen selbst steuern, bestimmte Lernziele und wohlüberlegte Fernziele und im allgemeinen einen Zeitplan haben, der ihre Teilnahme an Weiterbildungskursen zu einer Funktion von Zeit-, Geld- und Kraftaufwand macht.
- Erwachsene sind freiwillige Teilnehmer.
- Als Individuen sind die Erwachsenen viel komplexer und als Gruppe heterogener.
- Im Vergleich zum Kind, für das Lernen die Identifizierung neuer Phänomene und Zusammenhänge bedeutet, verfügt der Erwachsene über ein komplizierteres Gefüge von Erwartungen und eine Menge von Erfahrungen, gegen die er neue Informationen abwägen kann.
- Erwachsene interessieren sich vorwiegend für die kurzfristige Anwendung dessen, was sie gelernt haben.
- Erwachsene sind weniger an einem Leistungsvergleich innerhalb der Gruppe interessiert als daran, ob ein bestimmtes Lehrangebot ihnen dazu verholfen hat, ihre selbst vorher bestimmten Lernziele zu erreichen.

Von diesen Prinzipien kann man wiederum eine Reihe pädagogischer Hypothesen ableiten:

- Erwachsene kommen zu besseren Resultaten, wenn sie die Verantwortung für ihre Instruktion selbst tragen durch die Anwendung von Gruppendynamik oder anderer nichtdirektiver Methoden.
- Der Unterricht sollte auf alltägliche oder signifikante Erfahrungen aufgebaut sein, die in engem Zusammenhang mit der spezifischen sozialen Umgebung, in der der Lernende lebt oder arbeitet, stehen.
- Die Lehrangebote sollten auf Lernziele gerichtet sein, die dem Lernenden persönlich sinnvoll erscheinen, oder bei deren Erarbeitung er mitgewirkt hat.
- Man kann mit besserem Erfolg rechnen, wenn man damit beginnt, den Lernenden zuerst auf seinem Kompetenzniveau zu unterrichten, ehe man zu abstrakterem Material übergeht."

A. M. Hubermann fügt die sehr wichtige Bemerkung an: „Die Lehrmethode, die für einen Erwachsenen am günstigsten erscheint, ist es nicht unbedingt für einen anderen. Manche Individuen müssen bei ihrer Arbeit stärker geleitet werden, andere weniger" (ebd., S. 35). Somit stellen sich in der Konsequenz die Dinge im Bereich des Lernens mit Erwachsenen im Vergleich mit dem von Schülern zwar in spezieller Weise, aber letztlich strukturell ganz ähnlich dar.

Die verschiedenen Lern- und Sozialisationstypen bringen unterschiedliche Erfahrungen und kognitive Stile in das Unterrichtsgeschehen ein. Die Weiterbildung muß darauf didaktisch mit einem breiten und abwechslungsreichen Repertoire der Lehr- und Sozialformen, der Medien und der Bekräftigungen und Zuwendungen reagieren. Der Vorteil dieser Perspektive liegt auf der Hand: Der Verzicht „auf die Unterschei-

dung oder Trennung zwischen einerseits den Begriffen und Methoden der Erwachsenenpsychologie und andererseits denen der wissenschaftlichen Psychologie des Kindes und des Jugendlichen" (A. Leon, 1977, S. 146) ermöglicht es der Erwachsenenbildung, von allen Erkenntnissen der wissenschaftlichen Psychologie zu profitieren,
ohne die andragogischen Besonderheiten aus den Augen zu verlieren.

2. Defizite der Forschung

Dies ist umso notwendiger, als die Forschung über das Lernen Erwachsener erst in
den Anfängen steckt und (noch) große Defizite aufweist. Diese Defizite beziehen sich
eigentlich auf alle Bereiche der Erwachsenenpsychologie und kommen erst dann voll
in den Blick, wenn man – die oben angedeutete Perspektive einnehmend – die biologischen, sozialen und lebensaltersspezifischen *Unterschiede* ins Auge faßt, die zwischen Erwachsenen und Kindern/Jugendlichen bestehen.

Hier seien nur einige Problemkreise aufgeführt, die einer genaueren Erforschung harren:

• Wie entwickeln sich die geistige Leistungsfähigkeit bzw. einzelne Fähigkeitsberei-
  che und die Intelligenz im Erwachsenenalter? Welche Bereiche sind stärker biolo-
  gisch, welche sind eher sozial/kulturell bedingt?
• Wie wirken sich bestimmte Sozialisationsbedingungen in Familie, Schule, Beruf
  auf die Lernfähigkeit und Leistungsfähigkeit Erwachsener aus?
• Wie verläuft der Entwicklungsprozeß im Erwachsenenalter? Welche Stufen, Phasen und Entwicklungsstränge sind zu unterscheiden?
• Welche unmittelbaren und langfristigen individuellen Effekte haben Bildungs- und
  Lernanstrengungen im Erwachsenenalter?
• Wie sieht die pädagogische Praxis in Einrichtungen der Erwachsenenbildung
  tatsächlich aus? Und wie müßte eine Didaktik des Lernens mit Erwachsenen (und
  der Weiterbildung) ausgestaltet werden?

Zwar liegen für einige dieser Fragen eine ganze Reihe von Untersuchungen vor –
besonders zahlreiche z. B. zum Problemkreis der Leistungsfähigkeit Erwachsener –,
viele Arbeiten haben jedoch entweder starke methodische Mängel oder liefern nur
Bruchstücke – zu zahlreichen Aspekten fehlen dagegen jegliche Forschungsarbeiten.
  Am gravierendsten wird dieser Mangel spürbar, wenn es um die zuletzt genannte
Frage der pädagogischen Praxis bei Lernangeboten für Erwachsene geht.

3. Defizite der Aus- und Weiterbildungspraxis

Da es so gut wie keine Untersuchungen darüber gibt, wie denn nun tatsächlich in den
verschiedenen Bildungseinrichtungen für Erwachsene didaktisch verfahren wird, sei

die These aufgestellt, daß sich die Verhältnisse hier in prinzipieller Hinsicht kaum von denen in unseren Schulen unterscheiden dürften.

Ein Hinweis darauf findet sich z. B. bei H. Zdarzil/R. Olechowski (1976, S. 208), wenn dort die (verzweifelte) Hoffnung ausgedrückt wird, „daß man sich in der Erwachsenenbildung endlich von der Vorstellung des im Klassenzimmer (frontal) unterrichtenden 'Lehrers' löste! Der 'Erwachsenenbilder' dürfte nicht länger die (oft ausschließliche) Informationsquelle seiner 'Schüler' sein (auch wenn er von der überwiegenden Zahl seiner Hörer zumeist in diese Rolle gedrängt wird...)". Aufgrund des vorliegenden Forschungsdefizits kann daher hier nur eine hypothesenhafte Aufzählung bestimmter, besonders wichtiger Merkmale der derzeitigen Praxis institutionalisierten Lernens mit Erwachsenen gebracht werden:

- Falsche oder unzureichende Kenntnisse über das menschliche Lernen, über sozial- und entwicklungspsychologische Zusammenhänge;
- Dominanz der fachlich-sachlogischen Dimension des Unterrichts (=Ziel- und Inhaltsdimension);
- Dominanz des Aspekts der „Fachmannschaft" im Selbstverständnis des Dozenten gegenüber den übrigen didaktischen Aufgaben;
- Dominanz des Dozenten im Unterricht selbst: dozentenzentrierte Didaktik bei Vernachlässigung sozial-emotionaler (Lern-) Bedürfnisse der Teilnehmer;
- Vorherrschen eines theoretisierenden, verbalisierenden Unterrichts mit rezeptiv-passiven Lernbedingungen für die Teilnehmer;
- Vernachlässigung mitarbeitsintensiver Arbeitsformen (gegenüber dem Dozenten-Vortrag) wie z. B. Einzel-, Partner-, Gruppenarbeit, Rollenspiel, Gespräch und Erfahrungsaustausch, Simulation und praxisbezogene Übung;
- Vernachlässigung eines medienintensiven Unterrichts mit mehrkanaliger Präsentation zur Aktivierung verschiedener Lerntypen bei den Teilnehmern und zur inneren Differenzierung des Unterrichts;
- Vernachlässigung der für die Fortbildung zentralen Transferproblematik, d. h. der Frage der Umsetzung des im Lernfeld Erworbenen in das Funktionsfeld des Arbeitsplatzes;
- Vernachlässigung der methodischen Dimension „Strukturierung des Unterrichts" (= zeitlich begrenzte Lernphasen, entsprechender Wechsel der Lehr- und Sozialformen und adäquater Medieneinsatz im Unterricht);
- Unsicherheit bei der Realisation zumindest semiprofessioneller Verhaltensweisen im seminaristischen, lehrgangsmäßigen Unterricht (Teilnehmeransprache, Teilnehmerverstärkung, Teilnehmerberatung).

Sollten diese genannten Merkmale der aktuellen Aus- und Weiterbildungspraxis zumindest in der Tendenz ein richtiges Abbild der Wirklichkeit liefern, so wird die Frage nach einem alternativen Konzept des Lernens mit Erwachsenen dringlich! In gewissem Sinne ist ein solches natürlich implizit in der Beschreibung der defizitären Praxis enthalten. Es wird dennoch weiter unten ansatzweise noch kurz dargelegt werden.

4. Die Lernfähigkeit des Erwachsenen

Grundlage jeder didaktischen Bemühung um das Lernen Erwachsener ist deren Lern- und Leistungsfähigkeit. Diese wiederum ist nicht abstrakt und allgemein als gegeben anzunehmen, sondern ist jeweils im Zusammenhang mit der spezifischen Lebensperiode zu sehen, in der sich der lernende Erwachsene gerade befindet. D. M. Bromley (1966) hat fünf große Phasen oder Perioden im menschlichen Lebenszyklus unterschieden:

- vorgeburtliche Periode (pränatale Phase) während der Schwangerschaft,
- Kindheit (bis zum 11./13. Lebensjahr),
- Adoleszenz (11./13. bis 21. Lebensjahr),
- Erwachsenenalter (21. bis 65. Lebensjahr),
- Seneszenz (über 65 Jahre).

Innerhalb der hier behandelten Perioden des Erwachsenenalters und der Seneszenz sind nach Bromley zu unterscheiden:

- Beginn des Erwachsenenalters: 21 - 25 Jahre
  (Volljährigkeit, wirtschaftliche Verantwortlichkeit, Eintritt in das Berufsleben etc.);
- Mittleres Erwachsenenalter: 25 - 40 Jahre
  (Verfestigung der sozialen und beruflichen Rollen, Stabilisierung materieller und sozialer Beziehungen);
- Reifes Alter: 40 - 55 Jahre
  (Vertiefung der sozialen und beruflichen Rollen, Kinder verlassen die Familie, Wiederaufnahme der Arbeit bei vielen Frauen);
- Alter vor dem Ruhestand: 55 - 65 Jahre
  (Nachlassen der sexuellen Aktivitäten; Abschwächung der öffentlichen und beruflichen Interessen usw.);
- Ruhestandsalter: über 65 Jahre
  (Risikozuwachs physischer und geistiger Störungen, Hinwendung zur Familie);
- Hohes Alter: über 70 Jahre;
- Letzte Krankheiten und Tod.

Zu beachten ist bei einer derartigen Periodisierung freilich, daß sich die Altersangaben mehrjährig verschieben können je nach Zugehörigkeit zu einer bestimmten Sozialschicht, einem bestimmten Beruf und einer je spezifischen individuellen Konstitution. Wenn trotz dieser Problematik eine Periodisierung – wie die von Bromley – hier aufgeführt wird, so geschieht dies, um zu zeigen, daß es *das* Erwachsenenalter nicht gibt und daß die Unterschiede zwischen verschiedenen Perioden des Erwachsenenalters größer sein können als die zwischen Kindheit und Adoleszenz auf der einen und 'der' Periode des Erwachsenenalters auf der anderen Seite.

Eine der entscheidenden – bis heute nachwirkenden – Folgerungen der älteren Forschung über die Lernfähigkeit Erwachsener war die, „daß die meisten menschlichen Fähigkeiten nach dem Alter von 18 bis 25 Jahren progressiv abnehmen" (so Wechsler, 1958, S. 135). Demgegenüber stellt Skowronek (1979, S. 288) mit Nachdruck fest: „Inzwischen ist die Frage des progressiven Abfalls der intellektuellen Leistungsfähigkeit sehr umstritten. Wenn auch kaum die These vertreten wird, daß ein Abfall nicht stattfindet, so wurden doch überzogene Vorstellungen über seine Voraussetzungen und sein Ausmaß korrigiert: Er beginnt erheblich später, betrifft intellektuelle Teilfunktionen unterschiedlich, hat generell geringe Ausprägung und ist vermutlich nur teilweise altersbedingt bzw. ontogenetisch." Und weiter (S. 291): „[...] ist nach den Befunden zur Intelligenzentwicklung zu vermuten, daß dieser Bestand allgemeiner Fähigkeiten (zur Informationsverarbeitung, A. d. V.) über das Erwachsenenalter beständig erhalten, wenn nicht erweitert und qualitativ verbessert werden kann."

Entgegen den verschiedenen Annahmen und Theorien über einen sogenannten schleichenden Leistungsverfall, der oft gekoppelt wurde mit der Behauptung einer angeblichen ständigen Abnutzung des Gehirns oder gar einer mit dem Alter zunehmenden Gehirnschrumpfung, konnte die Forschung über den lernenden Erwachsenen demnach eindeutig zeigen, daß wir von einer großen menschlichen Lernfähigkeit bis ins hohe Alter hinein auszugehen haben.

Die eben skizzierte irrige Auffassung über einen angeblichen Leistungsverfall des erwachsenen Menschen findet sich beispielsweise noch im Handbuch der Psychologie, Bd. III. Die angeblich wissenschaftlich gesicherten Altersabbau-Kurven von Gehirn und Intelligenz haben mittlerweile – in einer Art „self full filling prophecy" – zu einem allgemeinen Selbstverständnis bei Erwachsenen geführt, daß nämlich nach dem 25. Lebensjahr die geistige Leistungskurve – in Analogie zum sportlichen (= körperlichen) Leistungsverfall – einen Knick nach unten macht und der Intellekt mit dem Älterwerden Schritt für Schritt abnimmt.

Derartige bildungsfeindliche Behauptungen haben sich also mittlerweile wissenschaftlich eindeutig als unhaltbar erwiesen! Die fehlerhaften wissenschaftlichen Untersuchungen beruhen vorwiegend

- auf unterschiedlichen Definitionen von Intelligenz,
- auf einseitig ausgewählten Stichproben,
- auf mangelhaften statistischen Analysen,
- auf unbrauchbaren Erhebungsinstrumenten und Testverfahren,
- auf einer problematischen Gesamtforschungsmethodik, z. B. Querschnitts- statt Längsschnittuntersuchungen,
- auf fehlerhafter Anwendung der Erhebungsinstrumente,
- auf logischen Fehlschlüssen sowie
- auf unzulässigen Verallgemeinerungen.

Im vorliegenden Zusammenhang sei dazu das folgende Beispiel zur Frage der Hirnschrumpfung herangezogen: So hat der Lübecker Hirnanatom Herbert Haug in den 70er und 80er Jahren die Untersuchungsbefunde, die seine Kollegen an über 8.000 Gehirnen anfertigten, ausgewertet. Nach ihnen ergab sich auf den ersten Blick tatsächlich eine meßbare Gehirngewichtsabnahme vom 17. Lebensjahr an. Diese Befunde stützten sich angeblich auf die Forschungen des US-Anatomen Harold Brody, der 1955 festzustellen glaubte, es liege ein kontinuierlicher Schwund der Nervenzellen im Gehirn vor. – Vor allem in den USA wurden diese Ergebnisse rasch zum Politikum und führten dazu, daß über 40jährige für höhere Positionen in Wirtschaft und Verwaltung als ungeeignet angesehen wurden. Haug konstatierte demgegenüber unter Einbeziehung des Akzelerationsphänomens einen bemerkenswerten – gleichsam logischen – Fehler aller Hirnreduktionsuntersuchungen und wies in eigenen Untersuchungen inzwischen zweifelsfrei nach, daß das menschliche Gehirn mit zunehmendem Alter weder schrumpft (zumindest nicht vor dem 60. Lebensjahr) noch sich die Zelldichte irgendwie reduziert.

Der Fehler seiner sämtlichen Kollegen bestand darin, daß sie die Hirngewichte Jugendlicher mit denen älterer Menschen verglichen hatten, ohne zu berücksichtigen, daß in den letzten 100 Jahren durch Wachstumsbeschleunigung Jugendliche stets größer waren als die gleichzeitig lebenden Erwachsenen (=Akzeleration). Da die Hirngröße jedoch eng mit der Körpergröße zusammenhängt, weshalb z. B. auch Frauen ein leichteres Gehirn haben als Männer, mußten demnach in Querschnittsuntersuchungen Jugendliche von vornherein ein schwereres Gehirn haben als die – zumeist kleineren – Erwachsenen.

Nachdem Haug das Hirngewicht jedoch in Relation zur Körpergröße setzte, gelangte er zu einer bereinigten Hirngewichtskurve, die bis zum 60. Lebensjahr nahezu auf gleichem Niveau verläuft und erst danach leicht abfällt. Auch hinsichtlich der Zelldichte konnte Haug zeigen, daß die Nervenzellen, entgegen der Behauptung Brodys, bis zum 80. Lebensjahr weitgehend erhalten bleiben.

Wenn im vorliegenden Beispiel zwar ein bestimmter biologischer Verfallsaspekt (= Schrumpfung des Gehirns) zumindest für einen langen Zeitraum des Erwachsenenlebens geleugnet werden muß, so bedeutet das jedoch nicht, daß biologische und genetische Faktoren bei der Entwicklung der geistigen Leistungsfähigkeit des Erwachsenen generell nicht beteiligt seien.

Der neuere Stand der Forschung besagt vielmehr „nur", daß der Prozeß des Alterns nicht angemessen als ein endogener, gleichsam vorprogrammierter „Verfall" verstanden werden kann. Heute wird statt dessen – wie in der Entwicklungspsychologie des Kindes – *Entwicklung* als ein sowohl genetisch-biologisches wie durch Umweltfaktoren – also Lernprozesse – beeinflußtes Geschehen begriffen. Dies bedeutet vor allem, daß der Mensch durch aktives Handeln wie durch Lernaktivitäten seinen Entwicklungs- und Alterungsprozeß selbst beeinflussen kann (vgl. H. Zdarzil/R. Olechowski, 1976), wie auch neuere Forschungen des Ehepaars Baltes über die Nutzung von Leistungsreserven eindrucksvoll zeigen (vgl. dazu P. B. Baltes/J. Mittelstrass, 1992).

Wie das nachfolgende Modell ausweist, spielen Lernprozesse im Entwicklungsvorgang zwar eine wesentliche Rolle, dennoch soll hier keine unter pädagogisch-andrago-

gischer Begeisterung stehende Euphorie beschworen werden. Eine gewisse altersbedingte – vor allem auch durch soziale und arbeitsspezifische Prozesse bewirkte – psychische Leistungsveränderung kann nicht geleugnet werden. Es gibt zweifelsfrei – auch
ungünstige – Veränderungen der geistigen Leistungsfähigkeit, die man als altersbedingte Reduktionen bezeichnen könnte. Es gilt jedoch, diese genau ins Auge zu fassen und
eine pauschale Reduktionsthese fallenzulassen. Eher geeignet ist daher ein „Verände-
rungs- oder Umstrukturierungsmodell" der Lernfähigkeit Erwachsener.

Den heutigen Forschungsstand geben H. Zdardil und R. Olechowski (1976, S. 177)
wohl treffend wieder, wenn sie feststellen: „Da aber im Laufe der Erwachsenenjahre –
von extrem hohen Altersstufen abgesehen – die Leistungen durchaus nicht in allen
Bereichen niedriger, sondern in manchen Bereichen sogar höher werden, ist es
berechtigt, von einer im Laufe der Erwachsenenjahre vor sich gehenden 'Umstrukturierung' der geistigen Leistungsfähigkeit zu sprechen, ohne daß es sich hierbei um
eine euphemistische Formulierung handelte. Diese Umstrukturierung wird durch differenzierte Betrachtung der einzelnen Leistungsbereiche genau zu beschreiben sein."
Genau dies soll im nächsten Abschnitt verkürzt geschehen.

5. Die geistige Leistungsfähigkeit des Erwachsenen

Über empirische Forschungen zu Fragen einer differenzierten Betrachtung der einzelnen Leistungsbereiche gibt es auch einige deutschsprachige Literatur (vgl. Thomae/
Lehr, 1968; H. Zdarzil/R. Olechowski, 1976).

Eine besonders ausgewogene, auch die Schwierigkeiten der Forschung berücksich-
tigende Darstellung liefern H. Zdarzil und R. Olechowski (1976). Sie bieten am
Schluß eine Art Synopse zum vorliegenden Problem, die in zulässiger Vereinfachung
die wesentlichen, zur Zeit vorliegenden wissenschaftlichen Befunde in 10 Punkten
wiedergibt:

„1. Es gibt eine Reihe von wissenschaftsmethodischen Problemen, die in manchen
    Untersuchungen zur Frage der im Laufe der Erwachsenenjahre vor sich gehenden
    Veränderung der geistigen Leistungsfähigkeit nicht genügend beachtet wurden. In
    solchen Untersuchungen zeigte sich eine früh beginnende Abnahme der geistigen
    Leistungsfähigkeit. Zu solchen fehlerhaften Aussagen gelangten besonders jene
    Untersuchungen, die gegen einen (oder mehrere) der im folgenden genannten
    Punkte verstoßen:
    a) Zur Frage der altersbedingten Veränderung der intellektuellen Leistungsfähig-
       keit sind im allgemeinen *Längsschnittuntersuchungen* heranzuziehen, keine
       Querschnittsuntersuchungen.
    b) Die Prüfung der geistigen Leistungsfähigkeit hat – aus meßtechnischen Grün-
       den, nicht um ungerechterweise die Resultate älterer Personen besser erschei-
       nen zu lassen – *ohne Zeitlimit* stattzufinden.
    c) Besonders bei älteren Personen ist darauf zu achten, daß sie *genügend lang
       Zeit* haben, mit der Testsituation vertraut zu werden.

2. Unter bestimmten Bedingungen – besonders wenn die oben genannten Punkte (a bis c) nicht beachtet werden oder wenn die Testung in einer ‚Laboratoriumssituation' stattfindet (und ältere Vpn dann vielleicht nicht ausreichend motiviert sind) – ergibt sich schon in relativ frühem Lebensalter (schon um das 20. Lebensjahr) eine Abnahme der Leistungen in Lerntests und in Lernfähigkeitstests.

3. Eine wichtige Determinante für die Entwicklung der geistigen Leistungsfähigkeit im Erwachsenenalter ist die Höhe der *‚Ausgangsbegabung'* (Höhe der Begabung zum Zeitpunkt der Adoleszenz). Je höher die Ausgangsbegabung ist, um so günstiger verläuft – im Sinne eines Interdependenzgeschehens zwischen biologischer Erbausstattung und Lernaktivität – die weitere Entwicklung der intellektuellen Leistungsfähigkeit.

4. Je höher *die formale Schulbildung* ist, desto größer ist die Wahrscheinlichkeit für eine mit zunehmendem Lebensalter erreichte Steigerung der intellektuellen Leistungsfähigkeit.

5. Mit zunehmendem Lebensalter wird die Variabilität der intellektuellen Leistungen größer. Die *Streuung der Leistungen innerhalb* einer Altersgruppe wird schließlich größer als die *zwischen* den Durchschnittswerten verschiedener Altersgruppen [...]. (Bedeutung der individuellen Lerngeschichte gegenüber erbmäßiger Ausstattung nimmt zu.).

6. Die – z. B. bei geringem geistigen Training oder im hohen Alter oder unter inadäquaten Testbedingungen – verringerte intellektuelle Leistungsfähigkeit kann differenzierter beschrieben werden: Eine *Leistungsreduktion* tritt hauptsächlich in Tests ein, bei welchen rechnerisches Denken gefordert wird, Zahlenreihen fortzusetzen und Analogien zu bilden sind sowie bei Tests, die Abstraktionsfähigkeit erfordern. Keine Reduktion, zum Teil sogar noch eine mit zunehmendem Lebensalter erhöhte Leistung, ergibt sich in Tests über Wortschatz, Sprachverständnis und Allgemeinwissen. Anders formuliert: Eine altersbedingte Leistungsreduktion tritt eher bei solchen Aufgaben ein, für deren Lösung *abstraktes Denken* nötig ist (‚fluid intelligence'), hingegen kommt es während der mittleren Lebensjahre zu keinem Leistungsabfall, unter günstigen Umständen (z. B. bei fortgesetztem intellektuellen Training) sogar zu einer *Leistungssteigerung* bei Aufgaben, für deren Lösung *Erfahrung* erforderlich ist (‚cristallized intelligence').

7. Eine *Umstrukturierung,* wie im vorangegangenen Punkt erwähnt, kommt auch noch in anderer Hinsicht während der mittleren Erwachsenenjahre zustande: Es kommt zu einer *Verlangsamung aller psychischen Funktionen.* Die Langsamkeit bei der Bewältigung von Aufgaben wird jedoch durch erhöhte Genauigkeit kompensiert.

8. Durch die allgemeine, zentral bedingte Verlangsamung des Ablaufs der psychischen Funktionen ist beim älteren Menschen auch die *Schnelligkeit der Informationsverarbeitung* beeinträchtigt [...].

9. Es ist wesensbestimmend für die Entwicklung des Menschen, daß sie sich aus dem *Ineinanderwirken von biologischen Reifungsprozessen und Lernprozessen* konstituiert. Die Entwicklung des Menschen gelangt im Kindes- und Jugendalter nicht zu einem Abschluß, sondern findet nach Maßgabe des Ablaufens von Lern-

prozessen auch im Erwachsenenalter statt. Es ist daher folgerichtig, die Entwicklung der intellektuellen Leistungsfähigkeit unter der Bedingung 'Lernaktivität' (=geistige Aktivität) zu untersuchen. [...]

10. Mit zunehmendem Lebensalter wird die *Erfahrung* eines Menschen größer. Dies ist in vielen Fällen eine Hilfe für die Bewältigung neuer (Lern-) Aufgaben; es kann dies aber auch eine Erschwernis sein, neue Aufgaben adäquat zu lösen, weil der Betreffende in alten Denk- und Handlungsgewohnheiten festgefahren ist. Hilfen, die einem lernenden Erwachsenen gegeben werden, müssen so beschaffen sein, daß ihm seine Erfahrung zum Nutzen, zur Hilfe wird und daß er nicht durch diese Erfahrung zu sehr festgelegt und zu wenig offen für neue und originelle Lösungen ist" (S. 205 ff.).

Wie sich gezeigt hat, bietet die Forschung ein sehr differenziertes Bild zur Entwicklung der geistigen Leistungsfähigkeit des Menschen. Wie bei der geistigen Entwicklung des Kindes und des Jugendlichen spielt das Tun, d.h. ein ständiges Training und eine entsprechende Lernaktivität, eine wesentliche Rolle. Damit ergibt sich als eine wesentliche Forderung für die Planung von Lernprozessen Erwachsener – genau wie bei solchen für Schüler und Jugendliche –, der *Didaktik* eine besondere Aufmerksamkeit zu widmen.

Denn: Die Lernleistungen Erwachsener sind offenbar mindestens ebensosehr von Faktoren der Unterrichtsgestaltung abhängig wie solchen der Begabung, der Erfahrung, der Lernfähigkeit und der Intelligenz.

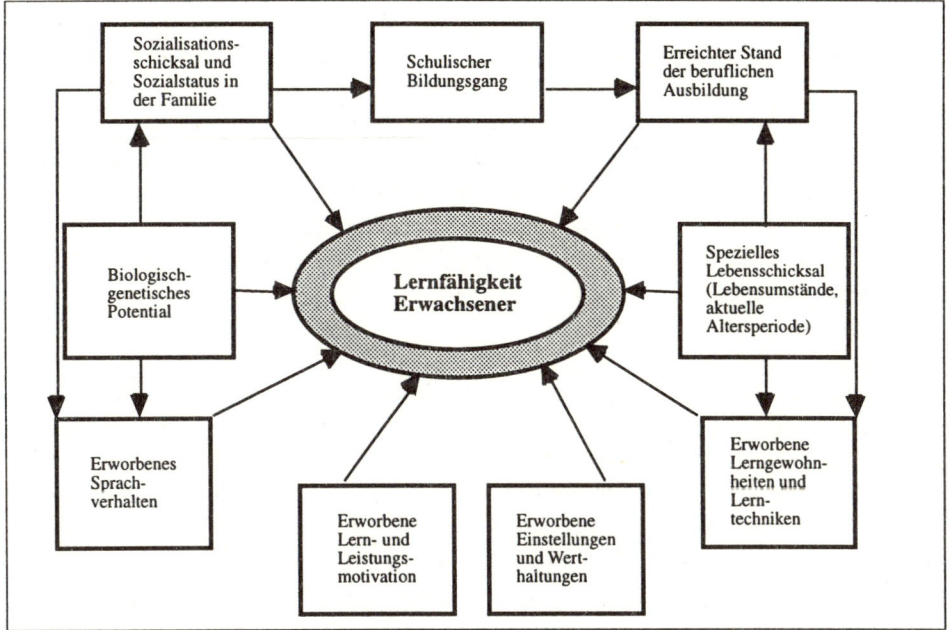

Abb. 31: Die Lernfähigkeit des Erwachsenen

In Abb. 31 wurden noch einmal die gesamten Einflußfaktoren und Größen, die auf den Erwachsenen und seine Lern- und Leistungsfähigkeit Einfluß haben, dargestellt und zusammengefaßt.

6. Konsequenzen für das Lehren in der Weiterbildung

Wie bereits dargelegt, wirft der Unterricht mit Erwachsenen prinzipiell die gleichen didaktischen Fragen auf wie ein Unterricht für Kinder oder Jugendliche, wenn auch mit deutlich verschobenen Akzenten (z. B. Unbrauchbarkeit von abstraktem Vorratswissen). Diese müssen freilich mit Blick auf die spezifische Situation, die speziellen Bedürfnisse und die besonderen Verarbeitungstendenzen des Erwachsenen beantwortet werden. Als Ausgangspunkt erwachsenenspezifischer didaktischer Überlegungen in der Weiterbildung hätten die folgenden Gesichtspunkte einer Psychologie des Erwachsenen zu gelten:

a) Einstellungen und Ängste   d) Erfahrungsbezug
b) Motive   e) Lerntypenbezug
c) Zeitlicher Horizont   f) Soziale Einbindung

zu a) Einstellungen und Ängste
Lernangebote für Erwachsene müssen damit rechnen, daß sie aufgrund bestimmter erworbener Einstellungen und Ängste prinzipiell auf Widerstand stoßen:

• Angst vor dem Neuen und vor Mißerfolg und
• Widerstand gegen Veränderung und
• Wissen um soziale, institutionelle Widerstände am Arbeitsplatz
sind hier vor allem zu nennen. – Aufgrund seiner Situation drängt es den Erwachsenen, Verhältnisse herzustellen, in denen er Sicherheit finden kann. So bildet jedes Lernangebot eine neue Perspektive und kann Angst vor dem Neuen auslösen. Viele Erwachsene scheuen auch einen möglichen Mißerfolg. Mit zunehmendem Lebensalter werden viele Menschen zudem konservativer und begegnen grundsätzlich jeder Veränderung mit Mißtrauen, auch solchen auf geistigem Gebiet.

b) Motive
Es besteht kein Zweifel, daß die Stärke der Lernmotivation auf das Leistungsniveau einen entscheidenden Einfluß ausübt. Versuche haben z. B. ergeben, daß Personen, die zum beruflichen Aufstieg motiviert sind, ihre Leistungen von einem psychometrischen Test zum anderen verbessern, während nichtmotivierte Versuchspersonen mit gleichem Alter, gleichem Niveau und gleichem Status dies nicht tun. – Solange bei Erwachsenen daher berufliche Aufstiegswünsche vorliegen, kann man von einer starken Lernmotivation ausgehen. Andererseits aber „erklärt die altersabhängige Entwicklung der Motivationen in einem gewissen Maße den Abbau der intellektuellen Fähigkeiten. Es läßt sich nämlich (mit zunehmenden Alter) eine fortschreitende

Abnahme der Sensibilität, der Neugierde, des Aufstiegswunsches beobachten. Nach Pressey wird dieser Wunsch von 90% der amerikanischen Volksschullehrer im Alter von 20 bis 24 Jahren zum Ausdruck gebracht und (nur noch) von 50% derjenigen, die 45 bis 49 Jahre alt sind. Älter als 55 Jahre, werden über 50% von ihnen durch den Ruhestand motiviert" (A. Leon, 1977, S. 81).

c) Zeitlicher Horizont
Wie die Sozialisationsforschung (vgl. R. Nave-Herz, (Hrsg.), 1981) zeigen konnte, hängt die Fähigkeit eines Menschen, eine unmittelbare Befriedigung aufzuschieben oder gar auf sie zugunsten einer späteren (anderen) Befriedigung zu verzichten, vom Umfang des zeitlichen Horizontes dieser Person ab.

Damit bestimmt der zeitliche Horizont z. B. auch wesentlich, ob ein Mensch bereit ist, sich einer bestimmten Aus- und Weiterbildung zu unterziehen oder nicht. – Lernprozesse sind stets auf eine irgendwie geartete Zukunft hin projiziert, weshalb ein Eingeengtsein auf die jeweilige Gegenwart ein Bildungshindernis darstellt.

Der Umfang des zeitlichen Horizontes hängt nun seinerseits vor allem vom sozial-kulturellen Milieu, aus dem ein Mensch stammt, von seinem Bildungsstand und seinem Alter ab.

d) Erfahrungsbezug
Eingebundenheit in einen Beruf, zeitlicher Abstand vom mehr theoretischen Lernen der Schule sowie Lebenserfahrung durch ein gewisses Alter machen, daß das Lernen des Erwachsenen sehr stark auf Erfahrungswerte bezogen ist. Von daher lassen sich Lernangebote, die stark erfahrungsbezogen orientiert sind, für Erwachsene besser bewältigen. Es ist eines der Hauptmerkmale des Lernens Erwachsener in der Weiterbildung, daß das heute Gelernte schon morgen am Arbeitsplatz umgesetzt werden muß. Von daher ist einsichtig, daß Erwachsene dem Praxisbezug des Lernangebots allergrößte Bedeutung beimessen. Andererseits kann das Erfahrungspotential, das der erwachsene Mensch aufgehäuft hat, auch zu einem Lernhemmnis werden, insofern es ihn nämlich in gewissem Sinne festlegt und rigide **macht**. Mit Berufung auf die sog. eigene Erfahrung können dann evtl. unangenehme neue Lernangebote oder Informationen zurückgewiesen werden.
Praxisbezug in der Fortbildung heißt dabei im wesentlichen folgendes:

• Analyse und Planung von Arbeitsprozessen in teilnehmerzentrierten Lehr-/Lernverfahren (Einzel-, Partner-, Gruppenarbeit),
• Einbau von Beispielen und Fällen,
• Übungen und Simulationen,
• Rollenspiele und
• Planspiele.

e) Lerntypenbezug
Mit zunehmendem Alter prägt der Mensch einen ganz bestimmten bevorzugten Lerntypus aus. Lernangebote, die diesem Typus adäquat sind, werden entsprechend leich-

ter rezipiert. Da es als eindeutig erwiesen gelten kann, „daß die Diskrepanz zwischen den effektiven Leistungen und dem Leistungspotential mit zunehmendem Lebensalter größer wird" (H. Zdarzil/R. Olechowski, 1976, S. 208), sind für eine Didaktik des Lernens mit Erwachsenen alle Einhilfen wichtig, die diese Diskrepanz verringern.

„Besonders hinzuweisen ist in diesem Zusammenhang auf die Beziehung zwischen der Stärke des (optischen oder akustischen) Wahrnehmungsstimulus (die Stärke des Wahrnehmungsstimulus kann durch altersbedingte Verminderung der Seh- oder Hörschärfe subjektiv reduziert sein) und der Wahrnehmungsgeschwindigkeit. Der Hinweis auf die Notwendigkeit der Beachtung einer bestmöglichen optischen und akustischen Darbietung muß wohl nicht näher ausgeführt werden" (ebd.). Der Einsatz unterrichtlicher Medien – und das Abrücken von einer abstrakten, theoretisch-verbalisierenden „buchschulmäßigen" Vermittlung – ist von daher besonders in der Erwachsenenbildung dringlich. Gute Verständlichkeit und eine mehrkanalige Präsentation, die sich zudem mit einer inneren Differenzierung des Unterrichts (= wechselnde Gruppierung der Teilnehmer) verbinden würde, trüge im übrigen zur Steigerung der Lernmotivation bei, ließe eine bessere Verankerung des Gelernten im Langzeitgedächtnis zu und böte auf jeden Fall die Chance, verschiedenen Lerntypen auf der Teilnehmerseite besser gerecht zu werden.

Als von herausragender Bedeutung bleibt für das Lernen Erwachsener demnach festzuhalten, daß es geradezu angewiesen ist auf eine hohe Verständlichkeit der Sprache (vgl. 1. Teil, IV). Neben dem Praxisbezug ist dies der zweite zentrale Punkt jeden Lernangebots in der Fortbildung: Verständlichkeit!

> Als Konsequenz aus diesen allgemeinen Gesichtspunkten einer Didaktik der Weiterbildung ergibt sich im vorliegenden Zusammenhang eindeutig die Forderung an den verantwortlichen Dozenten, ein flexibles und didaktisch vielseitiges Unterrichtskonzept zu realisieren, das durch seine Qualität – gleichsam aus sich heraus – sowohl einen Lernanreiz wie einen positiven verstärkenden Lernhintergrund schafft.

f) Soziale Einbindung

Ein starkes Motiv gegen neue Lernbezüge stellt gerade für den Erwachsenen die Furcht vor sozialer Isolierung dar. Das Streben nach Sicherheit ist hier an einer empfindlichen Stelle berührt. Von daher ist eine Didaktik des Lernens von Erwachsenen vor allem auf zweierlei verwiesen:

- einmal darauf, das starre frontale Unterrichtsarrangement als durchgängige Vermittlungsstrategie (!) aufzugeben, weil in ihr die Isolation des einzelnen Teilnehmers eher gefördert als behoben wird;
- zum anderen darauf, über ein „defensives Dozentenverhalten" (vgl. zweiter Teil, Abschnitt I) ein lernförderndes Unterrichts- und Sozialklima herzustellen.

Wesentliche methodische Merkmale eines solchen flexiblen Unterrichtskonzepts sind:

1. Herstellung und Vermittlung eines sinnbezogenen *Lerngerüsts* (Einstieg) zu Beginn jeder Unterrichtseinheit, in das sich der jeweilige aktuelle Unterricht eingliedert. Das schafft für den Erwachsenen sowohl Sinnbezug wie Überschaubarkeit des Lernangebots. Entsprechend sollte der Stundenschluß (Ausstieg) Abrundung, Zusammenfassung, Konsequenzen und Perspektiven bieten.

2. Ausgangspunkt, Grundlage und Zielstellung des Unterrichts mit Erwachsenen sollte – wenn eben möglich – ein solider *Praxisbezug* sein. Dieser schafft sowohl die Basis für eine gute Lernmotivation wie für den Abbau erfahrungsspezifischer Lernhemmnisse: Beispiele, Fälle, Übungen (einzeln, in Partner- und Gruppenarbeit), Simulationen, Rollenspiele, Planspiele sollten viel mehr als bisher eingesetzt werden.

3. Es ist die Verpflichtung jedes Dozenten, in der Weiterbildung auf *Verständlichkeit* der Sprache zu achten, und zwar sowohl hinsichtlich der gesprochenen Sprache im Unterricht wie in bezug auf die Schriftsprache in Manuskripten und Materialien. Fehlende Verständlichkeit (= 5 „Verständlichmacher") ist der „Tod" jeder Lernbereitschaft bei Erwachsenen.

4. Im Hinblick auf die Besonderheiten des Lernens Erwachsener sollte jedes Lernangebot für diesen Personenkreis auf der Grundlage einer guten *Strukturierung des Unterrichts* erfolgen.
   Diese Unterrichtsstrukturierung ist verwiesen auf die abwechslungsreiche Realisierung dreier Merkmale:
   • die Abfolge zeitlich adäquater Lernphasen,
   • den Wechsel der Lehr- und Sozialformen,
   • den Einsatz unterrichtlicher Medien.
   Eine derartige medienfundierte Unterrichtsgestaltung trägt zugleich auch einer lerntypengerechten Ausgestaltung des Lernangebots Rechnung.

5. Unter Berücksichtigung der sozialen Bedürfnisse der Teilnehmer ist für den Unterrichtserfolg bei Erwachsenen von ausschlaggebender Bedeutung, ob es gelingt, ein positives *Sozialklima* herzustellen. Dieses bezieht seine Wirkung vor allem aus den folgenden drei Merkmalen:
   • innere Differenzierung des Unterrichts,
   • mitarbeitsintensive Unterrichtsgestaltung
     (= aktiver Einbezug der Teilnehmer: Mitbestimmung) und
   • Lernverstärkung der Teilnehmer durch gestufte Erfolgserlebnisse wie durch persönliche Zuwendung.

6. Zum Sozialklima trägt auch wesentlich die Realisierung eines motivierenden Dozentenverhaltens bei, das neben der Verständlichkeit (= „Verständlichmacher") vor allem die folgenden Dimensionen berücksichtigt (vgl. oben 1. Teil, Abschnitt IV!):
   • Motivierung (= „Muntermacher"),
   • Unterrichtsklima (= „Aufwärmer"),
   • Zuwendung und Umgang und
   • Vermeidung einer ständig personenorientierten dozierenden Vermittlungsstrategie (= dozentenzentriertes Verfahren).

III. Zur Unterrichtsplanung

1. Baustein:
Stoffülle und Stoffreduktion in der Weiterbildung

1. Das Problem

Die Diskussion um eine didaktische Professionalisierung der Weiterbildung, wie sie heute geführt wird, dreht sich bekanntlich um die Frage, wie Dozenten/Trainer/Ausbilder dazu befähigt werden können, lerngerechte didaktische Bedingungen herzustellen.

Dabei werden Problemstellungen aufgeworfen wie die folgenden:

- Wie können die Teilnehmer motiviert werden?
- Wie stelle ich Methodenmix her?
- Wie gestaltet man einen effektiven Medieneinsatz?
- Wie setzt man teilnehmerzentrierte Lehr- und Sozialformen wie Einzel-, Partner- und Gruppenarbeit ein?
- Wie sieht projektorientiertes Lernen aus? etc.

Es ist bemerkenswert festzustellen, daß in der Praxis die Umsetzung derartiger didaktischer Standards bei den meisten Dozenten auf eine beinahe unüberwindliche Hürde stößt: nämlich die sich vor dem Dozenten auftürmende Stoffülle! Mit ungläubigem Staunen oder auch Unverständnis reagieren denn auch viele in der Praxis tätige Weiterbildner, wenn sie vernehmen, was sich die wissenschaftliche Didaktik so alles an schönen Modellen, Konzepten und Strategien ausgedacht hat, teilnehmerzentriert zu lehren, ohne auf ihr entscheidendes Problem einzugehen, wie denn das alles bei den zu vermittelnden Stoffmengen und Zeitknappheiten praktisch umgesetzt werden soll. Große Stoffmengen ließen nun einmal – so wird eingewendet – nur dozentenzentrierte Lehrverfahren, nicht jedoch „luxuriöse", zeitraubende didaktische Umwege, Sidesteps und umständliche Verarbeitungshilfen zu.

In der Tat ist aus der Sicht der Weiterbildungspraxis unverständlich, daß sich die wissenschaftliche Didaktik in dieser Kernfrage seit nunmehr 20 Jahren in ein hilfloses Schweigen hüllt (vgl. H. Becker, 1993). Relevante Publikationen zu Fragen des exemplarischen Lernens und der didaktischen Stoffreduktion in der beruflichen Bildung zwischen 1970 und 1990 lassen sich an einer Hand abzählen. Auf eine beinahe unverständliche Weise wurde ein in den 60er und 70er Jahren relativ breit diskutiertes Thema beiseite gelegt bzw. ersatzlos gestrichen. Die Praxis wurde allein gelassen! Dies muß angesichts der ständig steigenden Stoffmengen und der Zunahme an Bildungsanstrengungen umso unverständlicher erscheinen.

Wenn der Satz Gültigkeit beanspruchen kann –

> „Ohne Stoffreduktion keine professionelle Didaktik!"

– dann rückt das Stoffreduktionsproblem nämlich an die absolut erste Stelle einer didaktischen Prioritätenliste. Dozenten/Trainer/Ausbilder in der beruflichen Weiterbildung brauchen dringender als alles andere solide Kenntnisse – und vor allem praktikable Techniken – für eine basale, lernerfreundliche Reduktion der allenthalben zu verzeichnenden Stoffülle.

2. Der Ansatz

Der vorliegende kleine Beitrag orientiert sich genau an dieser Frage. Er konstatiert, daß sich die Praxis derzeit kaum an der sporadischen wissenschaftlichen Diskussion um dieses Problem orientieren kann (vgl. z. B. W. Bachmann, 1989). Vielmehr greift der Beitrag einen Gedanken auf, den J.-P. Pahl/B. Vermehr (1987) vorgetragen haben, nämlich praktikable Verfahren der Stoffreduktion zu entwickeln, da doch letztlich die Hauptverantwortung für die Auswahl, Strukturierung und Reduktion der Lehrinhalte bei den Dozenten/Trainern/ Ausbildern liege, die in ihrem Entscheidungsprozeß aber weitgehend allein gelassen würden. Eine vernünftige und vor allem praktikable Technik der Stoffreduktion will der vorliegende Beitrag skizzieren und kurz begründen.

Zum Verständnis sind drei Prämissen zu klären:

a) Unterscheidet man einmal die folgenden drei Ansätze der Weiterbildung:
  • dozentenzentrierter Ansatz,
  • teilnehmerzentrierter Ansatz,
  • lernprozeßorientierter Ansatz,
  so geht der vorliegende Beitrag von einer lernprozeßorientierten Perspektive aus, bei der sich das professionelle Tun des Dozenten an der optimalen Planung, Realisation und Evaluation der intendierten Lernprozesse zu orientieren hat.

b) Stoffreduktion läßt sich aus drei Sichtweisen herleiten:
- Reduktion aus inhaltlicher Sicht:
  = qualitative Reduktion,
  = quantitative Reduktion;
- Reduktion aus curricularer und didaktischer Sicht;
- Reduktion aus lernpsychologischer Sicht.

Die folgenden Ausführungen verbinden diese drei Perspektiven und drängen auf die für den in der Praxis stehenden Dozenten/ Trainer/Ausbilder wichtige realistische Verbindung von inhaltlichen, curricular-didaktischen und lernpsychologischen Reduktionserwägungen.

c) Eine dritte Prämisse des vorliegenden Beitrags bezieht sich auf die Rolle der (erwachsenen) Lerner bei Prozessen der Stoffreduktion. Wenn Partnerschaft und Partizipation fundamentale Prinzipien einer modernen Weiterbildung sein sollen, so muß sich dies auch auf die Frage der Stoffreduktion beziehen lassen. Zwar hat der Dozent/Trainer/Ausbilder aufgrund seiner Funktion und Fachkompetenz ein „Prä" bei Entscheidungen zur Stoffreduktion, die folgenden Vorgehensweisen ermöglichen es ihm jedoch, die Lernenden durchaus mit einzubeziehen:
- Offenlegung der Reduktion einschließlich der Begründungen;
- Diskussion der Rahmenentscheidungen für die jeweilige Stoffreduktion (Curriculumbezug, Lernzielbezug, Zeitrelation);
- Beteiligung der Lernenden an Reduktionsentscheidungen im Rahmen von Bedarfsabfragen, Lernzielbestimmungen und Evaluationsprozessen.

3. Das Modell

Die erste Stufe legt Leitziele fest, die den Dozenten bei Prozessen der Stoffreduktion anleiten:

I. Stufe:

Die erste Stufe legt Leitziele zur Stoffreduktion fest, die den Dozenten bei Prozessen der Reduktion anleiten:

- Lernpsychologische Intensivierung der Prozesse und Herstellung qualitativ hochwertiger Lernvorgänge;
- Didaktische Intensivierung der Lernprozesse und Schaffung professioneller Bedingungen für die Lehre;
- Auswahl und Begründung der relevanten Lerninhalte (=Themen) bezogen auf die vorliegenden Lernziele und das Curriculum;
- Pragmatische Reduktion der Stoffülle in Relation zur verfügbaren Lernzeit (= Zeit-Stoff-Schere).

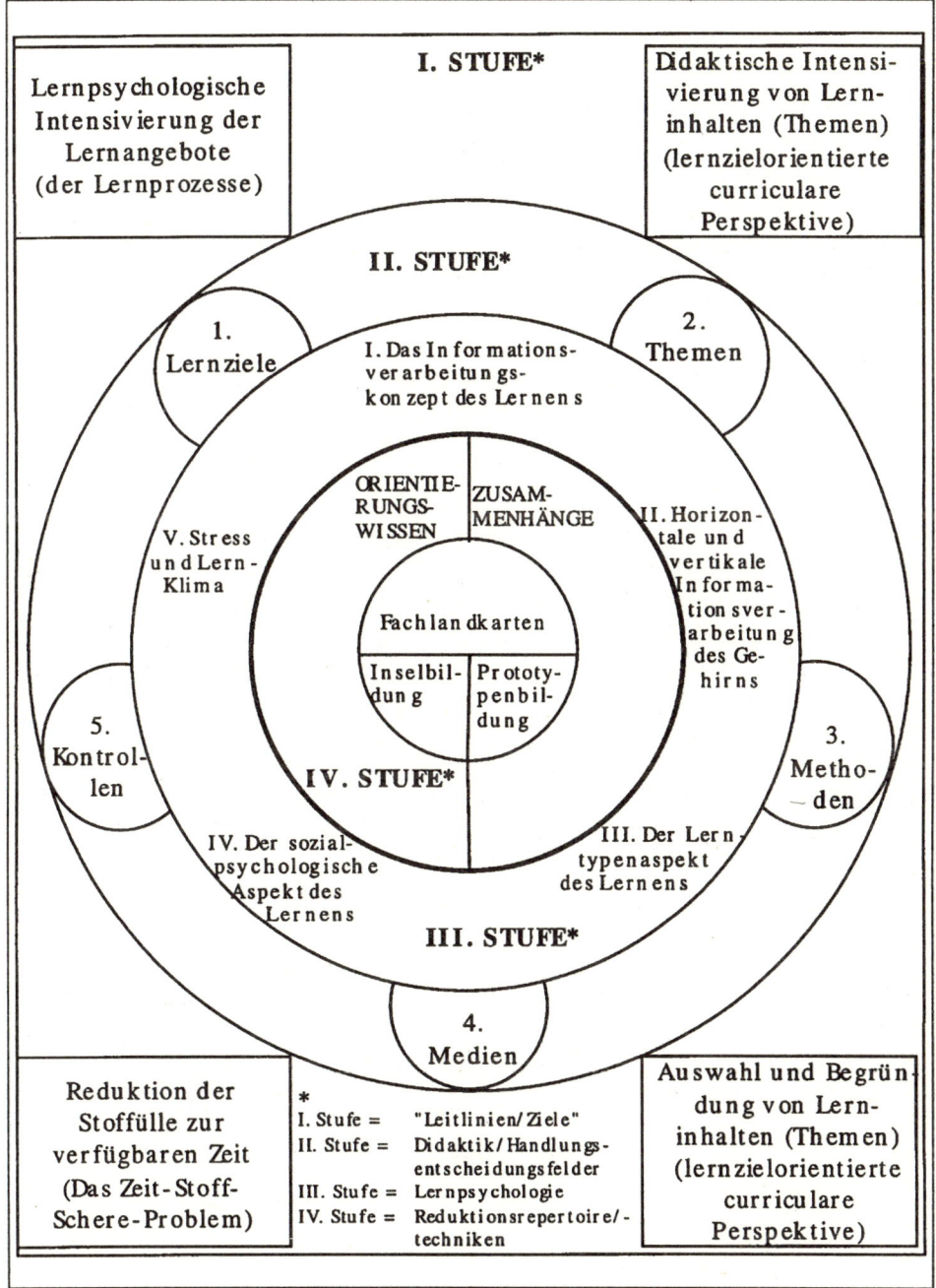

Abb. 32: Ein Konzept der didaktischen Stoffreduktion in der Weiterbildung (pragmatisch und repertoirebezogen)

II. Stufe:

In der zweiten Stufe des Modells wird Stoffreduktion aus der Sicht der didaktischen Handlungs-/Entscheidungsfelder angegangen. Es handelt sich darum, die zentralen Lernziele methodisch effizient anzusteuern, dabei geeignete Medien einzusetzen und die verschiedenen Arten von Lernerfolgskontrollen zum didaktischen Erfolg zu nutzen. Alle diese didaktischen Grobziele können entweder für sich oder zusammengenommen die Notwendigkeit für spezifische Stoffreduktionsschritte ergeben.

III. Stufe:

Auf dieser Stufe des Modells rücken der Lernprozeß und seine Charakteristika in den Mittelpunkt der Stoffreduktionspraxis, wobei es zu Überschneidungen und Ergänzun-

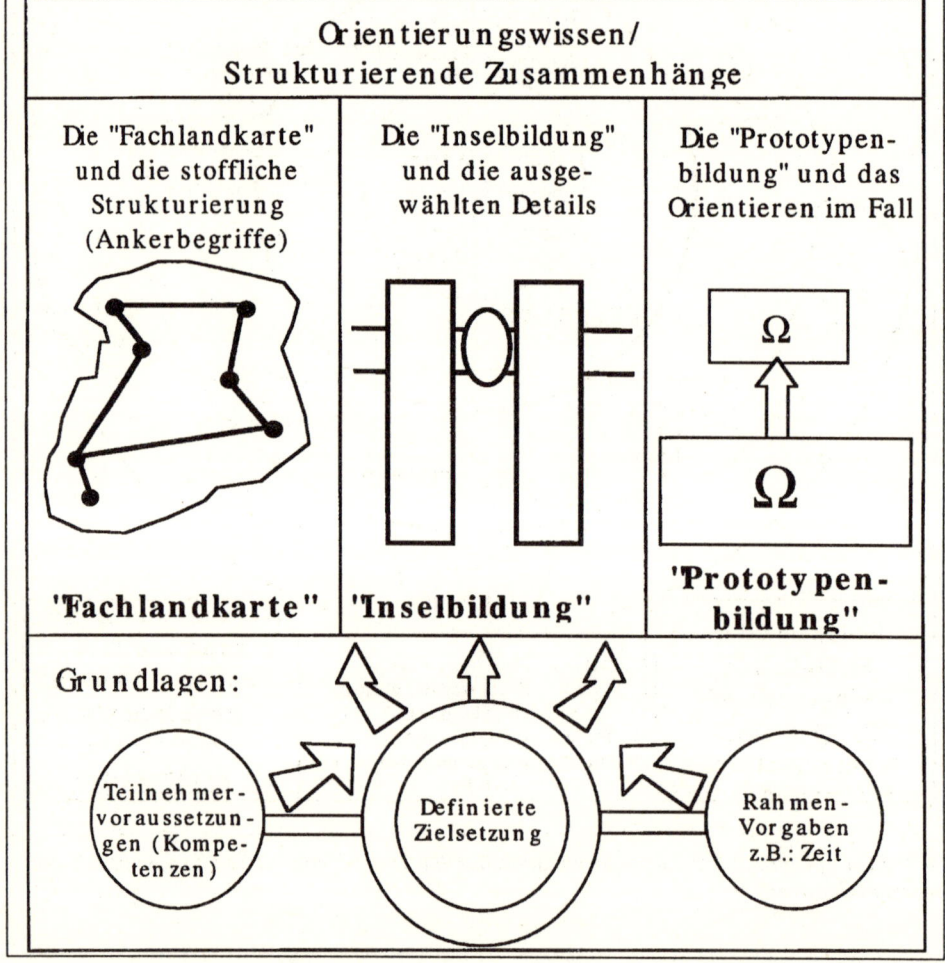

Abb. 33: Stoffreduktion und exemplarisches Lernen

gen bezüglich der zweiten didaktischen Stufe kommt. Das Informationsverarbeitungs-konzept der kognitiven Psychologie legt dem Dozenten/Trainer/Ausbilder nahe, z. B. einen Wechsel der Lerntätigkeiten gemäß expressiven und rezeptiven Lerntätigkeiten („Einatmen"/"Ausatmen") durch entsprechende Makro- und Mikrostrukturierung des Lernprozesses herbeizuführen. Gesichtspunkte wie Lerntypenorientierung, das Geben von horizontalen und vertikalen Verarbeitungshilfen sowie die Schaffung positiver Lernklima- und Eustreßbedingungen können im einzelnen zusätzliche direkte Stoff-reduktionshinweise liefern.

IV. Stufe:

Die vierte Stufe des Modells schließlich mündet in die technische Ebene des Reduk-tionsrepertoires ein, das heißt in die der Reduktionspraxis.

Neben der Präsentation von Orientierungswissen und der Akzentuierung von struk-turierenden Zusammenhängen benötigt der Praktiker vor allem drei weitere Techniken (vgl. Abb. 33):

* die Technik der Erzeugung von „*Fachlandkarten*" und der weitergehenden redukti-ven Strukturierung der Unterrichtsthemen;
* die Erzeugung *fachlicher Inseln* um die in der Fachlandkarte gesetzten *Anker-begriffe* herum;
* die Konstruktion von exemplarischen *Prototypen* und prototypischen Fällen.

4. Die Techniken

Stellen die Stufen I bis III des vorliegenden Modells gewissermaßen die planerischen Kriterien und Voraussetzungen für eine professionelle Stoffreduktionspraxis dar, so werden in der vierten Stufe die den Praktiker besonders interessierenden praktischen Vorgehensweisen der Stoffreduktion, das ihm zur Verfügung stehende Repertoire also, bezeichnet.

a) Orientierungswissen/strukturierende Zusammenhänge:
Hierbei handelt es sich um eine Art genereller Technik der „Ausdünnung", die kombi-niert wird mit einer Gegenstrategie, nämlich der Technik der semantischen Strukturie-rung des (thematischen) Gesamtfeldes hinsichtlich bestehender innerer Zusammen-hänge. Ein thematisches Feld wird auf diese Weise
a) inhaltlich charakterisiert,
b) thematisch grob gegliedert und
c) in seinen Zusammenhängen knapp dargestellt.

b) Fachlandkarte/weitergehende reduktive Strukturierung:
In der Konstruktion von Fachlandkarten realisiert sich der energische Wille in Rich-tung auf eine „Reduktion auf fachliche Vollständigkeit"!!! Das bedeutet, daß der

Dozent Stoffreduktion nicht mißverstehen darf als ein schlichtes quantitatives „Weg-
lassen" oder „Streichen von", sondern als eine Reduktionstechnik handhaben muß,
die ausdrücklich auf das Ganze, die Struktur des Gegenstandsbereichs, seine vollstän-
digen zentralen Zusammenhänge abzielt (vgl. Abb. 35, S. 201).

c) Inselbildung:
Mit „Inselbildung" wird – wie in der Abb. 36 angedeutet – die Technik der thematischen Vertiefung der in der Fachlandkarte markierten Ankerbegriffe bezeichnet. Es
sind diese Inseln, in denen der Dozent fachlich in die Einzelheiten gehen, in die er
wesentliche Teile seines Zeitbudgets investieren kann. Die Inseln werden mit orien-
tierenden Informationen – Orientierungswissen/strukturierendem Zusammenhangs-
wissen – untereinander fachlich verbunden.

d) Prototypenbildung/Fallorientierung:
Hier geht es um die direkte Konkretisierung am typischen, möglichst exemplarischen
Einzelfall. Übergreifende Prototypen repräsentieren sowohl das gesamte Themenfeld
als auch einzelne Fachinseln. Konkrete Fallbehandlung erlaubt darüber hinaus eine
intensive, bis ins Detail gehende vertiefende Stoffbehandlung, bei der Verständnis,
Transferfähigkeiten und Problemlösungsverhalten besonders gut entwickelt werden
können. Insofern mildern bzw. konterkarieren diese konkretisierenden Vertiefungen
das durch die Technik des Präsentierens von Orientierungswissen gleichzeitig und
notwendigerweise angestrebte stoffliche „Ausdünnen" des Lernprozesses. Ohnehin
gibt es bei Erwachsenen (wie in Kap. II, 4 gezeigt wurde) als Lernstilpräferenz eine
generelle Bevorzugung eines fallorientierten Vorgehens, was der Technik der Prototypenbildung und des Orientierens am Fall eine besondere Bedeutung gibt.

5. Das Beispiel

Der Typus eines speziellen Baudenkmals (z. B. Kirche, Rathaus oder Brücke) einer
bestimmten Epoche in den Metropolen Europas soll Ziel einer entsprechenden Exkursion sein. (Die Abbildungen zu dem konstruierten Beispiel sind entnommen aus N.
Woeckner, 1990.)

Technik 1: Orientierungswissen
Z. B.: Was bezeichnet man als
Westeuropa, und seit wann und
warum ist historisch von einer stili-
stischen Gemeinsamkeit auf dem
Bausektor in dieser Region auszugehen?

Technik 2: Fachlandkarte
Z. B.: In welchen Metropolen finden sich die für Europa typischsten Baudenkmäler der ausgewählten Art dieser Epoche und warum?

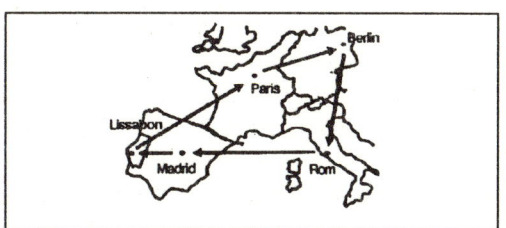

Technik 3: Inselbildung
Z. B.: Lage und Charakteristika dieser speziellen Baudenkmäler in den ausgewählten Metropolen und ihre Begründungen? (Ausschnitt aus einem Stadtplan).

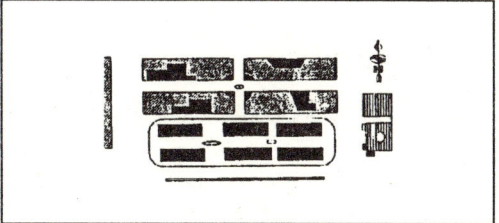

Technik 4: Prototypenbildung
Z. B.: Die typischen Baudenkmäler des ausgewählten Typus in den speziellen Metropolen im einzelnen und ihre Besonderheiten?

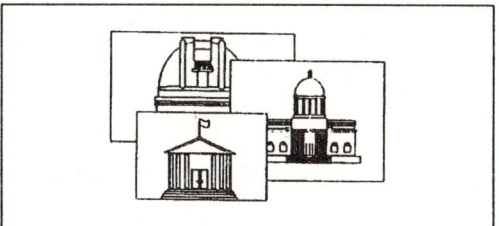

Das gewählte und hier nur knapp angedeutete Beispiel aus Kunstgeschichte und Geographie sollte nicht dahingehend mißverstanden werden, daß die bezeichneten vier Techniken der Stoffreduktion – z. B. Fachlandkarten – nur dann vollständig angewendet werden können, wenn etwa geographische Sachverhalte in Rede stehen. Vielmehr ist explizit gemeint, daß alle denkbaren Themenfelder aller fachlichen Richtungen mit den vier bezeichneten Reduktionstechniken angegangen und stofflich reduziert werden können.

So ist z. B. jede Art vereinfachender, graphisch-visueller Modellbildung (= Skizze, Zeichnung, Graphik) eine Art Fachlandkarte im hier gemeinten Sinn. Ferner besagt das gewählte Beispiel nicht, daß in der vorgestellten Reihenfolge unterrichtlich zu verfahren ist, was einem deduktiven Vorgehen entspräche. Vielmehr sollte induktiv (Exkursion) vom gewählten Prototypen ausgegangen und über die Inselbildung zur Fachlandkarte und zum erforderlichen Orientierungswissen fortgeschritten werden. Auch sind alle Arten von Kombinationen der vier Techniken möglich...

6. Die Perspektive

Vernünftige Stoffreduktion ist eine absolut unabdingbare Voraussetzung für eine dem heutigen Stand der Lernpsychologie und Didaktik entsprechende professionelle Lehrarbeit von Dozenten/Trainern/Ausbildern. Sie bildet das unumgehbare Tor für didaktische Qualität. Lehr-/Lernprozesse der Weiterbildung scheinen derzeit am nachhaltigsten belastet durch ein ständiges „Zuviel" an Stoff und ein entsprechend permanentes „Zuwenig" an Lernqualität. Beide Gesichtspunkte stehen jedoch in einem direkten und unmittelbaren negativen Zusammenhang:

„Je mehr Stoff, desto weniger Lernqualität!" Der kriterienorientiert arbeitende Dozent/Trainer/Ausbilder sollte alles daransetzen, diesen Satz mit aller Kraft – auch im wohlverstandenen eigenen Berufsinteresse – umzukehren...

2. Baustein:
Zur Strukturierung des Lehr-/Lernprozesses

Das Thema „Strukturierung des Unterrichts" – auch genannt „Artikulation", „Phaseneinteilung", „Stufung des Unterrichts" – ist schon alt. Es wird in der Pädagogik seit Herbarts Formalstufen-Theorie diskutiert. Herbart gliederte den Unterrichtsstoff in eine Folge methodischer Einheiten, deren jede nach einer starren Folge von Formalstufen durchzunehmen war:

- Analyse (Vorbereitung),
- Synthese (Darbietung),
- Assoziation (Verknüpfung),
- System (Zusammenfassung),
- Methode (Anwendung).

Die neuere Didaktik hat dieses starre Schema inzwischen längst aufgegeben. Sie geht flexibler vor, versteht unter Strukturierung eher eine *Dramaturgie* des Unterrichts, die den Lehr-/Lernprozeß zeitlich überschaubar und teilnehmergerecht zu gliedern hat. Diese Gliederung erfolgt auf mehreren Ebenen, und je mehr von ihnen beim Wechsel von einer Phase zur nächsten einbezogen sind, desto deutlicher wird der Einschnitt von den Schülern erlebt.

Die wichtigsten Ebenen einer Strukturierung des Unterrichts sind:

1. Lernziel und Lerninhalt
2. Lehr- und Sozialformen
3. Unterrichtliche Medien (Hilfsmittel)
4. Vermutete Lernphasen
5. Einstieg und Ausstieg
6. Zeitplanung

1. Das Lernziel und der Lerninhalt

Im traditionellen dozentenzentrierten Unterricht wird die Strukturierung des Unterrichts oft ausschließlich über die Ziel- und Inhaltsebene hergestellt. Der Dozent stellt Lernziele auf und gliedert den Inhalt fach- und sachlogisch in bestimmte Teilthemen, denen jeweils spezifische Feinlernziele zugeordnet werden. Damit schreibt er die fachlogische als verbindliche didaktisch-methodische Struktur fest. Es ist dies zweifellos ein Ausdruck für das stärkere fachliche Selbstverständnis von Dozenten/Trainern/Ausbildern gegenüber dem didaktischen. Da somit im traditionellen Unterricht ohnehin von einer Dominanz der Ziel- und Inhaltsdimension bei Fragen der Strukturierung auszugehen ist, soll dieser Gesichtspunkt hier nicht weiter behandelt werden. Wir konzentrieren uns stattdessen mehr auf die didaktischen und methodischen Aspekte der Strukturierung.

2. Der Einsatz der Lehr- und Sozialformen
   (Das Lehrmethoden-Instrumentarium)

Jeder Versuch, Unterricht mit Hilfe von Lehr- und Sozialformen (LS) zu strukturieren, setzt voraus, daß der Dozent das didaktische Repertoire verfügbar hat und beherrscht, das diesbezüglich zur Verfügung steht. Hier sind zunächst drei Arten von Lehr- und Sozialformen zu unterscheiden:

- LS für den undifferenzierten Gruppenunterricht
  (= Klasse als Großgruppe)
- LS zur inneren Differenzierung des Unterrichts
- Mischformen

Im einzelnen unterscheidet man:

a) *LS in der undifferenzierten Großgruppe (Klasse):*
- Lehrvortrag
- Demonstration und Präsentation (Film, Versuch, Experiment usw.)
- Lehrgespräch
  = darstellend-entwickelnde Form
  = fragend-entwickelnde Form
- Gesprächs- und Diskussionformen
  = unstrukturierte Problemerörterung
  = strukturierte Diskussion
  = Erfahrungsaustausch

b) *LS zur inneren Differenzierung:*
- Einzelarbeit
- Partnerarbeit
- Gruppenarbeit (aufgaben- oder problembezogen)
  = arbeitsgleiche Form
  = arbeitsteilige Form

c) Mischformen (besondere Verarbeitungsaspekte):
- Rollenspiele
- Simulationen
- Entscheidungs- und Planspiele
- Projektunterricht
- Diskussion, Debatte

Auf Einzelheiten dieses vielfältigen didaktischen Repertoires kann im vorliegenden Rahmen nicht näher eingegangen werden (vgl. dazu Abschnitt IV im Zweiten Teil).

Soviel dürfte aber allein schon aus der vorgelegten Zusammenstellung deutlich sein: Der Wechsel der Lehr- und Sozialformen – als *ein* Aspekt von Unterrichtsstrukturierung – drängt sich didaktisch geradezu auf, weil die Vielfalt des Angebots auch vielfältige Zielstellungen und ein abwechslungsreiches Arbeiten möglich macht. Hier interessiert vor allem die Chance, eine vielseitige Unterrichtsgestaltung auch durch einen Wechsel im sozialen Miteinander zu unterstützen, das jeweils Spezifische einer Sozialform (z. B. das Aufsichgestelltsein bei der Einzelarbeit) durch das Spezifische einer anderen Form (z. B. das konstruktive Miteinander in einer Arbeitsgruppe) sinnvoll zu ergänzen. Damit werden zweifellos auch die unterschiedlichen Bedürfnisse von Teilnehmern in Weiterbildungsveranstaltungen besser berücksichtigt.

3. Der Einsatz der unterrichtlichen Medien (Hilfsmittel)

So wie es zu den Wesensmerkmalen des Unterrichts gehört, daß er als Kommunikations- und Interaktionsprozeß auf Medien angewiesen ist, die als Träger und/oder Vermittler von Informationen dienen, so ist eine Strukturierung des Unterrichts ohne eine Berücksichtigung der medialen Komponente nicht möglich.

Unter Medien verstehen wir dabei alle nichtpersonalen materiellen Träger und/oder Vermittler von Informationen, also alle materiellen Hilfsmittel des Lehrens!

Innerhalb der Mediendidaktik, einer inzwischen etablierten Teildisziplin der Allgemeinen Didaktik, spielt die Frage der Medienklassifikation eine gewisse Rolle. Für den Praktiker ist die Frage „Welche Medien gibt es, und wie lassen sich sich einteilen, ordnen und gliedern?" wichtiger als die nach einer gültigen Systematik (= Medientaxonomie). Ein verbreitetes Schema, nach welchem die nichtpersonalen Medien systematisch geordnet werden könnten, ist deshalb auf Seite 196 (Abb. 34) beispielhaft abgebildet.

Eine Übersicht über die derzeit verfügbaren unterrichtlichen Medien bietet die folgende Klassifikation:

1. Gruppe: Bücher und Zeitungen
2. Gruppe: Lehr- und Lernmaterialien
3. Gruppe: Reale Gegenstände
4. Gruppe: Audio-visuelle Medien

Innerhalb dieses breiten Angebots der vier Gruppen spielen in der beruflichen Aus- und Weiterbildung vor allem die folgenden siebzehn eine herausragende Rolle:

Bücher und Zeitungen:
1.   Fach-, Sach-, Lehrbücher
2.   Gesetzestexte und Kommentare
3.   Unterrichtsprogramme in Heft- oder Buchform
4.   Tageszeitungen, Fachzeitschriften usw.

Lehr- und Lernmaterialien:
5.   Plakate, Tafelbilder, Pin-Karten, Wandbilder
6.   Overhead-Folien (Arbeitsfolien)
7.   Arbeitsblätter, -anweisungen, -hilfen
8.   Arbeitsunterlagen, Manuskripte

Reale Gegenstände:
9.   Formulare, Erlasse
10. Akten, Aktenstücke
11. Arbeitsgeräte, -materialien
12. Arbeitsvorgänge, Fälle, Arbeitsprozesse

Audio-visuelle Medien:
13. Overhead-Projektion (Arbeitsprojektor, OHP.)
14. Film-Projektion
15   Video-Tapes (Fernseh-Aufzeichnungen, Mitschnitte)
16. Dia-Projektion
17. Computer-Nutzung (CBT, Internet etc.)

Es ist im vorliegenden Rahmen nicht möglich, auf Einzelaspekte dieses breiten Repertoires näher einzugehen. Statt dessen soll hier ein zentraler Grundgedanke zusammenfassend artikuliert werden:

Didaktisch optimaler Unterricht verlangt vom Dozenten eine Art ‚Dramaturgie des Unterrichts‘, bei der die *Strukturierung des Unterrichts* eine zentrale Rolle spielt. Als didaktische Strukturierung ist diese verwiesen auf eine überlegte Verwendung der verfügbaren unterrichtlichen Medien, die entweder als
a) Instruktionshilfen oder als
b) Arbeitshilfen eingesetzt werden können.

In der Funktion als Instruktionshilfen dienen unterrichtliche Hilfsmittel *vor allem* dem Lernprozess im engeren Sinne. Sie steigern das Verständnis und das Behalten.

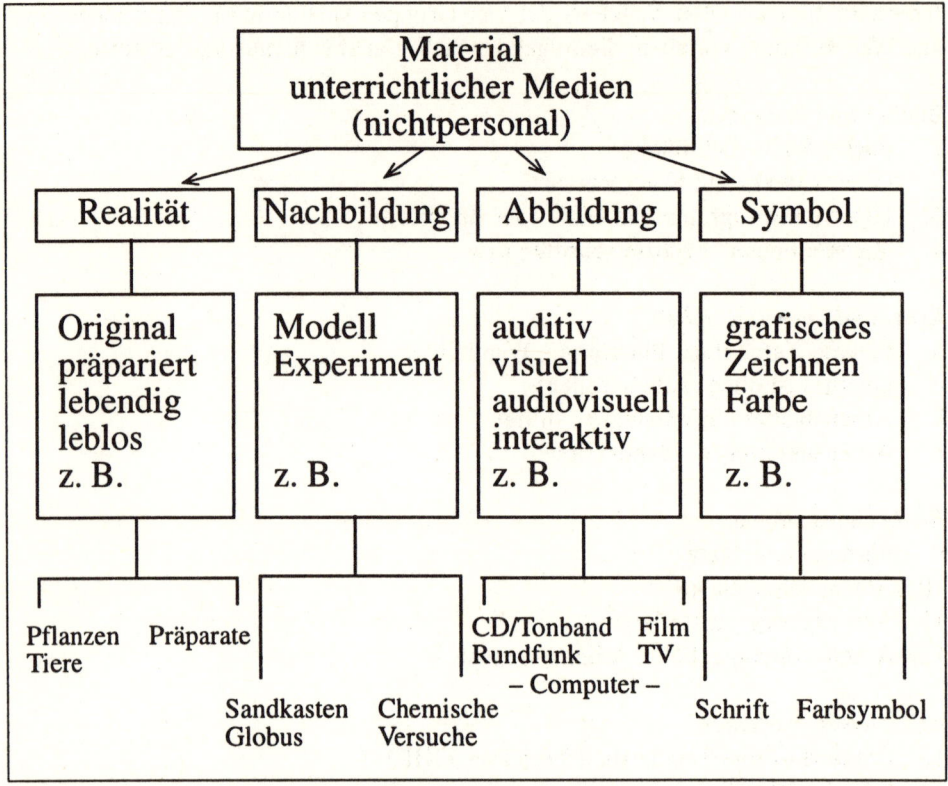

Abb. 34: System der nichtpersonalen Medien

In der Funktion als Arbeitshilfen dienen unterrichtliche Hilfsmittel *vor allem* dem sozialen Aspekt des Lernens. Sie helfen den Teilnehmern, allein – ohne direkten Zugriff des Dozenten – zu arbeiten.

Frage/Aufgabe: Welche der genannten siebzehn unterrichtlichen Hilfsmittel lassen sich von vornherein eher als
• Instruktionshilfe, welche als
• Arbeitshilfe erkennen?
Fertigen Sie eine entsprechende Liste!

4. Die Konstruktion der vermuteten Lernphasen

Vermutete Lernphasen – auch Artikulationsstufen genannt – bilden den didaktischen Kerngedanken des Problems Unterrichtsstrukturierung. Wie bereits angedeutet, wurde diese Frage auch historisch zum Ausgangspunkt der Herbartschen Formalstufen-

Theorie, die im gesamten 19. Jahrhundert die deutsche Unterrichtslehre bestimmte, dabei aber zu einem Formalismus erstarrte. Seit der Reformpädagogik zu Beginn und im ersten Drittel unseres Jahrhunderts sind die Dinge jedoch wieder in Bewegung geraten; man bemüht sich heute um eine flexible, abwechslungsreiche Ausgestaltung des Unterrichts, bei dem jeder Formalismus vermieden wird.

Entsprechend breit ist demzufolge die Terminologie zum vorliegenden Sachverhalt geworden: Man spricht heute von

- Unterrichtsstufen, Lehrstufen;
- Lernstufen, Lernschritten;
- Aneignungsstufen, -schritten;
- Stufen, Phasen, Etappen, Situationen, Momenten, Ereignissen im Unterricht.

Analog zum natürlichen Lernen in realen Lebenssituationen geht auch das „künstliche", geplante, institutionell gestützte Lernen in Unterrichtsprozessen nach gewissen Schritten, d. h. in einem bestimmten Aneignungsprozeß vor sich.

Beispiel:
Zuerst wird ein spezielles Interesse geweckt (= Phase der Motivation), *sodann* werden Informationen dargeboten (= Phase der Darbietung), *drittens* wird ein Problem aufgeworfen (= Phase der Problemanalyse), *viertens* wird eine Lösung erarbeitet (= Phase der Erarbeitung) und schließlich *fünftens* werden die gewonnenen Erkenntnisse auf einen anderen Bereich übertragen und dort angewendet (Stufe des Transfers).

Damit ist klar, daß die Strukturierung des Unterrichts nach einem derartigen Artikulationsschema den Unterrichtsprozeß nach den vermuteten Lernphasen der Schüler gliedert. Für einen qualifizierten Unterricht ist wichtig, daß den Teilnehmern dieser Prozeß in seinen einzelnen Phasen ständig verdeutlicht wird. Der Vorteil für die Teilnehmer ist:

Sie gewinnen damit nicht nur einen Einblick in den Lernverlauf, sondern erarbeiten sich ansatzweise die Kompetenz zu eigenverantwortlicher Lernplanung (= Lerntechniken im Selbststudium).

Heute gebräuchliche Bezeichnungen für die wichtigsten Lernphasen sind:

a • Motivation (Entfaltung von Neugier, Interesse)
  • Darbietung (rezeptive Informationsaufnahme)
  • Beobachtung, Anschauung, Versuch

b • Erarbeitung (aktiv, relativ eigenständige geistige Arbeit)
  • Problemanalyse, Besinnung (dozenten- oder teilnehmerzentriert)

> **c** • Wiederholung, Übung, Ergebnissicherung
> • Transfer (=Übertragung/geistige Anwendung)

Diese mit a – c gekennzeichneten vermuteten Lernphasen lassen sich um *drei Grund-akte* des Unterrichts herum gruppieren:

a) Akte der Erschließung des Neuen – Anfangssituation
b) Akte der geistigen Er-/Verarbeitung – Mittelsituation
c) Akte der Sicherung und Anwendung – Schlußsituation

Wichtig bei der Unterrichtskonstruktion ist, daß der Dozent zwei grundlegende Arten von Tätigkeiten sich ständig abwechseln läßt:

A – tendenziell eher rezeptive, nachvollziehend-aufnehmende Tätigkeiten (= „Einatmen") und

B – tendenziell eher expressive, eigenständig gestalterische Tätigkeiten (= „Ausatmen").

Beispiele für A: Lesen, Zuhören, Zuschauen
Beispiele für B: Sprechen, Selbermachen/Ausprobieren, Spielen

Diese beiden grundlegenden Tätigkeiten des „Ein- und Ausatmens" – beide können übrigens aktiv (!) bewältigt werden, wenn auch das „Einatmen" immer in Gefahr ist, den Teilnehmer zu lähmen! – können in allen drei genannten Grundakten des Unterrichts vorkommen: Bei der Erschließung, bei der Verarbeitung, bei der Sicherung.

5. Das Lerngerüst und der Stundenschluß (= Ein-/Ausstieg)

Es gibt eindeutige Hinweise aus der Lernforschung dafür, daß Teilnehmer dann leichter lernen, wenn am Beginn eines Unterrichts der Rahmen vorgestellt, erläutert und erklärt wird, in den das jeweilige Lernvorhaben hineingestellt ist. In diesem Zusammenhang lassen sich *Sinnfragen* behandeln, *Bezüge* entfalten und eine Art *Übersicht* schaffen, so daß der nachfolgende Unterricht eine Basis hat, auf die er aufbauen kann.

Die Entwicklung eines Lerngerüstes oder -rahmens sollte möglichst nicht bloß verbal geschehen, sondern ihren Niederschlag in einer visuellen Repräsentation finden, die *während des ganzen Unterrichts* (!) optisch angeboten wird, damit eine jederzeitige Orientierung möglich ist. Jedes Lerngerüst – jeder Einstieg (= „set induction") – sollte daher zwei Komponenten umfassen:

a) Zeichnung, Schema, Modell, Diagramm etc.
   (für Orientierung, Beziehungen, Sinnerhellung etc.)
b) Gliederung des unterrichtlichen Vorgehens
   (Aufweis der Lernschritte).

Steht die Entwicklung, Präsentation und Erörterung des *Lerngerüstes* am Beginn eines Unterrichts oder einer Unterrichtseinheit bzw. eines Lehrgangs (bestehend aus mehreren Unterrichtsstunden), so bildet der Stundenschluß – Ausstieg (= „closure") – meist als Ergebnissicherung, als *Lernertragssicherung*, als Wiederholung den Schlußpunkt des Unterrichtsgeschehens.

Man sollte *geschlossene* von *offenen* Lernergebnissen unterscheiden. Endet z. B. die eine Unterrichtsstunde mit einer umfassenden Lösung für ein zuvor gestelltes Problem (= geschlossenes Ergebnis), so kann ein anderer Unterricht gerade mit der Formulierung eines Problems, einer unentscheidbaren Frage oder einer Auflistung zu machender Einwände enden (= offenes Lernergebnis). In der Regel dürften geschlossene Lernergebnisse öfter in naturwissenschaftlich/technischen und juristischen, offene Lernergebnisse dagegen eher in geistes- und sozialwissenschaftlichen Lernfeldern vorkommen.

Für den vorliegenden Zusammenhang ist nun wichtig, daß
- Lerngerüst (Einstieg) als *Vorphase* und
- Stundenschluß (Ausstieg) als *Nachphase*

substantielle Bestandteile einer lerngerechten Strukturierung des Unterrichtsgeschehens sind. Damit ist deutlich, daß *didaktische Strukturierung* – unter bewußter Zurückdrängung der „übermächtigen" Ziel- und Inhaltsdimension – folgende Komponenten zu beachten hat:

Vorphase:	Lerngerüst (Einstieg) z. B. Fachlandkarte	
Hauptphase:	1.	Ziele und Inhalt
	2.	Lehr- und Sozialformen
	3.	Unterrichtliche Hilfsmittel
	4.	Vermutete Lernphasen (Artikulationsstufen)
	5.	Zeitgestaltung
Nachphase:	Stundenschluß (Ausstieg)	

In diesem Sinne wäre eine Unterrichtseinheit (=Stunde, Doppelstunde) als aus mehreren Sequenzen/Phasen zusammengesetzt zu denken, in denen jeweils ein spezifisches Medium als Träger einer bestimmten Lehr- und Sozialform fungiert mit dem Ziel, eine bestimmte, zeitlich begrenzte Artikulationsstufe (=vermutete Lernphase) mit abwechselnd rezeptivem (= Einatmen) und expressivem (=Ausatmen) Tätigsein der Teilnehmer zu realisieren.

6. Die Zeitgestaltung (= Zeitplanung)

Viele Unterrichtsverläufe – das zeigt die didaktische Forschung sehr deutlich – leiden regelrecht unter einer unzulänglichen zeitlichen Planung. Eine zeitlich ausgewogene

Unterrichtskonstruktion kann z. B. ebenso verhindert werden, wenn der Lehrer Hektik und Zeitdruck spüren läßt, wie wenn einzelne Unterrichtsphasen zu lang werden und das Lerngeschehen als langatmig und langweilig empfunden wird. Für den Bereich des allgemeinbildenden Schulwesens konnte z. B. gezeigt werden, daß in einem Drittel aller Unterrichtsstunden die Ruhepausen, in denen die Schüler einmal unbeeinflußt vom Lehrer arbeiten können, nicht länger als 30 Sekunden dauern.

Es gibt Hinweise aus der Lernforschung dafür, daß es bei vorwiegend rezeptiven Lernformen zeitliche Belastungsgrenzen gibt, die nicht überschritten werden dürfen, wenn die Leistungsfähigkeit der Teilnehmer im wesentlichen erhalten bleiben soll. Diesbezüglich sollte gleichsam als eine Faustregel die „20-Min.-Grenze" eingehalten werden, was für eine 45-Min.-Unterrichtsstunde mindestens *drei* (max. 20-Min.) unterschiedliche Lernphasen erforderlich macht. Bei mitarbeitsintensiven Arbeitsformen – z. B. im Gruppenunterricht – sehen die Dinge natürlich anders aus: Hier ist die 20-Min.-Grenze in der Regel eher ein Minimum. Dabei spielt vor allem das Ausmaß der Beherrschung von Techniken der Partner- und Gruppenarbeit bei den Schülern eine große Rolle dafür, welche zeitlichen Vorgaben vom Lehrer zu machen sind. Je nach Arbeitsauftrag können aber 15- bis 20-Min.-Phasen durchaus auch vorkommen.

Eine gute Faustregel:
Dozentenzentrierte, rezeptive Unterrichsphasen
   (= Einatmen) = höchstens 20-Min.-Dauer.
Teilnehmerzentrierte, expressive Unterrichtsphasen
   (= Ausatmen) = mindestens 20-Min.-Dauer.

---

7. Drei Gründe für das Strukturierungskonzept

Die *Begründung* für ein solches didaktisches Konzept kann auf mehreren Ebenen erfolgen:

• *Lernpsychologisch* steht außer Frage, daß ein gut strukturierter Unterricht mit mehreren kürzeren Lernphasen, einem Wechsel der Lehr- und Sozialformen sowie einem intensiven unterrichtlichen Medieneinsatz die *Lernintensität* erheblich zu steigern vermag:
  – Erhöhung der Lernmotivation,
  – Steigerung der Eigenaktivität,
  – Verbesserung des Lernverständnisses,
  – Steigerung der Behaltensleistungen.

- *Sozialpsychologisch* sind ebenfalls positive Wirkungen zu verzeichnen:
  - Verbesserung des allgemeinen Unterrichtsklimas,
  - Intensivierung der Kommunikation und Interaktion zwischen Lehrern und Schülern sowie zwischen Schülern und Schülern,
  - Vermehrung der sozialen Verstärkungen und Erhöhung der Eigenständigkeit der Teilnehmer.

- *Arbeitspsychologisch* wäre mit Blick auf die Berufsausübung des Dozenten von einer Verschiebung der Belastung zu sprechen:
  - Erhöhung der außerunterrichtlichen Vorbereitungs- und Planungsarbeiten zugunsten einer Reduzierung der Streßbelastungen *im* Unterricht.

Eine weitere positive Konsequenz besteht in der
- Steigerung der beruflichen Kompetenz und damit der Berufszufriedenheit des Lehrenden, was wiederum eine
- Verbesserung seiner psycho-physischen Gesamtverfassung zur Folge hat.

8. Die Verlaufsgestalt einer strukturierten Unterrichtseinheit

Der zuletzt formulierte Sachverhalt läßt sich graphisch folgendermaßen zusammenfassen:

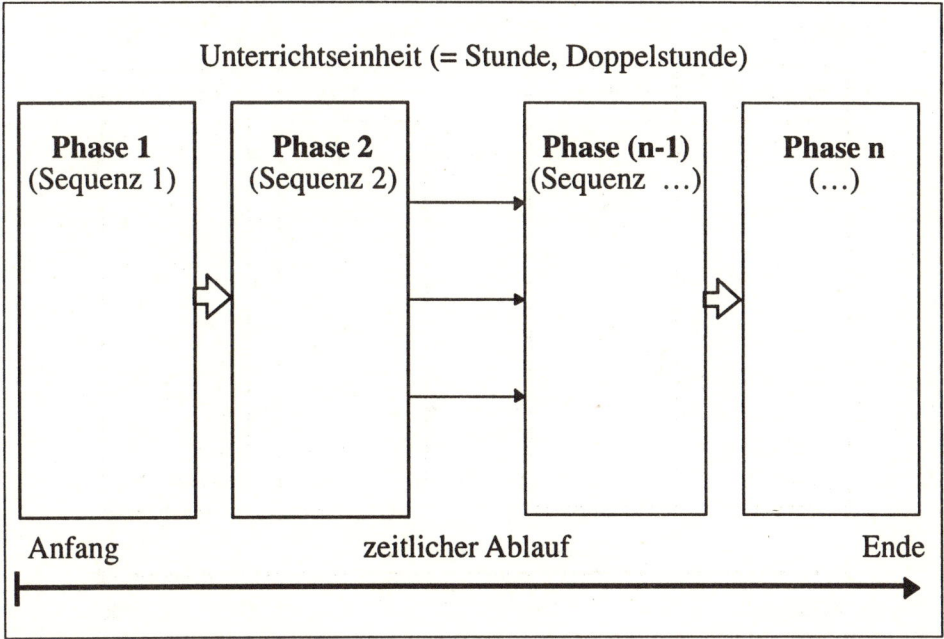

Abb. 35: Der Unterrichtsverlauf

Hiebei sind bei jeder Phase mindestens die folgenden Ebenen bzw. Komponenten zu unterscheiden:

Das Medium trägt...

Die LS realisiert...

Jede Phase hat eine bestimmte Dauer...

Zu berücksichtigen sind die hier bewußt zurückgedrängten Komponenten:

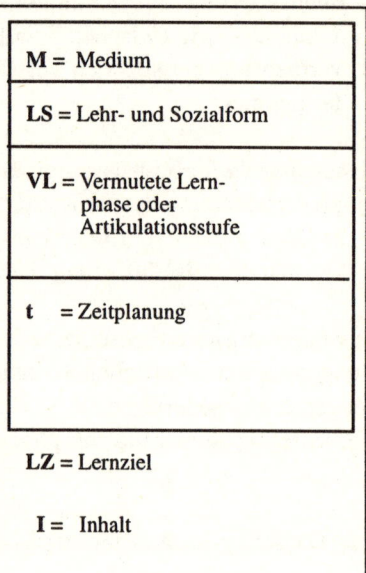

M = Medium

LS = Lehr- und Sozialform

VL = Vermutete Lern-
       phase oder
       Artikulationsstufe

t   = Zeitplanung

LZ = Lernziel

I = Inhalt

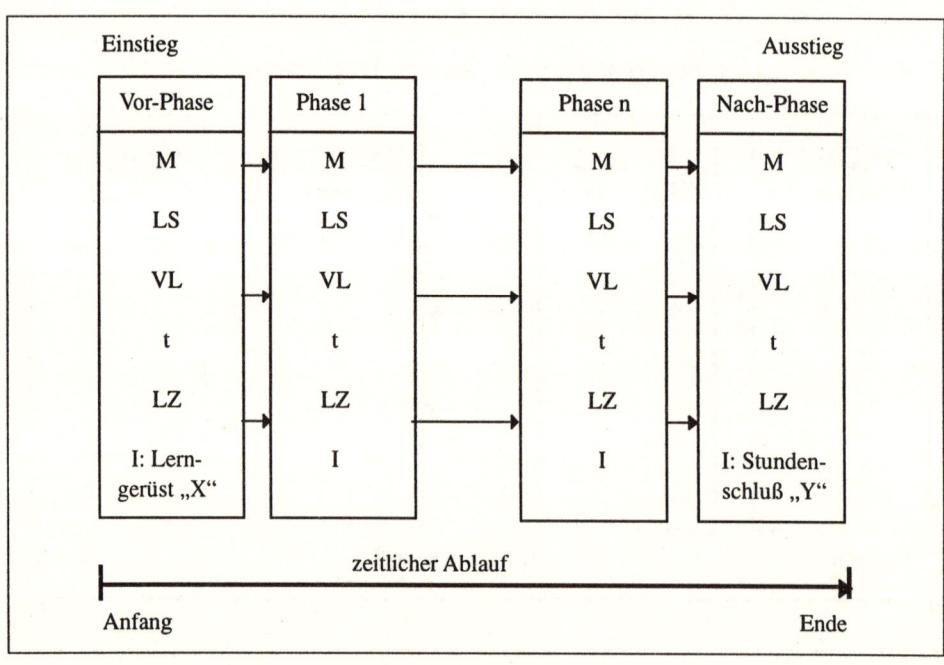

Abb. 36: Allgemeines Schema einer Unterrichtseinheit

Besonders zu bedenken ist, daß am Beginn einer Unterrichtseinheit der Lernrahmen stehen sollte und am Ende die Ergebnissicherung, das Lernergebnis: Im allgemeinen Schema einer strukturierten Unterrichtseinheit auf der vorherigen Seite (Abb. 36) ist dieser Umstand dadurch dargestellt, daß die erste Phase, in der der Lernrahmen vorgestellt wird, als Vor-Phase und die letzte Phase, in der das Lernergebnis abgesichert wird, als Nach-Phase bezeichnet wird.

Für eine lernpsychologisch günstige Wirkung sorgt überdies ein entsprechend abwechslungsreiches Tätigsein der Schüler *im* Rahmen der vermuteten Lernphasen, was in folgendem Beispiel (Abb. 37) einmal anschaulich dargestellt ist! Grundsätzlich lassen sich dabei folgende Tätigkeiten unterscheiden:

- mehr *produktive* Tätigkeiten: sprechen, schöpferisches malen und zeichnen, werken, eigenständiges schreiben etc.
- mehr *rezeptive* Tätigkeiten: zuhören, lesen, zuschauen, abmalen und abzeichnen, abschreiben, nachmachen etc.

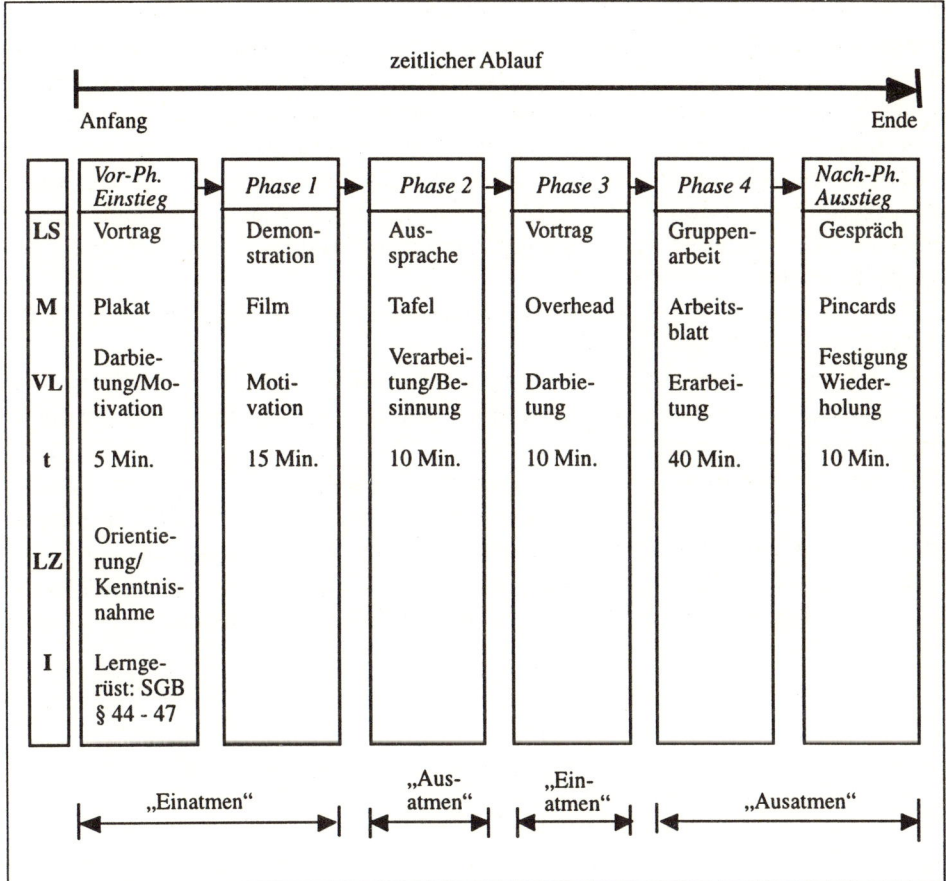

Abb. 37: Beispiel einer konkreten Unterrichtseinheit

Wie die Atmung des Menschen aus dem Ein- und Ausatmen besteht, so sollte auch ein Unterrichtsverlauf für einen richtigen Wechsel von *„Einatmen" (=rezeptives Tun: z. B. etwas anschauen, lesen)* und *„Ausatmen" (=produktives Tun: z. B. in der Gruppe diskutieren, eine Skizze anfertigen)* in den Lernphasen sorgen!

Schluß: Der Werkcharakter der Unterrichtskonstruktion

Über Unterricht und seinen Prozeßcharakter ist in der didaktischen Literatur viel nachgedacht und geschrieben worden. Dabei wurden der Kommunikations- und Interaktionscharakter, die Konfliktsproblematik, die Frage des Unvorhersehbaren, der „unsteten" Formen usw. stark in den Vordergrund gerückt. Zwar wird mit diesen Aspekten unbestreitbar Richtiges in den Blick genommen – wer wollte z. B. bestreiten, daß im Unterricht kommuniziert und interagiert (= gemeinsam gehandelt) wird, daß dabei Konflikte zu bewältigen sind usw. –, die bezeichnete Optik steht aber ständig in Gefahr, die reale Verlaufsgestalt des Unterrichts aus den Augen zu verlieren, auf der als Basis erst kommuniziert, gehandelt, gelernt, gedacht und Konflikte bewältigt werden können. Diese reale Verlaufsgestalt ist herstellbar, wird vom Dozenten konstruiert, realisiert, überprüft und verbessert. Man sollte darauf achten, daß das oft modische Gerede über die Kommunikations- und Interaktionsaspekte von Unterricht sich nicht wie ein Nebel oder Grauschleier vor diesen Tatbestand einer gewissermaßen handwerklich herzustellenden Strukturierung des Unterrichts legt. Unterricht als herzustellendes Gebilde, in dem Menschen sich austauschen, lernen, miteinander umgehen usw., bestimmt wesentlich mit, auf welche Weise sich diese innere Eigendynamik entfaltet.

Daher ist es genau dieser Rahmen, der zunächst einmal die Aufmerksamkeit jedes Didaktikers auf sich ziehen sollte:

Unterrichten kann in diesem Sinne zweifellos ganz handfest erlernt werden. Wer hier nicht eine solide Basis legt, dem hilft ein bloßes Kommunikations- und Interaktionsgerede auch nicht weiter!

Gerade der angehende Dozent wird in einer soliden Unterrichtsstruktur jene Stütze finden, die es ihm ermöglicht, mit den Teilnehmern befriedigende Sozialbeziehungen zu entwickeln. Eine auch für die Teilnehmer überschaubare Verlaufsgestalt erleichtert nicht nur das unterrichtliche Lernen, sie schafft – besonders für den Anfänger-Dozenten – Sicherheit und legt die Basis für die spätere Zufriedenheit im Beruf.

3. Material: Motivierender Unterricht – ein Konzept

1. Die Rückständigkeit der Motivationsforschung

Stellt sich ein Dozent die Frage, wie er seinen Unterricht interessanter, abwechslungsreicher und aktivierender, kurz: motivierender gestalten kann, so wird er in der einschlägigen wissenschaftlichen Literatur über „Motivation" – wenn überhaupt – nur wenig *praktisch* verwertbare Hinweise finden (vgl. 3. Teil).

Die Umsetzung der wissenschaftlichen Untersuchungen und Ansätze in praktikable Konzepte scheitert offensichtlich aus den folgenden Gründen:

* Rückständigkeit der Motivationsforschung und Fehlen eines einheitlichen Forschungsrahmens,
* weitgehendes Fehlen eines didaktischen Interesses bei den Motivationsforschern und demzufolge:
* Rückständigkeit bzw. Fehlen einer praxisorientierten, angewandten Motivationsforschung.

2. Die drei Ebenen eines motivierenden Unterrichtskonzeptes

Stellt sich also ein Dozent/Trainer/Ausbilder in der Weiterbildung die Frage, wie ein motivierender Unterricht am besten zu verwirklichen ist, so wird er weder in der didaktischen Literatur noch von einem erfahrenen Kollegen eine eindeutige Antwort erhalten. Entsprechende Hinweise werden sich jedoch auf den folgenden drei Ebenen bewegen.

a) Inhaltliche Ebene
Motiviere dadurch, daß Du wichtige, interessante Themen anbietest, bzw. daß Du die Themen des Unterrichts als wichtig und interessant ausweist!

b) Didaktische Ebene
Motiviere dadurch, daß Du das Unterrichtsgeschehen abwechslungsreich gestaltest: z. B. durch Wechsel der Lehr- und Sozialformen, durch vielseitigen Medieneinsatz usw.

c) Verhaltensmäßige Ebene
Motiviere dadurch, daß Du ein motivierendes Dozentenverhalten zeigst und die Teilnehmer über deine Person (Modell, Vorbild) mitreißt.

Diese dreifache Perspektive zur Motivierung im Unterricht läßt sich grafisch auf z. B. folgende Weise darstellen:

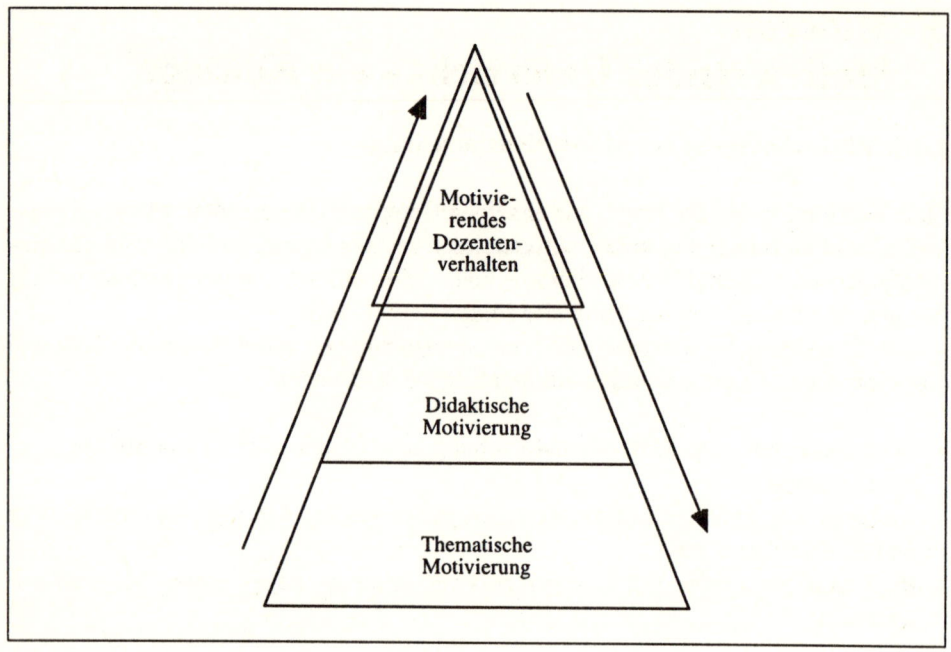

Abb. 38: Motivierung in Lehr-/Lernsituationen

3. Die zentralen Faktoren für motivierenden Unterricht

Zwar wird jeder Dozent seine eigene Akzentsetzung hinsichtlich der Motivierung der Teilnehmer haben – der eine vielleicht mehr über die *Person,* der andere eher über den *Unterricht,* der dritte eher über das *Thema* zu motivieren suchen –, es sollten aber Einseitigkeiten unbedingt vermieden werden.

In Abb. 39 wird der beschriebene Zusammenhang nochmals grafisch dargestellt.

Begründung: Die verschiedenen Lerntypen bei den Teilnehmern machen ein *vielschichtiges* Motivationskonzept erfolgreicher.

Jeder Dozent/Trainer/Ausbilder sollte sich demnach die Vielfalt der Möglichkeiten, seine Teilnehmer für den Unterricht, die Mitarbeit und das Lernen zu gewinnen, vor Augen stellen:

I.   *Thematische Motivierung*
  1. Sinnbezug: gesellschaftliche, institutionelle, fachlich-sachliche und individuelle Bedeutung
  2. Sachlogischer Aufbau

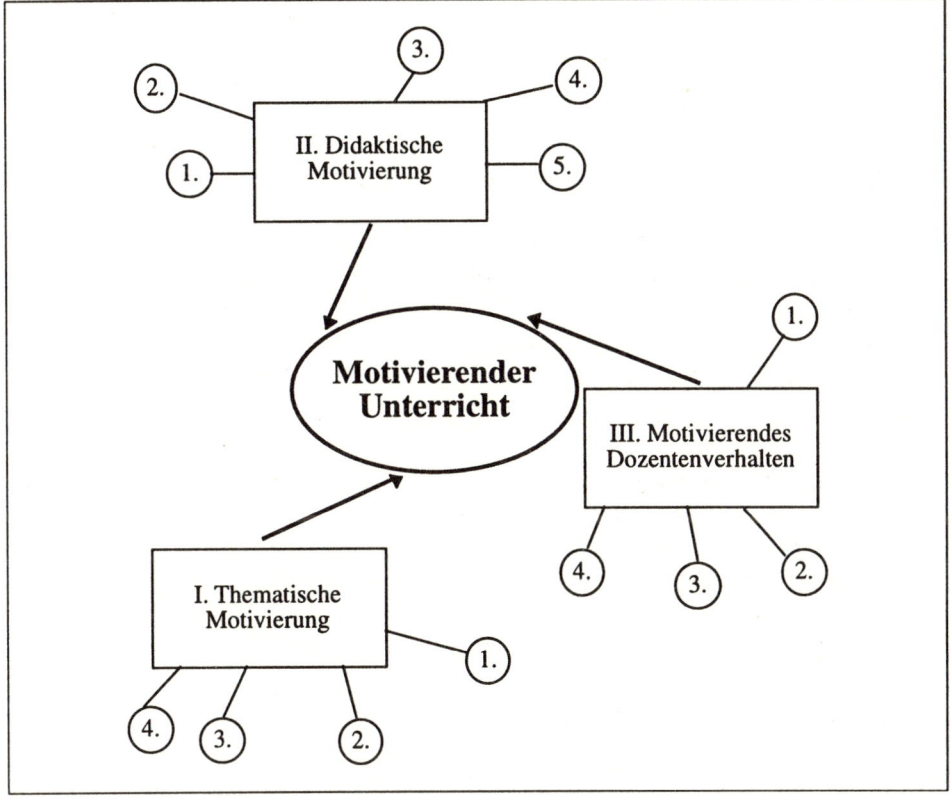

Abb. 39: Motivierender Unterricht

    3. Praxisbezug/Berufsbezug/Verwendungssituationen
    4. Anwendbarkeit und Anwendung (Transfer)

II. *Didaktische Motivierung*
    1. Thematische und lernzielbezogene Akzentsetzung
    2. Wechsel der Lehr- und Sozialformen
    3. Veranschaulichung und Medieneinsatz
    4. Vielfältige Tätigkeiten der Teilnehmer („Ein-/Ausatmen")
    5. Stundeneröffnung/Stundenschluß (Einbettung, Sinnbezug, Konsequenzen)

III. *Motivierendes Dozentenverhalten und Umgang mit den Teilnehmern*
    1. Die 5 „Verständlichmacher"
    2. Die 4 „Muntermacher"
    3. Die 4 „Aufwärmer"
    4. Zuwendung und Umgang

Um dieses Bild noch eindrucksvoller zu gestalten, soll nachfolgend eine detaillierte Gliederung der genannten Faktoren folgen:

I. Thematische Motivierung

1. Sinnbezug: gesellschaftliche, institutionelle, fachlich-sachliche und individuelle Bedeutung:
   • Aufhänger: bedeutsame Ereignisse, Dozenten/Teilnehmervorerfahrungen,
   • Gliederung, sachl. Aufbau, Eigengesetzlichkeit,
   • Historischer Hintergrund,
   • Kognitive Landkarte, Flußdiagramm,
   • Übergreifendes Praxisbeispiel, Problemfall.

2. Sachlogischer Aufbau:
   • Aufbau und Grundstruktur,
   • Kennzeichnung von Sinnschwerpunkten,
   • Gliederung, Aufweisen von Zusammenhängen innerhalb des Themas,
   • Verbindung/Verknüpfung zu anderen Themen bzw. Themenfeldern,
   • Exemplarische, vertiefende Klärung, Anbahnung von praktischen Voraussetzungen, Bedingungen und Konsequenzen (Anwendung).

3. Praxisbezug/Berufsbezug/Verwendungssituationen:
   • Aktuelle Vorfälle, Ereignisse und Problemfälle,
   • Einsatz und Analyse von Beispielen, Betriebs- bzw. Behördenabläufen, Verwendungssituationen,
   • Orientierung an der Berufswirklichkeit zur Klärung von Spezifika/Einzelheiten,
   • Übungen, Simulationen, Rollenspiele zur Berufswirklichkeit.

4. Anwendbarkeit und Anwendung (Transfer):
   • Übertragung, Auf-/Erarbeitung von praktischen Fällen,
   • Vertiefende Wiederholungen, Transferaufgaben,
   • Teilnehmerzentriertes Finden/Konstruieren von geeigneten Fällen, Vorgehensweisen, Verwendungssituationen,
   • Praxisbezogene Rollen- und Planspiele.

II. Didaktische Motivierung

1. Thematische und lernzielbezogene Akzentsetzung und Gliederung (Einbettung, Sinnbezug, Konsequenzen):
   • Thematische Reduktion und Zentrierung auf das Wesentliche,
   • Konstruktion, Ausarbeitung und Vermittlung (!) der zentralen Lernziele nebst Begründung,
   • Phasenbildung entsprechend dem Wechsel der Lernaktivitäten, den Teilnehmerfähigkeiten sowie den Präsentationsmöglichkeiten.

2. Wechsel der Lehr- und Sozialformen:
   * Lehr- und Sozialformen in der undifferenzierten Großgruppe,
   * Lehr- und Sozialformen zur inneren Differenzierung des Unterrichts,
   * Lehr- und Sozialformen unter dem Aspekt besonderer Verarbeitungsformen (Diskussion, Debatte, Plan-, Rollenspiel).

3. Veranschaulichung und Medieneinsatz:
   * Bücher und Zeitungen,
   * Reale Gegenstände,
   * Lehr- und Lernmaterial,
   * Audiovisuelle Medien.

4. Vielfältige Tätigkeiten der Teilnehmer („Ein-/Ausatmen"):
   * Wechsel der Tätigkeiten entsprechend den Fähigkeiten, Erfahrungen und Vorkenntnissen der Teilnehmer,
   * Wechsel entsprechend den thematischen und fachlichen Erfordernissen,
   * Wechsel entsprechend der zeitlichen Gliederung und den Notwendigkeiten eines didaktisch akzeptablen Lernverlaufs.

5. Stundeneröffnung/Stundenschluß (Einbettung, Sinnbezug, Konsequenzen):
   Typen von Stundeneröffnungen (Lerngerüst, Einstieg):
   * Der „Aufhänger" als punktueller Einstieg („Ein Nagel wird in die Wand geschlagen": z.B. Presse-, Funk-, Fernsehmeldungen),
   * Die Wiederholung (Anknüpfung an vorher Gelerntes, zugleich Sicherung/Lernkontrolle),
   * Die zeitliche und sachliche Gliederung des Unterrichts („Das Vorgehen in dieser Stunde"),
   * Die Darstellung eines Fallbeispiels (Problemfall oder humorvolle Schilderung oder übergreifendes Praxisbeispiel etc.),
   * Das Aufgreifen von Teilnehmererfahrungen, -wissen in gesprächsmäßiger Form oder in Form kleiner Rollenspiele,
   * Das Schema oder Modell (als kurze und vereinfachende Abstraktion des Themas/Sachverhaltes),
   * Die „kognitive Landkarte" (als ausführlicheres Suchschema zur Darstellung komplexer Zusammenhänge) (Graphiken, Zeichnungen, Tabellen, Flußdiagramme etc.),

   Typen von Stundenschlüssen (Ausstieg):
   * Der Stundenschluß als *Lernkontrolle*
       mündlich/schriftlich
       – offen/geschlossen(z.B. als Abfrage, Lerntest/Lernkontrolle in schriftl. Form, Arbeitsblattbearbeitung neuer Aufgaben etc.),
   * Der Stundenschluß als systematische *Zusammenfassung:*
       z. B. durch den Dozenten oder einen Teilnehmer
       Häufig: Lehrvortrag mit Medienunterstützung,

- Der Stundenschluß als praktische *Anwendung*
  - Fallorientiert
  - Aufgabenorientiert
  Ziel ist hier vorrangig der Transfer, die sichernde und abrundende Übertragung des Gelernten auf Neues,
- Der Stundenschluß als mediale *Illustration*
  - Neueinführung eines das Thema abrundenden bzw. abschließenden Mediums (dieses darf nicht zu komplex sein!)
  - Wiederverwendung eines bereits eingeführten Mediums (dieser Typ will das Gelernte abschließend nochmals veranschaulichen und zugleich konkretisieren).

III. Motivierendes Dozentenverhalten und Umgang mit den Teilnehmern

1. Die 5 „Verständlichmacher"
   - Realisierung von Sprechdenken
   - Einfachheit
   - Ordnung und gedankliche Gliederung
   - Prägnanz (=Treffsicherheit)
   - Stimulans (=Anregung)

2. Die 4 „Muntermacher"
   - Das freigebend-kontrollierende Verhalten
   - Das energievolle Verhalten
   - Das streitbare Verhalten
   - Das geistreiche Verhalten

3. Die 4 „Aufwärmer"
   - Das partnerschaftliche Verhalten
   - Das wertschätzende Verhalten
   - Das bekräftigende Verhalten
   - Das humorvolle Verhalten

4. Dozentenverhalten und Teilnehmerumgang
   - Körpersprache (Sitzen, Stehen, Gehen, Mimik, Gestik, Sprachmodulation, Blickkontakt)
   - Umgang (Einwandbehandlung, Konfliktbewältigung, Sitzordnung und Anrede, unterrichtsbezogenes Vorbereiten, Fragen, außerunterrichtlicher Umgang).

4. Material: Die Konstruktion von Lernzielen

1. Lernziele – warum?

Die Konstruktion von Lernzielen fügt sich – grob gesprochen – planerisch ein zwischen der Abgrenzung von Inhalten sowie der thematischen Festlegungen und den didaktisch-methodischen Entscheidungen (= primär der Strukturierung des Unterrichts)

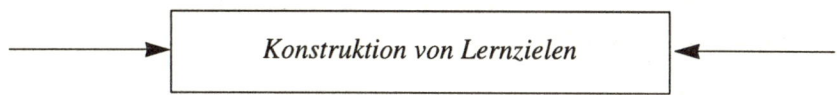

Die Frage ist: Wozu brauchen wir zwischen dem Thema und der Unterrichtssequenz das Lernziel? Wozu brauchen wir überhaupt Lernziele?

Wir wollen uns das mit folgender Überlegung klarmachen: Jeder zu lehrende Sachverhalt hat eine vom Lehr-/Lernzusammenhang unabhängige fachlich-logische Struktur. Soll sie in vollem Umfang gelehrt werden?

Wohl schwerlich, denn oft zeigt ein Blick auf den Sachverhalt, daß es gänzlich unmöglich ist, ihn mit Anspruch auf Vollständigkeit zu lehren. Denken wir daher „andersherum": Berufliche Weiterbildung bezieht sich auf ein von einem Verwendungszusammenhang, einer *Verwendungssituation* sich herleitendes Lernbedürfnis bzw. Lernerfordernis. Es soll ja gar nicht alles über die Sache gelernt werden, sondern das, was für die Bewältigung der Verwendungssituation (= Arbeitsplatzsituation) im *Funktionsfeld* wirklich erforderlich ist.

Diese Bezogenheit des Lernfeldes auf ein Funktionsfeld macht die Konstruktion von Lernzielen erforderlich. Denn diese sagen uns, was konkret die Teilnehmer unter Bezug auf ihre beruflichen Aufgaben am Ende des Unterrichts wissen, können und beherrschen sollen. Die wesentlichen Kriterien dafür gewinnt der Dozent aus der Analyse von Verwendungssituationen des Funktionsfeldes, nicht jedoch aus einer wie immer gearteten wissenschaftlichen oder fachlichen Systematik.

2. Lernziele – behavioristischer Hintergrund

Die Einführung des Lernzielgedankens in die Didaktik erfolgte auf der Basis des amerikanischen Behaviorismus etwa seit 1965, dem Erscheinungsdatum des Buches von R. F. Mager „Lernziele und Programmierter Unterricht" (Weinheim 1965). Damit war eine einseitige Entscheidung in dem Sinne gefallen, daß als Lernziele nur solche Zielangaben akzeptiert wurden, die in Kategorien *beobachtbaren Verhaltens* beschrieben werden konnten.

Dagegen warnt Scholz (1981, S. 421): „Macht man Lernzieloperationalisierung zum didaktischen Fetisch, dann besteht die Gefahr, daß nur noch das gelehrt wird, was operationalisiert werden kann." Trotz dieser Schwierigkeit hat die bisherige Lernzieldiskussion etwas Positives bewirkt: Die allgemein akzeptierte Übereinkunft, daß alle Bildungsbereiche einschließlich Aus- und Weiterbildung für geplante Unterrichtsprozesse genauere Lernzielangaben benötigen. Ferner ist positiv zu bewerten, daß allgemein eine größere Klarheit herrscht hinsichtlich

a) der Notwendigkeit, verschiedene psychische Lernbereiche zu unterscheiden,
b) der Erkenntnis der Möglichkeit, verschiedene Ebenen (Grade der Allgemeinheit) bei der Lernzielformulierung wählen zu können,
c) der Erkenntnis der Möglichkeit, verschiedene Intensitätsstufen bei der Lernzielformulierung zu berücksichtigen.

Zusammenfassend lassen sich die folgenden vier Schlußfolgerungen ziehen:

1. Lernziele sind für alle Unterrichtsplanungen erforderlich.
2. Diese sind präzise unterscheidbar für verschiedene psychische Lernbereiche zu formulieren.
3. Lernziele sind in verschiedenen Graden der Allgemeinheit zu formulieren.
4. Lernziele sind gemäß verschiedener möglicher Intensitätsstufen zu präzisieren.

Die weiter oben genannte behavioristische Basis der Lernzielfrage ist bis heute umstritten, weshalb zur Zeit von dieser kritischen Seite (z. B. W. Klafki) mit Nachdruck an einer Reformulierung der Lernzielfrage gearbeitet wird.

3. Lernziele – Bereiche, Stufung, Intensität

Im folgenden möchten wir noch einige Hinweise und Materialien zu den 4 Schlußfolgerungen bzw. Feststellungen, die oben genannt sind, geben:

Zu 1:
Daß sich diese Feststellung unbestritten auch auf den Bereich der Weiterbildung bezieht, wurde angemerkt.

Zu 2:
Eingebürgert hat sich in bezug auf die Unterscheidung verschiedener psychischer Lernbereiche die folgende Dreiteilung:

---

1. *Erkenntnisdimension*: „Kognitive Lernziele"
2. *Gefühls-/Wertedimension*: „sozial-emotionale (= affektive) Lernziele"
3. *Handlungs-/Verhaltensdimension*: „psychomotorische Lernziele"

Von verschiedenen Autoren wird vorgeschlagen, eine vierte Dimension hinzuzufügen, die freilich noch nicht ausgearbeitet ist:

---

4. *Antriebs-/Willensdimension*: „pragmatisch-dynamische Lernziele"

Zu 3:

Lernziele verschiedener Abstraktions-/Allgemeinheitsgrade zu unterscheiden, hat sich unter den folgenden Begriffen eingebürgert. Bezogen auf Weiterbildung besagen sie:

- *Richtziele:* Lernziele für bildungspolitische Intentionen allgemeiner Art,
- *Groblernziele:* Lernziele zur Planung spezifischer Fortbildungsmaßnahmen,
- *Feinlernziele:* Lernziele für einzelne unterrichtliche Abschnitte (Lehr-/Lernsequenzen).

Anzumerken ist also, daß die *Feinlernziele* die *Groblernziele* spezifizieren, präzisieren und operationalisieren, während die letzteren ihrerseits die *Richtziele* inhaltlich konkretisieren.

Zu 4:

Hinsichtlich der verschiedenen Intensitätsstufen von Lernzielen – Problem der Taxonomisierung von Lernzielen – gibt es für den Bereich der Weiterbildung spezielle Erfordernisse. Zunächst: Das bei weitem bekannteste Schema für die Dimension *kognitiver Lernziele,* das von B. S. Bloom (1972) u. a. entwickelt wurde, bezieht sich vor allem auf den schulischen Bereich. Es lautet:

„1.00 Wissen
      1.10   Wissen von konkreten Einzelheiten
      1.20   Wissen der Wege und Mittel, mit konkreten Einzelheiten zu arbeiten
      1.30   Wissen von Verallgemeinerungen und Abstraktionen eines Fachgebietes

      Überprüfung des Wissens und Beispiele
      1.10   Wissen von konkreten Einzelheiten
      1.20   Wissen der Wege und Mittel, mit konkreten Einzelheiten zu arbeiten
      1.30   Wissen von Verallgemeinerungen und Abstraktionen eines Fachgebietes

2.00 Verstehen
      2.10   Übersetzen
      2.20   Interpretieren
      2.30   Extrapolieren

Überprüfung des Verstehens und Beispiele
2.10   Übersetzen
2.20   Interpretieren
2.30   Extrapolieren

3.00   Anwendung
Die erzieherischen Implikationen von Lernzielen der Kategorie Anwendung
Überprüfung der Anwendung und Beispiele

4.00   Analyse
4.10   Analyse von Elementen
4.20   Analyse von Beziehungen
4.30   Analyse von ordnenden Prinzipien

Überprüfung der Analyse und Beispiele
4.10   Analyse von Elementen
4.20   Analyse von Beziehungen
4.30   Analyse von ordnenden Prinzipien

5.00   Synthese
5.10   Herstellen einer einzigartigen Nachricht
5.20   Entwerfen eines Plans für bestimmte Handlungen
5.30   Ableiten einer Folge abstrakter Beziehungen

Überprüfung der Synthese und Beispiele
5.10   Herstellen einer einzigartigen Nachricht
5.20   Entwerfen eines Plans für bestimmte Handlungen
5.30   Ableiten einer Folge abstrakter Beziehungen

6.00   Evaluation
6.10   Urteilen aufgrund innerer Evidenz
6.20   Urteilen aufgrund äußerer Kriterien

Überprüfung der Evaluation und Beispiele
6.10   Urteilen aufgrund innerer Evidenz
6.20   Urteilen aufgrund äußerer Kriterien"

Zu diesem Schema stellt J. Voelkner (1980, S. 40) zu Recht folgendes fest:

„Den andragogischen (das Lernen Erwachsener betreffend, A. d. V.) und systembe-
darfsorientierten Anforderungen des quartären Bildungsbereiches [der Weiterbildung,
A. d. V.] genügen die von Bloom ausgewiesenen 6 Stufen der Lernintensität [...] nur
mit Einschränkungen [...]."

Der Autor schlägt deshalb eine reduzierte *dreischrittige Lernzielstufung* für den Bereich der Weiterbildung vor:

1. Stufe: Kennen und Verstehen
2. Stufe: Anwenden und Umsetzen
3. Stufe: Analysieren und Beurteilen

Die entsprechende Tafel sieht dann im einzelnen folgendermaßen aus:

Beispiel (ebd.):

„1.   Die Phasenstruktur des Führungsprozesses:
       Kennen und Verstehen

   1.1   Die einzelnen Phasen des Führungsprozesses kennen, sie gegeneinander
          abgrenzen und erläutern können.
   1.2   Den Prozeßverlauf kennen und einschließlich der Phänomene der Vor-
          und Rückkoppelung eindeutig und anschaulich erläutern können.

   Beispiele für Lernzielkontrolle
   1.   Der Teilnehmer kann in ein Blankoschema der Phasenstruktur ohne
         Hilfsmittel in 2 Minuten aus einer Liste von alphabetisch geordneten
         Phasenbezeichnungen sämtliche Begriffe fehlerfrei eintragen.
   2.   Der Teilnehmer kann anhand des Schaubildes den Mitgliedern seiner
         Lerngruppe die Phasenstruktur für die Führungsfunktionen in einem
         zehnminütigen Vortrag anschaulich und fehlerfrei erläutern. Er kann auf
         zusätzliche Verständnisfragen eindeutige und richtige Antworten geben.
   3.   Der Teilnehmer kann das Schaubild der Phasenstruktur ohne Hilfsmittel
         in 10 Minuten fehlerfrei zeichnen.

2.   Die Phasenstruktur des Führungsprozesses:
      Anwenden und Umsetzen können

   2.1   Das Modell der Phasenstruktur bei der Lösung einiger beispielhafter
          (simulierter) Führungsaufgaben anwenden können.
   2.2   Das Modell der Phasenstruktur vom Anwendungsbereich beispielhafter
          (simulierter) Führungsaufgaben auf Anwendungsbereiche am eigenen
          Arbeitsplatz umsetzen können.

   Beispiele für Lernzielkontrolle
   1.   Der Teilnehmer kann anhand eines selbst entwickelten Beispiels die
         Anwendung des Strukturmodells in einem Vortrag von 15 Minuten unter
         schrittweiser Visualisierung des Schaubildes fehlerfrei vor den Mitglie-
         dern seiner Lerngruppe erläutern.
   2.   Der Teilnehmer kann nach Rückkehr an seinen Arbeitsplatz Vorgesetz-

ten, Kollegen oder Mitarbeitern unter gelegentlicher Zuhilfenahme sei-
ner Seminarunterlagen konkrete und realisierbare Vorschläge für die
Anwendung des Strukturmodells bei der Lösung akuter oder künftiger
Führungsaufgaben machen.

3.   Die Phasenstruktur des Führungsprozesses:
      Analysieren und Beurteilen können

   3.1   Das Modell der Phasenstruktur im Hinblick auf seine Ablauflogik und
         auf die Relevanz seiner Phasenelemente sachverständig analysieren und
         kritisch diskutieren können.
   3.2   Die Vor- und Nachteile dieses Modells der Phasenstruktur im Ver-
         gleich zu anderen bekannten oder denkbaren Modellen sachverständig
         entwickeln können. Die Anwendbarkeit dieses Modells zur Sichtbar-
         machung von Prozeßverläufen in anderen Bereichen kritisch prüfen
         können.

   Beispiele für Lernzielkontrolle
   1.   Der Teilnehmer kann vor einem Kreis von Fachleuten (im Seminar oder
         an seinem Arbeitsplatz) ohne Hilfsmittel in flüssigem Vortrag in 20
         Minuten die 5 wichtigsten Thesen der Modellanalyse kritisch und aus-
         führlich erläutern. Er kann zu kritischen Fragen sachverständig Stellung
         nehmen.
   2.   Der Teilnehmer kann in einer schriftlichen Klausurarbeit von 2 Stunden
         Dauer unter Benutzung vorgegebener Schaubilder zweier anderer Struk-
         turmodelle Unterschiede und Gemeinsamkeiten sowie Vor- und Nachtei-
         le des gelernten Phasenstrukturmodells im Vergleich zu den beiden
         anderen schlüssig und verständlich erläutern.
   3.   Der Teilnehmer kann in 20 Minuten fehlerfrei vor einem sachverständi-
         gen Gremium unter Benutzung eines vorgegebenen Schaubildes Phase
         für Phase die Anwendungsmöglichkeiten des Modells auf je einen Pro-
         zeßverlauf aus dem Bereich des Planens und des Lernens an einem Bei-
         spiel schlüssig und fehlerfrei erläutern."

Einfacher zu handhaben, jedoch sehr viel undifferenzierter ist schließlich das sog.
„ÜGV-Schema":

1. Stufe: Überblickswissen (Ü)
Unter Verwendung von Hilfsmitteln allgemeine Kenntnisse wiedergeben und erläutern können.

2. Stufe: Grundkenntnisse (G)
Strukturzusammenhänge (einschließlich relevanter Einzelfakten und Beispiele)
erkennen, vergleichen und begründen können.

3. Stufe: Vertiefte Kenntnisse (V)
Fähigkeit zur Anwendung und Transferleistung.

Daß die Dimension „Erkenntnis", also die kognitiven Lernziele in der Weiterbildung im Vordergrund stehen, dürfte unmittelbar einleuchten. Gleichwohl sollen abschließend die beiden noch fehlenden Taxonomien aufgeführt werden (vgl. B. S. Bloom u. a., 1975):

a) sozial-emotionale (=affektive) Lernziele
b) psychomotorische Lernziele.

Zu a) 1.0 Aufnehmen
        1.1 Gewahrwerden
        1.2 Aufnahmebereitschaft
        1.3 Gesteuerte oder selegierende Aufmerksamkeit

        2.0 Reagieren
        2.1 Reagieren auf Grund einer Aufforderung
        2.2 Bereitwilligkeit zum Reagieren
        2.3 Befriedigung beim Reagieren

        3.0 Werten
        3.1 Akzeptieren eines Wertes
        3.2 Bevorzugen eines Wertes
        3.3 Gewißheit über einen Wert

        4.0 Organisation
        4.1 Konzeptualisierung eines Wertes
        4.2 Organisation eines Wertsystems

        5.0 Charakterisierung durch einen Wert oder Wertkomplex
        5.1 Allgemeine Einstellung
        5.2 Charakterisierung

Zu b) (vgl. Dave, 1968, S. 231 ff.)
        1.0 Imitation
        1.1 Imitationsimpulse
        1.2 Beobachtbare Wiederholung

        2.0 Manipulation
        2.1 Befolgen einer Anweisung
        2.2 Selektion
        2.3 Festigung eines Handlungsablaufes

        3.0 Präzision
        3.1 Reproduzieren

3.2   Steuerung

4.0   Handlungsgliederung
4.1   Sequenz
4.2   Harmonie

5.0   Naturalisierung
5.1   Automatisierung
5.2   Interiorisierung

IV. Zu den Lehr- und Sozialformen

1. Baustein: Der Lehrvortrag

1. Die Lehr- und Sozialformen und der Lehrvortrag

Innerhalb der Gesamtheit der Lehr- und Sozialformen nimmt der Lehrvortrag in einem doppelten Sinne eine herausragende Stellung ein:

a) Zum einen wird von vielen Didaktikern vermutet, daß der in der Unterrichtsforschung nachgewiesene hohe Sprechanteil von Lehrpersonen in Bildungsinstitutionen darauf zurückzuführen ist, daß im Unterricht *zu viele* Lehrvorträge gehalten werden,

b) zum anderen koppelt sich mit dieser Annahme eine überwiegende Ablehnung und Kritik des Lehrvortrages in der wissenschaftlichen Didaktik. Von daher hat der Lehrvortrag in der Literatur (!) keinen besonders guten Ruf.

Dem steht die interessante Gegenthese gegenüber, derzufolge der Lehrvortrag als ausgegrenzte Lehr- und Sozialform mit einer Dauer von 15 – 20 Min. und einer gut vorbereiteten medialen Unterstützung so gut wie gar nicht (!!!) in Unterrichtsprozessen zum Zuge kommt. Die These ist vielmehr – auch für die Weiterbildung – daß der hohe Sprechanteil des Lehrpersonals

• zu ungefähr 80% aus darstellend-entwickelnden lehrgesprächsähnlichen Vorgehensweisen und

• zu ungefähr 20% aus überlangem, monologisierendem „Dauerreden" resultiert.

Fazit:
Dozenten/Trainer/Ausbilder reden in der Regel zwar viel – und meistens zu viel –, halten aber eigentlich kaum Lehrvorträge im Sinne einer bestimmten Lehr- und Sozialform.

Das gesamte Repertoire der verfügbaren Lehr- und Sozialformen – das Lehrmethoden-Instrumentarium (J. Voelkner, 1979) – ist vielen Dozenten im doppelten Sinne
nicht verfügbar:
a) im Sinne von „unbekannt",
b) im Sinne von „nicht beherrscht".

Dieses Repertoire läßt sich auf folgende Weise übersichtlich darstellen:

A. Lehr- und Sozialformen (=LS) zur inneren Differenzierung/Gruppierung	
1. Einzelarbeit	2. Partnerarbeit
3. Gruppenarbeit	

B. Lehr- und Sozialformen (=LS) für die undifferenzierte Großgruppe (Klasse, Seminar)	
1. Lehrvortrag	2. Lehrgespräch a) fragend-entwickelnd b) darstellend-entwickelnd
3. Demonstration/ Präsentation	4. Unterrichts-, Seminar- gespräch (Erfahrungsaustausch)

C. Spiel- und Übungsformen als Mischtypen	
1. Rollenspiel	2. Planspiel
3. Übungen/Simulationen	4. Diskussion/Debatte

Man erkennt aus dieser Übersicht, daß der Lehrvortrag *eine* Lehr- und Sozialform von
insgesamt elf verschiedenen darstellt. Realisiert also ein Dozent/Trainer/Ausbilder
das verfügbare Gesamtrepertoire, so wird sogleich einsichtig, daß der Lehrvortrag
innerhalb dieses Gesamtrahmens einen legitimen Platz einnimmt, so lange er nicht die
einzige oder die vorherrschende Form darstellt. Das wird auch ersichtlich, wenn man
sich die Merkmale des Lehrvortrags vor Augen führt.

2. Merkmale des Lehrvortrages

Zu den verbreitetsten Lehrformen des Unterrichts gehört der Lehrvortrag. Er ist
zugleich die älteste Form, die in der Lehre verwendet wird, und läßt sich bis weit in
die Geschichte hinein zurückverfolgen. Vergegenwärtigt man sich das hohe Alter
und die weite Verbreitung dieser Lehrform, so überrascht, wie wenig entwickelt sie
in der Praxis noch ist. So stellt denn der Lehrvortrag eine Lehr- und Sozialform dar,
in welcher

a) größere Themenbereiche
b) in geschlossener, zusammenhängender Form
c) unter relativer psychologischer Abstimmung auf die Teilnehmer und
d) bei Verwendung didaktischer Hilfsmittel (=Medien)
behandelt werden können.

Eine pauschale Kritik am Lehrvortrag, wie sie sich in der didaktischen Literatur häufig findet, ist – wie bereits dargelegt – solange unberechtigt, als der Vortrag *nicht die einzige* oder *einseitig dominierende* Lehrform im didaktischen Repertoire (Programm) eines Dozenten darstellt.

Der Umstand, daß der Lehrvortrag eine spezifische Form der *Einbahnkommunikation* ist, in der überwiegend rezeptives Lernen die Gefahr der Passivität bei den Lernenden heraufbeschwört, muß beim Dozenten im Bewußtsein bleiben. Durch alternierenden und gleichgewichtigen Gebrauch der drei verfügbaren Arten von Lehr- und Sozialformen (= LS) – LS zur inneren Differenzierung, LS in der undifferenzierten Großgruppe und Spiel- und Übungsformen – können Schwächen und Gefahren der einen Lehrform durch Stärken und Möglichkeiten der anderen aufgefangen und ausgeglichen werden.

Im übrigen muß sich jeder Dozent beim Einsatz des Lehrvortrags selbst um eine aktivierende, interessante Präsentation bemühen. Dabei sind insgesamt die folgenden Punkte zu berücksichtigen:

- Interesse weckende Aufbereitung des Themas und der Ziele: Sinnfrage, Einbettung, Praxisbezug, Lerngerüst.
- Zeitliche Begrenzung des Lehrvortrages auf maximal 20 Minuten.
- Motivierendes Dozentenverhalten: „Verständlichmacher", „Muntermacher", „Aufwärmer", Zuwendung und Umgang.
- Einsatz unterrichtlicher Medien zur Veranschaulichung des Themas.

Der Versuch, den Einsatz des Lehrvortrags didaktisch zu verbessern, muß sich demnach auf zwei Aspekte der Anwendung dieser Lehrform besonders konzentrieren:

1. auf den didaktischen Gebrauch der Medien (vgl. dazu V., 2. Baustein!),
2. auf die Sprache des Dozenten (= „Verständlichmacher").

3. Die Sprache des Dozenten: Die 5 „Verständlichmacher"

Wie in wissenschaftlichen Untersuchungen geklärt wurde, hängt die Güte schriftlicher oder mündlicher Darstellungen von Lehr- und Informationsinhalten im wesentlichen von fünf Faktoren oder Merkmalen ab, die man wissenschaftlich auch *Dimensionen* nennt:

1. Realisation des Merkmals „Sprechdenken" (= freies Sprechen);

2. Dimension Einfachheit: Einfache Sätze, leicht verständliche Wörter, konkrete Darstellung;
3. Dimension Ordnung und Gliederung: Gut gegliederter, übersichtlicher Textinhalt, Folgerichtigkeit, Unterscheidung von Wesentlichem und weniger Wesentlichem, überblickende Vorausschau am Beginn des Textes, deutlich gekennzeichnete Unterabschnitte, Zusammenfassungen;
4. Dimension Kürze und Prägnanz: Beschränkung auf das Wesentliche, kurze, nicht langatmige Darstellung;
5. Dimension Anregung und Stimulans: Abwechslungsreiche und flüssige Darstellung, Verwendung von Beispielen, Bildern, Vergleichen und (auch humorvollen) Zwischenbemerkungen.

Untersuchungsbefunde über Dimensionen (nach R. Tausch, 1971):

„Die nachfolgenden Befunde wurden überwiegend durch folgende Untersuchungsmethoden gewonnen:

- Neutrale Beurteilungsgruppen schätzten die meist schriftlichen Informationstexte nach verschiedenen Merkmalen ein.
- In einer Faktorenanalyse dieser Merkmale wurden die wesentlichen Dimensionen (Merkmalszusammenfassungen) ermittelt.
- Bei Schülern und Studierenden wurde das Ausmaß des Verstehens und Behaltens der Texte festgestellt.
- Die Zusammenhänge zwischen dem Ausmaß der verschiedenen Dimensionen in den Informationstexten und den Verstehens- und Behaltensleistungen der Schüler und Studierenden wurden errechnet.

Die Dimensionen Einfachheit, Ordnung – Gliederung, Kürze – Prägnanz sowie zusätzliche Stimulierung ergaben sich in einer Untersuchung über Informations- und Lehrtexte. Lehrer und Studienreferendare der verschiedenen Schularten verfaßten für Schüler des 5./6. Schuljahres Texte von ca. einer DIN-A 4-Seite über das Ausfüllen einer Zahlkarte sowie über fünf verschiedene Delikte (Raub, Diebstahl u. a. gemäß StGB). Eine Zufallsauswahl dieser schriftlichen Texte wurde Schülern der 5./6. Schuljahre vorgelegt, ferner besonders optimierende Texte von trainierten pädagogischen Psychologen.

Ergebnis:

- Die meisten Texte der Lehrer wiesen ein geringes Ausmaß in den Dimensionen Einfachheit, Ordnung – Gliederung und Kürze – Prägnanz auf bei entsprechend geringem Ausmaß der Verstehens- und Behaltensleistungen der Schüler im Vergleich zu einem bedeutsam größeren Ausmaß in den Dimensionen und den Behaltensleistungen bei den optimierten Texten der pädagogischen Psychologen.

- Sogenannte leistungsschwächere Schüler (gemäß Test und Lehrerurteil) zeigten erwartungsgemäß bei den unterschiedlichen Texten jeweils geringere Verstehens- und Behaltensleistungen als sogenannte leistungsstarke Schüler. Sie erreichten jedoch bei den optimierten Informationstexten (hohes Ausmaß in den Dimensionen) den nahezu gleichen Leistungsstand (!!) wie leistungsstarke Schüler bei Texten von mittlerer Qualität.
- Die Dimension zusätzliche Stimulierung wirkte sich bei den Texten überwiegend erst dann positiv aus, wenn ein hinreichendes Ausmaß der Dimension Ordnung – Gliederung gegeben war.
- Die Verstehens- und Behaltenswerte derjenigen Schüler, die im Anschluß an das Durchlesen des Textes eine kurzzeitige Kleingruppendiskussion geführt hatten, lagen insgesamt nur geringfügig über denen der Schüler ohne derartige Kleingruppendiskussion. Gemäß einer Detailanalyse profitierten von der Kleingruppendiskussion insbesondere die sogenannten leistungsschwächeren Schüler.
- Die Dimension Klarheit – Gliederung vs. Unklarheit – Verschwommenheit von Informationstexten (zielsichere, klare, auf das Wesentliche beschränkte Darstellung vs. Gegenteil der Merkmale) sowie die Dimension partnerzentrierte Anschaulichkeit (anregende, lebhafte, anschauliche Darstellung) hingen deutlich mit dem Ausmaß und der Qualität der Wiedergabe der Informationsinhalte durch Schüler zusammen (!). Lehrer und Studierende hatten in ca. 10 Minuten einfache Begriffe wie Inflation oder Universität sowie zeichnerische Abbildungen mündlich und zum Teil schriftlich so zu erläutern, daß Schüler der 5./6. Volksschulklassen sie möglichst optimal behalten bzw. zeichnerisch wiedergeben konnten. Die Dimension Klarheit – Gliederung erwies sich von größerer Bedeutung als die Dimension partnerzentrierte Anschaulichkeit."

Das unter 1. genannte Merkmal „*Sprechdenken*" (oder freies Sprechen) ist ein für den Lehrvortrag in der Weiterbildung besonders wichtiges Merkmal, weil es

a) die Grundlage für eine gute *Verständlichkeit* legt: Frei gesprochene Sätze sind z. B. erheblich leichter aufzunehmen als abgelesene Sätze. Gerade Erwachsene messen aber der Verständlichkeit eine erhebliche Bedeutung bei;

b) die *Akzeptanz* des Dozenten bei den Teilnehmern erheblich verbessert: Ein freies Sprechen weist den Dozenten eher als kompetenten und qualifizierten Fachmann aus. Seine Autorität erhöht sich.

4. Folgerungen für Aus- und Weiterbildung

In dem Maße, wie die Forschung detaillierte Informationen über Merkmalsausprägungen mündlicher und schriftlicher Lehr- und Informationsleistungen bereitstellt, werden die genannten Verhaltensweisen für die berufl. Weiterbildung zugänglich gemacht. Jeder Lehrende kann seine didaktischen Fähigkeiten vervollkommnen und entwickeln. Es hat den Anschein, daß dieses noch nicht mit hinlänglichem Nachdruck in allen pädagogischen Berufen und Ausbildungsgängen geschieht. Dabei bieten sich zusätzliche Hilfsmittel in den audio-visuellen Medien an. Fernsehkameras und Videorecorder halten das gezeigte Lehrverhalten fest und machen es in einem Feedback (Rückkopplung) reproduzierbar. Jeder Lehrende kann sich auf diese Weise selbst beobachten und korrigieren.

Um dies in einem ersten Zugriff zu erleichtern, erscheint es hilfreich, die folgenden Skalen bei Unterrichtsversuchen als Beobachtungsraster anzuwenden:

Schema zur Einschätzung des Ausmaßes von wesentlichen Dimensionen des Lehr- und Informationsverhaltens:

Dimension Einfachheit:

2	1	0	−1	−2

einfach   kompliziert

Dimension Ordnung – Gliederung:

2	1	0	−1	−2

geordnet/gegliedert   ungeordnet/ungegliedert

Dimension Kürze – Prägnanz:

2	1	0	−1	−2

kurz/prägnant   langatmig/unpräzise

Dimension Anregung – Stimulans:

2	1	0	−1	−2

anregend/abwechslungsreich   eintönig/langweilig

Setzt man voraus, daß das Merkmal „Sprechdenken", also freies Sprechen, vom Dozenten/Trainer/Ausbilder im Unterricht realisiert wird, so kann mit Hilfe dieser Skalen nicht nur das mündliche Lehr- und Informationsverhalten von Dozenten durch verschiedene Beobachter eingeschätzt werden, es lassen sich auch schriftliche Informationsmaterialien damit beurteilen, z. B. Lehrbuchtexte. Nach einer solchen Einschätzung durch mehrere Beobachter empfiehlt sich direkt anschließend eine gemeinsame Diskussion über abweichende Einschätzungen und Möglichkeiten der Verbesserung des Lehrverhaltens in einzelnen Dimensionen.

Wichtig: Bei solchen Diskussionen hat stets (!) der beobachtete Dozent *zuerst* das Wort zu einer *Eigenbeurteilung,* bevor die Beobachter das Wort nehmen. Es wird dadurch vermieden, daß der Übende in eine falsche Verteidigungshaltung hineingedrängt wird, die den Übungseffekt zunichte macht.

5. Übungsaufgaben

> *1. Bitte schätzen Sie den nachfolgenden Text entsprechend dem obigen Schema nach der Dimension Einfachheit ein!*

§ 57 StVZO (Alte Fassung)
„Die Anzeige der Geschwindigkeitsmesser darf vom Sollwert abweichen in den letzten beiden Dritteln des Anzeigebereiches – jedoch mindestens von der 50 km/h-Anzeige ab, wenn die letzten beiden Drittel des Anzeigebereiches oberhalb der 50 km/h-Grenze liegen – 0 bis + 7 von Hundert des Skalenendwertes; bei den Geschwindigkeiten von 20 km/h und darüber darf die Anzeige den Sollwert nicht unterschreiten."

2	1	0	−1	−2

Einfachheit:
einfache Darstellung
kurze, einfache Sätze
geläufige Wörter
Fachwörter erklärt
konkret
anschaulich

Kompliziertheit:
komplizierte Darstellung
lange, verschachtelte Sätze
ungeläufige Wörter
Fachwörter nicht erklärt
abstrakt
unanschaulich

> *2. Bitte schätzen Sie den nachfolgenden Text entsprechend dem obigen Schema nach der Dimension Kürze – Prägnanz ein! Jeder numerierte Textteil erhält eine eigene Wertung!*

„Drei Verbrechen:
2.1 Wenn jemand eine fremde Sache unerlaubterweise und heimlich an sich nimmt, um sie für sich zu behalten, so begeht er einen Diebstahl. Das ist rechtswidrig und strafbar.
2.2 Eine zweite Art der Aneignung fremden Eigentums ist der Raub: Hier wendet der Verbrecher Gewalt an, um in den Besitz der fremden Sache zu kommen, oder er bedroht einen anderen Menschen so, daß dieser Gefahr für Leib und Leben befürchten muß, und eignet sich dann, wenn der Überfallene oder Bedrohte sich nicht wehrt, dessen Eigentum an.
2.3 Wenn jemand weiß, daß bestimmte Sachen gestohlen oder geraubt sind, oder wenn man den starken Verdacht hat, daß es so ist, muß man dieses der Polizei melden. Wenn man aber als Person, die an Diebstahl oder Raub nicht beteiligt war, Gegenstände, die widerrechtlich entwendet wurden, versteckt, kauft, an sich nimmt oder mithilft, sie an andere zu verkaufen, wird man als ‚Hehler' wegen Hehlerei bestraft."

2	1	0	−1	−2

Kürze –	Langatmigkeit/
Prägnanz:	fehlende Präzision:
knappe Darstellung	weitschweifige Darstellung
aufs Wesentliche orientiert	viel Unwesentliches
zielorientiert	abschweifend
gedrängt:	breit: vieles
jedes Wort ist notwendig	hätte wegfallen können

---

3. Bitte schätzen Sie den nachfolgenden Text entsprechend dem obigen Schema nach der Dimension Ordnung – Gliederung ein!

---

§ 57 StVZO (Neue Fassung)
„Um wieviel Prozent darf eine Tachometeranzeige von der tatsächlichen gefahrenen Geschwindigkeit abweichen?
1.   Für den Bereich von 0 bis 20 km/h bestehen keine Vorschriften.
2.   Ab 20 km/h darf der Tachometer nicht weniger anzeigen.
3.   Für Tachometer, deren Skala bis 150 km/h reicht, gilt: Sie dürfen in den beiden letzten Dritteln des Anzeigebereiches höchstens 7% ihres Skalenendwertes mehr anzeigen.
       Beispiel:
       Ein Tachometer reicht bis 120 km/h. Von 40 bis 120 km/h darf er höchstens 7% von 120 km/h (= 8,4 km/h) zuviel anzeigen.
4.   Wenn der Tachometer über 150 km/h reicht, beginnt die 7% - Regelung schon ab 50 km/h.“

2	1	0	−1	−2

Ordnung	Ungegliedertheit
Gliederung:	Zusammenhangslosigkeit:
gegliedert	ungegliedert
folgerichtig	zusammenhangslos, wirr
übersichtlich	unübersichtlich
gute Unterscheidung von	schlechte Unterscheidung von
Wesentlichem und Unwesentlichem	Wesentlichem/Unwesentlichem
der rote Faden bleibt sichtbar	man verliert oft den roten Faden
alles kommt schön der Reihe nach	alles geht durcheinander

---

4. Bitte schätzen Sie den nachfolgenden Text entsprechend dem oben gegebenen Schema nach der Dimension Anregung – Stimulans ein!

„Abtauen – Aus einer Bedienungsanleitung für einen Kühlschrank –Gestatten Sie bitte, daß ich bei diesem Abschnitt wieder meine Frau hinzuziehe. Wir begeben uns also vor den eigenen Kühlschrank und sehen die Bescherung: Die Frostbox ist mit einer dicken Eiskruste umgeben. Ich (streng): ‚Habe ich dir nicht schon oft gesagt, daß du *regelmäßig* einmal in der Woche abtauen sollst?‘
     Sie: ‚Erstens *habe* ich vor wenigen Tagen abgetaut, obwohl z. B. für den Schrank unserer Nachbarin diese wöchentliche Arbeit auch nicht vorgesehen ist, zweitens solltet ihr gescheiten

Männer den Schrank eben so konstruieren, daß kein Eis auftritt, und drittens sehe ich überhaupt nicht ein, warum das Eis schaden soll. Es ist doch *auch* kalt.'

,Erstens', entgegne ich, ,hat unsere Nachbarin einen Schrank mit Großraumfroster, für den besondere Bedienungsvorschriften gelten, wir aber haben eine normale Frosterbox und können z. B. jetzt wegen der dicken Eisschicht die Flasche Wein nicht schnell kühlen, die wir nachher zusammen trinken wollen; zweitens können auch die Kühlschrank-Konstrukteure die Naturgesetze nicht aufheben, und drittens kann es nicht schaden, wenn du jetzt einmal zuhörst, *warum* das Eis entsteht und *weshalb* es schadet: Die Luft im Kühlschrank enthält immer Feuchtigkeit, die aus den darin abgestellten Kühlgütern, und zwar nicht nur aus Flüssigkeiten, z. B. Milch, sondern auch aus dem Gemüse, Obst, sogar aus verhältnismäßig trockenen Speisen wie Fleisch, Käse usw. stammt. Diese Feuchtigkeit schlägt sich am kältesten Teil des Schrankes, also an der Frosterbox, in Form einer Eis- oder Reifschicht nieder. Eis ist aber ein schlechter Wärmeleiter. Eine Eisschicht erschwert es also, daß die im Kühlraum vorhandene Wärme von der Frosterbox aufgenommen werden kann. (Das ist aber nötig, wenn gekühlt werden soll.) Die Folge ist verminderte Kühlleistung. Wir verhindern diese, indem wir das Eis..."

2	1	0	−1	−2

Anregung   Neutralität
Stimulans: Keine zusätzliche Stimulans:
Beispiel, Bilder, Vergleiche,   Nüchterne, sachliche,
geläufige Redewendungen   definitorische Sprache
interessant   farblos
abwechslungsreiche Redeweise   neutrale Redeweise
persönliche Bezüge   Unpersönlichkeit

---

5. Diskutieren Sie das Verhältnis von Gliederung – Ordnung sowie Kürze – Prägnanz einerseits zu Anregung – Stimulans andererseits am Beispiel des Textes Nr.4: „Abtauen"!

---

6. Zuordnungsübung
Im folgenden können Sie überprüfen, ob Ihnen die Bedeutung von 4 der 5 Dimensionen auch ganz klar geworden ist.

Jede der Dimensionen ist durch verschiedene Merkmale gekennzeichnet. Die wichtigsten davon haben Sie inzwischen kennengelernt. Auf der folgenden Seite finden Sie nun eine Reihe von Merkmalen. Sie sollen feststellen, für welche Dimensionen diese Merkmale charakteristisch sind.

Jedes Merkmal kann entweder eine positive oder negative Ausprägung der betreffenden Dimension ausdrücken. Kennzeichnen Sie dies bitte mit einem (+) oder einem (−).

Merkmal	Einfachheit (E)	Gliederung Ordnung (G – O)	Kürze Prägnanz (K – P)	Anregung Stimulans (A – St)
Viele Fremd- wörter				

Das Merkmal „Viele Fremdwörter" charakterisiert die Dimension Einfachheit negativ. Denn: Fremdwörter sind ungeläufige Wörter. Einfachheit aber ist gerade durch viele geläufige Wörter gekennzeichnet.

Ordnen Sie bitte die folgenden Merkmale jeweils nur einer der vier Dimensionen zu!

	Merkmale	E	G – O	K – P	A – St
1.	Wichtige Sachen sind gut hervorgehoben.				
2.	Im Text sind kurze, anregende Vergleiche.				
3.	In dem Text geht alles durcheinander.				
4.	Sehr abstrakt!				
5.	Nichts ist überflüssig!				
6.	Der rote Faden ist immer sichtbar.				
7.	Man langweilt sich beim Lesen.				
8.	Das hätte man kürzer sagen können.				
9.	Im Text sind kurze Beispiele.				
10.	Der Autor weicht nie vom Thema ab.				
11.	Der Leser kann jeden Satz gut verstehen.				
12.	Man weiß nicht, was man sich merken soll.				
13.	Der Text enthält viel direkte Rede.				
14.	Viele Nebensätze!				
15.	Alles kommt schön der Reihe nach.				
16.	Manches hätte man weglassen können.				
17.	Viele Fachausdrücke!				
18.	Wo bleibt der Zusammenhang?				

> 7. *Die folgende Aufgabe ist partnerschaftlich oder in Kleingruppen, mit und ohne Video-Aufzeichnung, ebenso schriftlich oder mündlich durchzuführen: Wir überlegen uns Sachverhalte (Themen) und tragen sie in freier Rede vor: Realisation von „Sprechdenken".*

Thema 1:   Was ist ein Horoskop?
Thema 2:   Wie funktioniert ein Verbrennungsmotor?
Thema 3:   Erklären Sie die Spielregeln zum Fußballspiel?
Thema 4:   Warum ist es besser, nicht zu rauchen?

Weitere Themen können sich die Teilnehmer aus verschiedenen Bereichen selbst stellen, wobei eine Spezifikation nach Adressaten, Lernzielen usw. möglich ist.

Für besonders interessierte Leser empfehlen wir als weiterführende Literatur einen „Klassiker" auf diesem Gebiet: I. Langner/F. Schulz von Thun/R. Tausch: „Sich verständlich ausdrücken", 2. Aufl., München 1981.

2. Baustein: Das Lehrgespräch

1. Kennzeichen des Lehrgesprächs

Eine spezifische Form des Lehrvortrags im weitesten Sinne stellt das Lehrgespräch dar. Es ist nicht zu verwechseln mit dem Unterrichts- oder Seminargespräch, das als Lehrform eine größere Teilnehmerzentriertheit aufweist. Demgegenüber wird das Lehrgespräch in bezug auf Ziele, Inhalte und Medien wesentlich vom Lehrenden geplant und gesteuert. Diese Steuerung vollzieht der Dozent in der verbalen Interaktion vor allem mit Hilfe des planmäßigen Einsatzes
• didaktischer Fragen und von
• Impulsen.
Die neuere Unterrichtsforschung hat für den Sektor des Schulwesens gezeigt, daß die Lehrer diese Steuerung auf zweifache Weise in hochkonzentrierter Form vollziehen:

a) dadurch, daß sie statt eines breiteren Repertoires ständig nur eine LS, nämlich eine Art Lehrgespräch, anwenden,
b) daß sie sehr hohe Einwirkungsquoten in drei Bereichen realisieren:
   • Fragen/Impulse/Hinweise: ca. 55 pro 45-Min.-Stunde,
   • Aufforderungen/Befehle: ca. 50 pro 45-Min.-Stunde,
   • Angefangene Sätze, welche die Schüler zu Ende zu sprechen haben: 12 pro 45-Min.-Stunde.

Für den Sektor des allgemeinbildenden Schulwesens ergibt sich somit als Summe der Lehrereinwirkungen in diesen drei Bereichen allein die Gesamtzahl von 117 pro 45-Min.-Unterrichtsstunde im Durchschnitt, das heißt, alle 25 Sekunden (!!) erfolgt im Durchschnitt eine auf die Schüler gerichtete Lehrereinwirkung.

Zwar lassen sich diese Befunde nicht ohne weiteres auf den Sektor des Lernens mit Erwachsenen übertragen, es ist jedoch sehr zu vermuten, daß Dozenten hier bewußt oder eher unbewußt diese langjährig selbst erfahrenen Muster des Lehrverhaltens übernehmen und entsprechend einsetzen: „Der Dozent sagt mal etwas. Der Dozent fragt mal etwas. Der Dozent sagt mal etwas usw."

Es dürfte auf der Hand liegen, daß gerade beim Lernen mit Erwachsenen eine hohe Steuerung des Lehr-/Lerngeschehens nur zeitlich befristet (!) für die Dauer dieser LS „Lehrgespräch", also ca. 20 Min. lang, akzeptabel sein kann. Danach muß unbedingt ein Wechsel erfolgen, z. B. hin zu einer teilnehmerzentrierten LS – wie etwa Partnerarbeit –, wo die Teilnehmer eher selbstbestimmt lernen können.

Ebenso wie der Lehrvortrag hat auch das Lehrgespräch eine lange Geschichte. Von Sokrates abgeleitet, hat die sog. Sokratische Methode (=Mäeutik =geistige Hebammenkunst) durch die gesamte abendländische Bildungs- und Schulgeschichte hindurch eine bedeutende Rolle gespielt, ehe sie im 18. Jahrhundert einen Höhepunkt erreichte. Grundlegend für dieses Lehrverfahren ist die Vorstellung, daß der Lernende das zu erwerbende Wissen eigentlich immer schon in sich trägt, die Aufgabe des Lehrenden daher „nur" darin bestehe, durch geschickte Fragen und Impulse dieses latente Wissen des Lernenden hervorzulocken. Es ist wichtig, sich klarzumachen, daß das Lehrgespräch wie der Lehrvortrag prinzipiell für alle Grundformen der sprachlichen Darstellung didaktisch relevanter Inhalte geeignet ist. Solche Formen der sprachlichen Darstellung sind:

a) Die Darstellung von Ereignissen in ihrer zeitlichen Abfolge:
  • Erzählung,
  • Bericht.

b) Die Darstellung von Erscheinungen in ihrem räumlichen Nebeneinander:
  • Schilderung,
  • Beschreibung.

c) Die Darstellung primär theoretischer Sachverhalte in ihrem sachlogischen Zusammenhang:
  • Erörterung, Darbietung,
  • Erklärung.

d) Knappere Darlegungen:
  • Klären, Präzisieren,
  • Verdeutlichen, Ergänzen,
  • Berichtigen,
  • Schilderung,
  • Beschreibung.

Das Lehrgespräch als eine gleichsam ständig unterbrochene Form des Lehrvortrages eignet sich für

a) größere Themenbereiche, die in
b) sequentiell geschlossenen Formen der Darbietung,
c) bei psychologisch gegenüber dem Lehrvortrag verbesserter Abstimmung auf die Teilnehmer,
d) mit größerer Aktivität und Beteiligung durch die Lernenden
e) und unter Verwendung didaktischer Hilfsmittel (= Medien) behandelt werden können.

2. Formen des Lehrgesprächs

Das Lehrgespräch existiert in zwei verschiedenen Spielarten:
a) als *darstellend-entwickelnde* Lehrform und
b) als *fragend-entwickelnde* Lehrform.

Zu a)
Bei der darstellend-entwickelnden Form des Lehrgesprächs überwiegt mehr der Vortrag des Dozenten, der jeweils einzelne Partien oder Sequenzen des Lehrinhalts in geschlossener Form vorträgt, um dann jeweils durch Fragen und Impulse sicherzustellen, daß an Bekanntes angeknüpft wurde, daß Begriffe und Zusammenhänge verstanden, daß aufgekommene Teilnehmerfragen beantwortet wurden usw.

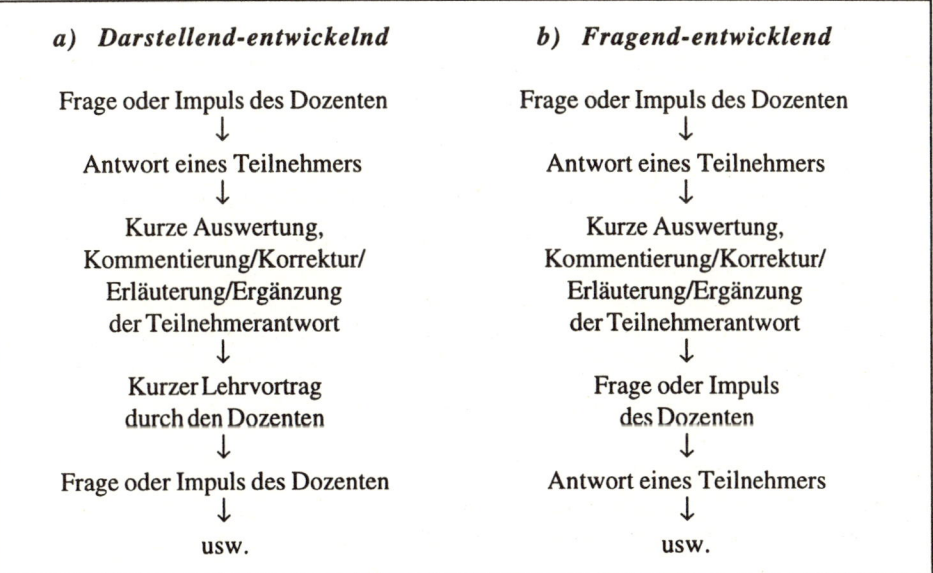

Abb. 40: Das Lehrgespräch

Zu b)

Bei der fragend-entwickelnden Form des Lehrgesprächs dominiert demgegenüber stärker die Impulsgebung und das Fragen durch den Dozenten. Die jeweiligen Teilnehmerbeiträge werden vom Lehrenden kurz ausgewertet, evtl. ergänzt, erläutert, korrigiert und kommentiert und bilden die Grundlage für den nächsten Denk- und Lernschritt, der wiederum durch Impuls und Frage des Dozenten ausgelöst wird.

Ein Vergleich beider Formen des Lehrgesprächs läßt sich in Flußdiagrammen darstellen (s. Abb. 40, S. 231).

Der Versuch, die Praxis des Lehrgesprächs didaktisch zu verbessern, muß sich auf drei Aspekte der Anwendung dieser Lehrform konzentrieren:
1. auf den didaktischen Gebrauch der Medien (vgl. dazu V, 2. Baustein: „Die Verwendung von Medien im Unterricht"!),
2. auf das Problem der *Frage* im Unterricht,
3. auf das Problem des *Impulses* im Unterricht.

Für den vorliegenden Zusammenhang ist der

* didaktische Gebrauch der Frage klar zu unterscheiden von dem primär auf das soziale Miteinander gerichteten
* taktischen Einsatz der Frage.

Sodann findet man häufig die folgenden beiden Unterscheidungen:

* offene/geschlossene Fragen und
* weite/enge Fragen.

Teilweise meint man mit diesen Bezeichnungen denselben Sachverhalt – die Begriffe werden dann synonym gebraucht –, teilweise werden aber auch unterscheidende Akzente gesetzt. Daher hier eine kurze Klärung:

a) Synonyme Bedeutung:
   Hier bedeuten dann weite oder offene Fragen, daß der Antwortende einen größeren Antwortspielraum besitzt. Alle Problemfragen (warum, weshalb, wieso, inwiefern, usw.) sind, so betrachtet, weite oder offene Fragen. Unter geschlossenen oder engen Fragen versteht man dann analog, wenn der Antwortende so gut wie keinen Spielraum hat, weil die Frage in enger Weise die Antwort festlegt, so daß im Extremfall nur ein Wort als Antwort erfolgen kann: z. B. ja, nein oder ein Name, ein Begriff. Solche Fragen sind z. B. wer, wann, wo, womit, etc.

b) Unterschiedliche Bedeutung:
   Der hier gemeinte Unterschied der Bedeutung bezieht sich zum einen auf den Unterschied von Problemfragen (offen) zu Informationsfragen (geschlossen):

Während es bei den Problemfragen durchaus mehrere Antworten geben kann, lassen Informationsfragen im Prinzip nur eine Antwort zu. Zum anderen kann man derartige Fragen unterscheiden hinsichtlich des Umfangs der Antwortmöglichkeiten: Enge Fragen lassen in diesem Verständnis nur begrenzte, weite dagegen breitere Antwortmöglichkeiten:

	enge Fragen	*weite Fragen*
offene Fragen (Problemfragen)	enge Problemfragen	weite Problemfragen
geschlossene Fragen (Informationsfragen)	enge Informationsfragen	weite Informationsfragen

Diesen genannten Bemühungen, verschiedene Formen von Fragen voneinander zu unterscheiden, ist der Nachteil gemeinsam, zu wenig auf den didaktisch-methodischen und lernpsychologischen Hintergrund der Dozentenfrage einzugehen. Daher soll im folgenden genau dieser Aspekt im Vordergrund stehen.

3. Die Frage im unterrichlichen Zusammenhang

Über Berechtigung und Bedeutung der Frage im Unterricht ist in der Didaktik lange und heiß gestritten worden. So fragte z. B. Hugo Gaudig schon 1909 in seinen „Didaktischen Präludien": „Was gibt es Unsinnigeres als jene Schulsituation, in der der Lehrer, der die Sache kennt, fragt, und der Schüler, der sie nicht kennt, antwortet. Gerade umgekehrt sollte es sein: Der Schüler soll fragen, und der Lehrer soll antworten."

So bestechend dieser Einwand klingt, die neuere Didaktik konnte inzwischen zeigen, daß dem Argument eine Reihe von Mißverständnissen und logisch-psychologischen Unklarheiten zugrunde liegen.

So stellt demgegenüber H. Aebli (1970) zurecht fest:
„Der Lehrer, der eine Frage stellt, täuscht nicht vor, etwas nicht zu wissen, was er ganz genau weiß, und er fordert den Schüler nicht auf, über etwas Auskunft zu geben, das ihm unbekannt ist. Er fordert ihn ganz einfach auf, einen vorliegenden Gegenstand unter einem bestimmten Gesichtspunkt zu betrachten."

Damit ist deutlich, daß die Frage im didaktischen Zusammenhang eine andere Funktion bzw. andere Funktionen übernimmt als im umgangssprachlichen/zwischenmenschlichen Bereich. Man muß demnach zunächst einmal die folgenden Funktionen der Lehrerfrage voneinander unterscheiden:

1. die (den Unterricht) lenkende/führende Funktion,
2. die (die Teilnehmer) aktivierende Funktion,
3. die (die Auffassung) organisierende Funktion,

4. die (die Teilnehmer) informierende Funktion,
5. die (den Lernprozeß) kontrollierende Funktion.

Entsprechend gibt es dann auch fünf verschiedene *Typen* von Fragen, je nach dem Aspekt, der bei ihnen im Vordergrund steht:

1. Lenkungsfragen
2. Aktivierungsfragen
3. Organisationsfragen
4. Informationsfragen
5. Kontrollfragen

Aufgabe:
Welche Funktionen übernimmt die Frage im oben von Aebli genannten Zusammenhang? Um welchen Fragetyp handelt es sich?

Erst nach Beantwortung der Aufgabe weiterlesen!

Die Lösung der gestellten Aufgabe muß auf der Grundlage einer Analyse des didaktischen Sachverhalts erfolgen. Es zeigt sich dann, daß mehrere Funktionen bei der Präsentation einer Frage beteiligt sein können. Im vorliegenden Fall z. B. drei, nämlich

• die lenkende/führende Funktion
• die aktivierende Funktion
• die (die Auffassung) organisierende Funktion.

Dabei ist im vorliegenden Zusammenhang unübersehbar, daß die die Auffassungstätigkeit organisierende Funktion eindeutig überwiegt: Der Lernende soll den Gegenstand unter einem „bestimmten Gesichtspunkt" betrachten.

Zwar ist deutlich, daß der Lehrende mit seiner Frage auch den Unterrichtsablauf lenkt (= Lenkungsfrage) und daß er den oder die Lernenden auch aktiviert (=Aktivierungsfrage), die Funktion der Organisation der Auffassungstätigkeit (u. a. die Ausrichtung der Aufmerksamkeit) dominiert aber zweifellos.
    Wir haben damit jene Hauptfunktion der Frage herausgestellt, die bei ihrer Anwendung im didaktischen Zusammenhang im Vordergrund stehen kann. Es lohnt sich daher, diesen Fragetyp noch etwas genauer herauszuarbeiten. Eine Detailanalyse in Form einer Skizze (Abb. 41) zeigt, was bei dieser Funktion der Frage vor sich geht.

Beispiel: Wie viele Blütenblätter hat die Kirschblüte?

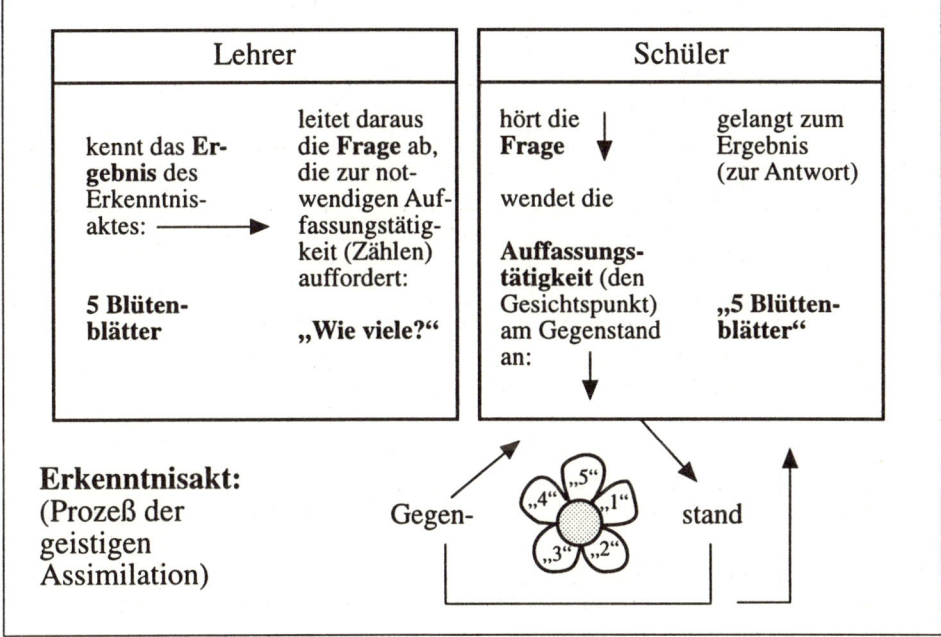

Abb. 41: Der Erkenntnisakt

Die hier an einem Einzelbeispiel durchgeführte Verdeutlichung zeigt, wie die Auffassungstätigkeit des Lernenden durch entsprechende Fragen organisiert werden kann.

Die folgende Übersicht (Tabelle, S. 236) soll ohne Anspruch auf Vollständigkeit zeigen, welche verschiedenen Aktivitäten (Auffassungstätigkeiten) bei den Lernenden durch organisierende Fragen angeregt werden können.

4. Der Impuls im Lehrgespräch

Als Konsequenz aus dem oben von Gaudig zitierten Einwand gegen die Lehrerfrage wurde von der Arbeitsschulbewegung versucht, die Frage durch *„Denkanstöße"* bzw. *„Unterrichtsimpulse" zu* ersetzen. Entsprechend wurde der Impuls als Alternative zur Frage gesehen und sehr hoch bewertet. Aus dem bereits zur Frage und ihren verschiedenen Funktionen Gesagten ergibt sich, daß der Versuch, einen Gegensatz zwischen Frage und Impuls zu konstruieren, problematisch und künstlich ist. Die Alternative − Frage *oder* Impuls − ist deshalb künstlich, weil jede Frage einen Impulscharakter aufweist. Die Übergänge sind auch hier fließend. Vergegenwärtigt man sich die *aktivierende* Funktion der Frage, so ist unschwer zu konstatieren, daß der Impuls recht gut als eine spezielle Form unter die Gruppe der Fragen zu subsumieren (unter- bzw.

Frage-wort Frage-ausdruck	*Gegenstand des Erkenntnisaktes Gegenstand der Auffassungs-tätigkeit*	*Gesichts-punkt*	*Auffassungstätigkeit, zu der die Frage auffordert*	*Ergebnis (Antwort)*
Wie viele	Blütenblätter hat die Kirschblüte?	Anzahl	Zählen	5
Wie lang	ist die Strecke von Rom nach Syrakus?	Distanz	Messen	600 km
Welches ist das Verhältnis	von d zu U im Kreis?	Verhältnis	d auf U abtragen, U durch d dividieren	3,14
Welches Gefälle hat	der Rhein zwischen Köln und Nordsee?	Gefälle	Höhendifferenz durch Distanz dividieren	1/4%
Wo	liegt Troja?	Lage	Räumliche Beziehungen zu Bezugspunkten festsetzen	Südlich der Dardanellen usw.
Welche Form	haben die Zellen d. Bienenwaben (Querschnitt)?	Form	Formauffassung	sechseckig
Warum	hat Luzern mehr Niederschläge als Stuttgart?	Grund	Grund (begleitende Erscheinung) suchen	Steigungs-regen
Was folgt	aus der Erfindung des Schießpulvers?	Folge	Folgern, Schließen	Änderung der Kampfweise

zuzuordnen) ist. Entsprechend der Frage weist daher auch der Impuls fünf verschiedene didaktische Funktionen auf:

1. die (den Unterricht) lenkende/führende Funktion
2. die (die Teilnehmer) aktivierende Funktion
3. die (die Auffassung) organisierende Funktion
4. die (die Teilnehmer) informierende Funktion
5. die (den Lernprozeß) kontrollierende Funktion

Aufgabe:
Diskutieren Sie das Problem der Lenkung und Führung
(= Steuerung) des Unterrichts mittels Frage einerseits und
mittels Impuls andererseits! Wie steht es um die Exaktheit der Steuerung?

Entsprechend den genannten fünf Funktionen sind wiederum fünf verschiedene Typen von Impulsen zu unterscheiden:

1. Lenkungsimpulse
2. Aktivierungsimpulse
3. Organisationsimpulse
4. Informationsimpulse
5. Kontrollimpulse

Der wichtigste Unterschied zwischen Frage und Impuls ist didaktisch der, daß es dem Dozenten beim Impuls leichter fällt, dem Lernenden einen größeren Freiraum für seine Aktivitäten einzuräumen. Der Impuls stimuliert eher zu zusammenhängendem Denken und Sprechen und kann das „Denk- und Operationsfeld" des Teilnehmers vielleicht eher erweitern. Insofern mutet der Impuls dem Lernenden evtl. mehr zu. Ob der Impuls diese Möglichkeiten bieten kann, hängt freilich entscheidend davon ab, wie er selbst beschaffen ist. So wie es *enge* und *weite* Fragen gibt, so lassen sich enge und weite Impulse unterscheiden. In der Literatur wird diesbezüglich auch von *direkten* und *indirekten* Impulsen gesprochen.

Beispiel:
- direkter Impuls:
  „Man sollte sich den Text nochmals ansehen."
- indirekter Impuls:
  „Als ich das zum ersten Mal beobachtete, habe ich mir so meine Gedanken gemacht." – Pause –

In der Didaktik unterscheidet man folgende *Arten von Impulsen:*

1. Hinweise
2. Aufträge, Arbeitsanweisungen
3. Weiterleitende Äußerungen (Weiter!, Genauer!, usw.)
4. Gestik und Mimik (Aktive nichtverbale Impulse)
5. Schweigen, Warten (Passive nichtverbale Impulse)
6. Feststellungen (mit Aufforderungscharakter)
7. Sachimpulse (z. B. Medieneinsatz als Impulsgebung)

Aufgabe:
Überlegen Sie, bei welchen der eben genannten 7 Impulsarten der Spielraum für die Denkbewegungen der Teilnehmer eher größer ist! Welche Impulsarten verleiten eher zur engen und direkten Impulsgebung?

Übungsaufgaben

1. Wir haben festgestellt, daß sowohl Frage wie Impuls im didaktischen Zusammenhang fünf verschiedene Funktionen haben können. Ordnen Sie die folgenden Sprachäußerungen einmal den beiden Hauptkategorien (Frage = F; Impuls = I), zum anderen den fünf genannten Funktionen zu. Mehrfachnennungen in bezug auf Funktionen sind möglich!

Beispiel:

Merkmal	1. Lenkungs- funktion	2. Aktivie- rungs- funktion	3. Organi- sierende Funktion	4. Informie- rende Funktion	5. Kontroll- funktion
Wie viele Blüten- blätter hat die Kirschblüte?	F 1		F 3		F 5

Lösung:

Es handelt sich hier um eine Frage (F), die einmal das Unterrichtsgeschehen in eine bestimmte Richtung lenkt (F 1), die zum anderen aber auch die Auffassungstätigkeit in Richtung auf Zählen organisiert (F 3). Schließlich ist diese Frage in einem anderen didaktischen Zusammenhang auch als Kontrollfrage möglich (F 5).

Lösen Sie jetzt die Aufgaben auf dieser und der nächsten Seite!

2. Bitte formulieren Sie zu jeder der genannten fünf Funktionen je eine Frage und einen Impuls!
   Ihre Ergebnisse sollten in einer Kleingruppe von den übrigen Teilnehmern mündlich oder schriftlich zugeordnet und eingeschätzt werden.

3. Bitte bereiten Sie eines der unten genannten drei Themen für eine Behandlung in der Form eines 10-Min.-Lehrgesprächs (entweder darbietend-entwickelnd oder fragend-entwickelnd) so vor, daß Sie
   a) sich vorher über Ziele und Medien Klarheit verschaffen und
   b) einige mögliche Fragen und Impulse schriftlich fixieren!

4. In einem didaktischen Beitrag über verbale Interaktionsstrategien führt G. Ritz-Fröhlich (1975, S. 18-19) die nachfolgende Gegenüberstellung von Thesen über Frage und Impuls im Unterricht auf. Bitte lesen Sie diese Thesen und arbeiten Sie in einer Kleingruppendiskussion heraus, wo Sie zustimmen können und was Sie als problematisch empfinden!

Lösen Sie die Aufgabe durch Lesen der Seite 241!

	Merkmale	1. Len- kungs- funktion	2. Aktivie- rungs- funktion	3. Organi- sierende Funktion	4. Infor- mierende Funktion	5. Kontroll- funktion
1.	Da muß man schon mal genauer hinschauen					
2.	Wer kann uns denn das wohl erklären					
3.	Im bürgerlichen Gesetzbuch steht das aber anders					
4.	Wie verdichtet der Wankelmotor das Treibstoffgemisch					
5.	War das nun ein Limerick oder nicht					
6.	Und niemand wundert sich					
7.	Wie würde das denn im dualen Zahlensystem aussehen					
8.	Und da meldet sich niemand					
9.	Hat uns denn da nicht der alte Pythagoras eine Hilfe gegeben					
10.	Wer war Alfred Nobel					
11.	Würde da nicht jeder sagen: Dem stehen die Betriebsvor-schriften entgegen					
12.	Worum ging es noch im Betriebs-verfassungsgesetz					
13.	Der Duden sagt dazu nichts					
14.	Stimmt; weiter so					
15.	Warum sollte das denn nicht psy-chologisch erklärbar sein					
16.	Sehen Sie sich doch diesen Film einmal an					

1. Das Lehrgespräch ist eine dozentenorientierte Lehr- und Sozialform. In ihm wird vor allem durch Fragen geführt. Infolgedessen ist das *Frageverhalten* des Dozenten von zentraler Bedeutung.

Merke
- Offene Fragen und Impulse häufiger verwenden!
- Wichtige Fragen vorher überlegen und formulieren (möglichst sogar schriftlich!!!).
- Nach der Fragestellung *Denkpausen* machen! „Hängepausen" vermeiden!
- Dozent sollte nicht zu früh selber antworten.
- Mögliche Reaktionen auf Fragen vorweg bedenken!
- Hartnäckigkeit des Fragens: Aber Dozent sollte bei Ausbleiben von Antworten *rechtzeitig* selber die Antwort geben! (Problem der Begrenzung von Hilfen, Umwegfragen, etc.)
- Fragen von Teilnehmern möglichst erst einmal in die Gruppe *zurückgeben*.

I.   *Didaktisch problematische Fragen*
- Pistolenfrage
- Suggestivfrage
- Provokative Frage
- Kettenfrage
- Fangfrage

II. *Didaktisch verwendbare Fragen*
- Lenkungsfrage
- Organisationsfrage
- Informationsfrage
- Aktivierungsfrage
- Kontrollfrage

III. *Antwortspielräume von Fragen*
- offene Frage
- geschlossene Frage
- weite Frage
- enge Frage

2. Als dozentenorientierte Lehr- und Sozialform bedarf das Lehrgespräch – genau wie der Lehrvortrag – einer guten Unterstützung durch *Medien*.

Merke
- Medien geben dem Lehrgespräch Richtung und (Teilnehmer-)Unterstützung und dem Dozenten (Frage-)Sicherheit.
  Beispiel: Halboffene Medienkonstruktion!
- Vorbereitete Ansteckkarten, Flipcharts oder Tafelanschriften machen den Dozenten frei von umständlicher Schreibarbeit neben der Gesprächsführung.
- Vorsicht vor Stoffüberlastung der Medien!
- Zentrale Fragen für Teilnehmer *lesbar* medial anbieten.

Frage	**Impuls**

Lehrerfrage
↓ Denklinie des Lehrers
Schülerantwort

Denkfeld der Schüler | Schüler-äußerungen

1. Die Lehrerfrage legt für den Schüler jeden einzelnen Denkschritt fest.	1. Der Impuls oder Denkanstoß bietet dem Schüler eine „minimale Anleitung".
2. Denken vollzieht sich für den Schüler nur in engen, vom Lehrer vorgeschriebenen Bahnen.	2. Dem Schüler wird nur die allgemeine Richtung für ein selbständiges Denken angezeigt.
3. Die Schüler haben damit keinen Spielraum für eigene Denkleistungen und keine Möglichkeit, das Unterrichtsgeschehen mitzuplanen.	3. Innerhalb dieser Denkrichtung eröffnet sich dem Schüler ein weites Denkfeld, so daß er eigene Denkschritte in den Unterricht einbringen kann.
4. Die Lehrerfrage erlaubt eine/wenige gleichartige Antworten, jedoch so gut wie keine Kommunikation der Schüler untereinander.	4. Impulse ermöglichen daher ein breites Spektrum an Schüleräußerungen und hohes Maß an schülerzentrierter Kommunikation.
5. Die einzelne Denkbewegung ist kurz, auf den Lehrer konzentriert und bricht nach jeder erfolgreichen Antwort ab. Dadurch reiht sich Frage an Frage.	5. Impulse regen die Schüler zu unterschiedlichen und weittragenden Denkbewegungen an, die sich am Unterrichtsgegenstand selbst orientieren.
6. Die Fragenkette zwingt den Schüler in eine vom Lehrer gewünschte Richtung und damit zu reaktivem unselbständigem Verhalten.	6. Denkanstöße und Impulse ermöglichen selbständige Arbeitsleistungen.
7. Die Lehrerfrage schränkt Motivation, Eigeninitiative u. Problemlösen ein, ja kann sie (autoritäre Lenkung) gänzlich verhindern.	7. Denkanstoß und Impuls fördern sachgerechte Motivation, Eigeninitiative und originelles Problemlösen.

3. Als dozentenorientierte Lehr- und Sozialform bedarf das Lehrgespräch – wie der Lehrvortrag – ganz besonders einer guten Zugmotivation sowie eines *verstärkenden wertschätzenden Unterrichtsklimas.*

Merke
- Namentliche Anrede bevorzugen!
- Teilnehmer durch bekräftigende Hinweise verstärken („Streicheleinheiten" verabfolgen)!
  Aber: Plumpes Loben vermeiden. Die Verstärkung an die
  Sache koppeln („Das hilft uns weiter..."; „Wie Herr Y vorhin schon sagte...")
  = Aufgreifen von Teilnehmerbeiträgen.
- Humor/Lächeln etc. begünstigt das Klima und den Lernprozeß.

---

4. Das Lehrgespräch als dozentenorientierte Lehr- und Sozialform wirft die Frage der *Teilnehmerzuwendung und des -umgangs* auf.

Merke
- Der Dozent sollte *tendenziell* beim darstellend-entwickelnden Lehrgespräch *eher* stehen, beim fragend-entwickelnden *eher* sitzen.
- Veränderungen des Stand- (Geh-) und Sitzverhaltens möglichst mit dem Phasenwechsel verknüpfen!
- Guter Blickkontakt ist wichtig! Kein Blindflug, keine einseitige Fixierung (rechts/links) auf einzelne, vielleicht besonders aktive Teilnehmer (Blickwinkel möglichst 180°).
- Keine überfallartigen Pistolenfragen!
- Sitzen schafft Ruhe und Sicherheit für den (innerlich noch unsicheren) Dozenten.

---

3. Baustein:
Die Gruppenarbeit

1. Die Gruppenarbeit – eine Lehr- und Sozialform

Unter den Lehr- und Sozialformen nimmt die Gruppenarbeit (GA) einen besonderen Platz ein! Gemeinhin gilt sie als *die* teilnehmerzentrierte Sozialform schlechthin. Ihre große Wertschätzung, die sie allenthalben in der didaktischen Literatur findet, steht in einem merkwürdigen Gegensatz zur Lern/Lehrpraxis – auch in der Weiterbildung –, in der die GA im allgemeinen nur selten zum Einsatz kommt.

Dafür dürften vor allem die folgenden vier Gründe verantwortlich sein:

1. GA ist für den Dozenten *didaktisch schwierig zu handhaben*.
2. GA verlangt von den Teilnehmern gewisse *Fähigkeiten und Fertigkeiten* und macht ein mindestens mittelfristiges didaktisches Konzept erforderlich.
3. GA gilt als ein didaktisch nur *wenig effizientes* Verfahren, bei dem mit viel Zeitaufwand quantitativ nur relativ wenig geleistet werden könne.
4. Die *räumlichen und medialen* Voraussetzungen sind oft nicht gegeben bzw. nur schwer herstellbar.

2. Ziele der Gruppenarbeit

Historisch gesehen, ist die GA ein Produkt der *Reformpädagogik* (1900 – 1925). Ihren gesellschaftlichen Hintergrund bilden die Bemühungen und Erfolge beim Aufbau eines demokratisch-parlamentarischen Regierungssystems in Deutschland, nämlich der Weimarer Republik. Der „Entdeckung" und Aufwertung des Staatsbürgers im politischen entspricht die „Entdeckung" des Lernenden im pädagogischen Bereich.

Die Bildung von Arbeitsgemeinschaften, Arbeitsgruppen, Kleingruppen, die in jener Zeit gefordert und propagiert wird, erfolgt mit vier wesentlichen *pädagogischen Zielsetzungen:*

- Selbständigkeit und Mündigkeit der Lernenden;
- Erhöhung des Lerninteresses, der Motivation;
- Verbesserung der Lerntechniken und der Lernmethodik der Lernenden;
- Verbesserung der sozialen Kompetenzen der Lernenden: Kooperation und Kommunikation.

Schaut man sich diese pädagogischen Ziele genauer an, so wird deutlich, daß sie besonders auch im Rahmen der beruflichen Aus- und Weiterbildung – beim Lernen mit Erwachsenen also – interessant und wichtig sind. Insofern ist unmittelbar verständlich, warum neuere Konzepte der beruflichen Aus- und Weitertbildung den mitarbeitsintensiven Lehr- und Sozialformen – insbesondere aber der GA – so große Beachtung schenken.

Es ist sehr sinnvoll, im Vollzug der praktischen Weiterbildung *zwei Grundtypen der Gruppenarbeit* voneinander zu unterscheiden:

a) *Die aufgabenbezogene, geschlossene Form der GA*:
Es soll eine vorgegebene Aufgabenstellung zielorientiert, konvergierend gelöst werden. Die Arbeits- oder Lehrschritte sind weitgehend vorgegeben.
b) *Die problemorientierte, offene Form der GA*:
Es wird nur eine Frage, ein Problem, ein Fall vorgegeben. Die Gruppe sucht kreativ einen eigenen Lösungsweg.

3. Zum Begriff „Gruppe"

Es muß geradezu verwundern, daß der Begriff „Gruppe" bis heute weder in der Soziologie noch in der Sozialpsychologie eine einheitliche Definition erfahren hat. Die Diskussion dazu ist in Deutschland überdies besonders belastet durch die unselige Gegenüberstellung der Begriffe „Gesellschaft" und „Gemeinschaft" durch F. Tönnies (1916).

Seit den dreißiger Jahren beschäftigt man sich besonders mit Fragen der Sozialpsychologie kleiner Gruppen, was inzwischen auch zu einer eigenen Forschungsrichtung, der Kleingruppenforschung, geführt hat. Diese Forschung wird teils mit soziologischen, teils mit psychologischen Theorien bestritten. Dabei hat eine Annäherung der Standpunkte mittlerweile zur Herausbildung von *acht Kriterien* geführt, mit denen sich der Begriff „Gruppe" (=Kleingruppe) präziser bestimmen läßt:

1. Der *Interaktionscharakter* der Gruppe:
Die Mitglieder einer Gruppe müssen in einer *Wechselbeziehung* zueinander stehen (können).
2. Die relative Größe der Gruppe:
Jedes Gruppenmitglied muß mit einem anderen in eine „face to face"-Interaktion eintreten können. Im allgemeinen wird im Lernfeld zahlenmäßig als kleinste Einheit von *drei* und maximal von *sechs* Personen ausgegangen. Als optimal gelten Gruppen mit vier bis fünf Mitgliedern.
3. Die relative Dauer der Gruppenbeziehung:
Eine Gruppe kann sich nur herausbilden und konstituieren, wenn sie länger als einen flüchtigen Augenblick lang zusammenwirken kann. Es muß also zu einer *gewissen Anzahl sozialer Interaktionen* kommen, damit sich ein Gruppenprozeß entwickeln kann.
4. Die *Zielorientierung* der Gruppe:
„Die Gruppe ist Gruppe vor allem durch ihren Charakter einer ganzheitlichen *Lebens-, Arbeits- oder Erlebnisgemeinschaft* mit gemeinsamen und übergreifenden Interessen und Zielsetzungen" (Scharmann, 1959).

5. Die die Gruppe steuernden *Gruppennormen:*
   Jede Gruppe orientiert sich an gewissen Standards, Maßstäben oder Normen, die sich mehr oder weniger bewußt durchsetzen und zur Gruppennorm werden (können).
6. Die *Zusammengehörigkeit* der Mitglieder:
   Der Gruppenprozeß führt zu einer gewissen Zusammengehörigkeit, einem Gefühl der Verbundenheit seiner Mitglieder, die man auch *„Kohäsion der Gruppe"* nennt.
7. Die *Rollenaufteilung* in der Gruppe:
   In jeder Gruppe bilden sich im Verlauf der Interaktion *soziale Rollen* aus, die zu einer Differenzierung der Gruppe führen (Tüchtigkeitsrollen, Beliebtheitsrollen, Stimmungsrollen, etc.).
8. Die *Organisation* der Tätigkeiten:
   In jeder Gruppe bildet sich – mehr oder weniger bewußt – ein gewisses Maß an Organisation der Tätigkeiten heraus, mit denen sie ihre Ziele und Interessen zu erreichen sucht. Die Organisation schließt die Mittel und Techniken ein, die dafür erforderlich sind.

Somit läßt sich die Kleingruppe – gleichsam additiv – durch ihre acht *konstitutiven Merkmale* definieren:

1. Interaktion
2. Größe/Kleinheit
3. Relative Dauer
4. Zielorientierung
5. Gruppennormen
6. Zusammengehörigkeit
7. Rollenaufteilung
8. Organisation

4. Verhalten des einzelnen in der Gruppe

Die GA als didaktisch gemeinte Lehr- und Sozialform unterstellt, daß das Verhalten des einzelnen durch die Kleingruppe beeinflußt und verändert wird.
   Man spricht diesbezüglich *positiv* von der *„formenden Wirkung"* der Gruppe und bezieht diese auf folgende *4 Felder:*

1. Das Feld der Persönlichkeitsentwicklung
2. Das Feld der Entwicklung des Sozialverhaltens
3. Das Feld der Steigerung der Leistungsbereitschaft
4. Das Feld der Entwicklung von Lern- und Arbeitstechniken.

Es gibt eine Reihe von Hinweisen aus der empirischen Unterrichtsforschung, daß derartige Erwartungen an eine pädagogisch günstige Wirkung der Kleingruppe zu Recht bestehen (vgl. Dietrich, 1969). Nicht übersehen werden dürfen aber auch zwei äußerst problematische und *negative* mögliche *Wirkungen* von Kleingruppen:

1. Konformitätsdruck und Nivellierung
2. Negatives Modellverhalten

Viele Autoren, die von den Möglichkeiten und Chancen der Arbeit mit Kleingruppen sprechen, übersehen oder verschweigen derartige Probleme und mögliche Negativwirkungen der Kleingruppen, die der Entwicklung der Individualität des einzelnen geradezu im Wege stehen können.

5. Gruppenpsychologische Aspekte

Will man die Möglichkeiten der Kleingruppe in einer pädagogisch und didaktisch planvollen Weise nutzen, so ist es sinnvoll, wenigstens die folgenden fünf Faktoren eines Gruppenprozesses zu berücksichtigen, also *Gesichtspunkte der Gruppenpsychologie* in die Überlegungen einzubeziehen. Diese sind:

1. Differenz von formeller/informeller Gruppe
2. Wir-Gruppen-Gefühl und Negativstereotype
3. Die zwei Ebenen des Lernprozesses
4. Soziale Kontrolle, Rolle und Status
5. Die Rolle des Leiters: Modellverhalten

Zu 1.
Jeder Dozent sollte wissen, daß eine Lerngruppe als Ganzes eine Art formelles System zur Erreichung offizieller institutioneller Ziele darstellt. Dieses formelle System, das sich ihm im Lehr-/Lernprozeß ständig darstellt, findet jedoch bei näherem Hinsehen seine Ergänzung auf der informellen Ebene, auf der die Teilnehmer für sich, sozusagen privat, in Absehung institutioneller Zwecke miteinander umgehen. Bildet der Dozent nun zum Zwecke der GA kleine Gruppen, so stellt sich zum einen die Frage, ob er diese zu bildenden formellen Gruppen mit den informellen in Übereinstimmung bringen soll. Zum zweiten erhebt sich die Frage, ob nicht jede formelle Gruppe ständig die Tendenz hat, zu einer informellen zu werden.

In beiden Fällen jedoch stellt sich das Dauerproblem, ob nicht die informellen Beziehungen den formellen Gruppenzweck auffressen bzw. aushöhlen. Es steht ständig die Frage im Raum, *ob die informellen Strukturen dem Lernziel förderlich sind oder es behindern.*

Zu 2.
Wie die sozialpsychologisch orientierte Kleingruppenforschung gezeigt hat (Sherif/ Sherif), bilden Kleingruppen schon nach kurzer Zeit eine Art Wir-Gefühl und Wir-Bewußtsein, das sich mit einem positiv getönten Selbstwertgefühl (= *Autostereotyp*)

sowie gleichzeitig mit der Tendenz verbindet, ein stärker negativ getöntes Fremdbild (= *Heterostereotyp)* von anderen Teilnehmern aufzubauen.

Der Reiz der Kleingruppe besteht daher einerseits darin, daß der einzelne in das Wir-Bewußtsein und Wir-Gefühl einbezogen wird, in dem er sich geborgen und sicher fühlen kann. Die Gefahr besteht andererseits in der emotionalen Sogwirkung, die zum Aufbau sozial störender Vorurteile führen kann.

Zu 3.

Prinzipiell jeder Lernprozeß – auch der der GA – enthält zwei Lernebenen:

- die formelle Ebene der gedanklichen und verhaltensmäßigen Lernziele und Lernprozesse (Kognition, Konation),
- die informelle gefühlsmäßige Ebene, auf deren Grundlage sich die Lernprozesse vollziehen (Emotion).

Daher sollte jeder Dozent konkrete Möglichkeiten schaffen, über diese gefühlsmäßigen Grundlagen des Lehr-/Lerngeschehens zu sprechen:

- Ängste und Abneigungen,
- Frustration (Negativerfahrungen) und Regressionen (Rückzugsgefühle),
- Konflikte und Beeinträchtigungen.

Geschieht das nicht oder wird diese *Metaebene des Unterrichts* vom Dozenten übersehen oder tabuisiert, so verlagern sich die Diskussionen rasch in die Kleingruppen, oder es kommt leicht zu eruptiven Störungen des Unterrichtsgeschehens, z. B. wenn sich eine allgemeine Unzufriedenheit plötzlich Bahn bricht. Die andere Gefahr, nämlich eine ständige Emotionalisierung des Unterrichts durch pausenlose Gespräche über die psychische Lagebefindlichkeit der Teilnehmer oder des Dozenten, besteht zwar theoretisch ebenso, sie ist aber deshalb zur Zeit verhältnismäßig gering, weil bislang Dozenten noch sehr zögernd darin sind, überhaupt über Gefühle im Unterricht zu sprechen.

Zu 4.

Jede Gruppe übt eine Form der *sozialen Kontrolle* aus. Sie verstärkt ein bestimmtes Verhalten ihrer Teilnehmer oder vermag es auch zu sanktionieren, z. B. durch die Drohung des Gruppenausschlusses. Dadurch gelingt es ihr, die Verteilung der Rollen innerhalb der Gruppe im gewissen Sinne auch zu steuern. Der Status des einzelnen und der Gruppe wird von diesen Vorgängen wesentlich bestimmt. Übernimmt der einzelne die ihm zugedachte Rolle – z. B. der Leitung – willig und füllt sie entsprechend aus, so wird er belohnt und sein Status im Gruppengefüge steigt. Widersetzt er sich, so wird er entweder solange offen oder verdeckt sanktioniert, bis er sich fügt – in diesem Falle ist die Gruppe der Sieger –, oder er muß die Verhaltenserwartungen, Normen und Einstellungen in der Gruppe verändern – in diesem Falle ist der einzelne der Sieger. Letzteres ist jedoch sehr schwierig, oft unmöglich.

Zu 5.
Die Prozeßverläufe innerhalb der Kleingruppen werden bei der GA wesentlich mitbe-
stimmt durch das *Verhalten des Leiters* bzw. Dozenten/Trainers/Ausbilders. Realisiert
er ein Modellverhalten, das sich beschreiben läßt als

- Verhalten mit mäßiger Lenkung,
- wertschätzendes und warmes Verhalten,
- bekräftigendes und ermutigendes Verhalten,
- engagiertes und unterstützendes Verhalten,

so kann er davon ausgehen, daß die Teilnehmer in den Gruppen ihrerseits eher ein der-
artiges *sozialintegratives Verhalten* an den Tag legen. Generell sollte sich jeder
Dozent überdies am Grundsatz der *Umkehrbarkeit* (Reversibilität) des eigenen Verhaltens orientieren. Dann hat er stets ein gutes Maß für das, was hier Modellverhalten
genannt wird.

6. Verlaufsformen der Gruppenarbeit

Der folgende Abschnitt beschäftigt sich mit dem Problem der Verlaufsform der GA.
Es handelt sich hierbei um eine sehr wesentliche Seite der Technik der Kleingruppenarbeit, deren Verständnis zu einer Verbesserung der konkreten Praxis von GA führen
kann. Viele Dozenten scheitern auf der Ebene der Gestaltung einer angemessenen
Verlaufsform der GA und lasten dann – nach erlittenem Mißerfolg – dieser Lehr- und
Sozialform an, was letzlich eigenen Fehlern zuzuschreiben ist.
    Die folgende Darstellung folgt dem Gedankengang bei A. Vogel (1975) und
beginnt mit einer Arbeitsanweisung:
    Lesen Sie die nachstehende Tabelle „Das Ineinandergreifen geistiger Strategien..."
einmal durch, und prägen Sie sich zunächst die Grobstruktur der drei wesentlichen
Arbeitsphasen der GA ein. In einem zweiten Durchgang sollten Sie versuchen festzustellen,

a) welche Unterrichtsformen (darstellend, erarbeitend, entdeckenlassend) Sie im Ablauf dieser Phasen glauben erkennen zu können, und
b) wie die Formen der „Aktivität", der „Reaktivität", der „Rezeptivität" ... auf der Do-
   zenten- und Teilnehmerseite gelagert sind.

Tragen Sie ihre Ergebnisse in die Raster auf der nächsten Seite ein!

	Lernverfahren Gruppenunterricht	Methodische Maßnahmen (des Lehrers)	Strategien geistiger Arbeit (bei den Schülern)
I.	*geschlossene Phase* (Festsetzung des Themas; Identifikation von Lernzielen; Bildung von Arbeitsgruppen)	darstellen; zeigen; vortragen; erklären; vorführen; Impulse geben;	aufnehmen; reflektieren; kombinieren; analysieren; werten; entscheiden;
II.	*offene Phase* (Erarbeiten von Fakten und Zusammenhängen in Arbeitsgruppen)	organisieren; anregen; beraten;	planen; kombinieren; einordnen; beurteilen; artikulieren; gliedern;
III.	*geschlossene Phase* (Zusammenfassung, Vergleich und Kritik der Ergebnisse der einzelnen Arbeitsgruppen)	organisiseren, strukturieren;	artikulieren; einordnen; beurteilen;

Tabellen für Ihre Ergebnisse:

a) Unterrichtsformen		
darstellend	erarbeitend	entdeckenlassend

b) Aktivitäten	
Lehrer	Schüler

Als *Ergebnis* Ihrer Interpretation der obigen Tabelle sollten Sie folgende Einsichten und Erkenntnisse gewonnen haben:

a) GA läuft in deutlich erkennbaren Phasen ab.

b) In der Arbeitsform „Gruppenarbeit" sind bei allen drei aufgezeigten Hauptphasen bestimmte Anteile der darstellenden, der erarbeitenden und der entdeckenlassenden Unterrichtsform enthalten (a). Sie schließen Formen der Aktivität, Reaktivität, Rezeptivität und Produktivität sowohl auf der Dozentenseite als auch auf der Teilnehmerseite mit ein (b).

Die Überlegungen und Hinweise auf den nächsten Seiten schließen unmittelbar an diese grundlegenden Feststellungen an. Sie entscheiden u. a. darüber, ob GA in der Zukunft von den Lehrenden und Dozenten qualifiziert eingesetzt wird und, daraus folgend, ob die Arbeit in Kleingruppen in Zukunft zu *der* Effektivität in der Praxis gebracht werden kann, die ihr theoretisch-konzeptionell zukommt oder zugesprochen wird.

Gruppenunterricht in seiner Verlaufsform

I. Phase	Diese Phase trägt relativ *geschlossene* Züge. In ihr erfolgen die • Festsetzung des Themas, • Identifikation von Lernzielen, • Gruppeneinteilung/-bildung.	} **Problemstellung** **Arbeitsanweisung**
II. Phase	Diese Phase hat einen relativ *offenen* Charakter. • Beginn der Kleingruppenarbeit, • Erarbeitung von Fakten und Zusammenhängen, • Formulierung der vorläufigen Arbeitsergebnisse.	} **Lösungsversuche in Kleingruppen**
III. Phase	Diese Phase hat wieder eine *geschlossene* Form. In ihr erfolgen • Darstellung und Vereinigen der Teilergebnisse der Kleingruppen, • Vergleich, Kritik, Korrekturen und Ergänzungen der einzelnen Ergebnisse der Kleingruppen, • Fixierung und Bereitstellung der korrigierten Ergebnisse.	**"Arbeitsvereinigung" durch Gruppenberichte:** **"Ergebnissicherung"** **"Ergebnisprüfung"** **Problemlösung** **Ende**

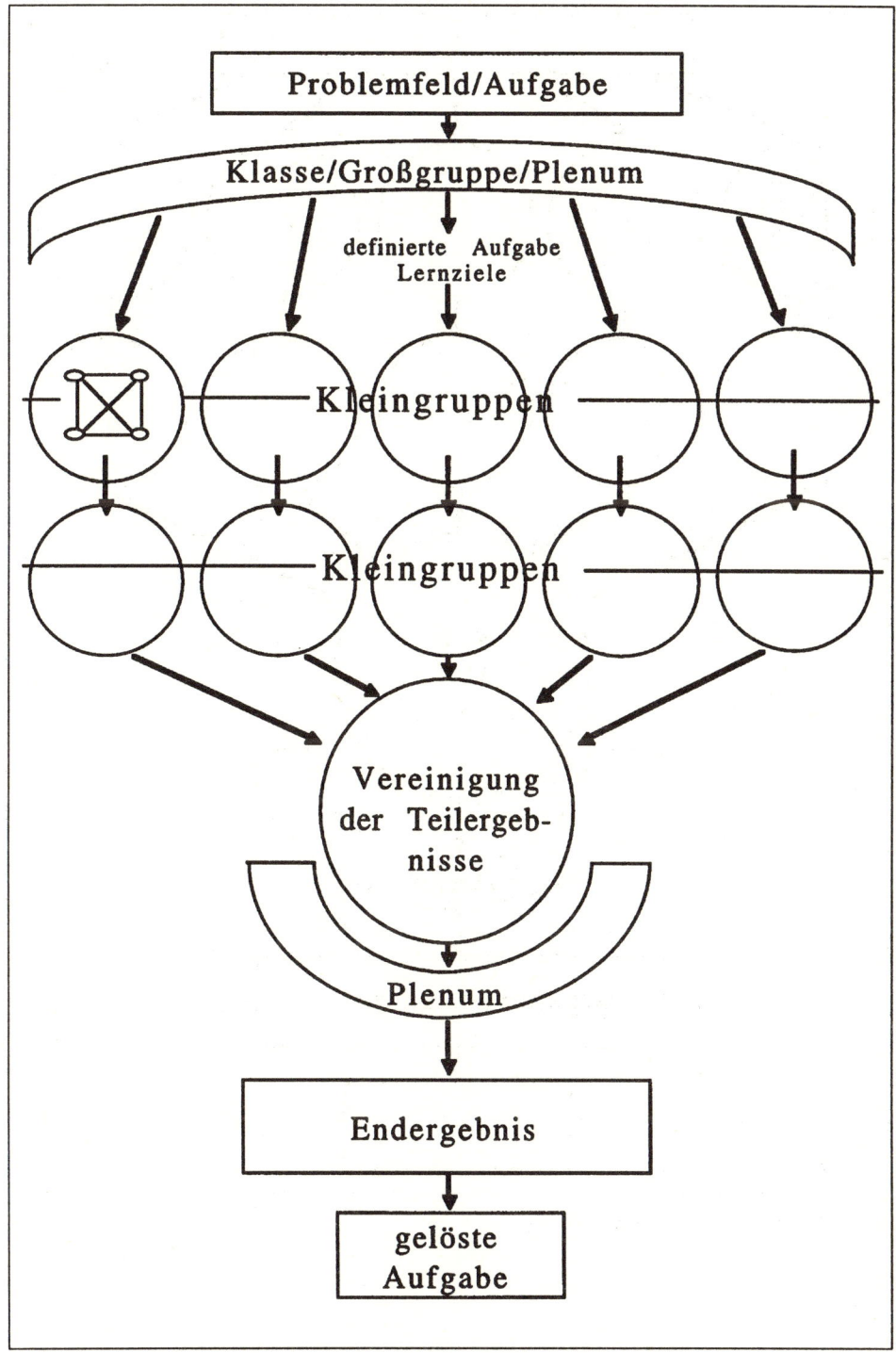

Abb. 42: Gruppenarbeit - allgemein (vgl.: A. Vogel, 1975, S. 29)

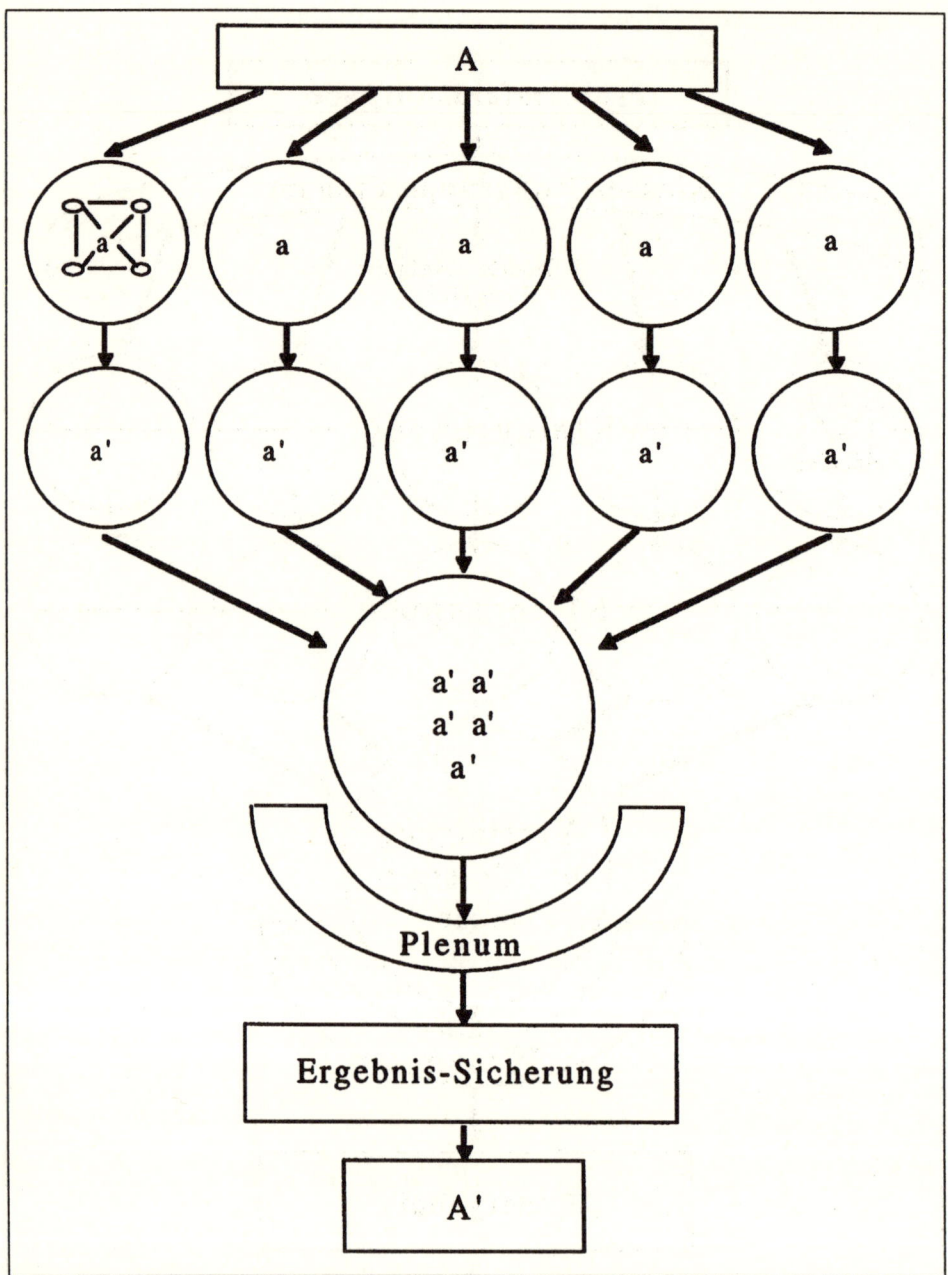

Abb. 43: Arbeitsgleiche Gruppenarbeit

Gruppenarbeit - arbeitsgleich –

(konkurrierendes Verfahren:
alle Kleingruppen bearbeiten das gleiche Thema/Problem)

Aufgabe, Problem

Arbeitsanweisungen

Alle Kleingruppen sichten und erarbeiten Lösungsvorschläge an *gleichen* Teilthemen.

Jede Kleingruppe formuliert ihren eigenen Lösungsvorschlag.

Jede Kleingruppe trägt ihr Teilergebnis in das Plenum und vertritt es.

Das Plenum sichtet und diskutiert die Gruppenergebnisse. Dann wird das gemeinsame Arbeitsergebnis formuliert. Bei unvollständigen oder ungenauen Ergebnissen erfolgt u. U. Rückverweis in die Gruppen. Das endgültige Arbeitsergebnis wird „fixiert".

Die Aufgabe/das Problem etc. gilt als gelöst.

Das arbeitsteilige Verfahren
(Jede Kleingruppe bearbeitet ein Teilthema des übergreifenden Themas/Problems)

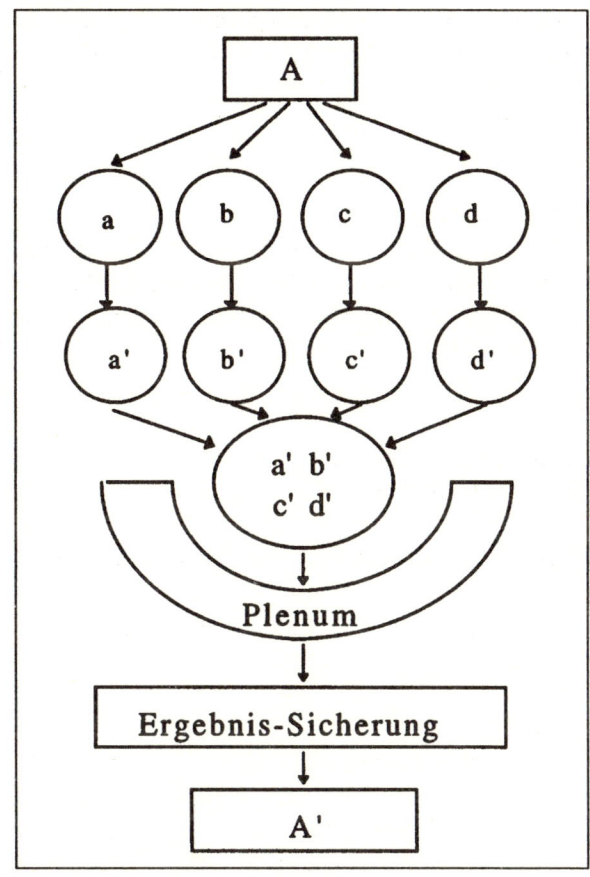

Abb. 44: Arbeitsteilige Gruppenarbeit

Verlaufsformen beim teilnehmerzentrierten/kooperativen Verfahren – Gruppenunterricht (GU), Gruppenarbeit (GA) –

GA ist eine „Unterrichtsform, die sich in Phasen der
• Arbeitsplanung (1)
• Arbeitsdurchführung (2)
• Arbeitsvereinigung (3)...

gliedert und kooperative produktive Selbsttätigkeit von Teilgruppen im Rahmen eines gemeinsam geplanten und für alle verbindlichen Projekts erfordert" (Nicklis, S. 309). „Seit der Nachkriegszeit kennzeichnet GU bzw. GA alle arbeitsteiligen Unterrichtsverfahren, bei denen die Klasse/das Plenum sich in kooperierende Zellen auflöst, die nach selbständiger Lösung ihrer Teilaufgaben sich zum Gesamtwerk wieder vereinigen; in dieser Bedeutung hat sich dieser Begriff international durchgesetzt" (ebd.). „Neuerdings macht sich mit der zunehmenden Erforschung der Sozialisation und gruppendynamischer Prozesse eine Tendenz geltend, ganz unspezifisch alles Lernen in kleinen und größeren Lerngruppen (Partnerarbeit, Klasse, Kurs, Großgruppe) mit GU bzw. GA gleichzusetzen ohne Rücksicht auf die Kriterien *Arbeitsteilung* und *Kooperation*" (ebd.).

Arbeitsanweisung:
Auf dieser Seite sind wichtige unterschiedliche Vorstellungen von GA aufgezeigt. Diskutieren Sie jede einzeln (oder nehmen Sie für sich in Alleinarbeit dazu Stellung) und versuchen Sie diese auf ihre Praxistauglichkeit hin zu überprüfen.

Nachstehend finden Sie eine erste, noch relativ allgemein gehaltene Darstellung der einzelnen Phasen der GA:

Phase der Arbeitsteilung = Projektierung der GA
= 1. Phase der GA
Auf Initiative des Dozenten oder Teilnehmers oder aufgrund gemeinsamer Anregungen werden

• das Problem diskutiert,
• die Fragestellungen erarbeitet,
• die Ziele und evtl. auch schon die Teilziele definiert,
• die erforderlichen Medien und Materialien diskutiert, evtl. schon gesichert und
• zu einem auch zeitlich umrissenen Arbeitsprogramm zusammengestellt (Nicklis, S. 310).

Dadurch wird bewirkt, daß

• „alle Gruppen jederzeit den Bezug zum Ganzen behalten,
• ihren jeweiligen Beitrag später sinnvoll einordnen können,
• jederzeit eine sachliche Beurteilung der übrigen Gruppenberichte/-ergebnisse ermöglicht wird" (ebd.).

Phase der Arbeitsdurchführung = Realisierung der GA
= 2. Phase der GA
Die einzelnen Teilgruppen arbeiten in diesem Abschnitt selbständig an ihren Aufgaben. „Durch die soziale Motivation des Lernens (gemeinsames Vorhaben) entfaltet die Kleingruppe infolge der notwendigen Interaktionen ihrer Mitglieder in dieser Phase die stärksten Erziehungswirkungen und wird nicht allein die individuellen Fähigkeiten mobilisieren, sondern auch um der Aufgabenerfüllung willen Toleranz, Mitverantwortung, Partnerschaft" anbahnen und aufbauen (ebd.).

Phase der Arbeitsvereinigung = Überprüfung der GA
= 3. Phase der GA
Aus „den Gruppenbeiträgen und der Ergebniskritik (geht) die Lösung der Gesamtaufgaben hervor, sei es als gegenseitige mehrfache Bestätigung der gleichen Ergebnisse (Parallelschaltung), [...] sei es als Integration der Einzelleistungen [...] zu einem durchschaubaren Ganzen (Serienschaltung)" (ebd.).

Phase der Ergebnissicherung = Ergebnis der GA
= Phase 3a der GA
Schriftlicher Bericht, Modell, Karte, Bilderreihe, Statistik, Schaubild, Werkstück, Wandfries, etc.
Auf den vorangegangenen Seiten haben Sie bereits erfahren, daß GA grundsätzlich verschiedene Stufen oder Stadien durchläuft. Den Phasen 1, 2 und 3 geht jedoch prinzipiell eine anspruchsvolle Vorbereitung der GA seitens des Dozenten/Trainers/Ausbilders voraus.

Die I. Phase der Gruppenarbeit = Arbeitsplanung

Die Vorbereitung der GA durch den Dozenten

• Die vielleicht entscheidendste Arbeit (als Vorausarbeit) leistet der Dozent beim Gruppenunterricht, welcher Sozialisationsprozesse und Lernprozesse im kognitiven, instrumentalen, pragmatischen und affektiven Bereich miteinander verbinden will, wenn er die zu erwartende GA vorher am Schreibtisch in Form einer offenen Planung vorbereitet. An dieser frühen Stelle ist der Dozent als *Arrangeur* und *Organisator* von unterrichtlichen Lernprozessen und von Erziehung durch Unterricht innerhalb des gesamten unterrichtlichen Lernprozesses *(Planung und Realisierung)* mit am meisten gefordert.
• Neben der inhaltlichen Analyse und der Definition der angemessenen *Lernziele* wird er vor allem das *Bedingungsfeld,* innerhalb dessen sich die GA ereignen soll, sichten und strukturieren, z. B. wird er im Bereich des Inhaltlichen den *Schwierigkeitsgrad der Thematik* zu erkennen trachten und ihn in Beziehung zur Lerngruppe setzen, d. h., er wird mögliche Schwierigkeiten auf die Situation der Gruppen und ihrer Mitglieder zu beziehen haben. Konkret wird er fragen: Welche Schwierigkeiten könnte der Teilnehmer a, b, ... x, y, z mit dieser Thematik haben? Je nach erkannter Schwierigkeit und Gliederungsmöglichkeit des Themas wird er es im

Ansatz strukturieren und in kleinere Schritte zerlegen und eine erste Stufigkeit für den Lernprozeß hinsichtlich der didaktischen Funktionen zu beschreiben beginnen (Strukturierung = Artikulation des Unterrichts).

- Er wird des weiteren für sich überprüfen, welche *Arbeitstechniken und Methoden* den Teilnehmern bereits bekannt und verfügbar sind und welche von ihnen auch schon sinnvoll eingesetzt werden können,
- welche nicht vorhanden sind und deshalb zur Lösungsfindung oder zur Beschreibung eines Ergebnisses noch nicht einplanbar sind, es sei denn, es wäre erklärtes Ziel der GA, eine solche *Arbeitstechnik* als Voraussetzung für die weitere Arbeit einzuführen.
- Der Dozent wird ferner für sich bestimmen müssen, welche *Medien und Arbeitsmittel* für die Durchführung und das Gelingen der GA unbedingt erforderlich sind, welche tatsächlich vorhanden, auch frei verfügbar und zugänglich sind, welche ausgeklammert werden müssen; welche Hilfsmittel eventuell selbst angefertigt werden können, welche sogar Ergebnis der GA sein könnten.
- Schließlich wird der Dozent die psychologische und die soziologische Situation der Klasse/des Plenums im gegenwärtigen Stand (als jeweilige Eingangslage für die GA) zu bestimmen versuchen, was hinsichtlich Motivation, Kooperationsfähigkeit/-möglichkeit und Interaktionsbereitschaft unbedingt vorausgesetzt werden muß und respektive von hoher Bedeutung ist.

Erst nach derartigen Überlegungen wird der Dozent an die *feinere* Vorplanung der GA (in Form einer durchweg *offenen Planung*) herangehen – immer vorausgesetzt, daß es sich nicht um eine rein zufällige situativ-punktuelle, gelegentliche GA handelt.

Beachte:
Nichts wäre bedenklicher, ja gefährlicher, als anzunehmen, eine Gruppenarbeit würde sozusagen „von sich aus" laufen.

Dieser Fehler wird häufig von jungen Dozenten gemacht, wenn sie, oft hochmotiviert aber ungenügend vorbereitet, auf diese anspruchsvolle Form des sozialen Lernens stoßen und in der Manier: „Hoppla, jetzt komme ich! Siehe, ich mache alles besser und neu!" antreten – und allzuoft scheitern... Leider!

Vielmehr ist – grundsätzlich – darauf zu achten:

- Eine *Vorplanung* sollte in *offener Form* erfolgen.
- Gruppenarbeit verlangt Geduld und eine mittelfristige Strategie.
- Der Dozent hat bereits bei der Planung der GA in offener Form als der *Organisator, Arrangeur und Lernbegleiter* unauffällig dazusein, sich für unvorhergesehene und unvorhersehbare Situationen oder Schwierigkeiten als Wissender und Könnender und als Steuermann „in Not" voll verfügbar zu halten. Z. B. wird er feststellen,

welche Gruppen, welche Gruppenmitglieder, an einer bestimmten Stelle Schwierigkeiten in der Sache oder im Feld der sozialen Kooperation haben, ob die Methoden des gemeinsamen Arbeitens bei den Teilnehmern tatsächlich so vorhanden sind
und angewandt werden, wie eine erfolgreiche Arbeit dies zur Voraussetzung hat.

Dies alles hat bereits zu Beginn der GA bzw. vorher zu geschehen, und oft genug entscheidet sich bereits hier das Gelingen oder Scheitern einer GA. An dieser Stelle
bereits zeigt sich, ob der Dozent über die erforderlichen Qualifikationen der
• Fragefähigkeit,
• Reflexionsfähigkeit und der
• Planungsfähigkeit (hin auf Handlungsfähigkeit)
verfügt.

Diese Qualifikationen sind immerfort zu aktivieren und auf die Lerngruppe hin zu
überprüfen und gegebenenfalls zu korrigieren. *Innerhalb* der GA richtet sich die
eigentliche Aktivität auf das Bestreben, die Lerngruppe so zu verselbständigen, daß
der Dozent allmählich Schritt für Schritt zurücktreten kann.

Merke:
An dieser Stelle handelt es sich noch um eine hohe Dozentenaktivität, noch nicht
um eine Teilnehmeraktivität.

Die Arbeitsanweisungen (Aa) zur GA

Auch die Arbeitsanweisungen sind Bestandteile der Vorausplanung des Dozenten, es
sei denn, daß sie aus einer Gesprächsrunde oder einer Projektplanung entstehen.
Grundsätzlich aber gilt:
Sinnvoll ist GA letzlich nur möglich, wenn eine konkrete und exakte Arbeitsanweisung für die Gruppen vorliegt oder als erstes Ziel im Plenum bereits behandelt wird.

Beachte:
Die Gruppen müssen eindeutig wissen und klar verstehen, was zu erarbeiten ist,
unter welchen Bedingungen gearbeitet werden soll, welche Medien zur Verfügung stehen, daß ein Lösungsvorschlag als versuchtes Arbeitsergebnis in einer
bestimmten Form und Zeit erwartet wird.

Nur in den allerwenigsten Fällen einer unvorbereiteten Arbeits- und Gruppensituation
– z. B. einer offenen Diskussionsrunde, eines gelegentlichen Gesprächs, eines noch
nicht zur präzisen Klarheit gediehenen Prozesses oder Projektes – könnte es möglich
oder notwendig sein, relativ ungesichert auf Gruppenbasis zu arbeiten und überprüf-

bare (verifizierbare und falsifizierbare) Ergebnisse zu erwarten. Auch die Formulierung und Bereitstellung der Arbeitsanweisungen zählt zu einer der wichtigsten GA
vorbereitenden Leistungen des Dozenten. Sie ist Voraussetzung, soll eine GA sinnvolle und konkrete Ergebnisse erbringen.

Forderungen an eine präzise Arbeitsanweisung (Aa)
Die Teilnehmer müssen wissen, was sie arbeiten sollen und *welche Hilfen* ihnen zur
Verfügung stehen. Deshalb sollte die Aa in der Regel schriftlich abgefaßt sein und ent-
weder im schriftlichen Umdruck vorliegen oder an die Tafel gegeben werden.

In ihrer Form soll sie *kurz und knapp* gehalten, in *leicht verständlicher Sprache*
abgefaßt sein und keine Unklarheiten aufkommen lassen. Sie muß dem Grundsatz der
Eindeutigkeit entsprechen und nach Möglichkeit Irrwege des Denkens ausschließen.

Nach Aufgabenstellung, Arbeitsauftrag und Schwierigkeit soll sie unbedingt das
geistige Leistungsvermögen der Teilnehmer berücksichtigen und diese *nicht über-
oder unterfordern.* Deshalb sollten auch die einzelnen Lernschritte *sachlich richtig*
und in *methodisch angemessener Reihenfolge* gehalten und aufgeführt sein.

Gemäß der Aufgaben- oder Problemstellung soll die Anweisung die notwendig
erscheinenden *Lösungshinweise enthalten* und auf die *vorhandenen bzw. zugelassenen
Lösungshilfen* verweisen. In diesem Zusammenhang soll sie auch Möglichkeiten der
Selbstkontrolle vorsehen.

Die Arbeitsanweisung sollte sich inhaltlich am Lerngegenstand, an der Sache, am
Problem orientieren, am Gegenstand selbst Kenntnisse und Einsichten gewinnen
lassen.

Der Dozent hat dabei auf folgendes zu achten: Die Arbeitsanweisung soll das teilweise *Zurücktreten des Dozenten* ermöglichen. Deshalb sind zusätzliche Hilfen
bereitzustellen; denn an Stelle des Dozenten sollen die Sache selbst (Lerngegenstand),
Modelle, Bilder, Reliefs, Zeichnungen, Karten, Skizzen, Tabellen, Atlanten, Lexika,
Arbeits- und Sachbücher, Formulare, Materialien aus Archiven, Computereinsatz,
eventuell sogar ausbildungsinstitutionsfremde Personen und Einrichtungen „herangezogen" und ausgewertet werden.

Wenn das erforderliche Arbeitsmaterial zur Verfügung gestellt ist, sollten die Teilnehmer selbständig damit umgehen können. Dazu ist seitens der Teilnehmer die
Beherrschung zahlreicher *Arbeitstechniken* unabdingbare Voraussetzung.

Merke:
Die Arbeitsanweisung ist überall dort unerläßlich, wo Unterricht auf Selbständigkeit der Teilnehmer zielt und Selbständigkeit des Denkens angebahnt und aufgebaut werden soll. Diese Lerndimension ist vom Dozenten zu verantworten.

Beachte:
Der Dozent läßt die Teilnehmer alles das, was sie selbständig zu erarbeiten vermögen, auf diese Weise „lernen". Er weiß aber auch um die notwendigen Einschränkungen, eventuell sogar um die Grenzen der Anwendung. Deshalb entscheidet er, ob dieses Verfahren anderen denkbaren Verfahren tatsächlich überlegen ist, ob die Angemessenheit dieser Arbeitsweise hinsichtlich Entwicklungsstand der Teilnehmer und Sachgebiet gegeben ist, ob die erforderlichen Arbeitsmaterialien vorhanden und auch zugänglich sind und ob die aufzuwendende Zeit lehrökonomisch vertretbar ist. Unter Berücksichtigung solcher Gesichtspunkte kann der Dozent wesentlich dazu beitragen, seine Teilnehmer zu verselbständigen.

Die II. Phase der Gruppenarbeit = Arbeitsdurchführung

1. Der Beginn der Gruppenarbeit
Die Anfangssituation/Eröffnungsfigur des Unterrichts kann verschiedenartig gehalten sein. In jedem Falle aber sollte sie die *konkrete Problemstellung* bereits enthalten und den Teilnehmern ermöglichen, ohne große Umschweife (Unsicherheiten und vage Angaben verführen dazu!) auf die Thematik hinzusteuern und das Problem definieren zu können. Dieser einleitende Teil der GA endet i. d. R. mit der Ausgabe der Arbeitsanweisungen durch den Dozenten und der Aufnahme derselben durch die Gruppen (Rückfragen). Für den Lehrenden muß an dieser Stelle darauf hingewiesen werden, daß sich eben hier die Erkenntnisse und Ergebnisse der *Soziologie,* der *Psychologie,* der *Gruppendynamik* und der *allgemeinen Didaktik* (z. B. Fragen der Motivation, der Artikulation etc.) nachhaltig auswirken müssen.

2. Die Arbeit der Gruppe (Kleingruppenarbeit)
Sind die Arbeitsanweisungen ausgegeben, werden sie von den Gruppen gelesen und von der Problemstellung her überprüft/geprüft und befragt. Der Dozent vergewissert sich, daß die Anweisungen auch tatsächlich verstanden worden sind (was wiederum voraussetzt, daß sie präzise, verständlich und konkret realisierbar abgefaßt sind, vgl. oben). Während der Arbeit der einzelnen Gruppen tritt der Dozent als Handelnder und Steuernder ganz zurück. Seine Aufgabe besteht lediglich darin, beobachtend „zugegen" zu sein, für Rückfragen o. ä. dazusein für den Fall, daß die Lerngruppen auf ihn zurückgreifen wollen.
Im einzelnen richtet er sein Augenmerk darauf,

- daß eine Gruppe an einer bestimmten Stelle möglicherweise nicht hängenbleibt; in diesem Fall bringt der Dozent durch Denkhilfen, Anstöße etc. die Arbeit wieder in Gang;
- daß die Richtungen und Lösungswege nicht allzusehr vom Thema (oder vom Lernziel) abweichen; er achtet darauf, daß das Ziel nicht aus den Augen verloren wird. Aufgabe des Dozenten wäre es hier, rechtzeitig zu korrigieren, es sei denn, daß er

die Lerngruppe gerade planmäßig mit Problemen und Schwierigkeiten konfrontieren will. In diesem Fall wird er aber mit großer Verantwortung handeln und entscheiden müssen, denn Irrwege, Fehler und ein Scheitern kann die Teilnehmer entmutigen und unter anderem die Arbeit von Monaten zunichte machen. Die Gruppe erwartet hier zu Recht vom Dozenten Hilfe und Korrektur;

- daß er bei kurzem informellen Sichten der lfd. Arbeit der Gruppen diese ermuntert, von den vorhandenen und notwendigen Arbeitsmitteln und Informationsträgern reichlich Gebrauch zu machen, sie sich zu holen und zur Lösungsfindung intensiv zu nutzen.

Im übrigen ist der Dozent an dieser Stelle ein primär nicht notwendiger Bestandteil der Lerngemeinschaft in dem Sinne, daß er unentbehrlich wäre. Im Gegenteil: Bei dieser Phase übt er sich in strenger Zurückhaltung, er muß zurücktreten wollen (und es auch können). Unter gar keinen Umständen nimmt er eine Position ein, welche die Gruppe auch nur entfernt an ihn bindet oder (und sei es nur „helfend") sie von ihm temporär oder partiell abhängig macht. Die Eigenständigkeit und das selbstfindende Element sind an dieser Stelle besonders wichtig und machen den Sinn der GA aus.

Die III. Phase der Gruppenarbeit = Arbeitsvereinigung

1. Die Berichte der Gruppen als vorläufige Ergebnisdarstellung (Gruppenberichte)
Auch dieser Abschnitt der GA steht unter dem Aspekt der fast ausschließlichen Aktivität (Selbständigkeit und Selbsttätigkeit) der Gruppen. Allerdings ist dies schon eine Stelle, bei der die Gruppen befähigt werden sollten,

- nicht nur vortragen, referieren, anzeichnen..., ihre gefundenen Ergebnisse übersichtlich und genau darstellen zu können,
- sondern auch die Ergebnisse von den anderen Gruppen „entgegennehmen" zu können (zuhören oder visuell ablesen können, mitdenken können, nachvollziehen können, später kommt hinzu das „In-Frage-stellen-können"), andere Aspekte oder Fragen an das vorgetragene Ergebnis anlegen zu können... etc.

Auch an dieser Stelle steht der Dozent noch relativ peripher in diesem Geschehen. Seine Aufgabe ist es lediglich zu koordinieren, die Konkordanz der Ergebnisse und ihre Integration oder Zusammenfassung zu ermöglichen. Im übrigen integriert er sich in den Kreis der Zuhörer. Er hält sich aber zunächst noch weithin zurück, um mit seinen Fragen oder Argumenten nicht die Fragen oder Stellungnahmen der Seminarteilnehmer zu überlagern, zu verfälschen oder gar „zuzudecken".

Es ist ganz wesentlich, daß er darauf achtet, daß jede Gruppe zu Wort kommt (!!), Gelegenheit und genügend Zeit erhält, ihre Ergebnisse darzustellen, und im anschließenden Gespräch (Sichtung und Diskussion) auch vertreten ist. Es wäre eine schwere Beeinträchtigung der Arbeitsatmosphäre und der Arbeitsbereitschaft zu befürchten, träte (eventuell sogar häufiger) die Situation ein, daß einzelne Gruppen mit ihren Ergebnissen nicht berücksichtigt werden und sozusagen „vergeblich" gearbeitet und sich angestrengt haben.

2. Interpretation der Gruppenergebnisse im Plenum

In diesem Abschnitt geht es darum, die Gruppenergebnisse, die zunächst als vorläufige Ergebnisse zu gelten haben (nichtsdestoweniger natürlich „echte" Ergebnisse der Gruppen sind), zu sichten, zu vergleichen, zu überprüfen, zu berichtigen, vielleicht auch abzulehnen oder rückzuverweisen. Eine Ablehnung eines Ergebnisses sollte in den allerwenigsten Fällen eintreten dürfen (obwohl dies natürlich vorkommen kann); denn u. U. darf dann vermutet werden, daß entweder die Arbeitsanweisungen nicht präzis genug waren oder die Qualifikation der Lerngruppe nicht hinreichend vorhanden war, auch die „Betreuung" durch den Dozenten nicht ausreichend und intensiv genug war.

Falls sich bei einer Kritik dieses Ergebnisses herausstellen sollte, daß die GA vielleicht nicht genügend koordiniert gewesen ist, wäre gerade auf dem Gebiet der koordinierenden Begleitung intensiv nachzuarbeiten, und zwar seitens des Dozenten und der Teilnehmer. Auf die Gefahren der Zurückweisung eines Ergebnisses ist nachdrücklich hinzuweisen. Eine Entmutigung („Frustration") der Gruppe und ihrer Mitglieder muß unter allen Umständen vermieden werden. Besser ist es, behutsam und empfehlend auf eine Nachbearbeitung hinzuwirken: und zwar auf der Basis einer gemeinsamen Fehleranalyse und im Plenum erarbeiteter Empfehlungen für den nächsten Versuch. Auf keinen Fall darf eine Verunsicherung oder Minderung der Leistungsbereitschaft durch solche Maßnahmen eintreten, vielmehr sollte eine verstärkte und verbesserte Einstellung erwachsen können. Daß dies nicht leicht ist, versteht sich von selbst. Damit wird aber zugleich auch deutlich, daß an dieser Stelle des Lernens (das hier deutlich die soziale Komponente des Lernprozesses zu erkennen gibt) der Dozent im höchsten Maße gefordert ist. Bei negativen, unzureichenden oder „abwegigen" Ergebnissen hat der Dozent demnach primär die Aufgabe, dafür zu sorgen, daß bei den Teilnehmern keine Entmutigung, Resignation oder Frustration eintreten kann.

Aber auch bei Vorliegen offenbar gültiger und richtiger Ergebnisse, die natürlich hinsichtlich der Qualität und Quantität unterschiedlich sein können, ist der Dozent an dieser Stelle gefordert. Er ist letzlich der Garant, der Gewährsmann dafür, daß die Ergebnisse auf

- Richtigkeit (oder Teilrichtigkeit),
- Vollständigkeit (Lücken oder größere Defizite),
- Ergänzungen und Berichtigungen,
- Konkretisierung und Präzisierung, Ausblicke und Querverbindungen,
- zentrale und periphere Positionen innerhalb der Ergebnisse
  überprüft, gesichtet und interpretiert werden.

An dieser Stelle sei ausdrücklich auf einen „eisernen" Grundsatz der Gruppenarbeit verwiesen: Wer als Dozent/Trainer/Ausbilder Gruppen mit Arbeitsaufträgen beschäftigt, hat die unbedingte Pflicht, dafür zu sorgen, daß wirklich *jedes einzelne (!) Arbeitsergebnis* im Plenum vorgestellt und besprochen wird.

3. Arbeitsvereinigung

An dieser Stelle der Arbeitsvereinigung, der Sichtung und Kritik der Ergebnisse, entscheidet der Dozent i. d. R. im Einvernehmen, unter Mitwirkung und Mitverantwortung der Gruppen,

- ob die Teilergebnisse zu einem zusammengefaßten und abschließenden Ergebnis „vereinigt" werden können oder nicht, ob also noch wesentliche Korrekturen (vgl. oben) notwendig werden;
- ob das Ergebnis – so wie es vorliegt – akzeptiert werden kann, wo Korrekturen, Ergänzungen, Teilberichtigungen, etc. vorgenommen werden sollten;
- ob bestimmte Ergebnisse evtl. noch einmal in die Gruppen zurückverwiesen werden sollten zur nochmaligen Sichtung und Überarbeitung unter Vermeidung der vom Plenum festgestellten Schwächen, Fehler oder Mängel.

Hier wird deutlich, wie Kritik fruchtbar werden muß hinsichtlich Hilfestellung zum Zwecke der Konkretisierung und Intensivierung der Ergebnisse.

An dieser Stelle zeigt es sich, ob Teilnehmer eigentlich „kritisch" sind, d. h. zur Kritikfähigkeit und Kritikbereitschaft gebildet wurden. Es genügt eben nicht, nur Kritiküben (an anderen) zu lernen, sachlich und angemessen, sondern ebenso bereit zu sein, Kritik anzunehmen und sie in fruchtbares Lernen umzusetzen!

In der Arbeitsvereinigung „ernten" Teilnehmer und Dozent als kooperative Lerngemeinschaft, was – in oft langwieriger Arbeit – angebahnt und aufgebaut worden ist!

Es ist festzuhalten:
Der Dozent/Trainer/Ausbilder wird auf dieser Ebene der Arbeit ganz entschieden gefordert! Er erscheint aber dennoch nicht als der Kontrolleur, Besserwisser oder gar als „Beckmesser", sondern gibt sich als helfender Partner zu erkennen, der von seiner Position aus zwar Sach- und Person-Autorität verkörpert, der aber davon überzeugt ist, daß Teilnehmer und Dozenten gemeinsam ständig Lernende sind, ja, dies sein müssen, soll im eigentlichen Sinne des Wortes „soziales Lernen" möglich und sinnvoll werden.

An solchen Stellen entscheidet sich wesentlich,

- ob Autorität die Folge eines „Amtes", eines Vorgesetzten, also „Vorgesetzten-Autorität" ist,
- oder ob Autorität vorhanden ist in dem Sinne, daß sie ständig erworben und erkannt werden kann durch fachliche und personale Kompetenz und daß sie als solche von der Lerngruppe akzeptiert ist.

Auch Autorität sollte – im Zusammenhang von Gruppenarbeit und allgemein – nicht als „gesetzte" Autorität und somit als Voraussetzung für Lernen, Aufmerksamkeit,

Lernbereitschaft etc. erscheinen, sondern die Folge der anerkannten und von der Gruppe akzeptierten menschlichen und sachkompetenten Qualitäten sein.

4. Die Ergebnissicherung

Jede GA ist letztlich erst dann beendet, wenn daraus konkrete und gesicherte Ergebnisse der Arbeit vorliegen. In gewisser Weise gilt hier (in Übertragung) die Kerschensteinersche Forderung nach „Werkvollendung". Das bedeutet, daß bei allen Arbeitsvorhaben und -bereichen der Gruppenarbeit darauf streng geachtet, ja, gedrungen werden muß, zu sichern und zu gewährleisten, daß ein einmal begonnener Arbeitsansatz nicht auf halbem Wege stehen bleibt, über erste Ansätze eventuell nicht hinausgelangt, sich mit ersten verbalen Vermutungen und Äußerungen begnügt oder auch schriftliche Arbeitsergebnisse ungesichert stehen läßt.

Die Arbeitsergebnissicherung bedeutet nicht nur einen nach außen hin sichtbaren Nachweis der Arbeit bezüglich Umfang, Gründlichkeit und Formgebung, sondern sagt auch etwas aus über das innere Bemühen, eine einmal angefangene Aufgabe bis zum letzten Abschnitt und Beitrag vollgültig durchzuhalten und zu gestalten. Erst daraus erwachsen echte Erfolgserlebnisse und bilden sich Verhaltensweisen aus, die erzieherischen Charakter haben! Damit wird die eigentliche Gründlichkeit der Arbeit gefordert: Niemals zufrieden zu sein, ehe nicht das Ergebnis in der situativ möglichen optimalen Weise vorliegt, sichtbar und aufbereitet, gestaltet und dargestellt ist.

Formen der Ergebnissicherung können sein

- exakt ausgeformte Texte, die eventuell mit Bildern, Zeichnungen, Grafiken, Tabellen ergänzt, angereichert und verdeutlicht werden;
- Wandfriese als Gemeinschaftsarbeit oder Wandzeitungen;
- vereinigte und sich ergänzende Teilgruppenberichte in exakter (gedanklich bruchloser oder kontroverser) Fortführung der Einzelbeiträge (als Lesetexte, in dramaturgischer Gestaltung, z. B. „Entwicklungshilfe im Teufelskreis", „Wie wir den Staat Mexiko sehen", „Export von Grundstoffen oder Aufbereitung am Ort", etc.);
- Tonbandaufzeichnungen, -mitschnitte, Videoaufzeichnungen, -mitschnitte, selbstgebastelte Sprech- und Musikszenen, Gespräche mit ergänzenden Kommentaren, etc.;
- Arbeits- und Werkmappen; Modelle; u. v. a. m.

4. Baustein: Gespräch – Diskussion – Debatte

1. Einstieg: Zuhören

Der folgende Baustein soll die Gruppe 4 der „Lehr- und Sozialformen in der undifferenzierten Großgruppe", nämlich Gespräch, Diskussion und Debatte, in den Mittelpunkt stellen. Da für alle drei Formen der Grundsatz gilt: „Zuhören ist die erste Bürgerpflicht!", soll ein kleines Kommunikationsspiel an den Anfang gestellt werden:

Spiel:
Vorlauf:
Zwei Gesprächspartner versuchen vor einem Auditorium, den eigenen Standpunkt zu einem kontroversen Thema durchzusetzen.

Hauptlauf:
Nach dem Vorlauf wird das Gespräch wiederholt, wobei jeder Teilnehmer, bevor er eigene Gedanken vortragen darf, die des Partners so lange und ausführlich wiederholen muß, bis dieser sich verstanden fühlt.

Auditorium:
Die Zuhörer beschreiben anschließend ihre Eindrücke.

2. Charakterisierung der 3 Lehr- und Sozialformen

Das Gespräch:
„Das Gespräch ist eine der Grundformen menschlicher Kontaktnahme, Verständigung, Kommunikation und Existenz. Es bildet daher auch eines der Hauptthemen der Philosophie und der Literatur. In mancherlei Formen wird es zu diagnostischen und psychotherapeutischen Zwecken benutzt. Ebenso hat das Gespräch als Medium der Erziehung, der Lehre, des Studiums und der Information Bedeutung" (Brockhaus Enzyklopädie, 1969, S. 236).

Das Gespräch sollte nicht verwechselt werden mit der Lehr- und Sozialform des Lehrgesprächs. Ersteres existiert in zwei *didaktischen Hauptformen*:

• als Unterrichtsgespräch und
• als Erfahrungsaustausch.

Folgende *Merkmale* sind für diese Form festzuhalten:

1. Gleichberechtigung aller Teilnehmer;
2. Gesprächsleiter bleibt im Hintergrund;
3. Wenig formale Absprachen.

Aufgaben des Dozenten:

• Sicherung des geordneten Ablaufs,
• Sicherung der Ergebnisse (Zusammenfassungen),
• Sicherung einer aufgelockerten Atmosphäre.

Die Diskussion:

„Eine Diskussion ist eine verbale Kommunikationsform, bei der nach bestimmten Regeln, für deren Einhaltung der Diskussionsleiter sorgt, ein vorher festgelegter Sachverhalt in Argumentation und Gegenargumentation erörtert wird, um Wissen zu erweitern, Meinungen zu bilden, Verhaltensdispositionen zu verändern und/oder eine mehrheitlich bestätigte Handlungsanweisung zu erarbeiten" (Böttcher u. a., 1974, S. 36).

„Diskussion" kommt vom Lateinischen (=discutare) und heißt soviel wie „zerschlagen, zerschneiden": nämlich einen Gegenstand systematisch zu zerlegen. Sie existiert in folgenden zwei Formen:

• als Podiumsdiskussion vor einer gewissen Öffentlichkeit,
• als Stegreifdiskussion.

Folgende *Merkmale* sind für diese Form festzuhalten:

1. Zielorientierung (Ergebnisorientierung);
2. Strengerer formaler Rahmen;
3. Optimale Gruppengröße: 7 – 12 Teilnehmer (Obergrenze 24);
4. Gleichberechtigung der Teilnehmer;
5. Diskussionsleiter führt.

Aufgaben des Dozenten/Trainers/Ausbilders:

• Gliederung des Ablaufs in Einzelphasen,
• Zusammenfassungen, Überleitungen,
• Ergebnissicherung,
• Worterteilung und Ablauforganisation.

Die Debatte:

„Die Debatte ist eine Form der Diskussion. Sie unterscheidet sich von dieser dadurch, daß am Schluß der Auseinandersetzung eine Abstimmung erfolgt (= Beschlußfassung) mit bindender Wirkung für die Teilnehmer an dieser Debatte. In einer Diskussion werden Standpunkte dargelegt, geklärt; man setzt sich über sachliche Probleme auseinander. Die Debatte ist in einem spezifischen Sinne ich- bzw. wir-näher; denn an ihrem Ende werden Aktionen fixiert, Handlungsrichtungen bestimmt. Die Debatte hat Folgen, bindende Folgen für Realsituationen. Der Beschluß, sei er ein Kompromiß, sei er die Auffassung der Mehrheit, der sich die Minderheit beugt, hat reale Konsequenzen; er betrifft jeden, der an der Abstimmung teilgenommen hat, u. U. auch Nichtanwesende" (Rössner, 1971, S. 59).

Die Debatte kommt als Lehr- und Sozialform in Bildungsinstitutionen seltener zum Einsatz, noch am ehesten im Hochschulbereich. „Debatte" kommt aus dem Französischen und bedeutet soviel wie „Wortschlacht" „öffentliche Auseinandersetzung". Die Debatte behandelt daher stets solche Inhalte, die einen Entscheidungscharakter haben (Beispiel: Parlamentsdebatte).

Folgende *Merkmale* sind für diese Form festzuhalten:
1. Orientierung auf Entscheidung;
2. Geschäftsordnung als formaler Rahmen;
3. Straffe Führung durch den Dozenten und strikte Einhaltung der Geschäftsordnung.

Aufgaben des Leiters:
- Unparteiliche Leitung: Fairneß-Beachtung;
- Zeiteinhaltung und Einhaltung der Geschäftsordnung;
- Beschlußfeststellung.

3. Übergreifende Aspekte von Gespräch, Diskussion und Debatte

1. Welche Ziele verfolgen einzelne Teilnehmer in diesen Lehr- und Sozialformen?
   - Beliebtheitsrollen,
   - Aufbau- und Integrationsrollen,
   - Tüchtigkeitsrollen,
   - Verhaltensauffälligkeiten.

2. Welches Führungsverhalten zeigt der Dozent?
   - Autokratisches Verhalten,
   - Sozialintegratives Verhalten,
   - Laisser-faire-Verhalten.

3. Welche negativen sprachlichen Finessen (Kunstgriffe) werden bei den kommunikationsintensiven Lehr- und Sozialformen angewendet?
   - Hinstellen von Meinungen als begründete Tatsache,
   - Berufung auf Autoritäten,
   - Verknüpfung eines Arguments mit der eigenen Person,
   - Andeuten von Tatsachen,
   - Retourkutsche,
   - Bestreiten von Tatsachen,
   - Methode des schiefen Vergleichs,
   - Vorschnelles Schließen vom Besonderen auf Allgemeines,
   - Übertreibungen,
   - Infragestellung von Fragen,
   - Unterstellung persönlicher Interessen beim Gegner.

Aufgabe:
Im folgenden finden Sie elf Statements, die Sie den genannten elf Kunstgriffen zuordnen sollen.
(Vgl. Böttcher, 1974, S. 96 ff.)

1. Glauben Sie mir, ich kann mir dieses Urteil erlauben!
2. Was hinter den Argumenten meines Vorredners steckt, ist mir wohl bekannt, läßt sich aber öffentlich nicht darlegen.
3. Meine Damen und Herren, es kann doch gar kein Zweifel daran bestehen, daß...
4. Wenn man sich die Argumente meines verehrten Vorredners genau anschaut, dann wird deutlich, daß er nur die Interessen der Bauunternehmer vertreten hat, zu denen er selbst gehört.
5. In meiner Argumentation weiß ich mich unbedingt einig mit...
6. Was Sie gegen uns kritisch eingewendet haben, sollten Sie erst einmal selbst verwirklichen!
7. Ein Redner wendet gegen einen Kandidaten, der aufgestellt wurde, etwas ein. Dieser ist zufällig Arbeiter. Daraufhin erklärt der Gegensprecher: „So also ist das! Der Herr Vorredner erklärt mit anderen Worten, daß ein Arbeiter nicht zur Wahrnehmung öffentlicher Ämter in der Lage sei! Wir verbitten uns das!"
8. Ein Redner führt mehrere konkrete Beispiele an und zieht eine generelle Schlußfolgerung.
9. Was Sie da sagen, ist ganz falsch. Da sind Sie nicht richtig informiert.
10. Eine Frage des Vorredners wird als Tatsachenbehauptung hingestellt und kritisiert.
11. Ich kenne da einen ähnlichen Fall, in dem völlig andere Ergebnisse erzielt wurden bei ansonsten gleichen Bedingungen. Das zeigt doch wohl deutlich, daß Ihre Argumentation inakzeptabel ist.

4. Zum didaktischen Einsatz

Dem Einsatz von Gespräch, Diskussion und Debatte in der Weiterbildung kommt der Umstand sehr entgegen, daß die Teilnehmer erwachsene Personen mit Lebens- und Berufserfahrung sind. Sie sind teilweise in hohem Maße dazu qualifiziert, Gespräche, Diskussionen und Debatten mit Inhalt und Leben zu füllen, sie für Lernzwecke eigenverantwortlich zu nutzen.

Der Dozent/Trainer/Ausbilder kann hier am ehesten hilfreich sein, wenn er ein Konzept der didaktischen Animation verfolgt. Dieses in Frankreich entwickelte nichtdirekte Verfahren der Förderung von Kommunikation, Kreativität und sozialer Aktion dient dazu, die Selbststeuerung und Eigenaktivität der Gruppe durch ihre eigenen Mitglieder zu fördern. Die drei Haupttätigkeiten des Dozenten sind dabei:

- Anregungen geben,
- bekräftigen und
- helfen, unterstützen.

Innerhalb eines derartigen Rahmens bemüht sich der Dozent, die genannten Lehr- und Sozialformen zu Lernzwecken zu nutzen: z. B.

- durch problemorientierten Ein-/Ausstieg,
- durch vertiefende Wiederholung,

- durch kontroverse Aufbereitung,
- durch kritische Analyse,
- durch weiterführende Erörterungen usw.

Wichtig ist vor allem, daß die Teilnehmer selbst den organisatorischen, inhaltlichen und sozialen Rahmen gestalten können und der Dozent primär als Teilnehmer fungiert.

Dazu ein *Beispiel* zur Verwendung der Lehr- und Sozialform Diskussion *in der Art eines Rollenspiels*:
    Eine Weiterbildungsveranstaltung für Mitglieder von Prüfungsausschüssen in Laufbahnprüfungen (=Prüferseminar) soll die Frage der Beibehaltung oder Beseitigung des mündlichen Prüfungsteils hypothetisch diskutieren. Thema: „Soll die mündliche Prüfung abgeschafft werden?" Lernziel dieser Sequenz ist: „Die Teilnehmer sollen am Ende der Diskussion Stärken und Schwächen der mündlichen Prüfung sowie die primäre Funktion dieses Prüfungsteils bezeichnen und erläutern können."
Zu diesem Zweck wird folgendes unterrichtliche Arrangement getroffen, nachdem der Dozent einen Einstieg/Überblick ins Thema gegeben hat (5 Min.):

- 4 Teilnehmer, die zu „pro" neigen, sowie
- 4 Teilnehmer, die zu „contra" neigen,

bereiten sich in einer Kleingruppenarbeit von 25 Min. auf die Darlegung ihres Standpunktes in getrennten Sitzungen vor. In dieser Zeit bereiten die übrigen Mitglieder des Seminars die Diskussionsrunde vor:

- Wahl eines Vorsitzenden;
- Wahl zweier Protokollanten am Flip-Chart (=Plakat) vor dem Plenum (einer für „pro", einer für „contra");
- Wahl eines Sprechers des sonstigen Publikums, der von den restlichen Teilnehmern im Verlauf der Diskussion beschriebene Karten entgegennimmt und in die Diskussionsrunde einbringen soll;
- Herrichtung des Seminarraums;
- Falls dann noch Zeit ist: Andiskutieren des Themas unter dem Gesichtspunkt: Was werden die Parteien wohl für Argumente bringen?

Anschließend läuft die – mit einer Videoanlage aufzeichenbare – Diskussion in einem Zeitraum von 50 Minuten ab, wobei wirklich jeder Seminarteilnehmer aktiv sein muß/kann:

$\Rightarrow$ 8 Diskutanten
$\Rightarrow$ 2 Protokollanten
$\Rightarrow$ 1 Vorsitzender
$\Rightarrow$ 1 Sprecher des Publikums

=   12 Teilnehmer insgesamt

Die übrigen Teilnehmer bilden das Publikum und wirken durch Kartenschreiben über ihren Sprecher auf die Veranstaltung ein.

Das Ergebnis dieser insgesamt 90 Min. dauernden Lehrveranstaltung liegt am Ende per Plakatanschrift für alle lesbar vor. Der Lernerfolg ist wegen des stark aktivierenden und alle Teilnehmer erfassenden Arrangements in der Regel sehr groß. Dies vor allem dann, wenn der Dozent am Schluß in einem kurzen 10 Min. dauernden Lehrvortrag eine bündige Zusammenfassung und Interpretation anbietet. Später kann an bestimmten, geeigneten Stellen des Seminars auf Ausschnitte der Videoaufzeichnung zurückgegriffen werden.

5. Baustein:
Spielerisches Lernen in der Weiterbildung

1. Spielrepertoire und Lernchancen

Im Zusammenhang mit dem Training sind bereits drei Spielformen zur Sprache gekommen, die für systematisches Lernen in der Weiterbildung wichtig sind:

1. Die kleine Simulation
2. Das Rollenspiel
3. Das Planspiel

Wie vielfältige Erfahrungen zeigen, lassen sich Spielformen in der Weiterbildung dann hervorragend nutzen, wenn man die Teilnehmer zu Spielbereitschaft und Spielfreude hinzuführen versteht.

Heute ist die Frage nicht mehr, *ob* man durch Spiele und Spielen lernen kann, sondern, *warum* man das kann, und *wie* deshalb die Spieldidaktik auszurichten ist (vgl. S. Döring, 1997).

Schaut man über die ganze Breite des verfügbaren Spielrepertoires

- Simulationen und Rollenspiele
- Planspiele
- Wettkampfspiele
- Soziale Kommunikations- und Interaktionsspiele
- Lernspiele i. e. S.,

so zeigt sich, daß mit den Spielen komplexe Repräsentationsformen des realen Lebens in das Lernfeld hereingeholt werden, die sich hervorragend für Lernen eignen.

Dazu seien einmal 10 Thesen notiert:

1. Spiele sind bezüglich ihrer sozialen und kognitiven Komplexität quasi soziale und mentale Netzwerke.
2. Hirnphysiologisch sind sie in bezug auf Lateralität synchrone Informationsangebote.
3. Spiele bieten Quasirealität ohne Realdruck an, was für Lernen sehr günstig ist.
4. Spiele bringen das Lernen stark mit Tätigkeiten und Handlungen in Verbindung, sind insoweit „ausatmungsintensiv" und expressiv, also letztlich in besonderem Maße lernintensiv.
5. Spiele aktivieren, motivieren, ja mobilisieren die Teilnehmer, sind teilnehmerzentrierte Veranstaltungen mit hohen Aktivitätspotentialen.
6. Spiele bringen den Lehrenden, den Dozenten/Trainer/Ausbilder, in die heilsame Rolle des defensiven Lernpartners, was den Teilnehmern mehr Handlungs- und Lernfreiheiten eröffnet.
7. Spielen wandelt die oft starre Arbeitsatmosphäre der Weiterbildung positiv um, gibt dem Lernen eine spezifische Lockerheit und Leichtigkeit, was insbesondere positive Wirkungen auf leistungsängstliche Teilnehmer hat.
8. Spiele befreien viele Teilnehmer von Verklemmungen, Gehemmtheiten und sozialem Distanzgefühl und leisten so einen wichtigen Beitrag zur sozialen Entwicklung einzelner Teilnehmer wie der Lerngruppe als ganzer.
9. Spiele bieten hervorragende Transferherausforderungen, theoretisch Gelerntes praktisch anzuwenden und das Gelernte durch spielerische Umsetzungen zu vertiefen und dadurch besser im Gedächtnis zu speichern.
10. Auf der gleichen Linie liegt die durch Spielen bewirkte emotionale Anreicherung der Lernprozesse, was – außer Lust und Freude hervorzurufen – sich ebenfalls gedächtnissteigernd auswirkt.

Abschließend seien dazu Überlegungen Vesters (in: T. Geilhardt/T. Mühlbradt, 1995, S. 25) zitiert: „Für ein lernendes Erfahren der Wirklichkeit, so wie sie ist, sei es im Psychologischen, in den Sozialbeziehungen, ja selbst in der Technik [...], sind daher in der Realität auf der einen Seite viele Vorgänge zu riskant, um ihr Erlernen einfach dem 'Praxisschock' zu überlassen. Andererseits sind sie auch zu wichtig, man könnte sogar sagen zu ernst, um ihre [bloß theoretische; A. d. V.] Vermittlung den Schulen und Universitäten alleine zu überlasssen und damit ihr Verständnis wieder der Wirklichkeit zu entfremden. Das Spiel gehört als ganzheitliche Übung unbedingt dazu."

2. Spieldidaktische Perspektiven

Integriert man das Spiel wegen seiner didaktischen Wertigkeit systematisch in das Lerngeschehen der Weiterbildung, so werden damit vor allem die folgenden didaktischen Grundfragen aufgeworfen:

1. **Planung** und **Vorbereitung** als spieldidaktische Grundvoraussetzung;
2. Fachliche, thematische und lernzielbezogene Fundierung (= **Fachstruktur**);
3. Didaktische Strukturierung des Lernprozesses: **Lernphasen** spielenden Lernens;
4. Mediale und **mediendidaktische Grundlagen**;
5. Innere Differenzierung und das begleitende **Lehr- und Sozialformen-Repertoire**;
6. Lernbilanz, Evaluierung und **Gesamtbewertung** des Spielgeschehens;
7. **Rolle und Verhalten** des Dozenten/Trainers/Ausbilders.

In jeder einzelnen dieser didaktischen Kategorien sind eine Reihe von Überlegungen anzustellen, die über Erfolg oder Mißerfolg des spielerischen Lehr-/Lernkonzeptes entscheiden können:

Zu 1:
Spiele müssen trotz der Tatsache, daß sie teilnehmerzentrierte Lehr-/Lernprozesse initiieren und tragen – oder gerade weil sie das tun – genau wie Unterrichts- und Trainingsveranstaltungen gut vorbereitet werden. Gerade weil sie keine „Belustigungs- oder Auflockerungsfunktion" haben, sondern Lernziele verfolgen sollen, muß der Dozent/Trainer/Ausbilder Vorsorge treffen und mindestens die vier folgenden Punkte vorbereiten:

• Stoffstruktur erarbeiten,
• Lernziele festlegen,
• Didaktische Struktur konstruieren,
• Materialien, Medien, Arbeits- bzw. Spielanweisungen erstellen und beschaffen.

Zu 2:
Die fachliche, thematische und lernzielbezogene Grundlegung allen Spielgeschehens ergibt sich aus dem Umstand, daß mit dem jeweiligen Spiel bestimmte unterrichtliche Ziele angesteuert und erreicht werden sollen. Stoffreduktionsverfahren wie beim Unterricht kommen also zum Tragen: zum einen eine erste didaktische Reduktion, sodann die konkrete Anwendung der beschriebenen Reduktionstechniken (Ankerbegriffe, Fachlandkarte, Inselbildung). Das Spiel fungiert dann in der Regel als Prototyp.

Zu 3:
Die Frage der didaktischen Strukturierung – als der nach der Konstruktion geeigneter Lernphasen – stellt sich – spieldidaktisch gesprochen – zweimal: einmal als Makrostrukturierung, in die sich das Spiel als Ganzes einzubetten hat, zum anderen als Binnenstrukturierung des Spielgeschehens selbst. In der Makrostrukturierung

geht es darum, das Spiel unterrichts- oder trainingsbezogen vorzubereiten bzw. aus-
zuwerten. In der Binnenstrukturierung dagegen wird das Spielgeschehen selbst pro-
zeßbezogen so strukturiert, daß der größtmögliche Lerngewinn daraus gezogen werden kann.

Zu 4:

In den meisten komplexeren Spielabläufen braucht es eine solide mediendidaktische
Grundlegung – und auch dies wieder in zweifacher Perspektive: Einmal braucht der
Dozent/Trainer/Ausbilder für die Einbettung des Spielgeschehens die normale unter-
richts- oder trainingsbezogene mediale Ausstattung, zum anderen braucht er für das
Spiel selbst Spielmaterialien und Spielmedien für die Hand der Teilnehmer.

Zu 5:

Spieldidaktik ist in hohem Maße teilnehmerzentrierte Didaktik und als solche auf Formen der inneren Gruppierung und Differenzierung geradezu angewiesen – wie sie mit
Einzel-, Partner- und Gruppenarbeit sowie verschiedenen Mischformen vorliegen.
Innere Differenzierung verfolgt dabei das Ziel, die Teilnehmer in möglichst vielseitiger Form und in möglichst verschiedenen Gruppierungen und Rollen aktiv tätig werden zu lassen, um das Lernen dadurch grundlegend zu erleichtern.

Zu 6:

Kein Unterrichts- oder Trainingsgeschehen ohne Lernbilanz – also auch kein Spielge-
schehen ohne Lernergebnissicherung, ohne Evaluierung und Gesamtbewertung. Da
Trainingssituationen zu spielerischen Lernformen eine besondere Affinität haben, sind
Lernbilanzen und ihre Ausgestaltung im Zusammenhang mit Spielformen ein besonderes Thema des Trainings. Dabei ist die Frage, ob Lernbilanzen innerhalb der Spiel-
situation selbst durchgeführt werden oder besser außerhalb liegen sollten, jeweils von
Fall zu Fall zu entscheiden. Evaluierung und Gesamtbewertung dienen sowohl den
Teilnehmern und der Beurteilung ihres Lernfortschritts als auch dem Dozenten/Trai-
ner/Ausbilder für seine weitere didaktische Planung.

Zu 7:

Die Rolle und das Verhalten des Dozenten/Trainers/Ausbilders ist – das wurde oben
bereits ausgeführt – gekennzeichnet durch eine besondere Defensivität, die sich aus
der besonders aktiven Rolle der Teilnehmer ergibt. Als Spielleiter, Moderator, Berater,
Lernhelfer und Organisator tritt der Dozent dabei auf. Sein Bestreben geht so ständig
dahin, seine Arbeit in den Dienst von Teilnehmeraktivitäten zu stellen, die Prozeßhaf-
tigkeit des Lerngeschehens in Gang zu halten, die Teilnehmer zu bekräftigen und gute
Arbeitsvoraussetzungen zu schaffen.

3. Spielpraktische Beispiele

1. Beispiel: Kleine Simulation zum Thema „Kundenkontakt im Telefontraining"

Die kleine Simulation als spielpraktische Situation ist hervorragend geeignet, eine Realsituation einerseits aus dem Stehgreif abzubilden, andererseits Erlerntes mit unterschiedlichen vorbereiteten Vorgaben in der Simulation praktisch zu üben. Das Training läuft dabei nicht nur zum Vorteil der Spielteilnehmer und Spielpartner ab, auch für die Beobachter ist das Geschehen lernwirksam. Das abschließende Feedback als auswertendes Gespräch fügt die Theorie für alle Beteiligten abrundend an die Praxis an.

Phase I:	Theoretischer Hintergrund:
	a) Ziele des optimalen Kundenkontaktes
	b) Telefonieren als technisch vermittelte Kommunikation
	c) Psychologie der Kontaktaufnahme
	d) Phasen des Ablaufs eines telefonischen Kundenkontakts
Phase II:	Praxis des telefonischen Kundenkontakts – Simulation –
	a) Modellablauf
	b) Erste Simulation eines normalen Fallbeispiels mit Besprechung
	c) Varianten in verschiedenen Simulationen
Phase III:	Auswertendes Abschlußgespräch

2. Beispiel: Rollenspiel zum Thema „Defensives Ausbilderverhalten"

Im vom Dozenten/Trainer/Ausbilder vorbereiteten Rollenspiel werden verschiedene teilnehmerzentrierte Lehr- und Sozialformen zur Ausgestaltung des gesamten Lehr- und Lernprozesses miteinander vereinigt.

Phase I:	Im Plenum werden Aufgaben und Funktionen des Ausbilders in einer idealtypischen Ausbildungssituation besprochen: Lehrgespräch mit Flipchart.
Phase II:	A. Partnerarbeit zur Herausarbeitung von Merkmalen defensiven, partnerschaftlichen Ausbilderverhaltens einschließlich Präsentation im Plenum.
	B. Arbeitsteilige Gruppenarbeit zur Vorbereitung je eines Rollenspiels im Plenum, Grundlage: Vorbereitetes Material des Dozenten/Trainers/Ausbilders.

Phase III: Durchführung der verschiedenen Rollenspiele einschließlich Besprechung auf der Grundlage auf verschiedene Teilnehmer verteilter systematischer Beobachtungsaufgaben.

Phase IV: Abrundendes, zusammenfassendes Schlußgespräch

3. Beispiel: Planspiel bei der Fortbildung und Umschulung von Akademikern in den Neuen Bundesländern

Dieses Beispiel entstammt einem Erfahrungsbericht aus einem Projekt des Bildungszentrums Tannenfeld in Schleswig-Holstein (vgl. T. Geilhardt/T. Mühlbradt (Hrsg.), 1995). Das genannte Umschulungs- und Fortbildungsprojekt integriert ein Planspiel in sein Lehr- und Lernprogramm, weil die Lehrgangsteilnehmer ihre „größten Defizite [...] im verhaltensbezogenen Bereich [haben], insbesondere bezüglich des Führungsverhaltens unter den Bedingungen einer wirtschaftenden, leistungsbezogenen Einheit. Gerade zum Abbau dieser Defizite halten wir den Einsatz von Planspielen für unverzichtbar" (ebd., S. 309).

So wurde für den Bereich Unternehmensführung das Planspiel „TOPSIM-General Management" zusammen mit verschiedenen Funktionsplanspielen eingesetzt, nachdem etwa 70% des Lehrstoffs des Curriculums behandelt worden waren.

Der Einsatz dieses komplexen Planspiels verfolgte folgende Ziele:

1. „Schubkastenwissen" – Einzelwissen und isoliertes Fachwissen – sollte in Spielsituationen ganzheitlich zum Tragen gebracht werden.
2. Wissen sollte in Können umgesetzt werden.
3. Aus den praktischen Spielerfahrungen sollte gelernt werden.
4. Das Spiel sollte zu Teamarbeit und Gruppenarbeit hinführen.

Neben einer begeisterten Aufnahme des Planspiels durch die Teilnehmer zeigten sich überraschend positive Lerneffekte. Die Veranstalter führen diesen Erfolg auf folgende Punkte zurück:

1. Spielerleben mit Spannung,
2. Planspiel-Intensität und Klarheit der Entscheidungsstrukturen,
3. Breite Aktualisierung von Erfahrungswissen und Können.

Der Ablauf des Spiels hatte folgende Phasen:

Phase I: Vorbereitung
                a) Ausgabe der Spielhandbücher
                   14 Tage vor Beginn;
                b) Spieleinführung und erstes Planspiel;

                     c) Inhaltliche Vorbereitung der Teilnehmer im Selbst-
                       studium.

Pase II: (1. Tag)   Erste Spielerfahrungen in Spielgruppen zum
                             Thema „partizipativer Verhaltensstil“;

                     (2. Tag)   Spielen zum Thema „Kennzahlen
                             und Rechnungswesen“ und „die
                             ethisch motivierte Verantwortung des
                             Managements“;

                     (3. Tag)   Spielen im Kontext „Werkzeug für vernetztes
                             Denken“;

                     (4. Tag)   Spielen im Kontext „betriebswirtschaftlicher
                             Zusammenhänge“;

                     (5. Tag)   Spielen im Kontext „Verbesserung der
                             wichtigen Kennzahlen“.

4. Beispiel: Lern-Domino zum Thema „Betriebswirtschaftliche Grundkenntnisse"

Dabei handelt es sich um ein Spiel, das zur abrundenden Übung und Wiederholung eines Themenfeldes genutzt werden kann: „Beim Lern-Domino handelt es sich um ein Spiel im eigentlichen Sinn, also um ein Party- oder Gesellschaftsspiel. Es steht beispielhaft für viele solcher Spiele, die in modifizierter Form zum Lernen genutzt werden können" (M. Lehner/K.-D. Ziep, 1997, S. 95).

Das Lern-Domino kann vom Dozenten/Trainer/Ausbilder, aber auch von den Teilnehmern selbst im arbeitsgleichen Verfahren in Gruppen hergestellt werden. Das Schreiben der Karten, die für das Aneinanderlegen notwendig sind, ist selbst schon Teil der Wiederholung. Nachdem der Lernstoff demnach unterrichtlich behandelt wurde, die genannten Lernkarten erstellt sind, werden die „verschiedenfarbigen Karten gemischt und an Gruppen von 2 – 4 Lernern ausgegeben. Dann erhalten die Gruppen Zeit, um sich mit den Begriffen auf ihren Karten vertraut zu machen (5 bis 10 Min. reichen dafür i.d.R. aus). Dies geschieht im Gespräch. Nach Ablauf der Gesprächszeit beginnt das eigentliche Spiel, indem die Gruppen – in einer bestimmten Reihenfolge – jeweils eine ihrer Karten an eine andere Karte anlegen. Bedingung ist dabei:

1. Die Karten passen farblich und inhaltlich zueinander.
2. Die inhaltliche Passung muß von der Gruppe erläutert werden" (ebd.).

5. Beispiel: Kennenlern- und Kontaktspiele, hier das Interviewspiel

Kennenlern- und Kontaktspiele zu Beginn einer Seminar- und Trainingsveranstaltung dienen dazu, in spielerischer und gelockerter Form soziale Hemmungen abzubauen, eine gute Lernatmosphäre von Beginn an zu erzeugen und das Kennenlernen der Teilnehmer zu erleichtern.

Das Spielgeschehen läuft so ab, daß sich jeweils zwei Teilnehmer entweder in freier Form oder nach einem an der Tafel stehenden Fragemuster gegenseitig interviewen, sich dabei Notizen machen, um dann im Plenum einen möglichst witzigen Bericht über den Anderen abzugeben.

6. Beispiel: Kommunikationsspiel, hier das „Verstehenstraining und Gespräch"

Dieses Spiel steht als Beispiel für die zahlreichen Kommunikationsspiele zur Verbesserung von Empathie (gegenseitiges Verstehen), Kommunikation und Interaktion.

In Gruppen zu je drei Teilnehmern wird ein Thema besprochen, das für die Teilnehmer emotional besonders wichtig ist. Jeweils zwei Teilnehmer sitzen sich gegenüber, der dritte ist der Spielleiter bzw. der Beobachter. Die beiden sich gegenübersitzenden Teilnehmer besprechen das vorgegebene Thema mit dem Ziel, den anderen von der eigenen Position zu überzeugen. Es ist nur erlaubt, einen neuen Gedanken, ein Argument eine Idee usw. vorzutragen, wenn vorher das Gesagte des Gegenüber so lange wiederholt wurde, bis dieser zufrieden ist und sich verstanden fühlt. Die meisten Teilnehmer machen die für sich überraschende Erfahrung, daß Kommunikation bis zum wirklichen Verstehen des anderen (bewußtes Zuhören!) schwierig ist und nur bei ehrlichem Bemühen um gegenseitige Empathie einigermaßen gelingen kann.

Schlußbemerkung

Wer als Dozent/Trainer/Ausbilder Erfahrungen mit dem Einsatz von Spielen in der Erwachsenenbildung sammeln konnte, wird bestätigen können, in welch überraschend starkem Maße Erwachsene mit Formen spielerischen Lernens positiv umgehen. Im geeigneten Rahmen und unter erwachsenengerechten Bedingungen spielen Erwachsene genauso gern wie Kinder und Jugendliche. Und ist das Spielen didaktisch richtig „eingetaktet" sowie erkennbar praxisrelevant, so stellt sich der Lernerfolg wie von selbst ein. Lernen von dem Odium der Arbeit und der Arbeitstugenden zu befreien, ist – so betrachtet – ein regelrechter Akt der didaktischen Befreiung für den Dozenten/Trainer/Ausbilder wie vor allem für die Teilnehmer (vgl. zu dieser Problematik das Buch „Lernen durch Spielen" von S. Döring, 1997!).

V. Zu den Medien

1. Material:
Plakat und Arbeitsblatt

1. Didaktische Funktionen von Medien

Unterrichtliche Medien sind kein Beiwerk im Unterricht!!!

Sie eröffnen dem Dozenten/Trainer/Ausbilder zentrale didaktische Möglichkeiten und erweitern sein unterrichtliches Repertoire.

Sie erfüllen folgende Funktionen:

1. *Motivations-* und *Aktivierungsfunktion* durch mehrkanalige Präsentation (erlebnis-auslösende Funktion);
2. *Veranschaulichungs-, Aktualisierungs-* und *Visualisierungsfunktion;*
3. *Informationsfunktion* bzw. *vermittelnde* Funktion;
4. *Rationalisierungs-, Objektivierungs-* und *Speicherfunktion;*
5. *Strukturierungsfunktion:*
   a) Handlungsabläufe und Denkprozesse strukturierende Funktion;
   b) den Unterricht strukturierende Funktion;
6. *Behaltensleistungssteigernde* Funktion;
7. *Differenzierungs-, Interaktions-, Kommunikations-* und *Selbstbildungsfunktion* (= soziale Funktion).

2. Visualisierung mit Plakaten

1. Das Plakat ist ein Lehr- und Lernmittel zur Visualisierung der verschiedensten Unterrichtsstoffe (also auch abstrakter Inhalte!).
2. Es ist ein didaktisch äußerst flexibles Medium, das zu allen Phasen des Unterrichts eingesetzt werden kann.

3. Das Plakat existiert in vier verschiedenen Formen, die große Ähnlichkeit aufweisen
   • mit den *Folien* des Schreibprojektors und
   • mit den *Arbeitsblättern*.

4. Das Plakat ist eine Lernhilfe für die Teilnehmer, dient aber auch dem Dozenten vor allem bei der Realisierung
   • dozentenzentrierten bzw.
   • dozentenorientierten Unterrichts.

Grundsätzlich lassen sich:

• Schriftbildplakate,
• Veranschaulichungsplakate,
• Arbeitsplakate und
• Mischformen

voneinander unterscheiden:

a) Schriftbildplakate („Schreibplakate")

Coaching
eine permanente Führungsaufgabe

D e r   C o a c h i n g - P r o z e ß

* Beobachtung
– Was ist gut?   ⇒ Ausbauen
– Was ist nicht gut?   ⇒ Verbessern

* Analyse
– Mögliche Ansatzpunkte
– Gewünschtes Ergebnis
– Bereitschaft zur Änderung
– Fähigkeit zur Änderung
– Realistische Erwartungen

* Feedback
– Spezifisch
– Beschreibend
– Überprüfbar

Abb. 45: Das Schriftbildplakat – Ein Beispiel

Hauptformen:
- Gliederungen
- Materialsammlungen
- Textauszüge
- Textliche Gegenüberstellungen
- Problemsammlungen (Fragen)
- Zusammenfassungen

b) Veranschaulichungsplakate („Zeichenplakate")

Hauptformen:
- Graphiken
- Tabellen
- Flußdiagramme
- Skizzen/Abbildungen realer Zusammenhänge/Gegenstände
- Beziehungen/Strukturen/Abstraktionen

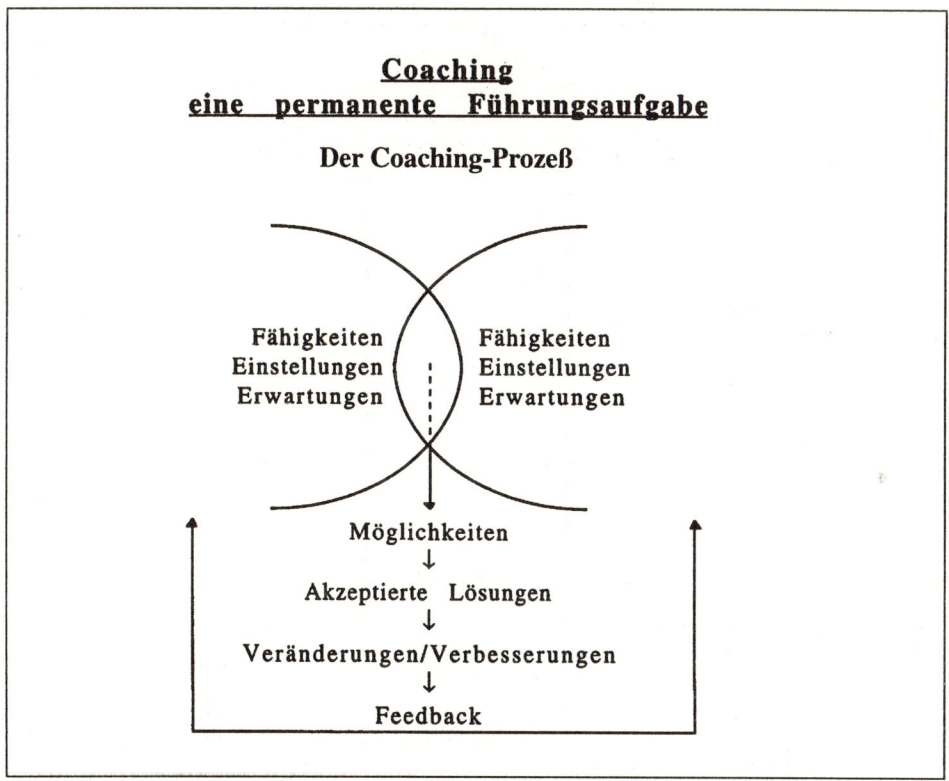

Abb. 46: Das Veranschaulichungsplakat – Ein Beipiel

c) *Arbeitsplakate*

Hauptformen: • Arbeitsanweisungen
                 • Problemdarstellungen
                 • Lückenplakate
                 • Abdeckplakate

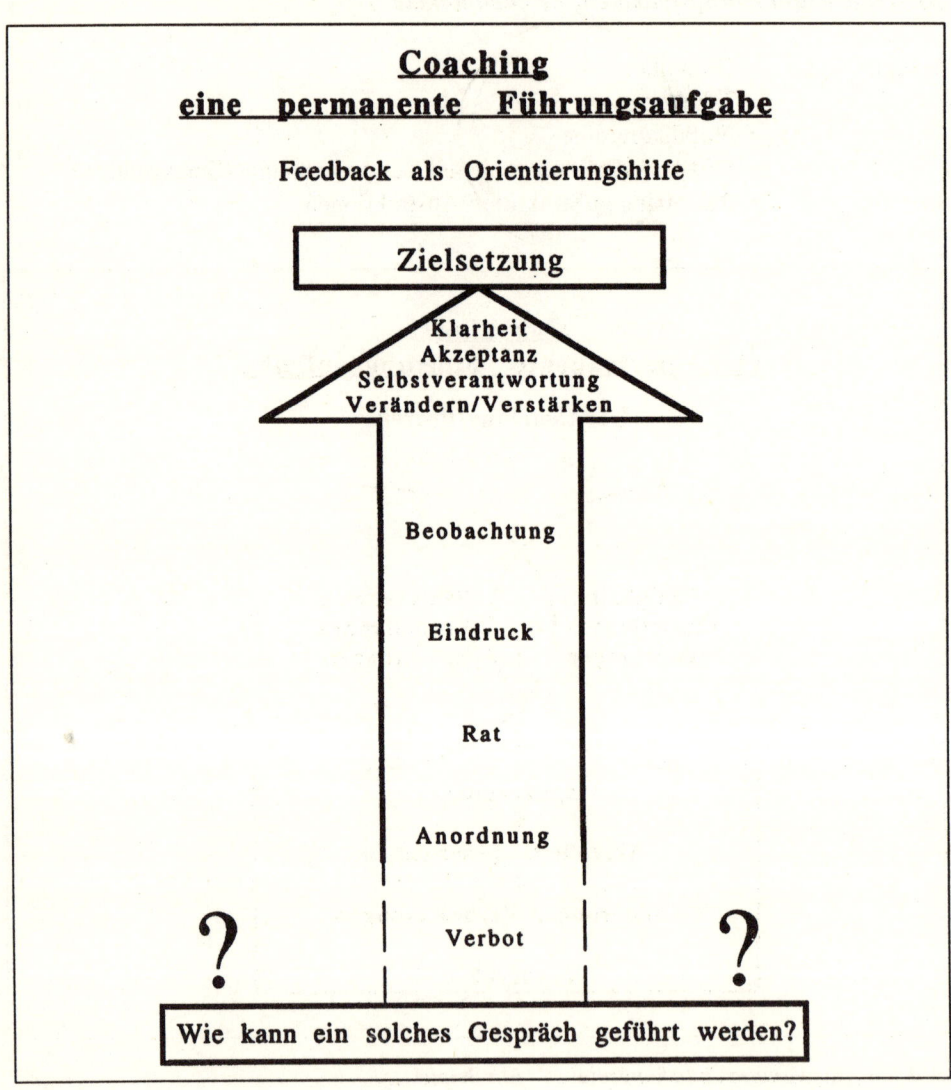

Abb. 47: Das Arbeitsplakat – Ein Beispiel

d) *Mischformen*

Hauptformen: • Lückenplakate mit Pin-Cards
• Plakate in Collagenform
  (mit Fotografien, Materialien usw.)
• Kombination von Text und Frage, Information und
  Problemdarstellungen
• Kombination von Graphik und Frage, Information und
  Problemdarstellung

3. Das Arbeitsblatt: Funktion und Gestaltung

Das Arbeitsblatt – historisch aus der Arbeitsmittelbewegung der Reformpädagogik hervorgegangen (vgl. K. W. Döring, 1973) – dient als Hilfsmittel primär der Steuerung teilnehmerzentrierter Lernprozesse:

• der Einzelarbeit,   • der Partnerarbeit,
• der Gruppenarbeit,   • dem Rollen-/Planspiel,
• dem fragend-entwickeln-
  den Lehrgespräch.

Wegen seiner hohen Flexibilität verwenden es manche Dozenten auch zur Unterstützung des Lehrvortrages oder des darstellend-entwickelnden Lehrgesprächs.
Obwohl sich das Arbeitsblatt sowohl

• zur Einführung wie
• zur Erarbeitung wie
• zur Wiederholung und Vertiefung

verwenden läßt, steht die vom Dozenten unabhängige Erarbeitung – meist unter Verwendung weiterer Hilfsmittel – deutlich im Vordergrund. Wie bereits gesagt, hat das Arbeitsblatt große Ähnlichkeiten mit den verschiedenen Plakattypen und den vorbereiteten Overhead-Projektor-Folien. In vielen Fällen sind die verschiedenen Formen direkt untereinander austauschbar. Oft ist auch ein paralleler Gebrauch derselben Konstruktion über die verwandten Medienträger sogar sehr sinnvoll!

Beispiel

a) Die Teilnehmer erarbeiten an einem vorstrukturierten Arbeitsblatt einen Sachverhalt.
b) Der Dozent vollzieht eine Lernkontrolle mit ergänzenden Hinweisen an derselben Konstruktion über eine Folie als Träger.
c) Die folgende Unterrichtssequenz wird mit derselben Konstruktion – jetzt übertragen auf ein Plakat, das für alle sichtbar an der Wand hängt – wiederholend und vertiefend eröffnet.

Wir unterscheiden heute die folgenden drei Haupttypen von Arbeitsblättern:

a) die einfache Arbeitsanweisung,
b) das Aufgabenblatt und
c) das Informationsblatt.

Zu a)
Hier wird das Arbeitsblatt dazu benützt, einen Arbeitsauftrag für eine teilnehmerzentrierte Erarbeitung zu formulieren: Mit Lernziel, Problemzeichnung, Fragestellungen, Arbeitshinweisen, Hilfsmittelangaben.

Zu b)
Dieser Typus ist so konstruiert, daß die Teilnehmer auf dem Arbeitsblatt Aufgaben vorfinden, die sie durch Eintragungen, Beschriften, Zeichnen lösen sollen in der Art eines Formblattes oder Antrages, das/der auszufüllen ist.

Zu c)
Dieser Typus dient primär der Informationsübermittlung. Das Blatt enthält zumeist eine Zusammenstellung von Fakten und Aussagen, die entweder mit ein/zwei Fragen oder mit Hinweisen über Konsequenzen und Folgerungen abgerundet sein können.

2. Baustein:
Die Verwendung von Medien im Unterricht

1. Medien im System Unterricht

Die Nutzung konventioneller und moderner unterrichtlicher Medien ist als spezielles Problem der neueren Didaktik-Diskussion anzusehen.

   Wenn Didaktik als „Theorie des Unterrichts" oder als „Wissenschaft vom Unterricht" im weitesten Sinne angesehen wird, so spielen neben

   1. den Intentionen (=Zielen),
   2. den Themen (=Inhalten),
   3. den Verfahren (=Methoden),
   4. den Kontrollen
   5. *die Medien* (=Lehr- und Lernmittel)

eine zentrale Rolle. Die Berliner Didaktik (P. Heimann/G. Otto/W. Schulz) hat nun als *Planungsprinzipien* von Unterricht neben „Variabilität" und „Kontrollierbarkeit" vor allem das

Prinzip der Interdependenz

hervorgehoben. Es besagt, daß die genannten, am Unterricht beteiligten Faktoren in einer Wechselwirkung stehen, was besonders auch bei der Planung berücksichtigt werden muß.

Die verschiedenen Person- und Sachfaktoren beeinflussen sich wechselseitig, und in gewissem Sinne kann man davon sprechen, daß Unterricht einen „Systemcharakter" hat (vgl. Abb. 48: Bedingungs- und Entscheidungsfelder von Unterricht).

Dies gilt auch dann, wenn keine didaktische Systemtheorie i. e. S. zur Stützung dieser Aussage herangezogen, sondern lediglich eine Faktorenanalyse durchgeführt wird. Wer Medien zu Unterrichtszwecken einsetzen will, muß wissen, daß damit alle für den Unterricht entscheidenden Fragen mit gestellt sind.

Dieses wechselseitige Beziehungsgeflecht kann man mit Hilfe zweier Modellformen,

• einem feldtheoretischen Modell und
• einem stufentheoretischen Modell,

aus verschiedenem Blickwinkel recht gut verdeutlichen. Während das feldtheoretische Modell mehr eine statische, gleichsam topographische Sicht des Unterrichts liefert (vgl. Abb. 49 und 50), berücksichtigt das stufentheoretische Modell stärker den dynamischen, prozeßhaften Charakter des Unterrichts (vgl. Abb. 51).

2. Forschungsergebnisse über Medien

Pädagogen sind sich seit längerem – genauer: seit Comenius im 17. Jahrhundert auf den Plan trat – darüber einig, daß die verschiedenen auditiven, visuellen und audiovisuellen Medien ihre Rechtfertigung in dem Begriff der Anschauung finden. Comenius lehrte, es sei notwendig, *alle Kinder alles mit allen Sinnen zu lehren*. Die moderne Unterrichtsforschung hat uns gezeigt, daß Comenius mit seiner Forderung durchaus recht hatte. Berücksichtigt man nämlich die Tatsache, daß die Menschen entsprechend ihrem jeweiligen *Lerntyp* unterschiedlich auf Unterrichtsangebote reagieren, so kann man tatsächlich dann *allen* Kindern alles lehren, wenn man auf die jeweiligen Lerntypen speziell eingeht. Die Lernpsychologen unterscheiden heute die folgenden Grundtypen, die in unendlich vielen Mischformen existieren:

• den visuellen Typ (= „Sehtyp"),
• den auditiven Typ (= „Hörtyp"),
• den haptischen Typ (= „Fühltyp") und
• den verbalen Typ (= „Sprech- oder Gesprächstyp")

Ohne ein reichhaltiges Medienangebot kann man diesen unendlich vielen Lerntypen zweifelsfrei nicht gerecht werden.

Comenius hatte aber auch in dem Sinne recht, daß er forderte, allen Sinnen müsse alles angeboten werden. So hat die neuere Unterrichtsforschung eine Reihe von Hin-

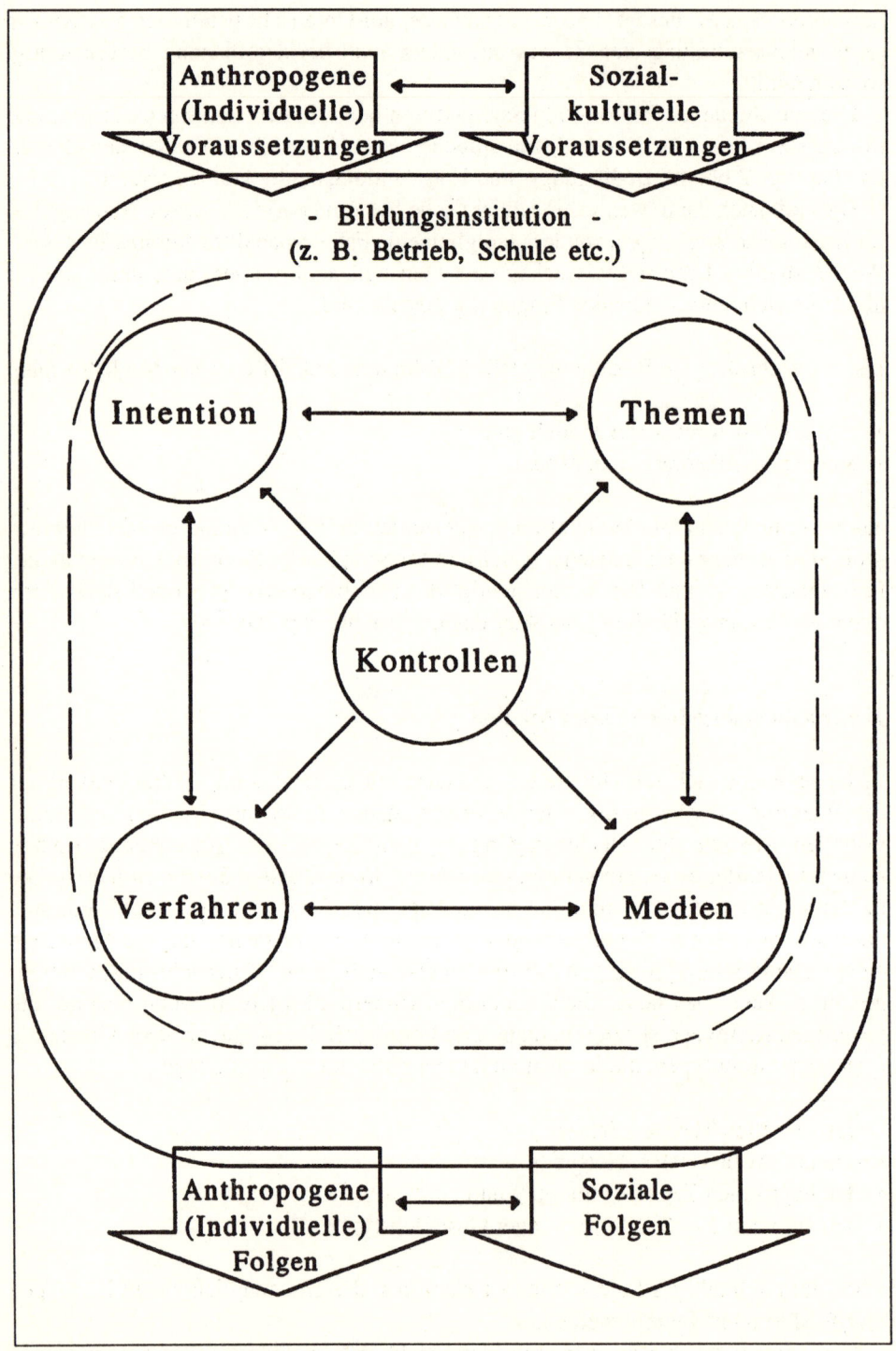

Abb. 48: Bedingungs- und Entscheidungsfelder von Unterricht

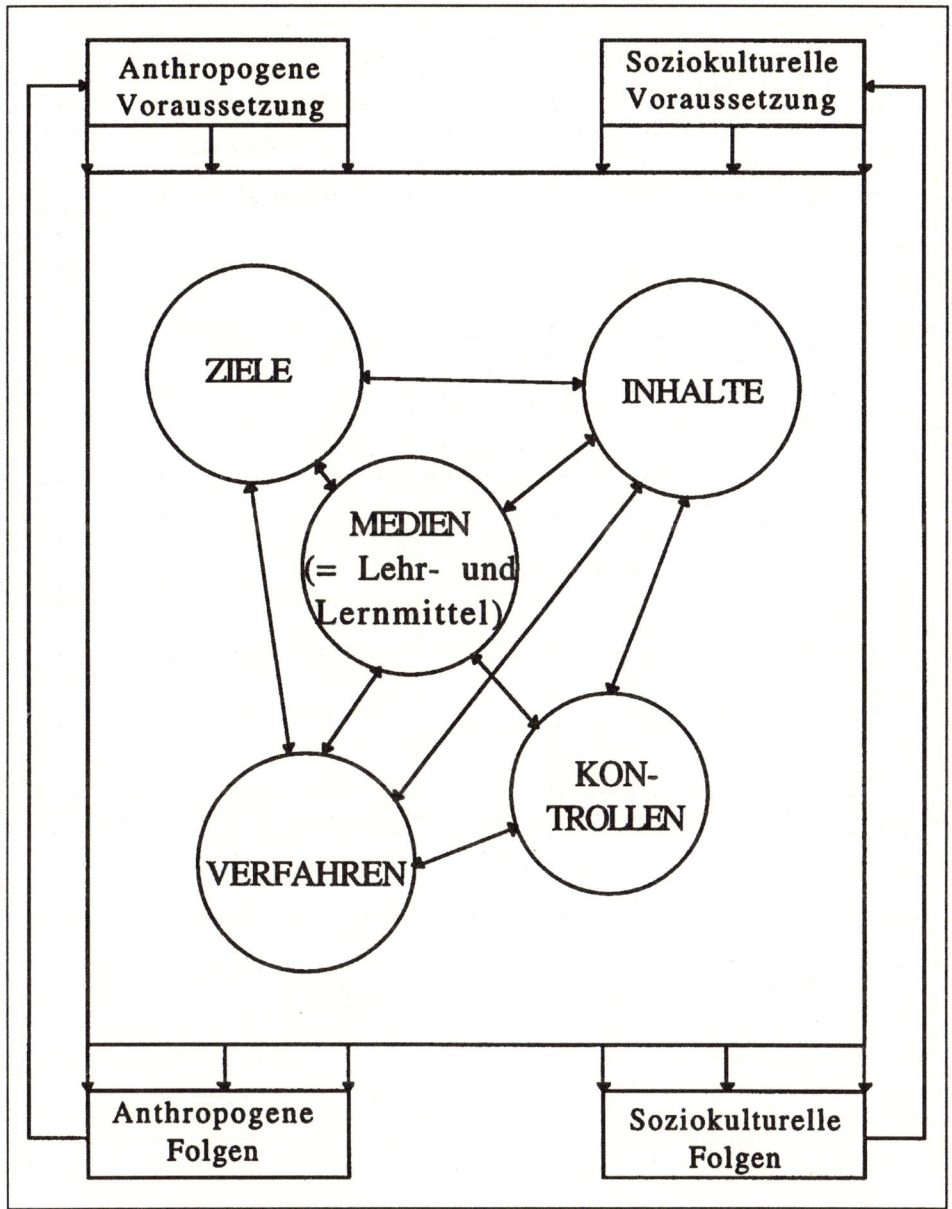

Abb. 49: Feldtheoretisches Modell des von Lehrer(n) und Schülern zu strukturierenden Systems „Unterricht"

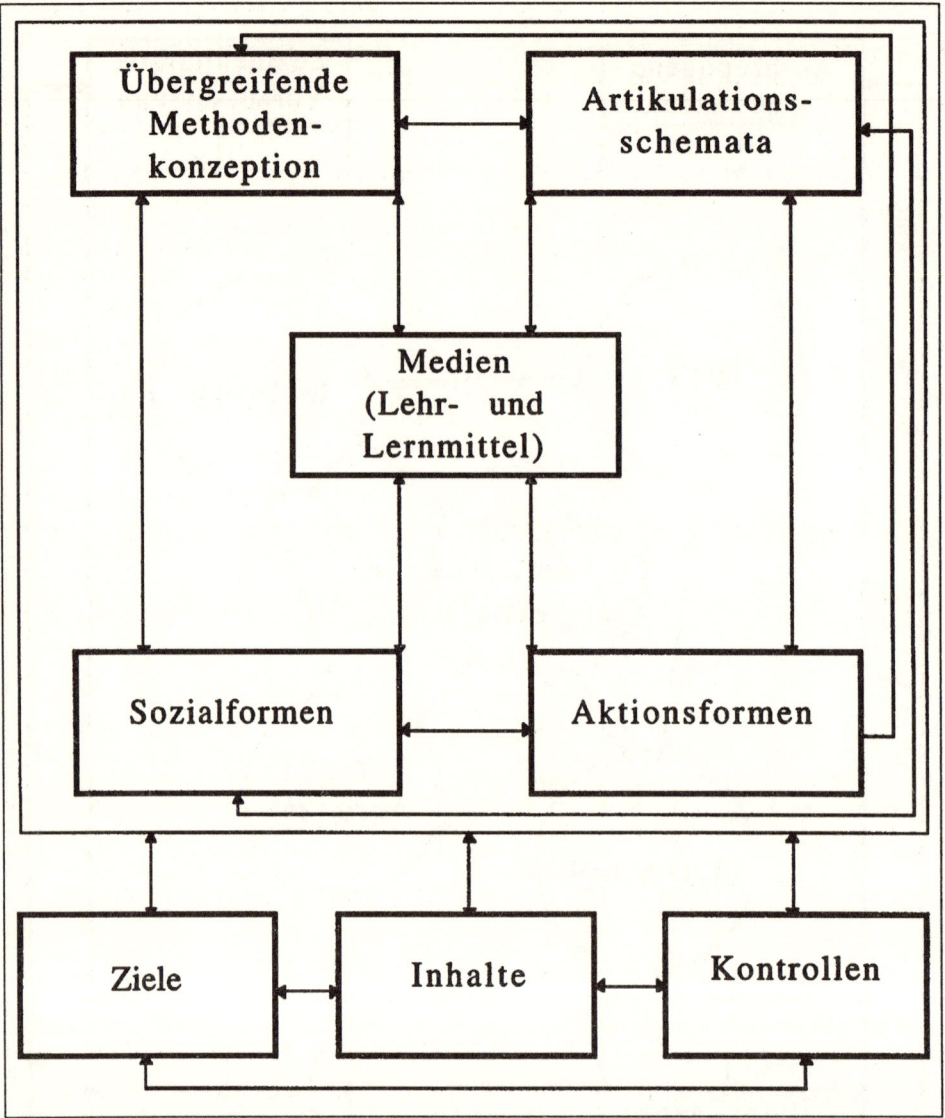

Abb. 50: Feldtheoretisches Modell der Beziehungen zwischen den Faktoren „Lehr/Lernmittel"
und „Verfahren" im System „Unterricht"

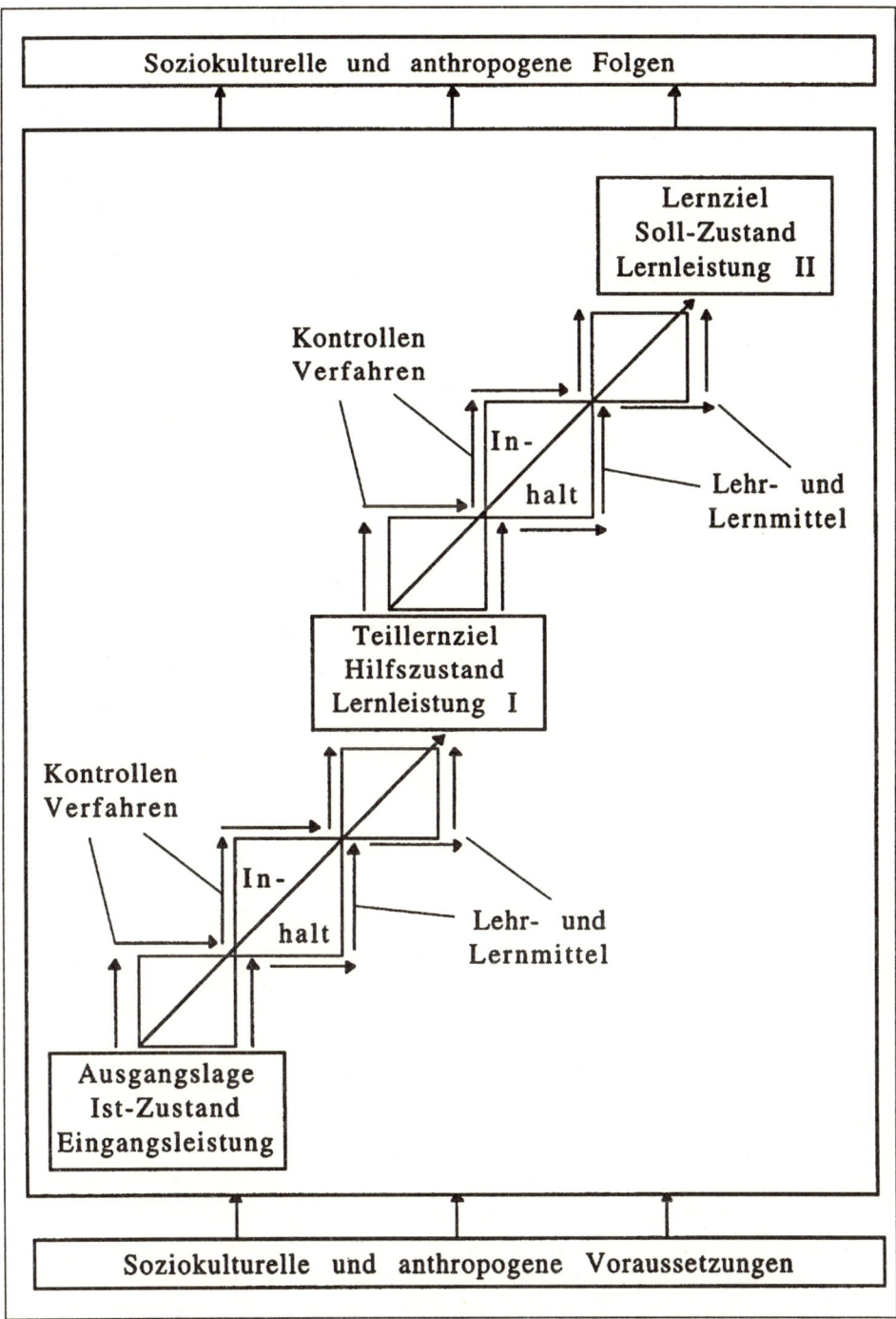

Abb. 51: Stufentheoretisches Modell des von Lehrer(n) und Schülern zu strukturierenden Systems „Unterricht"

weisen zusammengetragen, die die Wirksamkeit der Instruktion mit Hilfe unterrichtlicher Medien unterstreichen (vgl. dazu den 3. Teil).

Es werden – trotz kontroverser Positionen, Ansätze und Richtungen – in der *Mediendidaktik* heute die folgenden drei Erkenntnisse der Medienforschung allgemein akzeptiert:

1. Medien als unterrichtliche Hilfsmittel sind effektive Instrumentarien zur Verbesserung der Lernbedingungen des Unterrichts. Eine professionelle Lehrtätigkeit kann ohne sie nicht ausgeübt werden.
2. Medien sind keine bloßen Zusätze zum Unterricht, sondern können in zentrale Lehr- und Steuerungsprozesse eingreifen, das Lernen mithin wesentlich beeinflussen. Sie sind in der Lage, vielfältige didaktische Funktionen zu übernehmen (vgl. in diesem Abschnitt, 1. Material).
3. Medien als unterrichtliche Hilfsmittel können den Dozenten/ Trainer/Ausbilder in seiner Arbeit zwar unterstützen, entlasten, punktuell gar ersetzen, sie machen ihn aber keinesfalls überflüssig. Im Gegenteil: Wie sich gezeigt hat, erreichen unterrichtliche Hilfsmittel ihre volle Wirksamkeit erst, wenn der Dozent/Trainer/Ausbilder sie zum integralen Bestandteil seiner Unterrichtsplanung macht.

Diese drei zentralen Ergebnisse der neueren Medienforschung sind in vollem Maße auf den Bereich der Weiterbildung zu übertragen. Nimmt man sie hier ernst und legt sie einer Didaktik des Lernens mit Erwachsenen zugrunde (W. Jäckering/W. Schwebbach/J. Voelkner, 1980), so lassen sich viele Mängel und Defizite der heutigen Weiterbildungspraxis mit Erfolg angehen und mildern. Vor allem die beiden folgenden Gesichtspunkte haben hier in den Vordergrund zu treten:

1. Die neuere *Andragogik* hat mit Nachdruck herausgearbeitet, daß der Erwachsene bis ins hohe Alter hinein lern- und leistungsfähig bleibt, sofern ihm günstige Lernverhältnisse angeboten werden. Dazu gehört u. a., daß Schluß gemacht wird mit einer abstrakt-theoretischen *Vortragsdidaktik* und daß mit Hilfe von Medien ein konkret-anschaulicher, verständlicher und praxisbezogener Unterricht verwirklicht wird.
2. Die neuere Andragogik hat weiter gezeigt, daß der erwachsene Mensch erfolgreich nur lernt, wenn er im Lernfeld ernst genommen und selbständig gemacht wird. Moderne unterrichtliche Hilfsmittel ermöglichen es in hervorragender Weise, *partizipativ* zu arbeiten, das heißt teilnehmerzentrierte Lehr-/Lernverfahren zu nutzen, in denen die erwachsenen Lerner mit Hilfe der eingesetzten Medien zu eigenständigen, selbsterarbeiteten Lernergebnissen kommen. Es gibt deutliche Hinweise aus der Transferforschung (Transfer = Übertragung des im Lernfeld Erworbenen in das Funktionsfeld), daß solche eigenständig erarbeiteten Lernergebnisse wesentlich tragfähiger und dauerhafter sind. – Mit Hilfe von unterrichtlichen Medien können die Teilnehmer zu Partnern des Dozenten werden.

3. Übersicht der verfügbaren Medien

Die Geschichte der unterrichtlichen Medien zeigt, daß dieses Thema schon alt ist. Legt man nämlich einen sehr weiten Medienbegriff zugrunde, so sind alle materiellen Hilfsmittel, die in direkter Weise Lehr- und Lernprozesse unterstützen, zu den Medien zu rechnen.

Zwar herrscht ein relativ uneinheitlicher Gebrauch der Begriffe für solche didaktischen Hilfsmittel, die wir im vorliegenden Zusammenhang zusammenfassend als *Medien* bezeichnen, vor, jedoch zeigt eine historische Analyse (K. W. Döring, 1973), daß man entsprechend ihrer äußeren Beschaffenheit die folgende Medienübersicht geben kann:

Die große Gruppe der Medien umfaßt zunächst *vier Typen:*

• Bücher und Zeitungen
• Lehr- und Lernmaterialien
• Reale Gegenstände
• Audiovisuelle Medien

Diese vier Gruppen oder Typen lassen sich noch weiter untergliedern: siehe dazu Seite 74! (Vgl. 1. Teil, II F)

Derartige Gliederungen (= Medienklassifikationen) zeigen auf ihre Weise und deutlich, welche Fülle von Medien zu didaktischen Zwecken verfügbar ist (vgl. zur Frage der Medienklassifikation und -taxonomie: E. U. Heidt, 1976). Die verschiedenen Lehrmittelmessen legen davon reichlich Zeugnis ab. Hatten über lange Zeit hinweg verschiedene Didaktiker die Überlegenheit des einen Mediums gegenüber einem anderen zu erweisen versucht, so herrscht heute die Auffassung vor, es gelte, durch eine ausgewogene *Kombination verschiedener Medien* die bestmögliche didaktische Wirkung zu erzielen.

4. Medien in der Aus- und Weiterbildung

Im folgenden sollen aus der oben angedeuteten Vielzahl der verfügbaren unterrichtlichen Medien *solche* herausgegriffen und kurz behandelt werden, die sich in der beruflichen Aus- und Weiterbildung weitgehend durchgesetzt haben:

• Tafelanschrift, Tafelbild, Plakate, Pin-Karten;
• Arbeitsblätter und Arbeitsbögen;
• OH-Projektion (Arbeitsprojektion) und Diaprojektion;
• Film und Filmschleife;
• Programmierte Instruktion;
• Video und Fernsehen.

Tafelanschrift, Tafelbild, Plakate, Pin-Karten

Zwar gehört die mit Kreide zu beschriftende Wandtafel mit ihren inzwischen zahlreichen Nachfolgern (Magnettafeln, Hafttafeln, Flipcharts usw.) zu den „klassischen" Hilfsmitteln der Veranschaulichung („Visualisierung"), ihre Anwendung geschieht jedoch oft außerordentlich nachlässig. Viele Dozenten/Trainer/Ausbilder benutzen die Wandtafel mehr oder weniger gekonnt für „Plakat- oder Wandnotizen", nicht jedoch für eine didaktisch durchdachte Visualisierung des unterrichtlich behandelten Problems. Der Vorzug der Wandtafel liegt in ihrer großen Vielseitigkeit. Ein- oder mehrfarbig, für Schriftbilder und Zeichnungen gleichermaßen geeignet, leicht zu handhaben, wird die Tafel genutzt für

- Zeichnungen und Modelle,
- Übersichten und Zusammenfassungen,
- Begriffserläuterungen und Gliederungen u. v. a m.

Dabei sind zwei Formen der Tafelanschrift zu unterscheiden:
a) die vom Dozenten genau vorgeplante Form und
b) die während des Unterrichts spontan und meist in Zusammenarbeit mit den Teilnehmern (beim Lehrgespräch) realisierte Form.

Sowohl zur Unterstützung des *Lehrvortrags* wie als Hilfe beim *Lehrgespräch* ist die Wandtafel unerläßlich. Sowohl bei der exakt vorgeplanten Form wie bei der im Unterricht entwickelten Tafelanschrift sollten *Sorgfalt* und *Genauigkeit* sich mit *Übersichtlichkeit* verbinden. Besonders bei Anfängern empfiehlt es sich, Tafelbilder bereits vor Beginn der Unterrichtseinheit anzuschreiben. In diesem Fall kann das vorliegende Bild (Gliederung, Modell, etc.) eine gute Stütze für Lehrvortrag und Lehrgespräch sein, an dem sich der vielleicht noch etwas unsichere Dozent ständig orientieren kann.

Das für das Tafelbild Gesagte gilt gleichermaßen für das Plakat (= Flipchart). Hier ist jedoch der Vorteil der Wiederverwendung gegeben (Aufbewahrung in Plakat-Rollen!). Sehr flexibel und didaktisch vielseitig sind die Pin-Karten. Sie eignen sich vorzüglich für erarbeitende Unterrichtsprozesse (Unterrichtsgespräch, fragend-entwickelndes Lehrgespräch). Ihre Farbigkeit unterstützt den Fortgang des Unterrichts und die Entwicklung des Themas.

Arbeitsblätter und Arbeitsbögen

Besonders bei den Lehr- und Sozialformen mit teilnehmerzentrierten Arbeitsformen kommen Arbeitsblätter und Arbeitsbögen zum Einsatz. Jedoch auch Lehrvortrag und Lehrgespräch können eine sinnvolle Anwendung bieten (vgl. in diesem Abschnitt, 1. Materialien!).

- Teilnehmerzentrierte Verfahren:
  Arbeitsblätter und Arbeitsbögen als Anleitung zur selbständigen *Erarbeitung*, ebenso zur Vertiefung, Übung und Wiederholung,
- Lehrvortrag und Lehrgespräch:
  Arbeitsblätter und Arbeitsbögen vor allem zur Vertiefung, Übung und Wiederholung.

Arbeitsblätter und Arbeitsbögen sind Medien, die sich aus den *Arbeitsmitteln* heraus entwickelt haben. Innerhalb der Gruppe der Arbeitsmittel sind es besonders die *Arbeitsanweisungen,* die auf die Entstehung der Arbeitsblätter und Arbeitsbögen eingewirkt haben. Ein anderer Einfluß entstammt der Programmierten Instruktion mit ihren spezifischen Aufgabentypen.

Arbeitsblätter und Arbeitsbögen sind als unterrichtliche Hilfen besonders aus drei Gründen sehr verbreitet und beliebt:

a) Sie lassen sich durch Umdruck, Fotokopie usw. leicht herstellen;

b) sie sind u. a. deshalb sehr genau auf die didaktischen Erfordernisse des jeweiligen Unterrichts abzustellen.

c) Einfache Herstellung und didaktische Flexibilität werden ergänzt durch eine wahrscheinlich hohe Effektivität, die ihrerseits auf das hohe Maß an Aktivierung bei den Lernenden sowie die für die Bearbeitung wichtige Überschaubarkeit und Handlichkeit zurückzuführen ist.

Die inhaltlichen Gestaltungsmöglichkeiten sind praktisch unbegrenzt, weshalb darauf hier nicht näher eingegangen werden kann. Wichtig ist besonders, daß die Gestaltung der Arbeitsblätter und Arbeitsbögen sorgfältig und mit didaktischem Geschick vorgenommen wird. Wie beim Tafelbild ist festzustellen, daß eine nachlässige, unübersichtliche, ästhetisch unbefriedigende äußere Form den Arbeitsanreiz und die Lernmöglichkeiten von vornherein beeinträchtigen.

Overheadprojektion (Der Arbeitsprojektor) und Diaprojektion

Die didaktische Nutzung des OH-Projektors – neuerdings hat sich die Bezeichnung „Arbeitsprojektor" durchgesetzt – wird noch immer beeinträchtigt durch den unausgesprochenen didaktischen Hintergrund, dem der OH-Projektor seine Entstehung verdankt: Der Projektor war ursprünglich als eine lichtoptisch projizierte Wandtafel konzipiert worden, bei der das Bild über den Kopf des Lehrenden hinweg (= over head) projiziert wird und dieser zu keiner Zeit den Blickkontakt mit den Lernenden verliert. Der Lehrende muß den Lernenden nicht wie bei der Kreidetafel beim Schreiben den Rücken zuwenden. Dieser dem Arbeitsprojektor zugrundeliegende lehrerzentrierte Grundsatz, der zugleich einen autoritären Aspekt in den Sozialbeziehungen mit sich führen kann, sowie das Technisch-Maschinelle des Projektors bewirken, daß manche Dozenten die vielfältigen Möglichkeiten dieses Mediums nicht wahrnehmen und nutzen. Folgende methodische *Nutzungsformen* des Arbeitsprojektors sind zu unterscheiden:

* „Schreibprojektor
  In dieser Funktion gleicht der Arbeitsprojektor einer technisch verbesserten Wandtafel. Eine transparente Folie kann mit wasser- oder spirituslöslichen Faserschreibern in verschiedenen Farben beschriftet werden. Solche Transparentfolien lassen sich abrollen und sind je nach Bedarf auch wiederverwendbar.

- **Demonstrationsprojektor**
  Selbstproduzierte oder gekaufte Folien werden auf die in der Regel 25 x 25 cm
  große Projektionsfläche gelegt. Mehrere übereinandergelegte Folien (sog. Over-
  lays) können Entwicklungen sukzessive festhalten oder als sog. blinde Karten
  usw. Verwendung finden. Neben solchen Mehrfach- oder Aufbautransparenten
  können auch bewegliche Plexiglasmodelle physikalische Abläufe dynamisch
  wiedergeben. Ein Zusatzgerät veranschaulicht Bewegungsabläufe, indem es mittels eines Polarisationsverfahrens eine Bewegung von an sich statischen Vorlagen
  zu simulieren vermag [...].

- **Diaprojektor**
  Seit einigen Jahren sind auch Arbeitsprojektoren auf dem Markt, die im Projek-
  tionskopf eine Vorrichtung für die Wiedergabe von Diapositiven eingebaut haben.
  Mangelnde Bildschärfe an den Rändern des projizierten Dias infolge der im allge-
  meinen weitwinkligen Projektion ist der Hauptgrund, warum der spezialisiert ein-
  gesetzte Arbeitsprojektor die übliche Diaprojektion nicht vollwertig ersetzt. Die
  Overhead-Diaprojektion bietet hingegen oft eine willkommene methodische Hilfe"
  (A. Fröhlich, 1974, S. 58).

- **Arbeitsprojektor** (i.e.S.)
  Für juristische, wirtschaftswissenschaftliche, politische, organisationssoziologische
  und mathematische Fragestellungen kann der Arbeitsprojektor im eigentlichen
  Sinne besonders gut eingesetzt werden. Die Wandtafel wird hier ersetzt durch eine
  Projektionsfläche, auf der übersichtlicher und leichter gearbeitet werden kann als
  auf einer vertikalen Wandtafel.

- **Schattenprojektor**
  In Einzelfällen lassen sich auch einmal Gegenstände als Schatten projizieren.

Vergegenwärtigt man sich diese verschiedenen Nutzungsformen des Arbeitsprojektors, so ergibt sich, daß er durchaus mehr ist als eine verbesserte Wandtafel:

Ein Medium nämlich, das

- bei allen Lehr- und Sozialformen eingesetzt werden kann,
- dabei für alle vorkommenden Unterrichtsphasen geeignet sein kann: für Einstieg
  und Motivation ebenso wie für die Erarbeitung von Aufgabenstellungen, die
  Klärung von Arbeitswegen, die Zusammenfassung, Vertiefung, Übung und Wiederholung, aber auch für die Sicherung des Unterrichtserfolges (Erfolgskontrolle).
- auch die Teilnehmer erfolgreich nutzen können: Entwicklung eigener Gedan-
  kengänge, Ergebnispräsentation etc.

Film und Filmschleife

Innerhalb der audiovisuellen Medien ist der Film mittlerweile schon ein traditionsbeladenes Medium, obwohl er noch nicht einmal 100 Jahre alt ist. Man unterscheidet im allgemeinen vier große Gruppen von Filmen, die didaktisch eingesetzt werden:

* Stummfilme und
* Unterrichtsfilme und

* Tonfilme
* Spielfilme

Innerhalb der Gruppe der stummen Unterrichtsfilme hat sich in den letzten Jahren die sog. Filmschleife, auch „Arbeitsstreifen" oder „Elementfilm" oder „Single-Concept-Film" genannt, sehr stark durchgesetzt, wiewohl auch noch kaum in der Weiterbildung.

Die vier Formen des Films:

	Spielfilm	Unterrichtsfilm
Stummfilm	1. Form	3. Form u. a. der Arbeitsstreifen (Filmschleife, Elementfilm)
Tonfilm	2. Form	4. Form

Diese vier Formen des Filmes existieren in technischer Hinsicht in folgenden Arten:

* 16 mm-Film
  Dieses Filmformat ist das klassische Format für den Unterrichtsfilm: Bis vor kurzem wurden sämtliche über kommerzielle Verleiher zu beziehenden Filme für Schule und Unterricht (auch in außerschulischen Bildungsbereichen) ausschließlich in diesem Format angeboten. Die 16 mm-Apparaturen sind (gegenüber dem 35 mm-'Kinoformat') leicht zu handhaben, gleichzeitig ist die 16 mm-Bildqualität ausreichend, um auch vor größerem Publikum eine befriedigende Projektion zu garantieren.

* 8 mm-Film
  Der sog. Normal-8-Film genügt unterrichtlichen Anforderungen nur beschränkt. Entstanden aus dem Bedürfnis nach einer wirtschaftlicheren Verwendung des Filmmaterials, ist das halbierte 16 mm-Format bei gleicher Projektionsgröße von viermal geringerer Bildqualität.

* Super-8-Film
  Erst der 1965 entwickelte Super-8-Film schuf durch Modifikation der Perforierung eine gegenüber dem Normal-8-Film um 50% vergrößerte Bildfläche, die auch unterrichtlichen Ansprüchen genügt. Das Super-8-System hat folgende Vorteile:

- leichte Handhabung der Apparaturen,
- relativ billige Hard- und Software (= Gerät und Film),
- Software-Eigenproduktionen auch ohne besondere technische Kenntnisse sind jederzeit möglich.
  Nachteilig – zumindest bis heute – wirkt sich beim Super-8-System die für die unterrichtlichen Bedürfnisse nur knapp ausreichende Tonqualität aus. Vorläufig überwiegt im Unterrichtsfilmangebot dieses Formats noch immer der Stummfilm.

- Super-8-Kassette
  Die vorangehend aufgeführten Vor- und Nachteile des Super-8-Films gelten in gleichem Maße auch für die Super-8-Kassette, „die gegenwärtig in zwei verschiedenen Systemen auf dem Markt ist und die sich bezüglich der Tonwiedergabe noch in der Entwicklung befindet [...] Die Filmkassette wird in Zukunft auf dem Unterrichtsfilm-Sektor die konventionellen Filmspulen mehr und mehr verdrängen [...]" (A. Fröhlich, 1974, S. 64/65).

Zur *Filmschleife* (Arbeitsstreifen, Elementfilm, Single-Konzept-Film) ist zu sagen, daß diese 4-bis-8-Min.-Filme als filmische Montageteile für den Unterricht konzipiert wurden. Es wird ein eng begrenzter Sachverhalt, z. B. die Funktionsweise des Otto-Motors, Aufbau und Konstruktion eines Kaltdaches usw., im Film dargestellt, wobei durch Trickfilm-Einblendungen oder bewegte Modelle in Zeitlupe besonders gut Funktionszusammenhänge verdeutlicht werden können.
    Der Umstand, daß der didaktische Aufwand beim Einsatz der Filmschleife sehr gering ist, die didaktischen Nutzungsmöglichkeiten dagegen als sehr hoch zu veranschlagen sind, erklärt wahrscheinlich die Verbreitung, die dieses Medium in den letzten Jahren gefunden hat.

Didaktische Vorteile der Filmschleife sind:

- Große Flexibilität: Die Filmschleife ist für alle Artikulationsstufen des Unterrichts einsetzbar: Problemstellung, Motivation, Erarbeitung, Vortrag, Zusammenfassung, Wiederholung, Erfolgssicherung und -kontrolle.
- Didaktische Offenheit: Die Filmschleife zwingt dem Dozenten nicht eine bestimmte Arbeitsweise auf, sondern läßt dem Lehrenden freie Hand für die eigene Planung.
- Lehrobjektivierung: Die Filmschleife erweitert bei einer systematischen Anschaffung das didaktische Repertoire des Dozenten erheblich, weil sie wichtige Elemente des Unterrichtsangebots dauerhaft speichert.

Programmierte Instruktion
(Vgl. dazu in diesem Abschnitt den 3. Baustein!)
Die Programmierte Instruktion existiert heute in zwei Formen:
- der der Buchprogramme und
- der der Lehr- und Lernmaschine.

Angesichts der finanziellen Probleme, die die Anschaffung der zumeist außerordentlich kostspieligen Lehrmaschinen aufwerfen, stellen die *Buchprogramme* heute eindeutig die wichtigere Medienform innerhalb der Programmierten Instruktion dar. Auf die Entwicklung der Buchprogramme haben im wesentlichen zwei wissenschaftliche Richtungen Einfluß genommen:

- die informationstheoretisch-kybernetische Richtung,
- die lern- und verhaltenspsychologische Richtung.

Besonders in praktischer Hinsicht, nämlich der konkreten Entwicklung einsatzfähiger Programme, war die lern- und verhaltenspsychologische Richtung wichtig. Von dieser her läßt sich ein Buchprogramm folgendermaßen bestimmen:

Ein Buchprogramm stellt ein Verfahren dar, mit dessen Hilfe einem Lernenden gezielte *Verstärkungen* für bestimmte – zumeist intellektuelle – Reaktionen bzw. Leistungen geboten werden. Dies geschieht in systematischer Form in einem Lernverfahren „der kleinen Schritte", bei dem auf jede einzelne Reaktion oder Antwort sogleich eine Rückmeldung (feedback) geboten wird.

Das Buchprogramm stellt also kurz gesagt ein Medium dar, das Reize (= Lernreize) bietet und Antworten (= Reaktionen) fordert und das außerdem in der Lage ist, sofortige Bestätigungen für die Richtigkeit der Antworten zu erteilen.

Damit dürfte deutlich geworden sein, daß ein Buchprogramm eine Art *Arbeitsbuch* darstellt, mit dem der Lernende in einer Art Selbststudium ohne Unterstützung durch den Dozenten arbeiten kann. Man unterscheidet nun vier verschiedene Programmformen:

- Lineare Programme
- Konstruktions-Antwort-Programme
- verzweigte Programme
- Auswahl-Antwort-Programme

Damit ergibt sich folgende Übersicht:

	Konstruktions-Antwort-Programme	Auswahl-Antwort-Programme
Lineare Programme	1. Form	2. Form
Verzweigte Programme	3. Form	4. Form

Auf lernpsychologische Hintergründe der Programmierten Instruktion kann hier nicht näher eingegangen werden. Hier interessieren mehr die unterrichtspraktischen Probleme. Daher zu den vier genannten Programmen hier nun folgende Erklärung:

Die verschiedenen Arten von Buchprogrammen entspringen den je verschiedenen Weisen, in denen die Lerneinheiten dem Lernenden angeboten werden:

Entweder läßt man den Teilnehmer die Antworten auf die Programmfragen selbst konstruieren oder formulieren, oder man bietet ihm eine Reihe schon vorgefertigter Antworten an und läßt ihn dann die richtige auswählen. In diesen beiden Fällen hat man sich entweder für Konstruktions- oder Auswahl-Antwort-Programme zu entscheiden. Sodann muß eine Wahl getroffen werden, ob der Lernende geradlinig – gleichsam auf einer einzigen verfügbaren Lernspur – oder aber mit Umwegen – entsprechend seinen Fehlern – unter Zuhilfenahme sog. Programmschleifen zum Ziel geführt wird. In den beiden letzten Fällen hat man es entweder mit linearen oder verzweigten Programmen zu tun.

In wissenschaftlichen Untersuchungen konnte bislang – entgegen dem ersten Anschein – keine Überlegenheit der einen Programmform gegenüber der anderen nachgewiesen werden.

Die *didaktische Bedeutung* der Programmierten Instruktion liegt

- in der genauen Vorausplanung der Lernschritte,
- der flexiblen Zeiteinteilung für den Lernenden,
- der hohen Lernintensität und Genauigkeit der Arbeit begründet.

Ihre große Problematik dagegen ist mit dem ihr zugrunde liegenden äußerst primitiven Lernkonzept gegeben (vgl. 2. Teil, I und II!). Lernen wird hier nämlich behavioristisch als Änderung beobachtbaren Verhaltens interpretiert, nicht jedoch als ein internaler, kognitiver Prozeß der Verarbeitung von Informationen, was Lernen ja in Wahrheit ist. – Wenn mit Programmen trotz der „falschen" Lerntheorie, die ihnen zugrunde liegt, dennoch gut gelernt werden kann, so liegt das an den folgenden Merkmalen eines Programms:
- Zerlegung in kleine, logisch aufeinander aufbauende Lernschritte,
- sofortige Rückmeldung über die Richtigkeit des eigenen Lernschrittes.

Beide Gesichtspunkte können freilich gerade bei Erwachsenen auch Frustrationen und Abneigungen auslösen. Daher sollten Unterrichtsprogramme – wie andere Medien auch – nur punktuell und nicht über längere Zeit eingesetzt werden.

Ein weiterer *Nachteil* der vorgefertigten Buchprogramme besteht in der spezifischen *Starrheit* dieses Mediums, das die didaktische Entscheidungsfreiheit des Dozenten letztlich auf die Frage einengt, ob er das Programm einsetzen will oder nicht. Alles andere ist vorgegeben und nicht veränderbar. Daher bemühen sich einige Dozenten sinnvollerweise darum, selber Programme bzw. Programmteile für den eigenen Bedarf zu schreiben.

5. Zur Didaktik der unterrichtlichen Medien

Die Forderung, eine „Didaktik der unterrichtlichen Medien" als eigenständige Disziplin oder Theorie zu entwickeln, muß unter den derzeitigen didaktischen Perspektiven als verfehlt angesehen werden. Wenn also z. B. A. Fröhlich beklagt, daß es „weder eine systematische 'Theorie der Bildung' durch audiovisuelle Unterrichtsmittel noch eine Theorie für die mit Hilfe auditiver, visueller und audiovisueller Lehr- und Lernverfahren vermittelten Bildungsinhalte" gibt (A. Fröhlich, 1974, S.103), und außerdem feststellt, daß Bemühungen „keinen brauchbaren Ansatz" (ebd.) abgeben, die Medien im Rahmen der allgemeinen Didaktik zu behandeln, so vernachlässigt er die Hilfsmittel-Funktion der Medien.

Medien haben keinen selbständigen Charakter im didaktischen Gefüge. Sie erhalten ihren Stellenwert und ihre Wirkung von dem Kontext (Beziehungsgeflecht), in den sie gestellt werden. Insofern liegt es auf der Linie der neueren Medien-Diskussion, wenn eine „Didaktik der unterrichtlichen Medien" nur als Teildisziplin der *Allgemeinen Didaktik* entwickelt und betrieben wird.

3. Baustein:
Die Programmierte Instruktion

1. Einleitung: Begriffe

Schon sehr früh wurde darauf hingewiesen, daß der verbreitete Begriff „Programmierter Unterricht" insofern problematisch ist, als ein Programm weder selbst Unterricht im umfassenden Sinne darstellen noch Unterricht als Ganzes tragen kann. Ein Unterrichtsprogramm ist immer selbst ein Teil des Unterrichts und kann von daher nicht über diesem Ganzen stehen. Insofern sind die Begriffe „*Programmierte Instruktion*", „*Programmierte Unterweisung*" oder „*Programmiertes Lernen*" treffender und auch folgerichtig weiter verbreitet. Im vorliegenden Baustein wird durchgängig die erste der drei genannten Bezeichnungen in der Abkürzung (PI - Programmierte Instruktion) verwendet.

Der Begriff „*Frame*" bezeichnet den einzelnen Lernschritt: Also Aufgabenstellung plus Lösung. Unter „*Verstärkung*" versteht man einen als positiv erlebten subjektiven Effekt, wie er sich nach einem Lernerfolg einstellen kann. Bei „*intrinsischer Motivation*" verstärkt sich das Individuum selbst, bei „*extrinsischer Motivation*" kommt diese von außen (z. B. Lob des Dozenten/Trainers/Ausbilders).

2. Unterrichtstechnologie und Objektivierung von Lehr-/Lernverfahren

Der Begriff Unterrichtstechnologie deutet an, daß Unterricht hier im technologischen Sinne konstruiert und präsentiert werden soll. Dabei bedeutet „Technologie" zweierlei:

- einmal, daß die Trägerschaft des Unterrichts weitgehend auf Technologien, also Maschinen, Geräte oder Materialien übergeht,

- zum anderen, daß Unterricht planmäßig konstruiert, gesteuert und kontrolliert werden soll. Der Terminus „Technologie" kennzeichnet danach die Anwendung wissenschaftlicher Verfahren bei der Lösung praktischer sozialer Probleme und damit auch von Unterrichtsproblemen.

Im modernen Sinne und in Verbindung mit der Systemtechnik beschäftigt sich Unterrichtstechnologie mit der Entwicklung, Einführung und Verbesserung von Medienverbund- oder Lernsystemen. Die Nähe von Unterrichtsprogrammen zu derartigen Entwicklungen bedeutet, daß die PI einen bestimmten Teilbereich einer modernen Unterrichtstechnologie ausmacht.

Dies ist im Prinzip möglich, weil mit den Programmen Lehr-/Lernprozesse ganz oder teilweise *„objektiviert"* werden können. Der Begriff *„Objektivierung"* bedeutet dabei im didaktischen Sinne, daß bestimmte (keineswegs alle!!!) Lehrfunktionen des

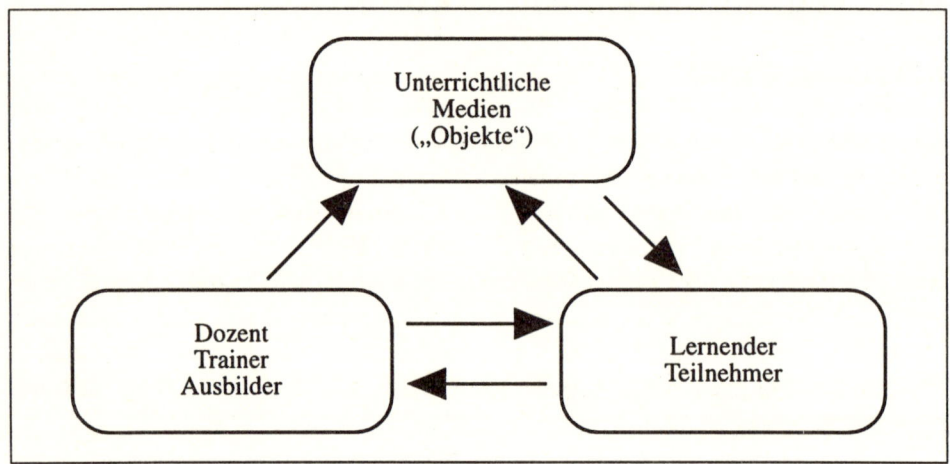

Abb. 52: Modell: „Objektivierung" im Unterricht

Dozenten/Trainers/Ausbilders auf spezifische Objekte (= unterrichtliche Medien) übertragen werden.

Für die PI bedeutet dies, daß Unterrichtsprogramme die Funktion der Informationsübermittlung übernehmen, d. h. die Funktion der Instruktion durch das Programm objektiviert ist. Der Dozent/Trainer/Ausbilder wird dadurch frei für andere Tätigkeiten, z. B. für eine intensive Beschäftigung mit einzelnen Teilnehmern bzw. Gruppen von Teilnehmern.

Der Lernende wiederum kann sich selbständig mit dem unterrichtlichen Medium auseinandersetzen, ohne daß sich der Dozent/Trainer/Ausbilder als Personfaktor ständig dazwischenschiebt. Damit wird der Unterricht durch Objektivierung versachlicht, wobei soziale Beziehungen nicht unmöglich gemacht werden. Im Gegenteil: Die Kommunikation mit dem von Instruktionsaufgaben entlasteten Dozenten/Trainer/

Ausbilder wird für Teilnehmer jetzt leichter möglich. Da sich darüber hinaus die Teilnehmer auch in Partner- oder Gruppenarbeit mit dem unterrichtlichen Medium auseinandersetzen können, ist auch von daher ein objektivierter Unterricht keineswegs gleichzusetzen mit einem unpersönlichen Unterricht.

3. Die lerntheoretische Basis der Programmierten Instruktion

Die PI gehört zweifellos zu den sehr jungen unterrichtlichen Medien, die wir in der Didaktik zur Verfügung haben. Zwar lassen sich einige Tendenzen bis 1926 (Entwicklung eines Testgeräts von S. L. Pressey) zurückverfolgen, der eigentliche Grundstein für die PI aber wurde erst *1954* gelegt, als B. F. Skinner seinen berühmten Aufsatz „Die Wissenschaft vom Lernen und die Kunst des Lehrens" veröffentlichte.

In diesem Aufsatz behandelt Skinner einen zentralen Begriff der PI: den der *Verstärkung*. Fragen der Steuerung des Verhaltens von Organismen waren besonders in der Tierverhaltensforschung untersucht worden. Dabei hatte sich gezeigt, daß mit Hilfe gezielt verabreichter Verstärkungen eine beinahe beliebige Änderung im Verhalten von Tieren herbeigeführt werden konnte (=Effektgesetz). Zwar ist die lernpsychologische Basis der PI durchaus etwas breiter, sie braucht hier aber nicht weiter behandelt zu werden.

Für den vorliegenden Zusammenhang genügt es, daß Skinner den Gedanken des Lernens am Erfolg, den er aus dem Effektgesetz herleitete, konsequent auf menschliches Lernen übertrug und das Lernmodell des *„operativen Lernens"* entwickelte:

Danach lernt der Mensch dadurch, daß er das Ergebnis seines Handelns prüft und das weitere Verhalten vom Ergebnis dieser Prüfung abhängig macht. Skinner unterstellt nun, daß erfolgreiches Verhalten den Menschen antreibt (=Motivation), neue Lernanstrengungen auf sich zu nehmen, während Mißerfolge diese Bereitschaft schwächen oder lähmen. Er kritisiert den traditionellen Unterricht in scharfer Form, da dieser ungeeignet sei, den Lernenden in *systematischer Form* das Maß an Verstärkungen (= Lernerfolgen) zu ermöglichen, das nötig sei, um auf Dauer effektiv zu lernen.

Den Ausweg aus dieser Misere sieht Skinner in der Technologie der Unterrichtsprogramme. PI ist für ihn *das* Hilfsmittel, um optimal lernen zu lassen. Zu diesem Zweck wird der Lernstoff in eine Fülle kleiner Lernschritte zerlegt, die der Lernende nacheinander bearbeiten muß. Sie sind so gestaltet, daß etwa 95% der Lernenden, für die das Programm konstruiert ist, richtig antworten können. Nach jedem Lernschritt erfolgt unmittelbar die Kontrolle. Diese wird immer von mindestens 95% der Teilnehmer als Verstärkung erlebt und motiviert auf diese Weise für weiteres Lernen.

Dieser relativ einfache Ansatz der Skinnerschen Programmiertechnik deckt zwar nicht die ganze lerntheoretische Basis der PI ab, er war aber so praktikabel, daß er der heute am weitesten verbreitete Ansatz ist. Kritiker bestreiten Skinner freilich zu Recht, daß er mit seinen Lernprogrammen und seiner Lerntheorie eine akzeptable Basis zum Verständnis der vielschichtigen kognitiven Verarbeitungsmöglichkeiten des menschlichen Verstandes und Geistes gefunden habe. Dazu ist sein behavioristischer

Ansatz nun wahrlich zu dürftig! Wer Lernen als geistigen Prozeß auf Kategorien beobachtbaren Verhaltens zurückschraubt, beraubt sich selber grundlegender Möglichkeiten des Verständnisses. Gerade für das Lernen und das Selbstverständnis des Erwachsenen kann daher das behavioristische Modell Skinners eine regelrechte Provokation darstellen. Die Häppchenstrategie, das ständige Verstärken, der streckenweise primitive Aufbau können Frustration und Lernunlust bewirken, wenn über längere Strecken auf diese Weise gelernt werden soll. Kurze Sequenzen zur Vermittlung einfacher fachlicher oder begrifflicher Zusammenhänge eignen sich jedoch durchaus.

Eine andere Möglichkeit, PI in der Weiterbildung mit Erwachsenen praktisch nutzbar zu machen, besteht darin, kleine Programmsequenzen selber zu schreiben auf der Basis einer kognitiven Lernpsychologie: nämlich ganz einfach kluge abwechslungsreiche Aufgabenstellungen an kleinere Informationsteile anzuhängen und sogleich anschließend eine Rückmeldung zu geben. Eine solche „pädagogische Programmierung" bedient sich dann nur noch der Struktur der Skinnerschen Programme (= logischer Aufbau, schrittweises Vorgehen, Rückmeldung), nicht mehr jedoch der problematischen Lernpsychologie.

4. Programmformen und Programmträger

Programmiertes Lernen kann entweder in Form eines Buchprogramms oder mit Hilfe einer Lehrmaschine angeboten werden.

Im Prinzip kann jedes Programm entweder als Buch- oder Maschinenprogramm konstruiert werden, da Buch oder Maschine lediglich als Träger zu bezeichnen sind. Es gibt nun verschiedene Arten des Programmierens und daher auch verschiedene Arten von Buchprogrammen. So können etwa die Antworten, die der Lernende im Programm geben soll, von ihm selbst konstruiert werden. In diesem Fall haben wir ein *Konstruktions-Antwort-Programm* vor uns. Wenn aber der Lernende lediglich aus einer Zahl vorgegebener Antworten die richtige auszuwählen hat, so haben wir es mit einem *Auswahl-Antwort-Programm* zu tun.

Zwei weitere Programmformen sind danach zu unterscheiden, nämlich die, wie die Anordnung der Lehrschritte beschaffen ist. *Lineare Programme* sind solche, bei denen der in Abb. 53 oben dargestellte Ablauf vorgesehen ist.

Kombiniert man die zwei Programmformen „Konstruktions-Antwort-Programm" und „Auswahl-Antwort-Programm" mit den Möglichkeiten „linear" und „verzweigt", so ergeben sich vier Variationen:

	linear	verzweigt
Konstruktions-Antwort-Programm	1	2
Auswahl-Antwort-Programm	3	4

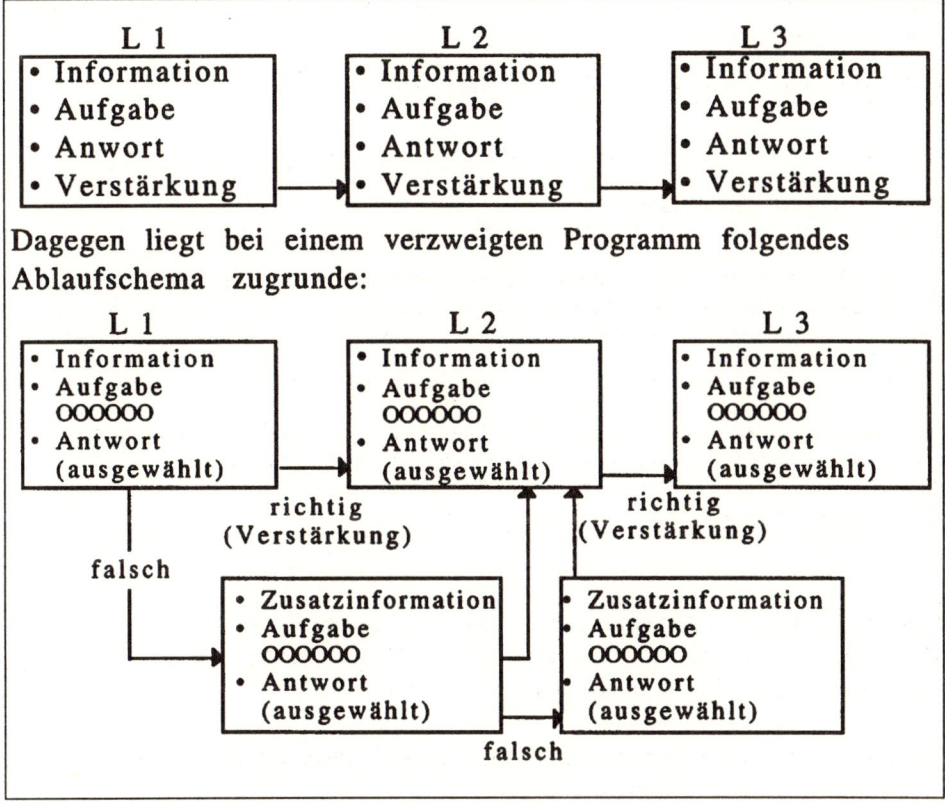

Abb. 53: Programmformen der Programmierten Instruktion

Da diese vier Formen – wie schon ausgeführt – einmal als Buch-, zum anderen aber als Lehrmaschinenprogramme konstruiert werden können, ergeben sich acht denkbare Programmformen. Verzweigte Konstruktions-Antwort-Programme und lineare Auswahl-Antwort-Programme kommen aber aus naheliegenden Gründen relativ selten vor. Daher muß man letzlich nur von zwei bzw. vier gebräuchlichen Programmformen sprechen.

Als nächstes folgen *zwei Programmbeispiele*.

Zunächst ein Ausschnitt aus einem linearen *Konstruktions-Antwort-Programm* in der Art Skinners, das für Studenten (!) geschrieben ist (vgl.: W. Corell/ H. Schwarze, 1970, Lernschritte Nr.1-3 bis 1-8).

Lernen ist ein Prozeß der Wechselwirkung zwischen Mensch und Umwelt. Es läßt sich sowohl vom (......) als auch vom sozial-kulturellen Standpunkt aus betrachten.

Richtige Antwort: biologischen

Diesen beiden Aspekten, dem (......) und dem (......) lassen sich verschiedene Auffassungen vom Lernprozeß zuordnen.

Richtige Antwort: a) biologischen; b) sozial-kulturellen

Dieser Lern- oder (......) -prozeß bewirkt eine Anpassung der Anlagen an die Umwelt.

Richtige Antwort: Entwicklungs-

Die Fähigkeit, sich durch (......) zu entwickeln, ist erforderlich, da der Mensch von Natur aus nur über eine relative dürftige Ausstattung an Instinkten verfügt.

Richtige Antwort: Lernen

Eine reichhaltigere Instinktausstattung würde die Notwendigkeit zu (......) reduzieren; sie brächte aber auch eine geringere Anpassungsfähigkeit an neue Situationen mit sich.

Richtige Antwort: lernen

Das zweite Beispiel entstammt einem *„Auswahl-Antwort-Programm"* (vgl. Crowder, 1969) das für Schüler und Erwachsene konstruiert wurde, welche über einige Anfangsgründe der Algebra verfügen:

Wir haben den Ausdruck b^n erklärt. Er bedeutet „das Produkt, das man erhält, wenn man die Zahl b n-mal als Faktor verwendet".
Also z. B.:
$2^3 = 2 \times 2 \times 2 = 8$
$3^2 = 3 \times 3 = 9$
$b^2 = b \times b$
usw.

Wir haben gelernt, daß in einem Ausdruck von der Form b^n die Zahl b die Basis und die Zahl n der Exponent genannt wird.

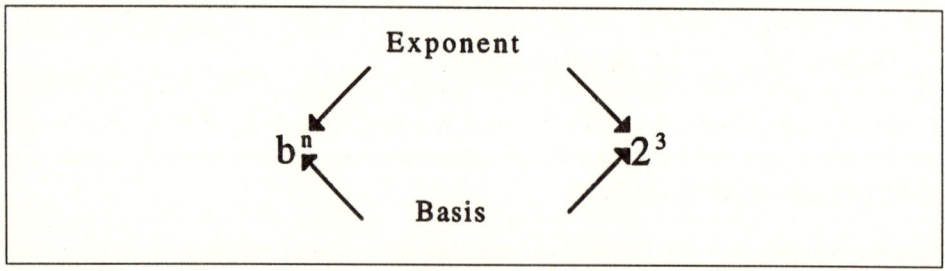

Schließlich haben wir gesehen, daß ein Ausdruck wie z. B. 2^3 gelesen wird als „zwei hoch drei" oder als „zwei in der dritten Potenz" usw.

Hier ist nun eine Frage. Wähle eine Antwort aus und fahre auf der Seite fort, welche neben der gewählten Antwort angegeben ist. Die Frage lautet: „Wenn die Basis eines Ausdrucks 2 ist, und der Exponent 3, welchen Wert hat der Ausdruck?"

Antwort	Seite
8	5
9	9
Ich weiß nicht	13

Deine Antwort war: Ich weiß nicht. So laß uns sehen, ob man das ein wenig klarer machen kann.

Einige Zahlen unseres Zahlsystems sind Produkte der Multiplikation von Faktoren. Die Zahl 15 z. B. ist das Produkt der Multiplikation der Zahlen 5 und 3. Mit anderen Worten: 5 x 3 = 15. Die Zahlen 5 und 3 nennt man die „Faktoren" von 15.

Nun gibt es Zahlen, welche als Produkt entstehen, wenn man den gleichen Faktor mehrmals verwendet. Die Zahl 16 ist z. B. das Produkt, welches entsteht, wenn man die Zahl 4 zweimal als Faktor verwendet. 4 x 4 = 16. Eine Zahl, welche herauskommt, wenn man die gleichen Zahlen mehrmals als Faktor verwendet, kann in der Form b^n geschrieben werden. Dabei wird b die Basis genannt. Der Buchstabe b stellt die Zahl dar, welche als Faktor verwendet wird. Der Buchstabe n wird der Exponent genannt, und er sagt, wievielmal die Basis als Faktor verwendet werden soll. Wenn man also die Zahl 16 als b^n schreibt, so ist dies 4^2. Dies heißt, „die Ziffer 4 wird zweimal als Faktor verwendet", also

$$4^2 = 4 \times 4 = 16.$$

Nun hieß es in der Frage auf Seite 1, daß die Basis, b, eines Ausdrucks 2 ist. Der Exponent, n, ist 3. Wenn wir diese Werte in den Ausdruck b^n einsetzen, so haben wir

$$b^n = 2^3.$$

2^3 heißt natürlich, daß 2 dreimal als Faktor verwendet werden soll. Also

$$2^3 = 2 \times 2 \times 2.$$

Und was ergibt 2 x 2 x 2?

Gehe auf Seite 1 zurück und wähle die richtige Antwort!

5. Die Erstellung eines Programms

Die wissenschaftliche Konstruktion von Lehrprogrammen ist ein empirisch-praktischer (= erfahrungswissenschaftlicher) Prozeß. Zunächst läßt sich dieser mit einer Unterrichtsvorbereitung vergleichen, die jeden einzelnen Lernschritt, den die Teilnehmer absolvieren sollen, vorausplant und konstruiert. Inzwischen hat sich allgemein das folgende Verfahren zur Erstellung eines Unterrichtsprogrammes durchgesetzt.

1.
| **Didaktische Vorüberlegungen** |
| • Lernziele |
| • Lerninhalte |
| • „Ausgangsverhalten" |

⇓

2.
| **Erstellung eines Rohprogramms** |
| (möglichst am Teilnehmer) |

⇓

3.
| **1. Feldtest** |
| (Erprobung in der Realsituation an etwa 300 Teilnehmern) |

⇓

4.
| **1. Fehleranalyse** |
| und Programmrevision |

⇓

5.
| **2. Feldtest** |
| (Erneute Erprobung in der Realsituation an 300 Teilnehmern) |

⇓

6.
| **2. Fehleranalyse** |
| und Letztkorrektur |

⇓

7.
| **Konstruktion des Lehrerbegleitheftes** |
| (mit Beschreibung des Programms und der Testergebnisse) |

⇓

8.
| **Publikation von** |
| • Programm und |
| • Lehrerbegleitheft |

Abb. 54: Erstellung eines Lernprogramms: Die erforderlichen Schritte

6. Die Situation auf dem Gebiet der PI

Nachdem sich die Euphorie der ersten Jahre (etwa bis 1970) über die Möglichkeiten der PI im Schul- und Bildungssystem gelegt hatte, ist dieses Medium als *eine* Form unterrichtlicher Medienarbeit *neben anderen* in das normale didaktische Instrumentarium der Dozenten/Trainer/Ausbilder eingerückt worden.

In Schulen werden Programme – wie eine Reihe anderer Medien auch, wie man hinzufügen muß – immer noch selten eingesetzt. In Medienverbundsystemen dagegen werden mit größter Selbstverständlichkeit bestimmte Sequenzen in Form von Programmen angeboten. Für die Schüler ist der Umgang mit PI keine Sensation mehr. In der Weiterbildung hat die PI eine Chance nur, wenn Dozenten für wiederkehrende Unterrichtsangebote kleine Sequenzen selbst programmieren. Dazu ist nachdrücklich zu ermuntern!

Der Programm-Markt in der Bundesrepublik sah in den 70er und 80er Jahren so aus, daß mehr als 1500 Programme publiziert und käuflich erwerbbar waren. Diese Zahl hat sich bis heute drastisch reduziert!

7. Didaktische Perspektiven der PI

Bei Fachleuten herrscht heute allgemein Einigkeit über die folgenden beiden didaktischen Gesichtspunkte einer Verwendung von PI:

a) PI ist trotz problematischer Lernpsychologie prinzipiell didaktisch sinnvoll zu nutzen. Der Einsatz von PI ist – wie jeder andere Medieneinsatz auch – abhängig von einer sorgfältigen didaktischen Planung.
b) Der Einsatz von PI macht den Dozenten/Trainer/Ausbilder keinesfalls überflüssig. Lediglich die Tätigkeit des Lehrenden im Unterricht wird durch den Einsatz von PI verändert.

In diesem Sinne sollte daher nicht länger abstrakt von „Vorteilen" oder „Nachteilen" der PI, sondern besser nur noch von didaktischen Möglichkeiten für spezifische unterrichtliche Aufgaben gesprochen werden:

• *Aktivierung der Lernenden*
  PI bietet die Möglichkeit, wirklich alle Teilnehmer eines Unterrichts voll zu aktivieren. Durch das durchgängige Prinzip der kleinen Lernschritte wird sichergestellt, daß alle Teilnehmer jeden einzelnen Denkschritt mitvollziehen und aktiv beteiligt sind.

• *Lernverstärkung*
  Das – durchaus problematische – Verfahren der kleinen Schritte und der sofortigen Erfolgskontrolle macht ein Unterrichtsprogramm zu einem Verfahren der systematischen Lernverstärkung (=Bekräftigung, =Verstärkung). Nicht bis zur Ermüdung

eingesetzt, kann PI damit evtl. stimulierend – in bestimmten Fällen gar regelrecht lerntherapeutisch – wirken.

* *Zielorientierung und Steuerung*
Das Verfahren der PI gibt dem Dozenten/Trainer/Ausbilder ein Medium an die Hand, mit dessen Hilfe eine exakte Steuerung des Lernverlaufs möglich ist. Dadurch kann der Unterricht im strengen Sinne eine Lernzielorientierung in solchen Lernbereichen erfahren, die klar operationalisierbare (=beobachtbare) Lernziele enthalten.

* *Reproduzierbarkeit*
Unterrichtsprogramme sind Medien, in denen die einzelnen didaktischen Intentionen durch Objektivierung verwirklicht, d. h. auf das Programm als Objekt übertragen werden. Durch dieses Verfahren sind beliebige identische (!!) Wiederholungen des Lehr-/Lernstoffes möglich, was eine enorme Arbeitserleichterung für den Dozenten/Trainer/Ausbilder darstellen kann.

Zu jedem der aufgeführten didaktischen Merkmale
* Aktivierung der Lernenden
* Lernverstärkung
* Zielorientierung und Steuerung
* Reproduzierbarkeit

lassen sich – wie die wissenschaftliche Diskussion gezeigt hat – spezielle unterrichtliche Situationen aufführen, in denen diese Gesichtspunkte jeweils weniger wichtig, problematisch oder gar unerwünscht sein können. Daher verbietet sich auch von hierher jede Form der Verabsolutierung sogenannter „Vorzüge" der PI.

Daß mit der PI sogar im längerfristigen Einsatz Erfolge zu erzielen sind, konnte inzwischen jedoch durch Einzeluntersuchungen zweifelsfrei nachgewiesen werden. Nach einem 1 1/2jährigen Schulversuch, bei dem während der ganzen Zeit im Fach Mathematik ausschließlich programmiert gearbeitet wurde – Hausaufgaben wurden weggelassen –, kommt K. Gottschaldt (1972, S. 230) zu folgendem Ergebnis:

„In kognitiver Hinsicht führen die PL- [= PI] Verläufe auch auf Dauer zu gleichen Lerneffekten wie die Unterrichtung durch Lehrer. In den 1 1/2 Jahren programmierten Lernens mit Zwischenprüfungen nach 9, 15 und 18 Monaten und selbst 1 Jahr nach Abschluß des Programmierten Unterrichts ergibt sich kein Rückstand der P-Schüler [= Programm-Schüler]. Das entspricht im großen und ganzen den bisherigen Erfahrungen über die Effizienz des Programmierten Unterrichts. Entscheidend ist aber der Nachweis, daß die P-Schüler nicht etwa nur mechanisch die Kenntnisse und Rechentechniken erwerben, sondern gelernt haben, in den Denkverläufen einsichtig die Sachstruktur eines Problems zu erfassen und diese verstandenen Operationsverfahren selbständig und adäquat auf neue Sachverhalte zu übertragen. Dabei sind die P-Schüler als Gruppe signifikant besser (!!) als die durch Lehrer unterrichteten K-Schüler [= konventionell unterrichteten Schüler]..."

PI hat damit ihre Leistungsfähigkeit unter Beweis gestellt. Es kommt nur darauf an, diese auch didaktisch sinnvoll auszuschöpfen. Dazu ist es erforderlich, die spezifischen Gesichtspunkte des Lernens Erwachsener in der Weiterbildung voll zu berücksichtigen.

VI. Zu den Kontrollen

1. Baustein:
Lernzielorientierte Erfolgskontrollen

1. Die Erfolgskontrolle und der Lernerfolg

Die Güte eines Lernprozesses läßt sich am besten ablesen am erzielten Lernerfolg. Ihn zu ermitteln, ist daher für jeden Lehrenden die unabdingbare Voraussetzung für ein Urteil über das Lerngeschehen selbst. So gesehen ist die lernzielorientierte Erfolgskontrolle die Nagelprobe für jeden Lehrenden insofern, als diese einen korrekten Vergleich zwischen angestrebten Zielen und erreichten Unterrichtsergebnissen ermöglicht. Der gleichsam zwischen beiden liegende Lernprozeß kann als positiv angesehen werden, wenn dieser Vergleich eine zumindest annähernde Übereinstimmung ergibt.

Sehr entscheidend für den Erfolg von Lernprozessen ist, daß der Lehrende eine klare Vorstellung von folgenden drei Faktoren des Unterrichts herausbildet:

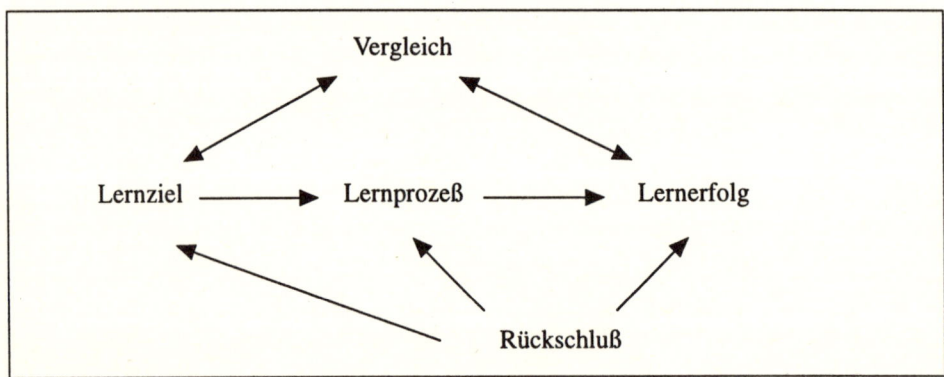

Abb. 55: Ein Lernprozeß

- Präzise Feinziele (= Lernziele),
- Qualität der Aufgabenstellung (= Aufgabentypen),
- Art der Lernerfolgskontrolle.

Die Art der Aufgabenstellung in ihren verschiedenen Ausprägungen (=Aufgabentypen) nimmt insofern eine Mittelstellung zwischen Lernzielen und Lernerfolgskontrollen ein, als sie zum einen Repräsentant des anvisierten Lernziels ist, zum anderen aber bereits die Vorform einer Erfolgskontrolle darstellt. Denn löst der Schüler die gestellte Aufgabe erfolgreich, so ist dies ein Zeichen für einen zwischen Aufgabenpräsentation und Lösung erfolgreich zwischengeschalteten Lernprozeß (Denkprozeß).
Lernziel $\Rightarrow$ Aufgabenstellung $\Rightarrow$ Lernprozeß $\Rightarrow$ Lernerfolg.

2. Kritik an der traditionellen Form der Erfolgskontrolle

An den traditionellen Formen von Lernerfolgskontrollen - auch der schulischen - wird bereits seit längerem scharfe Kritik geübt. Dies hat aber bislang noch kaum zu greifbaren Ergebnissen in der Praxis geführt: „Trotz zahlreicher kritischer Stellungnahmen zu diesem komplexen Gefüge mit Betonung des Ungenügens der gegenwärtig praktizierten Leistungsbeurteilung und einigen sinnvollen partiellen Lösungsvorschlägen ist die Erziehungswissenschaft von einer allgemein akzeptierten praktikablen Lösung noch weit entfernt" (W. Potthoff, 1975, S. 19). Traditionelle Leistungskontrollen wie mündliches Abfragen, Klassenarbeiten, Hausarbeiten, Prüfungen in mündlicher und schriftlicher Form werden vor allem aus zwei Gründen kritisiert:

- Es wird bezweifelt, daß diese Formen der Kontrolle genau genug auf die tatsächlich realisierten Lernziele und Lernprozesse bezogen sind.
- Es wird bezweifelt, ob das angewendete Beurteilungs- und Bewertungsverfahren (Benotungspraxis) den zu fordernden Qualitäten wie Objektivität und Gültigkeit entsprechen kann.

Für den Bereich der Weiterbildung spielen die **traditionellen** Kontrollen – mit Ausnahme der mündlichen Abfrage – so gut wie keine Rolle. Gerade weil dies aber so ist, sollte der lernzielorientierten Erfolgskontrolle hier ein besonderes Gewicht beigemessen werden.

Dies auch deshalb, weil im Bereich der Weiterbildung das Problem der Erfolgskontrolle neben der unterrichtlichen noch eine außerunterrichtliche Seite hat (vgl. W. Jäckering u. a., 1980):

> Lerntransfermanagement als Sicherungsstrategie von Wissen und Können

Auf dieser Ebene bestimmt sich der Unterrichtserfolg noch von einer anderen Seite her: Was kommt von dem im Unterricht Gelernten in der Praxis auch wirklich an, was ist übertragbar und was wird tatsächlich übertragen? Diese Frage nach dem Transfer als Lernerfolg muß hier unberücksichtigt bleiben. Daß eine Leistungskontrolle und Leistungsbeurteilung an sich bei institutionalisierten Lernprozessen erforderlich ist, wird heute eigentlich nur noch von Außenseitern bestritten:

„Denn ‚ein Lernprozeß ist organisiert' heißt vor allem: Er ist auf ein Ziel hin ausgerichtet, das zu erreichen ein Interesse besteht. Deshalb sind Meldungen notwendig, die Verlauf und Endergebnisse dieses Lernprozesses anzeigen" (W. Potthoff, 1975, S. 20).

Zu einem Gegenstand sozialer Auseinandersetzungen wird die Lernerfolgskontrolle durch die Abnehmer von Ergebnismeldungen: repräsentiert durch gesellschaftliche Interessengruppen auf der einen und die Träger der institutionalisierten Lernprozesse, die jeweiligen Bildungsinstitutionen, auf der anderen Seite.

Die Erziehungswissenschaft mischt sich mit der kritischen Frage nach der Brauchbarkeit und Verläßlichkeit der angewendeten Verfahren der Lernerfolgskontrollen in diesen Streit ein und unterbreitet Vorschläge, entwickelt Verfahren, die eine angemessenere Abwicklung dieses für das Lebensschicksal des Einzelnen oft entscheidenden Verfahrens ermöglichen.

Problemfrage:
Ist das weitverbreitete Verfahren, mit Hilfe der sog. Normalverteilung (Gaußsche Glockenkurve) die Notenverteilung nach einer Erfolgskontrolle in einer Lerngruppe zu regeln, akzeptabel oder nicht?
Hinweis:
In dieser Frage wird die Normalverteilung von Gauß zur Norm gemacht!

Eine übersichtliche Zusammenstellung der Kritik am schulischen Verfahren der Lernerfolgskontrolle findet sich bei Potthoff (1975, S. 25/26):

„1. Erfolgskontrollen werden fast ausschließlich für Zwecke der Notengebung durchgeführt. Diese Kontrollen geben zu wenig Auskunft über spezielle Mängel und individuelle Lücken und die Möglichkeiten der Verbesserung.

 2. Die Erfolgskontrollen werden zu wenig als Hilfen für die Lernenden verstanden, über das Bewußtmachen des augenblicklichen Lernstandes zu zielgerichteter und selbstverantworteter Arbeit zu gelangen. Statt dessen haben sie oft den Charakter einer moralischen Abrechnung.

 3. Wegen der Undifferenziertheit bei den Schülerbeurteilungen kommt es nur in geringem Maße zu aufklärenden Rückwirkungen auf die pädagogischen Überlegungen des Lehrers.

 4. Die Kriterien für die schulischen Leistungen sind nur ungenügend präzisiert. So sind z. B. die Skalenwerte notwendigerweise vage interpretiert, um die Noten auf heterogene Verhältnisse anwendbar werden zu lassen.

 5. Es fehlt weitgehend an intersubjektiv anwendbaren Auswertungsverfahren. Somit wird mit den Kontrollen oftmals gar nicht das überprüft, was der Unterricht angestrebt hat.

6. Die Leistungen des einzelnen Schülers werden an den Durchschnittsleistungen der Gruppe gemessen, der er zufällig angehört. Da es an einer über die Klasse hinausreichenden Normierung fehlt, sind die Beurteilungssysteme als klassen- (=gruppen-) intern zu bezeichnen.
7. Die Kontrollverfahren verleiten dazu, bestimmte Leistungen überzubewerten, die sich mit dem Meßinstrument besonders leicht oder umfassend überprüfen lassen (z. B. das Faktenwissen).
8. Bei vielen Beurteilungsverfahren spielen nicht nur subjektive Maßstäbe und Intuition eine dominierende Rolle, sondern auch zahlreiche schichtspezifische Faktoren."

3. Objektivierte Verfahren der Lernerfolgskontrollen

Auf die oben angeführte Kritik an den traditionellen Verfahrensweisen der Lernerfolgskontrolle hat die Erziehungswissenschaft eine zweifache Antwort zu geben versucht:

- Sie hat zum einen sogenannte normorientierte Testverfahren entwickelt. Diese vergleichen die Leistungen eines Schülers oder die einer Lerngruppe mit der Gesamtheit einer genau definierten Schülergruppe, indem sie in standardisierter Form Fragestellungen präsentieren, die genau ausgetestet sind.
- Sie hat zum anderen sog. kriterienorientierte Tests, also im engeren Sinne lernzielorientierte Verfahren entwickelt, die primär darüber Auskunft geben, ob die im vorhinein festgelegten Lernziele einer Unterrichtseinheit, eines Lehrgangs, einer Unterrichtsstunde usw. von den Teilnehmern erreicht worden sind. Es wird demnach die Leistung des einzelnen Teilnehmers nur mit dem in Form definierter Lernziele gesetzten Leistungssoll verglichen, nicht aber mit einer irgendwie bestimmten Gesamtheit anderer Teilnehmer.

Von daher gesehen ist klar, daß normorientierte Leistungstests andere Ziele verfolgen als kriterienorientierte Tests:

- Während die normorientierten Testverfahren der Leistungsbeurteilung und Leistungsbewertung dienen – also vor allem Lernkontrolltests sind –,
- dienen die kriterienorientierten Leistungstests der Überprüfung der individuellen Lernleistungen mit dem Ziel, den Lernprozeß zu optimieren – also vor allem als Lernsteuerungstests. Eine Benotung der Lernleistung ist daher nicht vorgesehen.

Was ergibt sich aus diesen Entwicklungen und Unterscheidungen für den Sektor der beruflichen Weiterbildung?
Welche Folgerungen kann der einzelne Dozent/Trainer/Ausbilder ziehen?

Zunächst: Die Konstruktion standardisierter Lernkontrolltests – gesetzt, sie seien erwünscht – wie von Lernsteuerungstests liegt außerhalb der Möglichkeiten des einzelnen Dozenten. Hier ergeben sich nur Einsatzmöglichkeiten, wenn solche Instrumentarien vorgegeben und käuflich zu erwerben sind.

Anders sieht es dagegen bei den nichtstandardisierten, *informellen* Testverfahren auf dem Gebiet der Lernsteuerungstests aus. Hier ist der einzelne Dozent/Trainer/Ausbilder im Zuge seiner Vorbereitungs- und Planungsaufgaben voll gefordert, denn bei dieser Testform ist der Bezugspunkt ausschließlich die eigene Lerngruppe. Vorwiegend sollen sich die erwachsenen Teilnehmer selber kontrollieren!

Übersicht: Funktionen informeller Testverfahren

	Lernkontrolltests (normierte Tests)	**Lernsteuerungstests** (Lernzielorientierte Tests)
Orientierungs- punkte der Messungen	Relativer Standard der speziellen Lerngruppe	Leistungskriterien werden durch die Lernziele festgelegt
Einteilung der Teilnehmer	Position in einer Rangreihe	Einteilung nach den Kriterien „erfolgreich" und „nicht erfolgreich"
Art der Merk- malserfassung	Ausprägungsgrad des Merkmals wird auf das durchschnittliche Leistungsniveau der speziellen Gruppe bezogen	Vorhandensein oder Nichtvorhandensein des Merkmals wird festgestellt
Verwendung der Messungen	Herstellung einer Rangordnung der Teilnehmer bezüglich des gruppen- internen Leistungsstandes; Notengebung	Feststellung der Erreichung eines Lernzieles durch wieviel (?) Teilnehmer oder einer Lernzielreihe: Möglichkeit der Steuerung von Lernprozessen entsprechend den Ergebnissen

Bei der Konstruktion informeller Lernkontroll- und Lernsteuerungstests spielt die Frage der Aufgabenstellung und der Verwendung bestimmter Aufgabentypen eine zentrale Rolle.

4. Aufgabentypen

Das eigenständige Abfassen lernzielorientierter Erfolgskontrollen ist gebunden an die Kenntnis der verfügbaren Typen und Aufgaben. Je mehr Aufgabentypen präsent sind, desto differenzierter kann die Erfolgskontrolle ausfallen.

Darüber hinaus kann jeder Dozent mit einem guten Repertoire an Aufgaben leichter eigene Programmsequenzen (Lernschritte in der PI, vgl. in diesem Abschnitt V 3.) schreiben. Denn gute Lernschritte bestehen aus immer wieder verschiedenen Aufgabenstellungen.

Dazu zunächst die folgende Übersicht über 20 verschiedene Aufgabentypen:

I. Einsetzaufgaben
  1. Einsetzaufgaben
  2. Einsetzaufgaben mit mehr als einem Begriff
  3. Einsetzaufgaben ohne Restbegriffe
  4. Einsetzaufgaben und Restbegriffe
  5. Einsetzaufgaben in eine Zeichnung
  6. Einsetzaufgaben in eine Zeichnung mit vorgegebenen Begriffen

II. Ergänzungsaufgaben
  7. Ergänzungsaufgabe (verbal)
  8. Ergänzungsaufgabe (Zeichnung)

III. Definitionsaufgabe
  9. Definitionsaufgabe mit offener Antwort

IV. Zuordnungsaufgaben
  10. Zuordnungsaufgabe mit je einer Zuordnung
  11. Zuordnungsaufgabe mit mehreren Zuordnungen
  12. Zuordnungsaufgabe und Auswahlaufgabe

V. Reihenfolgeaufgaben
  13. Reihenfolgeaufgabe ohne Restbegriff(e)
  14. Reihenfolgeaufgabe mit Restbegriff(en)
  15. Reihenfolgeaufgabe aus vorgegebenen Satzteilen

VI. Auswahlaufgaben
  16. Auswahlaufgabe mit einfacher Entscheidung
  17. Auswahlaufgabe mit Ja-Nein-Entscheidung
  18. Auswahlaufgabe mit Mehrfachentscheidung
  19. Multiple-choice-Aufgabe
  20. Auswahlaufgabe mit Mehrfachentscheidung ohne Restbegriff

2. Material:
Beobachtungs- und Beurteilungsbogen
für Lehrproben

Einen allgemeinen Beobachtungs- und Beurteilungsbogen für Lehrproben hat die Didaktik bislang nicht entwickelt, kann sie nach Lage der Dinge wohl auch längerfristig nicht vorlegen. Wie Kant gelehrt hat, sind Anschauungen ohne Begriffe blind. Das heißt für die Frage der Unterrichtsbeobachtung: Man kann Unterricht nicht „allgemein" beobachten. Es müssen ganz bestimmte Fragen, Beobachtungskriterien und

-interessen formuliert werden. Erst dann lassen sich Beobachtungs- und Beurteilungsraster oder -instrumentarien konstruieren, die das beobacht- und beurteilbar machen,
was in der Fragestellung vorgegeben ist.

Die einschlägige Literatur über solche Fragen hilft jedem Dozenten, seiner speziellen Fragestellung entsprechend, Beobachtungs- und Beurteilungsraster und -instru-
mente zu finden. (Vgl. dazu Literaturhinweise im 3. Teil)

Wenn nachfolgend dennoch so etwas wie ein „allgemeiner" Beobachtungs- und
Beurteilungsbogen vorgelegt wird, so geschieht dies vor allem mit einer bestimmten
Frage, einem Anliegen: nämlich dem angehenden Dozenten/Trainer/Ausbilder Hinweise zu geben, worauf am Beginn eigener Unterrichtstätigkeit schwerpunktmäßig zu
achten ist. Durch Anwendung eines solchen Beobachtungsbogens auf den eigenen
Unterricht oder den von Kollegen dürfte sich die Sensibilität für das didaktische Planen und Vorgehen deutlich erhöhen.

Beobachtungs- und Beurteilungsbogen für Lehrproben

* *Personalia:* Name ,Vorname: ....

  Lehrpraxis: ja   nein

* *Themenbereich:* (Fach): ....

  Thema der Lehreinheit: ....

  Ausbildungsstätte: ....

  Zielgruppe: ....

  Vorbereitung: Didaktische Analyse ☐

                   Verlaufsplanung ☐

                   Lehrskizze ☐

Beobachtungs- und Einschätzungsprofil

Dieses Beobachtungs- und Einschätzungsprofil sollte auf dem vorliegenden Blatt *am
Schluß* (nach Erledigung der Einzelbeobachtungen) nach folgendem gestuften Beur-
teilungsschema zusammenfassend erfolgen:

stark verbes- serungs- bedürftig	verbes- serungs- bedürftig	In An- sätzen realisiert	teilweise realisiert	im we- sentlichen realisiert	gelungen	sehr gelungen
1	2	3	4	5	6	7

I.   Zielorientierung des Unterrichts

1	2	3	4	5	6	7

II. Lerninhalte und Lernangebote

1	2	3	4	5	6	7

III. Methodisches Vorgehen

1	2	3	4	5	6	7

IV. Medienangebote

1	2	3	4	5	6	7

V.   Lehrfertigkeiten/Lehrverhalten

1	2	3	4	5	6	7

VI. Lernverlauf und Lernkontrolle

1	2	3	4	5	6	7

I. Zielorientierung des Unterrichts:

1. Liegen in der Planung genau definierte Lernziele vor?

ja		nein

2. Werden die Lernziele den Teilnehmern im Unterricht verdeutlicht?

ja		nein		teilweise

3. Kann man von einer Zielorientierung des realen Lehr- und Lerngeschehens im vorliegenden Fall überhaupt sprechen?

ja		nein

4. *Auf welcher Stufe der Lernintensität bewegte sich der Unterricht im kognitiven Bereich vorwiegend?*

	1	2	3	4	5	6	7
a) Kennen und Verstehen							
b) Anwenden und Umsetzen							
c) Analysieren und Beurteilen							

sehr geringe   sehr große
Ausprägung   Ausprägung

5. *Werden die Lernziele im Unterricht erreicht*

– 3	– 2	– 1	0	+ 1	+ 2	+ 3

II. Lerninhalte und Lernangebote:

1. *Werden die Lerninhalte im Unterricht gut strukturiert dargeboten?*

ja	nein	teilweise

2. *Werden vom Lehrenden hinreichend inhaltsbezogene Einhilfen gegeben?*

ja	nein	teilweise

3. *Werden vom Lehrenden zusätzliche Lernangebote zur Motivation der Teilnehmer gemacht?*

ja	nein	teilweise

4. *Beherrscht der Lehrende den Stoff?*

– 3	– 2	– 1	0	+ 1	+ 2	+ 3

5. *Welches Gewicht haben die folgenden drei Sprachformen*

	1	2	3	4	5	6	7
Objektsprache							
Verständigungssprache							
Sprechen über den Unterricht							

sehr große   sehr geringe
Bedeutung   Bedeutung

III. Methodisches Vorgehen

1. *Ansatz:*

- fachwissenschaftlich-systematisch

- problemorientiert/aktualisierend

- handlungsorientiert/pragmatisch

2. *Welche Methodenkonzeption liegt dem Unterricht zugrunde?*

- Deduktives Verfahren   = ganzheitlich-
  analytisches | ja | nein |

- Induktives Verfahren   = elementenhaft-
  synthetisches | ja | nein |

- Projektverfahren   = analytisch/
  synthetisch | ja | nein |

3. *Lehrform/Sozialform:*   *vorhanden/realisiert*

3.   *Lehrform/Sozialform:*   *vorhanden/realisiert*

Lehrvortrag = dozentenzentriert	=	dozierend	
Lehrgespräch = teilnehmer- orientiert)	=	darstellend-entwickelnd	
	=	fragend-entwickelnd	
	=	freies Unterrichtsgespräch	
Erarbeitung (teilnehmer- zentriert)	=	Einzelarbeit	
	=	Partnerarbeit	
	=	Gruppenarbeit	
	=	Rollenspiel/Planspiel	
	=	Gespräch/Diskuss./Debatte	
	=	Übung/Simulation	

4. *Der Unterricht und seine Artikulation:*

- Sequentielle Gliederung
  (Erkennbare Phasen) | ja | | nein |

- Einstieg/Motivation/Lerngerüst | ja | | nein |

- Darbietung/Vortrag | ja | | nein |

- Erarbeitung (teilnehmerzentriert) | ja | | nein |

- Vertiefung/Erweiterung | ja | | nein |

- Wiederholung | ja | | nein |

- Transfer (Übertragung/Umsetzung) | ja | | nein |

- Übung | ja | | nein |

- Ausstieg/Zusammenfassung | ja | | nein |

5. *Welche Aktionsformen des Lehrens kommen im Unterricht zum Tragen?*

- Direkte Zuwendung des Lehrenden | ja | | nein |

- Indirekte Zuwendung des Lehrenden | ja | | nein |

IV. Medienangebote
1. *Welche Medien kommen im Unterricht vor?*

....

....

....

2. *Sind die eingesetzten Medien Träger der inhaltlichen und methodischen Struktur der Lehrveranstaltung?*

| ja | | nein | | teilweise |

3. *Erreichen die eingesetzten Medien eine lernpsychologische Wirkung?*
   Verbesserung der ...

• Motivation	ja	nein	teilweise
• Darbietung	ja	nein	teilweise
• Erarbeitung	ja	nein	teilweise
• Anwendung	ja	nein	teilweise
• Wiederholung/Übung	ja	nein	teilweise

4. *Versteht der Lehrende die Medien technisch zu handhaben?*

– 3	– 2	– 1	0	+ 1	+ 2	+ 3

sehr unsicher   *sehr souverän*

5. *Welche Funktion haben die Medien vorwiegend im Unterricht?*

Enrichment-Funktion (Motivationshilfe)	ja	nein	teilweise
Intensivierungs-Funktion (Lernförderung)	ja	nein	teilweise
Soziale Funktion (Interaktionshilfe)	ja	nein	teilweise

V. Lehrfertigkeiten/Lehrverhalten

1. *Zu den 5 „Verständlichmachern":*

	– 3	– 2	–1	0	+ 1	+ 2	+ 3	
Gebundenes Sprechen (Ablesen u.a.)								Sprechdenken (freies Sprechen)
Kompliziertheit								Einfachheit
Ungeordnetheit/ Ungegliedertheit								Ordnung/ Gliederung
Langatmigkeit/ Umschweifigkeit								Kürze/ Prägnanz
Langweiligkeit								Stimulans

2. Zu den 4 „Muntermachern" und den 4 „Aufwärmern"

	– 3	– 2	– 1	0	+ 1	+ 2	+ 3
freigebend/kontrollierendes V.							
energievolles Verhalten							
geistreiches Verhalten							
streitbares Verhalten							
Wertschätzung/Wärme							
Bekräftigung/Verstärkung							
partnerschaftlicher Umgang							
humorvolles Verhalten							

3. Zum Dozentenverhalten und Teilnehmerumgang

Zur Körpersprache:

1. Augenkontakt   ja   nein

2. Zuwendung   ja   nein

3. Mimik/Gestik   ja   nein

4. Lautstärke/Modulation   ja   nein

5. Dynamisches Verhalten (Sitzen, Gehen etc.)   ja   nein

Zum Umgang mit den Teilnehmern:

1. Sitzordnung, namentl. Anrede   ja   nein

2. Vorbereitungen: Medien, Raum usw.   ja   nein

3. Einwandbehandlung   ja   nein

4. Fragen als Führungshilfen   ja   nein

5. Außerunterrichtlicher Umgang   ja   nein

VI. Lernverlauf und Lernkontrolle

1. *Zeitliche Gestaltung*

   • planungsgerechte Zeitgestaltung

ja	nein	teilweise

   • situationsgemäß varierte Zeitgestaltung

ja	nein	teilweise

   • zeitliche Planung ging verloren

ja	nein	teilweise

2. *Wurde die zeitliche Phasenaufteilung des Unterrichts den lernpsychologischen Erfordernissen gerecht?*

   • Zahl der Lernphasen ....

   • Dauer der Lernphasen in Minuten   a) ....
                                                      b) ....
                                                      c) ....
                                                      d) ....

3. *War die Artikulation des Unterrichts lerngerecht, wenn man die Reihenfolge der Phasen berücksichtigt?*

ja	nein	teilweise

   • Reihenfolge der Lernphasen   a) ....
                                                      b) ....
                                                      c) ....
                                                      d) ....

4. *War der Unterricht vorwiegend konvergent oder mehr divergent/ kreativ ausgerichtet?*

-3	-2	-1	0	$+1$	$+2$	$+3$

   konvergent   *divergent*

5. Welche Formen der unterrichtlichen Lernkontrolle kommen im Unterricht vor?

- Fremdkontrolle
  durch den Lehrenden | ja | | nein | | teilweise |

- Selbstkontrolle
  durch die Teilnehmer | ja | | nein | | teilweise |

- Mündlich | ja | | nein | | teilweise |

- Schriftlich | ja | | nein | | teilweise |

3. Material:
Seminarbeurteilung und Stimmungsbarometer
(Lang- und Kurzfassung)

Die im folgenden dargestellten beiden Fassungen (Lang- und Kurzfassung) einer Seminarbeurteilung sind als Vorschlag gedacht, wie sich ein Dozent entweder unmittelbar nach einer mehrtägigen seminaristischen Lehrveranstaltung oder nach einigen Wochen stundenweisen Unterrichtens ein Bild darüber verschaffen kann, wie der Unterricht von den Teilnehmern erlebt wurde und eingeschätzt wird.

Seminarbeurteilung
Stimmungsbarometer und Beobachtungsbogen

Bitte füllen Sie das folgende Stimmungsbarometer zügig aus. Kreuzen Sie zu jeder Frage – entsprechend Ihrem persönlichen, subjektiven Eindruck – eine der Zahlen zwischen 1 und 7 an.

I. Komplex: Inhalte

1. Der im Seminar angebotene Inhalt war quantitativ

    unangemessen & | 1 | 2 | 3 | 4 | 5 | 6 | 7 | angemessen &
    nicht ausgewogen   ausgewogen

2. Der angebotene Inhalt war

    uninteressant | 1 | 2 | 3 | 4 | 5 | 6 | 7 | interessant &
    langweilig   anregend

3. Gliederung und Aufteilung waren
unübersichtlich | 1 | 2 | 3 | 4 | 5 | 6 | 7 | übersichtlich

4. Die erworbenen Kenntnisse sind in der Praxis
wenig
anwendbar | 1 | 2 | 3 | 4 | 5 | 6 | 7 | überwiegend
anwendbar

5. Die schriftlichen Arbeitsunterlagen waren
wenig
informativ | 1 | 2 | 3 | 4 | 5 | 6 | 7 | sehr
informativ

II. Komplex: Gestaltung des Unterrichts

1. Die Art der Unterrichtsgestaltung war
uninteressant &
langweilig | 1 | 2 | 3 | 4 | 5 | 6 | 7 | interessant &
anregend

2. Der Einsatz der unterrichtlichen Hilfsmittel erfolgte in organisatorischer Hinsicht
auf mangel-
hafte Weise | 1 | 2 | 3 | 4 | 5 | 6 | 7 | in gelungener
Form

3. Die unterrichtlichen Hilfsmittel waren in qualitativer Hinsicht für das Lernen
Ballast &
Belastung | 1 | 2 | 3 | 4 | 5 | 6 | 7 | Bereicherung &
Hilfe

4. Die Gestaltung des Unterrichts war didaktisch insgesamt
schlecht auf
Teilnehmer
abgestimmt | 1 | 2 | 3 | 4 | 5 | 6 | 7 | gut auf
Teilnehmer
abgestimmt

5. Die Einführung in die einzelnen Themen erfolgte
wenig
motivierend | 1 | 2 | 3 | 4 | 5 | 6 | 7 | sehr
motivierend

6. Das Unterrichtstempo war
unangemessen
(zu hoch/
zu niedrig) | 1 | 2 | 3 | 4 | 5 | 6 | 7 | angemessen

7. Meine eigene aktive Beteiligung im Unterricht war
wenig
möglich | 1 | 2 | 3 | 4 | 5 | 6 | 7 | häufig
möglich

8. Möglichkeiten zum Üben des Gelernten im Unterricht wurden in Anbetracht der
verfügbaren Zeit
zu wenig
geboten | 1 | 2 | 3 | 4 | 5 | 6 | 7 | angemessen
geboten

9. Möglichkeiten zum Erfahrungsaustausch waren in der Veranstaltung insgesamt

wenig
vorhanden

1	2	3	4	5	6	7

genügend
vorhanden

10. Die vertiefende Wiederholung der Seminarinhalte erfolgte in der Veranstaltung in

unzureichen-
der Form
(z.B. zu selten)

1	2	3	4	5	6	7

optimaler Form

III. Komplex: Verhalten der Teilnehmer

1. Die Teilnehmer wirkten

wenig
aufgeschlossen

1	2	3	4	5	6	7

sehr
aufgeschlossen

2. Hinsichtlich Lernbereitschaft und Mitarbeit waren die Teilnehmer

passiv

1	2	3	4	5	6	7

aktiv

3. Der Umgang der Teilnehmer untereinander und gegenüber dem Dozenten war

unfreundlich
& gering-
schätzend

1	2	3	4	5	6	7

freundlich &
wertschätzend

4. Das Verhalten der Teilnehmer untereinander und gegenüber dem Dozenten war

geprägt durch
Unsach-
lichkeit

1	2	3	4	5	6	7

Sachlichkeit

5. Im Verlauf der Veranstaltung entwickelte sich ein „Wir-Gefühl" und Gruppenbe-
wußtsein.

stimmt nicht

1	2	3	4	5	6	7

stimmt

IV. Komplex: Verhalten des Dozenten/Trainers/Ausbilders

1. Der Dozent/Trainer/Ausbilder wirkte insgesamt

wenig
aufgeschlossen

1	2	3	4	5	6	7

sehr
aufgeschlossen

2. Das Verhalten des Dozenten/Trainers/Ausbilders wirkte sich im Unterricht wie
folgt aus:

lähmend &
lernbehindernd

1	2	3	4	5	6	7

aktivierend &
lernfördernd

3. Der Dozent/Trainer/Ausbilder ging im Unterricht auf Fragen, Einwände und Diskussionen

   a) nicht immer | 1 | 2 | 3 | 4 | 5 | 6 | 7 | immer
   ein | | | | | | | | ein

   b) in unange- | 1 | 2 | 3 | 4 | 5 | 6 | 7 | in angemessener
   messener | | | | | | | | Weise ein
   Weise ein

4. Der Dozent/Trainer/Ausbilder wirkte im Unterricht

   schlecht | 1 | 2 | 3 | 4 | 5 | 6 | 7 | gut
   vorbereitet | | | | | | | | vorbereitet

5. Das Verhalten des Dozenten/Trainers/Ausbilders gegenüber den Teilnehmern war geprägt durch

   Geringschätzung | 1 | 2 | 3 | 4 | 5 | 6 | 7 | Wertschätzung
   & Kälte | | | | | | | | & Wärme

6. Die didaktisch-methodische Gestaltung des Seminars stand mit den vorgetragenen Inhalten (d. h. realisierte der Dozent selbst, was er lehrte?)

   nicht in | 1 | 2 | 3 | 4 | 5 | 6 | 7 | in Überein-
   Übereinstimmung | | | | | | | | stimmung

7. Das Verhalten des Dozenten war geprägt durch

   Passivität | 1 | 2 | 3 | 4 | 5 | 6 | 7 | Aktivität

8. Der Dozent/Trainer/Ausbilder war mir

   unsympathisch | 1 | 2 | 3 | 4 | 5 | 6 | 7 | sympathisch

9. Der Dozent/Trainer/Ausbilder schuf ein

   unange- | 1 | 2 | 3 | 4 | 5 | 6 | 7 | angenehmes
   nehmes | | | | | | | | Lernklima
   Lernklima

10. Das Sprachverhalten des Dozenten/Trainers/Ausbilders war

    unklar & | 1 | 2 | 3 | 4 | 5 | 6 | 7 | klar &
    unverständlich | | | | | | | | verständlich

V. Komplex: Allgemeine Anmerkungen

1. zum Seminar insgesamt:

2a. zum Dozenten

2b. zu seinen Mitarbeitern

3. zu den Teilnehmern

Gesamtauswertung

I. Komplex: Inhalte

1.	Quantität	1	2	3	4	5	6	7
2.	Interessantheit	1	2	3	4	5	6	7
3.	Aufbereitung	1	2	3	4	5	6	7
4.	Anwendbarkeit	1	2	3	4	5	6	7
5.	Unterlagen	1	2	3	4	5	6	7

Durchschnittswert:

II. Komplex: Gestaltung des Unterrichts

1.	Interessantheit	1	2	3	4	5	6	7
2.	Hilfsmittel (organi.-techn.)	1	2	3	4	5	6	7
3.	Hilfsmittel (Lernhilfe)	1	2	3	4	5	6	7
4.	Teilneh.-Abstimmung	1	2	3	4	5	6	7
5.	Einführung in die Themen	1	2	3	4	5	6	7
6.	Unterrichtstempo	1	2	3	4	5	6	7
7.	Eigenbeteiligung	1	2	3	4	5	6	7
8.	Übung im Unterricht	1	2	3	4	5	6	7
9.	Erfahrungsaustausch	1	2	3	4	5	6	7
10.	Wiederholung	1	2	3	4	5	6	7

Durchschnittswert:

III. Komplex: Verhalten der Teilnehmer

1.	Aufgeschlossenheit	1	2	3	4	5	6	7
2.	Mitarbeit	1	2	3	4	5	6	7
3.	Freundlichkeit	1	2	3	4	5	6	7
4.	Sachlichkeit	1	2	3	4	5	6	7
5.	Gruppenbewußtsein	1	2	3	4	5	6	7

Durchschnittswert:

IV. Komplex: Verhalten des Dozenten

1.	Aufgeschlossenheit	1	2	3	4	5	6	7
2.	Aktivierung	1	2	3	4	5	6	7
3.	Eingehen auf Fragen	1	2	3	4	5	6	7
4.	Vorbereitung	1	2	3	4	5	6	7
5.	Wertschätzung	1	2	3	4	5	6	7
6.	Kongruenz	1	2	3	4	5	6	7
7.	Engagement	1	2	3	4	5	6	7
8.	Sympathie	1	2	3	4	5	6	7
9.	Lernklima	1	2	3	4	5	6	7
10.	Sprachverhalten	1	2	3	4	5	6	7

Durchschnittswert:

Seminarbeurteilung durch die Teilnehmer
– Kurzfassung –

Bitte füllen Sie den folgenden Beobachtungsbogen zügig aus. Kreuzen Sie zu jeder Frage – entsprechend Ihrem persönlichen, subjektiven Eindruck – eine Zahl zwischen 1 und 7 an.

I. Komplex: Inhalte und Gestaltung des Unterrichts

1. Der gebotene *Inhalt* war

unangemessen & | 1 | 2 | 3 | 4 | 5 | 6 | 7 | angemessen &
unausgewogen   ausgewogen

2. *Gliederung* und Aufbereitung waren

unübersichtlich | 1 | 2 | 3 | 4 | 5 | 6 | 7 | übersichtlich

3. Die Art der *Unterrichtsgestaltung* war für die Teilnehmer

uninteressant & | 1 | 2 | 3 | 4 | 5 | 6 | 7 | interessant &
langweilig   anregend

4. Die unterrichtlichen *Hilfsmittel* waren in qualitativer Hinsicht für das Lernen eine

Belastung | 1 | 2 | 3 | 4 | 5 | 6 | 7 | Bereicherung & Hilfe

5. Das *Unterrichtstempo* und die Gestaltung des Unterrichts waren

unangemessen | 1 | 2 | 3 | 4 | 5 | 6 | 7 | angemessen

6. Meine eigene *aktive Beteiligung* im Unterricht war

wenig möglich | 1 | 2 | 3 | 4 | 5 | 6 | 7 | häufig möglich

7. *Eigene Erfahrungen* konnten von den Teilnehmern wie folgt eingebracht werden:

zu selten | 1 | 2 | 3 | 4 | 5 | 6 | 7 | genügend

II. Komplex: Verhalten der Teilnehmer und des Dozenten

1. Der *Umgang der Teilnehmer* untereinander war

unfreundlich | 1 | 2 | 3 | 4 | 5 | 6 | 7 | freundlich &
& gering-   wertschätzend
schätzend

2. Das *Verhalten der Teilnehmer* untereinander war geprägt durch

Unsachlichkeit | 1 | 2 | 3 | 4 | 5 | 6 | 7 | Sachlichkeit

3. Das *Verhalten des Dozenten* gegenüber den Teilnehmern war geprägt durch

Geringschätzung & Kälte

| 1 | 2 | 3 | 4 | 5 | 6 | 7 |

Wertschätzung & Wärme

4. Das *Verhalten des Dozenten* gegenüber den Teilnehmern war geprägt durch

Unsach-lichkeit

| 1 | 2 | 3 | 4 | 5 | 6 | 7 |

Sachlichkeit

5. Der Dozent *schuf* ein

unangenehmes Lernklima

| 1 | 2 | 3 | 4 | 5 | 6 | 7 |

angenehmes Lernklima

6. Das *Sprachverhalten* des Dozenten war

unverständlich

| 1 | 2 | 3 | 4 | 5 | 6 | 7 |

verständlich

7. Der Dozent ging im Unterricht auf *Fragen, Einwände und Diskussionsbeiträge*

nicht immer & unange-messen ein

| 1 | 2 | 3 | 4 | 5 | 6 | 7 |

immer & angemessen ein

Gesamteindruck:

Der Unterricht war für mich

wenig berei-chernd & wenig nützlich

| 1 | 2 | 3 | 4 | 5 | 6 | 7 |

bereichernd & nützlich

Gesamtauswertung

I. Komplex: Inhalte und Gestaltung des Unterrichts

1.	Interessantheit (Inhalt)	1	2	3	4	5	6	7
2.	Gliederung (Inhalt)	1	2	3	4	5	6	7
3.	Interessantheit (Gestaltung)	1	2	3	4	5	6	7
4.	Hilfsmittel im Unterricht	1	2	3	4	5	6	7
5.	Unterrichtstempo	1	2	3	4	5	6	7
6.	Eigenbeteiligung	1	2	3	4	5	6	7
7.	Erfahrungsaustausch	1	2	3	4	5	6	7

Durchschnittswert:

II. Komplex: Verhalten der Teilnehmer und des Dozenten

1.	Wertschätzung (Teilnehmer)	1	2	3	4	5	6	7
2.	Sachlichkeit (Teilnehmer)	1	2	3	4	5	6	7
3.	Wertschätzung (Dozent)	1	2	3	4	5	6	7
4.	Sachlichkeit (Dozent)	1	2	3	4	5	6	7
5.	Lernklima	1	2	3	4	5	6	7
6.	Sprachverhalten	1	2	3	4	5	6	7
7.	Eingehen auf Fragen	1	2	3	4	5	6	7

Durchschnittswert:

III. Gesamteindruck

1	2	3	4	5	6	7

Dritter Teil
Literaturhinweise zu
ausgewählten Bereichen

Vorbemerkung: Die Aufstellung der Literaturangaben nach Themenbereichen erschwert zwar das Auffinden im Text erwähnter Literatur. Der Vorteil dieses Vorgehens ist jedoch die sinnvolle Zusammenstellung von Literaturangaben zu bestimmten Stichworten oder Themen, wie sie vor allem von Studierenden geschätzt wird. Dem eiligen Leser wird empfohlen, beim Lesen eines Textteils jeweils ein Lesezeichen in das zugehörige Literaturverzeichnis einzubringen. Auf diese Weise erspart man sich das immer erneute Suchen des speziellen Literaturverzeichnisses.

1. Bereich:
Lernen und Lerntheorie

Spezielle Hinweise:

Bower, G. H./Hilgard, E. R.: *Theorien des Lernens*. Übersetzt v. H. Aebli, u. a. 5. Aufl. 2. Bände. Stuttgart 1983.

Edelmann, W.: *Lernpsychologie*. 4. überarb. Aufl. Weinheim, Basel 1994.

Lefrancois, G. R.: *Psychologie des Lernens*. 3. Aufl. Berlin u. a. 1994.

Klassiker:

Ausubel, D. P./Fitzgerald, D.: *The psychology of meaningful verbal learning*. New York 1963.

Bandura, A.: Lernen am Modell. Stuttgart 1976.

Bredenkamp, J./Wippich, W.: *Lern- und Gedächtnispsychologie*. 2 Bände. Stuttgart 1977.

Bruner, J. S.: *Der Prozeß der Erziehung*. Düsseldorf 1970.

Bruner, J. S./Oliver, R. R. u. a.: *Studies in cognitive growth*. New York 1966.

Budilowa, E. A. u. a.: *Untersuchungen des Denkens in der sowjetischen Psychologie*. Berlin 1967.

Cofer, C. N.: *Motivation und Emotion*. München 1975.

Correll, W.: *Lernen und Verhalten. Grundlagen der Optimierung von Lernen und Lehren*. 3. Aufl. Frankfurt/M. 1972.

Fuchs, W. R.: *Knaurs Buch vom neuen Lernen*. München u. a. 1969.

Gagné, R. M.: *Die Bedingungen des menschlichen Lernens*. Hannover 1969.

Galperin, P.J.: *Zu Grundfragen der Psychologie*. Berlin 1980.

Heckhausen, H.: *Hoffnung und Furcht in der Leistungsmotivation*. Meisenheim 1963.

Leontjew, A.: *Tätigkeit, Bewußtsein, Persönlichkeit*. Stuttgart 1977.

Lindsay, P.H./Nonman, D.A.: *Human information processing*. 2. Aufl. New York 1977.

Klix, F.: *Information und Verhalten*. Bern 1971.

Miller, G. A./Galanter, A./Pribram, K. H.: *Strategien des Handelns – Pläne und Srukturen des Verhaltens*. Stuttgart 1973.

Neisser, U.: *Kognitive Psychologie*. Stuttgart 1974.

Neisser, U.: *Cognition and Reality*. San Francisco 1976.

Pawlow, I. P.: *Sämtliche Werke*. 4 Bände. Berlin 1953.

Piaget, J.: *Theorien und Modelle der modernen Erziehung*. Frankfurt/M. 1974.

Rosemann, H.: *Lernen, Behalten und Denken*. Berlin 1974.

Skinner, B. F.: *Die Wissenschaft vom Lernen und die Kunst des Lehrens*. 1954.

Skowronek, H.: *Lernen und Lernfähigkeit*. München 1979.

Stadler, M./Seeger, F./Raeithel, A.: *Psychologie der Wahrnehmung*. München 1977.

Verres-Muckel, M.: *Lernprobleme Erwachsener*. Stuttgart 1974.

Vester, F.: *Denken, Lernen, Vergessen: Was geht in unserem Kopf vor, wie lernt das Gehirn, und wann läßt es uns im Stich?* München 1975.

Volpert, W.: *Handeln – Planen, Handeln – Lernen*. In: H. Hartmann (Hrsg.): Emanzipation im Sport? Giessen, Lollar 1975, S. 264-308.

Wimmer, H./Perner, J.: *Kognitionspsychologie*. Stuttgart 1979.

Allgemeine Literatur zum Thema:

Baddeley, A. D.: *So denkt der Mensch*. München 1986.

Eckensberger, L. H./Silbereisen, R. K. (Hrsg.): *Entwicklung sozialer Kognition*. Stuttgart 1980.

Fortmüller, R.: *Lernpsychologie: Grundkonzeptionen, Theorien, Forschungsergebnisse*. Wien 1991.

Gardner, H.: *Dem Denken auf der Spur*. Stuttgart 1989.

Gasser, P./Singer, P.: *Angewandte Lernpsychologie.* Weinheim/Basel 1979.

Gerstenmaier, J. (Hrsg.): *Einführung in die Kognitionspsychologie.* Aus d. Engl. v. P. Holler. München 1995.

Hacker, W.: *Arbeitspsychologie.* Berlin-Ost 1986.

Hardöfer, L.: *Denkenlernen und Gesamtorientierung.* Düsseldorf 1978.

Heidack, C. (Hrsg.): *Lernen der Zukunft.* München 1989.

Heineken. E./Habermann, T.: *Lernpsychologie für den beruflichen Alltag.* 3. Aufl. Heidelberg 1994.

Huber, G. L.: *Selbstbestimmung und Fremdbestimmung in Lernprozessen.* München 1976.

Izard, C. E.: *Die Emotion des Menschen.* Weinheim 1981.

Koch, L./Marotzki, W./Schäfer, A. (Hrsg.): *Die Zukunft des Bildungsgedankens.* Weinheim 1997.

Lurija, A. R.: *Das Gehirn in Aktion: Einführung in die Neuropsychologie.* Reinbek b. Hamburg 1993.

Maelicke, A. (Hrsg.): *Vom Reiz der Sinne.* Weinheim 1990.

Nolda, S. (Hrsg.): *Denken, Handeln, Verstehen.* Bad Heilbrunn 1986.

Oerter, R.: *Psychologie des Denkens.* Donauwörth 1971.

Oerter, R./Montada, L. (Hrsg.): *Entwicklungspsychologie.* Weinheim 1995.

Oerter, R./Weber, E. (Hrsg.): *Der Aspekt des Emotionalen in Unterricht und Erziehung.* Donauwörth 1975.

Ornstein, R./Thompson, R. F.: *Unser Gehirn: Das lebendige Labyrinth.* Reinbeck/Hamburg 1993.

Posner, M. J.: *Kognitive Psychologie.* München 1976.

Roth, G.: *Das Gehirn und seine Wirklichkeit. Kognitive Neurobiologie und ihre philosophischen Konsequenzen.* 2. Aufl. Frankfurt/M. 1995.

Springer, S. P./Deutsch, G.: *Linkes-rechtes Gehirn.* 3. Aufl. Heidelberg 1995.

Steiner, G.: *Lernen – 20 Szenarien aus dem Alltag.* Bern u. a. 1988.

Strittmatter, P. (Hrsg.): *Zur Lernforschung: Befunde – Analysen – Perspektiven.* Weinheim 1990.

Watzlawick, P. (Hrsg.): *Die erfundene Wirklichkeit. Wie wissen wir, was wir wissen zu glauben? Beiträge zum Konstruktivismus.* 8. Aufl. München 1994.

Watzlawick, P.: *Vom Unsinn des Sinns oder vom Sinn des Unsinns.* München 1995.

Watzlawick, P.: *Wie wirklich ist die Wirklichkeit?* 20. Aufl. München 1992.

Wessells, M. G.: *Kognitive Psychologie.* 2. Aufl. München, Basel 1990.

2. Bereich:
Lehren und Lernen in der Weiterbildung

Spezielle Hinweise:

Brokmann-Nooren, C./Grieb, I./Raapke, H.-D. (Hrsg.): *NQ-Materialien. Handbuch Erwachsenenbildung.* Weinheim, Basel 1995.

Langosch, I.: *Weiterbildung: Planen — Gestalten — Kontrollieren.* Stuttgart 1993.

Sarges, W./Fricke, R. (Hrsg.): *Psychologie für die Erwachsenenbildung – Weiterbildung.* Göttingen 1986.

Sprenger, R. K.: *Mythos Motivation.* 10. Aufl. Frankfurt/M., New York 1996.

Sprenger, R. K.: *Prinzip Selbstverantwortung.* 5. Aufl. Frankfurt/M., New York 1996.

Klassiker:

Birkenbihl, M.: *Kleines Arbeitshandbuch für Ausbilder und Dozenten.* 3. Aufl. München 1975.

Dieckmann, B. u. a.: *Gesellschaftsanalyse und Weiterbildungsziele.* Braunschweig 1973.

Groskurth, P. (Hrsg.): *Arbeit und Persönlichkeit. Berufliche Sozialisation in der arbeitsteiligen Gesellschaft.* Hamburg 1979.

Lange, O./Raapke, H.-D.: *Weiterbildung der Erwachsenen.* Bad Heilbrunn 1976.

Lenz, W.: *Grundbegriffe der Weiterbildung.* Stuttgart 1982.

Siebert, H. (Hrsg.): *Taschenbuch der Weiterbildungsforschung.* Baltmannsweiler 1979.

Allgemeine Literatur zum Thema:

Alt, C./Santer, E./Tillmann, H.: *Berufliche Weiterbildung in Deutschland.* Bielefeld 1994.

Brandsma, J./Kessler, F./Münch, J.: *Berufliche Weiterbildung in Europa.* Bielefeld 1995.

Bundesinstitut für Berufsbildung (Hrsg.): *Literaturinformationen zur beruflichen Bildung.* Berlin, 6 x jährlich.

Bundesminister f. Bildung, Wissenschaft/Forschung/Technologie (Hrsg.): *Berichtssystem Weiterbildung VI: Integrierter Gesamtbericht zur Weiterbildungssituation in Deutschland. Mit integrierter Repräsentativ-Befragung.* Bonn 1996.

Dahm, G.u. a. (Hrsg.): *Wörterbuch für Weiterbildung.* München 1980.

Decker, F.: *Bildungsmanagement für eine neue Praxis.* München 1995.

Döring, K. W.: *Didaktische Perspektiven in der Weiterbildung.* In: Verwaltung u. Fortbildung. 5. Jg. 1977, H.1, S. 11 ff.

Döring, K. W.: *Praxis der Weiterbildung: Analysen – Reflexionen – Konzepte.* Weinheim 1991.

Döring, P.: *Transfersicherung und Transferevaluierung bei der Fortbildung in der öffentlichen Verwaltung.* In: BAKÖV-Werkpapiere. Nr.4. Bonn/Bad. Godesberg 1978.

Fischbach, D./Notz, G.: *Lernprozesse in der beruflichen Bildung.* Weinheim, Basel 1981.

FWU – Institut f. Film u. Bild in Wissenschaft und Unterricht: *expedition '92: Aufbruch in neue Lernwelten.* München 1992.

Hofmann, L. M./Regnet, E. (Hrsg.): *Innovative Weiterbildungskonzepte.* Göttingen 1994.

Jäckering, W./Schwebbach, W./Voelkner, J.: *Lernorganisation in der dienstlichen Fortbildung.* Köln, Bonn 1980.

Jeserich, W. (Hrsg.): *Handbuch der Weiterbildung für die Praxis in Wirtschaft und Verwaltung.* 7 Bände. München, Wien 1981.

Kommission d. europ. Gemeinschaft (Hrsg.): *Weißbuch zur allgemeinen und beruflichen Bildung: Lehren und Lernen. Auf dem Weg zur kognitiven Gesellschaft.* Brüssel 1995.

Kuwan, H.: *Motivation zur Weiterbildung.* Hrsg.: Bundesministerium f. Bildung und Wissenschaft. Bonn 1991.

Lenz, W. (Hrsg.): *Modernisierung der Erwachsenenbildung.* Wien u. a. 1994.

Lung, M.: *Betriebliche Weiterbildung: Grundlagen und Gestaltung.* Kutenholz 1996.

Maeck, H.: *Arbeitshandbuch der Lehr- und Trainingstechniken.* München 1978.

Massow, M.: *Der Weiterbildungsatlas: Die richtigen Maßnahmen für mehr Chancen im Beruf.* Düsseldorf 1997.

Merk, R.: *Weiterbildungsmanagement: Bildung erfolgreich und innovativ managen.* 2. Aufl. Neuwied 1997.

Meueler, E.: *Erwachsene lernen.* Stuttgart 1982.

Schlaffke, W./Weiß, R. (Hrsg.): *Tendenzen betrieblicher Weiterbildung.* Köln 1990.

Schlutz, E.: *Unterricht – ein für die Weiterbildungsforschung relevantes Feld?* In: Siebert, H. (Hrsg.): Taschenbuch der Weiterbildungsforschung. Baltmannsweiler 1978. S. 482ff.

Schlutz, E.: *Sprache, Bildung und Verständigung.* Regensburg 1984.

Severing, E.: *Arbeitsplatznahe Weiterbildung: Betriebspädagogische Konzepte und betriebliche Umsetzungsstrategien.* Neuwied 1994.

Steinle, C./Bruch, H. (Hrsg.): *Führung und Qualifizierung.* Frankfurt/M. 1993.

Thiele, H.: *Trainingsprogramm Gesprächsführung im Unterricht.* Bad Heilbrunn 1983.

Tolodziecki, G./Breuer, K./Hauf, A.: *Konzepte für das berufliche Lehren und Lernen.* Bad Heilbrunn 1992.

Wittwer, W.: *Berufliche Bildung im Wandel.* Weinheim 1992.

Wöltje, J./Egenberger, U.: *Zukunftssicherung durch systematische Weiterbildung*. München 1996.

3. Bereich:
Das Lernen mit Erwachsenen

Spezielle Hinweise:
Lehr, U.: *Psychologie des Alterns*. 7. Aufl. Heidelberg 1991.
Prokop, E.: *Lernen mit Erwachsenen*. München 1983.
Zdarzil, H./Olechowski, R.: *Anthropologie und Psychologie des Erwachsenen*. Stuttgart u. a. 1976.

Klassiker:
Beauvoir, S. de.: *Das Alter*. Reinbek b. Hamburg 1972.
Bromley, D. M.: *The Psychology of Human Ageing*. London, New York 1966.
Knoll, H. J./Siebert, H.: *Erwachsenenbildung – Erwachsenenqualifizierung*. Heidelberg 1968.
Löwe, H.: *Einführung in die Lernpsychologie des Erwachsenenalters*. 8. Aufl. Berlin 1977.
Siebert, H. (Hrsg.): *Taschenbuch der Weiterbildungsforschung*. Baltmannsweiler 1979.
Siebert, H./Dahms, W./Karl, C.: *Lernen und Lernprobleme in der Erwachsenenbildung*. Paderborn u. a. 1982.
Skowronek, H.: *Lernen und Lernfähigkeit von Erwachsenen*. München 1969.
Skowronek, H.: *Lernpsychologische Forschung zum Erwachsenenalter*. In: Siebert, H. (Hrsg.): Taschenbuch der Weiterbildungsforschung. 5. Aufl. Baltmannsweiler 1979, S. 307 ff.
Thomae, H./Lehr, U.: *Altern. Probleme und Tatsachen*. Frankfurt/M. 1968.
Tietgens, H.: *Lernen mit Erwachsenen: Von den Arbeitsweisen in der Erwachsenenbildung*. Braunschweig 1979.

Allgemeine Literatur zum Thema:
Arnold, R.: *Erwachsenenbildung: Eine Einführung in Grundlagen, Probleme und Perspektiven*. Baltmannsweiler 1988.
Baltes, P. B./Mittelstraß, J. (Hrsg.): *Zukunft des Alterns und gesellschaftliche Entwicklung*. Berlin 1992.
Biegel, A./Swildens, H.: *Wo ist denn meine Brille? Briefwechsel zweier Frauen über das Älterwerden*. Heilbronn 1990.
Brandenburg, A.: *Der Lernerfolg im Erwachsenenalter*. Göttingen 1974.
Breloer, O. u. a.: *Teilnehmerorientierung und Selbstbestimmung in der Erwachsenenbildung*. Braunschweig 1980.
Brundage, D. H. u. a.: *Adult Learning and Their Application to Program Planning*. Toronto (Ministry of Education) 1980.
Cube, A. V. u. a.: *Kompensation oder Emanzipation*. Braunschweig 1974.
Daimler, R./Glaeske, G.: *Altern ist keine Krankheit. Ein Ratgeber für die zweite Lebenshälfte*. Köln 1988.
Dettbarn-Reggentin, J./Reggentin, H. (Hrsg.): *Neue Wege in der Bildung Älterer*. Band 1. Theoretische Grundlagen und Konzepte. Band 2. Praktische Modelle und Projekte. Freiburg im Breisgau 1992.
Faltermaier, T./Mayring, P./Saup, W./Strehmel, P.: *Entwicklungspsychologie des Erwachsenenalters*. Stuttgart 1992.
Fleischmann, U. M.: *Gedächtnis und Alter*. Bern 1989.

Geißler, K. A./Kade, J.: *Die Bildung Erwachsener*. München, Wien, Baltimore 1982.

Hertramph, H./Stadelhofer, C. (Hrsg.): *ALTERnativen: Neue Wege in der Erwachsenenbildung*. Langenau-Ulm 1992.

Huber, G. L.: *Selbstbestimmung und Fremdbestimmung in Lernprozessen*. München 1976.

Hubermann, A. M.: *Wie verändern sich erwachsene Lerner?* In: Unterrichtswissenschaft. Jg. 1975. H. 3., S. 14-35.

Knoll, H. J.: *Lebenslanges Lernen – Erwachsenenbildung in Theorie und Praxis*. Hamburg 1974.

Kuypers, H. W.: *Unterricht mit Erwachsenen*. Stuttgart 1975.

Lange, O./Raapke, D. : *Weiterbildung der Erwachsenen*. Bad Heilbrunn 1976.

Lenz, W.: *Grundlagen der Erwachsenenbildung*. Stuttgart 1979.

Leon, A.: *Psychologie der Erwachsenenbildung*. Stuttgart 1977.

Lovell, R. B.: *Adult Learning*. London 1980.

Mader, W./Weymann, A.: *Erwachsenenbildung*. Reihe: Didaktische Grundrisse. Bad Heilbrunn 1975.

Maeck, H.: *Kreative Planung und Kontrolle des Lehrens und Trainierens*. München 1980.

Müller, H.J.: *Die didaktische Gestaltung von Erwachsenenbildungsmaßnahmen – Entwicklung und Begründung einer Handlungsstrategie*. Frankfurt/M. 1979.

Nave-Herz, R. (Hrsg.): *Erwachsenensozialisation*. Weinheim, Basel 1981.

Oswald, W. D./Lehr, U. M. (Hrsg.): *Altern. Veränderung und Bewältigung*. Bern 1991.

Prokop, E.: *Lernen mit Erwachsenen*. München 1983.

Rosenmayr, L.: *Die späte Freiheit*. Berlin 1983.

Sauer, J. M.: *Erwachsenenbildung. Stand und Trend der Forschung in der Bundesrepublik Deutschland*. Göttingen 1976.

Schaeffter, O.: *Zielgruppenorientierung in der Erwachsenenbildung*. Braunschweig 1981.

Schmiel, M./Sommer, K.-H.: *Lernförderung Erwachsener*. Heidelberg 1991.

Siebert, H.: *Erwachsenenbildung: Aspekte einer Theorie*. Düsseldorf 1972.

Siebert, H. (Hrsg.): *Praxis und Forschung in der Erwachsenenbildung*. Opladen 1977.

Tietgens, H./Weinberg, J.: *Erwachsene im Feld des Lehrens und Lernens*. Braunschweig 1975.

Tietgens, H.: *Die Erwachsenenbildung – Grundfragen der Erziehung*. Bd. 14. München 1981.

Veelken, L.: *Neues Lernen im Alter: Bildungs- und Kulturarbeit mit „Jungen Alten"*. Heidelberg 1990.

Wittwer, W.: *Weiterbildung im Betrieb*. München u. a. 1982.

4. Bereich:
Die allgemeine Didaktik

Spezielle Hinweise:

Flechsig, K.-H.: *Kleines Handbuch didaktischer Modelle*. München 1996.

Jank, W./Meyer, H.: *Didaktische Modelle*. 3. Aufl. Frankfurt/M. 1994.

Kron, F. W.: *Grundwissen Didaktik*. München, Basel 1993.

Klassiker:

Aebli, H.: *Zwölf Grundformen des Lehrens*. 7. Aufl. Stuttgart 1993.

Bloom. B. S. (Ed.): *Taxonomy of Educational Objectives-Handbook*. New York 1956.

Comenius, J. A.: *Große Didaktik*. (Original v. 1638) Düsseldorf 1960.

Cube, F. v.: *Kybernetische Grundlagen des Lehrens und Lernens*. Stuttgart 1971.

Edelmann, G./Möller, C.: *Grundkurs Lernplanung: Einzel- oder Gruppenübungen zu praxisorientierten Problemen der Lernzieldarstellung*. Weinheim, Basel 1976.

Frey, K. (Hrsg.): *Curriculum-Handbuch*. Bd. 1-3. München. 1976.

Heimann, P./Otto, G./Schulz, W.: *Unterricht, Analyse und Planung*. Hannover l985.

Klafki, W./Otto, G./Schulz, W.: *Didaktik und Praxis*. Weinheim, Basel 1977.

Möller, C.: *Technik der Lehrplanung. Methoden und Probleme der Lernzielerstellung*. Weinheim 1973.

Piaget, J.: *Theorien und Methoden der modernen Erziehung*. Frankfurt/M. 1974.

Robinsohn, S. B.: *Bildungsreform als Revision des Curriculums*. Neuwied 1972.

Rousseau, J. J.: *Emil oder Über die Erziehung*. (Original v. 1762) Paderborn 1981.

Allgemeine Literatur zum Thema:

Adl-Amini, B. (Hrsg.): *Didaktik und Methodik*. Weinheim, Basel 1981.

Adl-Amini, B./Künzli, R. (Hrsg.): *Didaktische Modelle und Unterrichtsplanung*. 2. Aufl. München 1991.

Becker, G. E.: *Durchführung von Unterricht*. 6. Aufl. Weinheim 1993.

Blankertz, H.: *Theorien und Modelle der Didaktik*. 10. Aufl. München. 1979.

Döring, K. W. (Hrsg.): *Unterricht mit Lehr- und Lernmitteln*. 2. Aufl. Weinheim 1973.

Gudjons, H. u. a.: *Didaktische Theorien*. Braunschweig 1981.

Keil, W.: *Psychologie des Unterrichts*. München 1977.

Klafki, W.: *Zur Unterrichtsplanung im Sinne kritisch-konstruktiver Didaktik*. In: Adl-Amini B./ Künzli, R. (Hrsg.): Didaktische Modelle und Unterrichtsplanung. München 1980, S. 11-48.

Memmert, W.: *Didaktik in Grafiken und Tabellen*. Bad Heilbrunn 1980.

Nezel, I.: *Allgemeine Didaktik der Erwachsenenbildung*. Bern u. a. 1992.

Peterssen, W. H.: *Lehrbuch Allgemeine Didaktik*. 2. Aufl. München 1989.

Popp, W.: *Kommunikative Didaktik: Soziale Dimension des didaktischen Feldes*. Weinheim 1976.

Reich, K.: *Theorien der Allgemeinen Didaktik*. Stuttgart 1977.

Reich, K.: *Unterricht – Bedingungsanalyse und Entscheidungsfindung*. Stuttgart 1979.

Sommer, H.: *Grundkurs Lehrerfrage*. Weinheim/Basel 1981.

Zinnecker. J.: *Der heimliche Lehrplan*. Weinheim 1975.

5. Bereich:
Didaktik und Lehr-/Lernorganisation

Spezielle Hinweise:

Götz, K./Häfner, P.: *Didaktische Organisation von Lehr- und Lernprozessen*. 2. Aufl. Weinheim 1992.

Müller, K. R.: *Kurs- und Seminargestaltung*. Weinheim, Basel 1991.

Klassiker:

Bloom, B. S. u. a.: *Taxonomie von Lehrzielen im kognitiven Bereich*. 4. Aufl. Weinheim, Basel 1972.

Grell, J. und M.: *Unterrichtsrezepte*. München u. a. 1981.

Mager, R. F.: *Lernziele und Programmierter Unterricht*. Weinheim 1965.

Potthoff, W.: *Erfolgskontrolle*. Ravensburg 1975.

Allgemeine Literatur zum Thema:

Bachmann, W.: *Konzepte der didaktischen Reduktion aus handlungstheoretischer Sicht.* Bergisch Gladbach 1989.

Bachmair, G.: *Handlungsorientierte Unterrichtsanalyse.* 2. Aufl. Weinheim, Basel 1982.

Becker, G. E.: *Durchführung von Unterricht: Handlungsorientierte Didaktik.* Band 2. Weinheim, Basel 1990.

Becker, H.: *Stofffülle und Stoffreduktion in der Weiterbildung.* Weinheim 1993.

Brühwiler, H.: *Methoden der ganzheitlichen Jugend- und Erwachsenenbildung.* Opladen 1992.

Bundesinstitut für Berufsbildung (Hrsg.): *Motivation in der Ausbildung zu lebenslangem Lernen.* Teilnehmer-Unterlagen und Referentenleitfaden. Berlin, Bonn 1994.

Dave, R. H.: *Eine Taxonomie pädagogischer Ziele und ihre Beziehung zur Leistungsmessung.* In: Ingenkamp, K./Marsolek, T. (Hrsg.): Möglichkeiten und Grenzen der Testanwendung in der Schule. Weinheim 1968, S. 225-237.

Fischbach, D./Notz, G.: *Lernprozesse in der beruflichen Bildung.* Weinheim. Basel 1981.

Frommer, H. u. a.: *Kleine Didaktik für die Praxis der Erwachsenenbildung.* Villingen-Schwenningen 1983.

Götz, K.: *Zur Evaluierung beruflicher Weiterbildung.* 2 Bände. Weinheim 1993.

Hoberg, G.: *Vor Gruppen be-stehen: Besprechungen, Workshops, Präsentationen.* Stuttgart 1994.

Jendrowiak, H.-W./Kreuzer, K. J.: *Lehrer beurteilen Lehrer.* Düsseldorf 1980.

Landwehr, N.: *Neue Wege der Wissensvermittlung.* 2. Aufl. Frankfurt/M. 1995.

Langmaack, B./Braune-Krickau, M.: *Wie die Gruppe laufen lernt.* 5. Aufl. Weinheim, Basel 1995.

Meyer, H.: *UnterrichtsMethoden.* 2 Bände. 6. Aufl. Frankfurt/M. 1994.

Müller, H.-J.: *Offener Unterricht in der Weiterbildung.* Berlin 1985.

Reusser, K./Reusser-Weyeneth, H. (Hrsg.): *Verstehen. Psychologischer Prozeß und didaktische Aufgabe.* Bern 1994.

Ruddies, G. H.: *Erfolgreiche Erwachsenenbildung: Praxis – Reflexion – Ratgeber.* Villingen-Schwenningen 1991.

Scholz, G.: *Lernzielorientierung – Didaktische Wende oder modischer Trend?* In: Die Deutsche Schule. 73. Jg. H. 7/8. 1981, S. 415 ff.

Schreckenberg, W.: *„Guter" Unterricht – „schlechter" Unterricht. Probleme der Unterrichtsbeurteilung.* Düsseldorf 1980.

Voelkner, J.: *Das Lehrmethoden-Instrumentarium.* In: Verwaltung und Fortbildung. Jg. 1979. H. 1, S. 17 ff.

Voelkner, J.: *Lernzieltaxonomie im Vergleich.* In: Lernorganisation in der dienstlichen Fortbildung. Sonderheft Verwaltung und Fortbildung. Köln, Bonn 1980, S. 33 ff.

Woeckner, N.: *Leitfaden für Seminare.* Interne Publikation der AEG. Berlin 1990.

6. Bereich:
Das Lehr- und Sozialformenrepertoire

Spezielle Hinweise:

Knoll, J.: *Kurs- und Seminargestaltung.* 5. Aufl. Weinheim, Basel 1993.

Terhart, E.: *Lehr-Lern-Methoden: Eine Einführung in Probleme der methodischen Organisation von Lehren und Lernen.* Weinheim 1989.

Klassiker:

Fittkau, B. u. a.: *Kommunikations- und Verhaltenstraining für Erziehung, Unterricht und Ausbildung*. Pullach bei München 1974.

Dietrich, G.: *Bildungswirkungen des Gruppenunterrichts*. München 1969.

Goeppert, H. C. (Hrsg.): *Sprachverhalten im Unterricht*. München 1977.

Kösel, E.: *Sozialformen des Unterrichts*. 5. Aufl. Ravensburg 1976.

Langer, I./Schulz von Thun, F./Tausch, R.: *Sich verständlich ausdrücken*. 2. Aufl. München 1981.

Meyer, E. (Hrsg.): *Die Gruppe im Lernprozeß*. Frankfurt/M. 1970.

Rückriem, N.: *Lehrerverhaltenstraining. Wege zur Selbstausbildung*. Ravensburg 1977.

Spanhel, D.: *Die Sprache des Lehrers*. Düsseldorf 1971.

Tausch, R./Tausch, A.-M.: *Erziehungspsychologie*. 5. Aufl. Göttingen 1970.

Voelkner, J.: *Das Lehrmethoden-Instrumentarium*. In: Verwaltung und Fortbildung. Jg. 1979. H. 1, S. 17 ff.

Vogel, A.: *Unterrichtsformen I und II*. Ravensburg 1974.

Allgemeine Literatur zum Thema:

Bönsch, M.: *Variable Lernwege. Ein Lehrbuch der Unterrichtsmethoden*. Paderborn 1991.

Döring, S.: *Lernen durch Spielen*. Weinheim 1997.

Geißler, K. A.: *Anfangssituationen: Was man tun und besser lassen sollte*. Weinheim, Basel 1994.

Geißler, K. A.: *Lernprozesse steuern. Übergänge: Zwischen Willkommen und Abschied*. Weinheim, 1995.

Geißler, K. A.: *Schlußsituationen*. Weinheim, Basel 1994.

Holzer, U. M./Eigenschink-Holzer, U. J.: *Miteinander besser lernen. Handbuch für Trainer und Lehrende*. Bremen 1994.

Jäckering, W./Schwebbach, W./Voelkner, J.: *Lernorganisation in der dienstlichen Fortbildung*. Köln, Bonn 1980.

Knoll, J.: *Kleingruppenmethoden*. Weinheim, Basel 1993.

Lipp, U./Will, H.: *Das große Workshop-Buch*. Weinheim, Basel 1996.

Münch, W.: *Individuum und Gruppe in der Weiterbildung: Psychologische Grundlagen für die Praxis in Seminaren, Kursen und Trainings*. Weinheim, Basel 1995.

Müller, K. R. (Hrsg.): *Kurs- und Seminargestaltung: Ein Handbuch für Mitarbeiter/-innen im Bereich von Training und Kursleitung*. 6. Aufl. Weinheim, Basel 1995.

Rechtien, G.: *Angewandte Gruppendynamik*. München 1992.

Ritz-Fröhlich, G.: *Verbale Interaktionsstrategien im Unterricht. Impuls – Denkanstoß – Frage*. 4. Aufl. Ravensburg 1975.

Twardy, M. (Hrsg.): *Ein Handbuch für die pädagogische Fortbildung von Ausbildern*. Bielefeld 1995.

Sommer, H.: *Grundkurs Lehrerfrage*. Weinheim, Basel 1981.

Weidenmann, B.: *Erfolgreiche Kurse und Seminare: Professionelles Lernen mit Erwachsenen*. Weinheim 1995.

7. Bereich:
Das Training

Spezielle Hinweise:

Birkenbihl, M.: *Train the Trainer. Arbeitshandbuch für Ausbilder und Dozenten*. 12. Aufl. Landsberg a. Lech 1995.

Deutsche Planspiel-Zentrale (DPSZ): *Europäische Planspielübersicht der DPSZ.* Berlin o. J..

Deutsche Planspiel-Zentrale (DPSZ): *Literaturliste zu Planspiel und Simulation der DPSZ.* Berlin 1994.

Graf, J. (Hrsg.): *Planspiele – Simulierte Realitäten für den Chef von morgen. Mit Planspiel-Marktübersicht.* Speyer 1992.

Günther, U./Sperber, W.: *Handbuch für Kommunikations- und Verhaltenstrainer: Psychologische und organisatorische Durchführung von Trainingsseminaren.* Basel 1995.

Wallenwein, G. F.: *Spiele: Der Punkt auf dem i. Kreative Übungen zum Lernen mit Spaß.* Weinheim, Basel 1995.

Klassiker:

Antons, K.: *Praxis der Gruppendynamik: Übungen und Techniken.* 6. Aufl. Göttingen 1996.

Balon, K.-H./Sokol, D.: *Projekte im Unterricht – Planspiel. Soziales Lernen in simulierter Wirklichkeit.* Starnberg 1974.

Berne, E.: *Die Spiele der Erwachsenen.* Reinbek b. Hamburg 1967.

Broich, J.: *Rollenspiele mit Erwachsenen.* 5. Aufl. Hamburg 1994.

Fittkau, B./Müller-Wolf,H. M./Schulz v. Thun, F.: *Kommunizieren lernen (und umlernen): Trainingskonzeptionen und Erfahrungen.* Braunschweig 1977.

Fritz, J.: *Methoden des sozialen Lernens.* München 1977.

Greif, S.: *Diskussionstraining.* Salzburg 1976.

Höper, C. J./Kutzleb, U./Tobbe, A./Weber, B.: *Die spielende Gruppe.* München 1974.

Hoffstätter, P.: *Gruppendynamik.* Hamburg 1957.

Shaeftel, F. R. u. a.: *Rollenspiel als sozialer Entscheidungsträger.* München 1976.

Vopel, K. W.: *Handbuch für Gruppenleiter. Zur Theorie und Praxis der Interaktionsspiele.* Hamburg 1976.

Allgemeine Literatur zum Thema:

Adam, E.: *Das Subjekt in der Didaktik.* Weinheim 1988.

Birkenbihl, M.: *Rollenspiele schnell trainiert.* Landsberg a. Lech 1992.

Birkenbihl, V. F.: *Kommunikationstraining.* Landsberg a. Lech 1987.

Bleicher, K.: *Unternehmensplanspiele.* Landsberg a. Lech 1984.

Böhret, C.: *Das Planspiel.* Köln, Bonn 1976.

Brenner, I./Clausing, H. u. a.: *Das pädagogische Rollenspiel in der betrieblichen Praxis.* Hamburg 1996.

Chan, B. (Hrsg.): *Rollenspiele als Methode des sozialen Lernens.* Königstein 1981.

Dörner, D.: *Die Logik des Mißlingens.* Hamburg 1989.

Dörner, D. u. a.: *Lohhausen: Vom Umgang mit Komplexität.* Bern 1983.

Fassheber, P.: *Planspiele.* In: Sarges, W (Hrsg.): Management-Diagnostik. Göttingen 1990, S. 490 ff.

Francis, D./Young, D.: *Mehr Erfolg im Team: Ein Trainingsprogramm.* 5. Aufl. Hamburg 1996.

Geilhardt, T./Mühlbradt, T. (Hrsg.): *Planspiele im Personal- und Organisationsmanagement.* Göttingen 1995.

Genting, M.: *Planspiele und soziale Simulation im Bildungsbereich.* Frankfurt/M. 1992.

Greenbalt, C. S.: *Designing Games and Simulations.* Newsbury Park, CA. 1988.

Greif, S.: *Diskussionstraining. Zum Selbst- und Gruppenstudium für Psychologen, Lehrer und Lernende, Verantwortliche im sozialen Bereich.* Salzburg 1976.

Günther, U./Sperber, W.: *Handbuch für Kommunikations- und Verhaltenstrainer.* 2. verb. Aufl. München, Basel 1995.

Hinsch, R./Pfingsten, U.: *Gruppentraining sozialer Kompetenzen.* München, Wien, Baltimore 1983.

Högsdal, B.: *Planspiele: Einsatz von Planspielen in der Aus- und Weiterbildung.* Bonn 1996.

Höper, C. J./Kutzleb, U. u. a.: *Die spielende Gruppe: 115 Vorschläge für soziales Lernen in Gruppen*. 13. Aufl. München 1996.

Jäckering, W.: *Unterweisung am Arbeitsplatz*. In: Verwaltung und Fortbildung. 6. Jg. Nr. 2/1978, S. 74-85.

Jokisch, W.: *Spielkartei: Elemente zur Entfaltung von Kreativität, Spiel und schöpferischer Arbeit in Gruppen*. 4. Aufl. Münster 1994.

Kauke, M.: *Spielintelligenz: Spielend lernen – Spielen lehren?* Heidelberg, Berlin u. a. 1992.

Köhl, K.: *Seminar für Trainer. Das situative Lehrtraining: Trainer lernen Lehren*. 3. überarb. Aufl. Hamburg 1996.

Kreuzer, K. J. (Hrsg.): *Handbuch der Spielpädagogik*. 2. Bände. Düsseldorf 1983.

Lehner, M./Ziep, K.-D.: *Phantastische Lernwelt*. 2. Aufl. Weinheim 1997.

Lumma, K.: *Strategien der Konfliktlösung: Betriebliches Verhaltenstraining in Theorie und Praxis*. 2. Aufl. Hamburg 1995.

Masters, R./Houston, J.: *Phantasie-Reisen*. München 1984.

Meier-Maletz, M. (Hrsg.): *Trainer-Guide*. Landsberg 1994.

Ments, M. v.: *Rollenspiele: effektiv*. München 1991.

Murdock, M.: *Dann trägt mich meine Wolke... Wie Große und Kleine spielend lernen*. 2. Aufl. Freiburg i. Breisgau 1990.

Oswald, W. D./Gunzelmann, T. (Hrsg.): *Kompetenztraining*. Göttingen u. a. 1995.

Oswald, W. D./Rödel, G. (Hrsg.): *Gedächtnistraining*. Göttingen u. a. 1995.

Röschmann, D.: *111 X Spaß am Abend – Heitere Spiele zur Auflockerung von Teilnehmern in Seminaren, Kursen und Freizeiten*. 2. Aufl. Hamburg 1994.

Rohn, W.: *Methodik und Didaktik des Planspiels*. Köln 1980.

Rohn, W.: *Europäische Planspielübersicht*. 5. Aufl. Wuppertal 1992.

Thiele, H.: *Trainingsprogramm Gesprächsführung im Unterricht*. Bad Heilbrunn 1983.

Ulrich, H. u. a.: *Anleitung zum ganzheitlichen Denken und Handeln*. Stuttgart 1988.

Vopel, K. W.: *Interaktionsspiele, Lebendiges Lernen*. 6 Bände. Hamburg 1989 – 1991.

Voß, B. (Hrsg.): *Kommunikations- und Verhaltenstraining*. Göttingen 1995.

Wahl, D./Wölfing, W./Rapp, G./Heger, D. (Hrsg.): *Erwachsenenbildung konkret. Mehrphasiges Dozententraining*. 4. Aufl. Weinheim 1995.

Weber, H.: *Arbeitskatalog der Übungen und Spiel*. Hamburg 1986.

8. Bereich:
Das Medienrepertoire und die Mediendidaktik

Spezielle Hinweise:

Boeckmann, K./Heymen, N.: *Unterrichtsmedien selbst gestalten*. Frankfurt/M. 1990.

Döring, K. W. (Hrsg.): *Lehr- und Lernmittel: Medien des Unterrichts*. 2. Aufl. Weinheim, Basel 1973.

Schoeps, J. H./Proske, R./Greiner, F. (Hrsg.): *Weiterbildung durch Medien*. Bonn 1982.

Klassiker:

Crowder, N.A.: *Über die Unterschiede zwischen ...* In: Correll, W. (Hrsg.): Zur Theorie und Praxis des PU. Darmstadt 1969.

Dallmann, G./Preibusch, W.: *Unterrichtsmedien*. In: Handbuch der Unterrichtsforschung. Weinheim, u. a. 1970.

Dichanz, H./Kolb, G. (Hrsg.): *Quellentexte zur Unterrichtstechnologie*. Band I und II. Stuttgart 1976

Fröhlich, A.: *Die auditiven, visuellen und audoivisuellen Unterrichtsmittel.* Weinheim, Basel 1974.

Gottschaldt, K.: *Psychologie des programmierten Lernens.* Hannover 1972.

Heidt, E. U.: *Medien und Lernprozesse.* Weinheim, Basel 1976.

Issing, L. J./Knigge-Illner, H. (Hrsg.): *Unterrichtstechnologie und Mediendidaktik.* Weinheim, Basel 1976.

Kultusminister d. Landes NRW (Hrsg.): *Verzeichnis der Lernprogramme.* Bethel bei Bielefeld 1976.

Saettler, P.: *A History of Instructional Technology.* New York u. a. 1968.

Allgemeine Literatur zum Thema:

Ashauer, O. (Hrsg.): *Audiovisuelle Medien. Handbuch für Schule und Weiterbildung.* Bonn 1980.

Astleitner, H.: *Lernen in Informationsnetzen.* Frankfurt/M. 1997.

Bäumler, C. E.: *Lernen mit dem Computer.* Weinheim, Basel 1991.

Ballstaedt, S.-P.: *Lerntexte und Teilnehmerunterlagen.* Band 2 von H. Will (Hrsg.): Mit den Augen lernen. 2. Aufl. Weinheim, Basel 1994.

Blume, D. u. a. (Hrsg.): *Multimediales Lernen in der Berufsbildung.* Band 1 bis 4. Bielefeld 1992.

Boeckmann, U. v./Hymen, N.: *Unterrichtsmedien selbst gestalten.* Neuwied 1990.

Bühs, R.: *Tafelzeichnen kann man lernen.* 3. Aufl. Hamburg 1993.

Correll, W.: *Programmiertes Lernen und Lehrmaschinen.* Braunschweig 1965.

Dichanz, H.; Kolb, O. (Hrsg.): *Quellentexte zur Unterrichtstechnologie.* 2 Bde. Stuttgart 1975.

Dittrich, H.: *Erfolgsgeheimnis Visualisierung. Die Technik der Visualisierung in ihrer praktischen Anwendung.* Planegg 1993.

Döring, K. W.: *Lehr- und Lernmittel: Medien des Unterrichts.* 2. Aufl. Weinheim, Basel 1973.

Döring, K. W. (Hrsg.): *Lehr- und Lernmittelforschung.* Weinheim, Basel 1971.

Döring, K. W.: *Unterricht mit Lehr- und Lernmitteln.* 2. Aufl. Weinheim, Basel 1973.

Donnert, R.: *Am Anfang war die Tafel...* München 1990.

Greif, M.: *Teamerfolge in der Produktion durch Visualisierung.* Landsberg a. Lech 1996.

Gutschmidt, F. u. a.: *Bildungstechnologie und Curriculum.* Hannover 1974.

Hartmann, M./Funk, R./Nietmann, H.: *Präsentieren.* 2. Aufl. Weinheim, Basel 1993.

Heidt. F. U.: *Medien und Lernprozesse.* Weinheim, Basel 1976.

Hierold, E.: *Sicher präsentieren – wirksam vortragen. Bewährte Tips und Strategien zur Überzeugung vor Gruppen.* Wien 1990.

Issing, L. J./Hannemann, J.(Hrsg.): *Lernen mit Bildern.* Grünwald 1983.

Kawalek, J.: *Unterricht am Bildschirm.* Frankfurt/M., Berlin u. a. 1997.

Kittelberger, R./Freisleben, I.: *Lernen mit Video und Film.* Band 5. von H. Will (Hrsg.): Mit den Augen lernen. 2. Aufl. Weinheim, Basel 1994.

Klimsa, P.: *Neue Medien und Weiterbildung. Anwendung und Nutzung in Lernprozessen der Weiterbildung.* Weinheim 1993.

Kuhlich, C.: *Erfolgreich präsentieren.* Enningen 1990.

Kynast, F./Kleinert, H.: *Gestalten lernen mit Desktop-Publishing.* Wiesbaden 1988.

Langner-Geißler, T./Lipp, U.: *Pinwand, Flipchart und Tafel.* Band 3 von H. Will (Hrsg.): Mit den Augen lernen. 2. Aufl. Weinheim, Basel 1994.

Lisop, I. (Hrsg.): *Bildung und neue Technologien.* Frankfurt/M. 1986.

Maeck, H.: *Kreative Planung und Kontrolle des Lehrens und Trainierens.* München 1980.

Meier, R.: *Computerdidaktik.* Weinheim 1990.

Michael, B.: *Darbieten und Veranschaulichen. Möglichkeiten und Grenzen von Darbietung und Anschauung im Unterricht.* Bad Heilbrunn 1983.

Rüschoff, B./Schmitz, U. (Hrsg.): *Kommunikation und Lernen mit alten und neuen Medien.* Frankfurt/M. 1996.

Salzmann. C. u. a.: *Unterrichtsmedien im Gespräch*. Rheinstetten 1976.

Scheler, U.: *Informationen präsentieren: Der Vortrag. Die Medien. Die Gestaltung*. Offenbach 1995.

Seifert, J. W./Pattay, S.: *Visualisieren, Präsentieren, Moderieren*. 10. Aufl. Bremen 1997.

Sommer, W.: *Neue Medien in der Aus- und Weiterbildung*. Berlin u. a. 1987.

Thiele, A.: *Mit neuen Techniken wirkungsvoll präsentieren*. Landsberg 1991.

Toelstede, B. G./Gamber, P.: *Video-Training und Feedback*. Weinheim, Basel 1993.

Weidenmann, B.: *Lernen mit Bildmedien*. Band 1 von H. Will (Hrsg.): Mit den Augen lernen. 2. Aufl. Weinheim, Basel 1994.

Weidenmann, B.: *Psychische Prozesse beim Verstehen von Bildern*. Bern 1988.

Weidenmann, B. (Hrsg.): *Wissenserwerb mit Bildern*. Bern 1994.

Will, H. (Hrsg.): *Mit den Augen lernen*. 5 Bände. 2. Aufl. Weinheim, Basel 1994.

Will, H.: *Overheadprojektion und Folien*. Band 4 von H. Will (Hrsg.): Mit den Augen lernen. 2. Aufl. Weinheim, Basel 1994.

Will, H.: *Vortrag und Präsentation*. Weinheim, Basel 1994.

Zimmermann, P. (Hrsg.): *Neue Medien und Lernen*. Weinheim 1985.

9. Bereich:
Der Dozent/Trainer/Ausbilder in der Weiterbildung

Spezielle Hinweise:
Lehner, M./Ziep, K.-D.: *Phantastische Lernwelt*. 2. Aufl. Weinheim 1997.

Schick, M./Wittwer, W.: *Lehr- und Wanderjahre für Weiterbildner – Ein neues Bildungskonzept für berufliche Bildungsexperten*. Stuttgart 1992.

Ziep, K.-D.: *Der Dozent in der Weiterbildung*. Weinheim 1990.

Klassiker:
Döring, K. W.: *Lehrerverhalten. Forschung, Theorie, Praxis*. Weinheim, Basel 1980.

Tausch, R. u. A.-M.: *Erziehungspsychologie*. 5. Aufl. Göttingen 1970.

Allgemeine Literatur zum Thema:
Birkholz, W./Dobler, G.: *Der Weg zum erfolgreichen Ausbilder*. 2. Aufl. Edewecht 1989.

Bönisch, M.: *Zur Neubestimmung der Lehrerrolle: Zum Verhältnis von Schule und LehrerInnen*. Stuttgart 1994.

Bromme, R.: *Der Lehrer als Experte: Zur Psychologie des professionellen Wissens*. Bern, Göttingen, Toronto 1992

Gelb, M. J.: *Sich selbst präsentieren*. Offenbach 1997.

Giesecke, H.: *Pädagogik als Beruf*. Weinheim, München 1987.

Hiehold, E.: *Sicher präsentieren – wirksamer vortragen*. Wien 1990.

Jäckering, W.: *Seminare erfolgreich durchführen*. Bonn 1991.

Koring, B.: *Eine Theorie pädagogischen Handelns*. Weinheim 1989.

Lucas, M.: *Hören, Hinhören, Zuhören. Die bessere Hälfte der Kommunikation*. Offenbach 1995.

Sagebiehl, J. B.: *Persönlichkeit als pädagogische Kompetenz in der beruflichen Weiterbildung*. Frankfurt/M. u. a. 1994.

Simon, W.: *Rede nicht, handle! Ziele setzen – Ziele erreichen*. Offenbach 1996.

Wahl, D.: *Handeln unter Druck: Der weite Weg vom Wissen zum Handeln bei Lehrern, Hochschullehrern und Erwachsenenbildnern*. Weinheim 1991.

10. Bereich:
Das Verhaltensrepertoire
des Dozenten/Trainers/Ausbilders

Spezielle Hinweise:

Döring, K. W.: *Lehrerverhalten: Forschung, Theorie, Praxis.* Neusausg. Weinheim/Basel 1989.

Grell, J.: *Techniken des Lehrerverhaltens.* Weinheim, Basel 1974.

Langer, I. u. a.: *Sich verständlich ausdrücken.* 2. Aufl. München 1981.

Klassiker:

Fritz, J.: *Interaktionspädagogik – Methoden und Modelle.* München 1975.

Reiners, L.: *Die Kunst der Rede und des Gesprächs.* 3. Aufl. Bern/München 1959.

Schulz von Thun, F.: *Miteinander reden 1: Störungen und Klärungen.* Reinbek b. Hamburg 1984.

Schulz von Thun, F.: *Miteinander reden 2: Stile, Werte und Persönlichkeitsentwicklung.* Reinbek b. Hamburg 1990.

Solomon, D./Bezdek, W. E./Rosenberg, L.: *Teaching Styles and Learning.* Chicago 1963.

Thomae, H. (Hrsg.): *Die Motivation menschlichen Handelns.* 5. Aufl. Köln, Berlin 1969.

Allgemeine Literatur zum Thema:

Baake, D.: *Kommunikation und Kompetenz.* 2. Aufl. München 1975.

Brunner, R.: *Lehrerverhalten.* Paderborn 1978.

Büchner, U.: *Der Gewerbelehrer und die industrielle Arbeit.* Weinheim, Basel 1980.

Döring, K. W.: *Klassenarrangement und kritischer Unterricht.* In: Döring, K. W./Kupffer, H.: Die eindimensionale Schule. Weinheim, Basel 1972, S. 184 ff.

Döring, K. W.: *Lehrerverhalten und das Konzept der Unterrichtstechnologie.* In: Zeitschrift f. Pädagogik. 20. Jg. Nr. 2. 1974, S. 189 ff.

Ebeling, P.: *Das große Buch der Rhetorik.* Wiesbaden 1988.

Goeppert, H. C. (Hrsg.): *Sprachverhalten im Unterricht.* München 1977.

Hoberg, G./Vollmer, G.: *Persönlichkeitsprofile: beobachten – einschätzen – verändern.* Stuttgart 1994.

Kickhöfer, B.: *Rolle und Handeln. Beispiel: Lehrer.* Weinheim, Basel 1981.

Langer, J. u. a.: *Sich verständlich ausdrücken.* 2. Aufl. München 1981.

Lay, R.: *Kommunikation für Manager.* Düsseldorf, Wien 1991.

Loser, F./Terhart, E. (Hrsg.): *Theorien des Lehrens.* Stuttgart 1977.

Loser, M./Fischer, R.: *Reden – Mitsprechen – Verhandeln. Kommunikations-Training für Selbststudium und Gruppenarbeit.* 3. Aufl. Bad Homburg 1981.

Molchow, S.: *Körpersprache.* München 1996.

Reinert, G.-B./Thiele, J. (Hrsg.): *Nonverbale pädagogische Kommunikation.* München 1977.

Schreckenberg, W.: *Vom „guten" zum „besseren" Lehrer.* Düsseldorf 1982.

Schulz v. Thun, F./Langer, R./Tausch, R.: *Trainingsprogramm für Pädagogen zur Förderung der Verständlichkeit bei der Wissensvermittlung.* Hrsg.: Landesverband der Volkshochschulen Schleswig-Holsteins. Kiel 1972.

Sommer, H.: *Grundkurs Lehrerfrage.* Weinheim, Basel 1981

Thiele, H.: *Gesprächsführung im Unterricht.* Bad Heilbrunn 1983.

Watzlawik, P./Beavin, J. H./Jackson, D. D.: *Menschliche Kommunikation.* 7. Aufl. Bern 1985.

Watzlawik, P./Weakland, J./Fisch, R.: *Lösungen.* 2. Aufl. Bern 1975.

Weber, A. (Hrsg.): *Lehrerhandeln und Unterrichtsmethode.* Paderborn 1981.

11. Bereich:
Die Lern- und Arbeitstechniken für die Weiterbildung

Das Thema der Lern- und Arbeitstechniken ist nicht Inhalt dieses vorliegenden Buches. Da wir aber gerade dieses Thema als besonders wichtig und notwendig – quasi als Fundament/Basis für das Lehren und Trainieren – für den gesamten Weiterbildungsbereich betrachten, soll an dieser Stelle auf einschlägige Literatur verwiesen werden. Der fünfte Band unseres Gesamtwerkes (erscheint voraussichtlich 1999) wird sich ausführlich, detailliert und lernpsycholgisch begründet mit diesem Thema auseinandersetzen!

Spezielle Hinweise:

Dahmer, H. & J.: *Effektives Lernen: Anleitung zu Selbststudium, Gruppenarbeit und Examensvorbereitung*. 3. Aufl. Stuttgart 1993.

Metzig, W./Schuster, M.: *Lernen zu lernen*. 2. Aufl. Berlin, Heidelberg 1993.

Schräder-Naef, R.: *Lerntraining für Erwachsene*: Es lernt der Mensch so lang er lebt. 3. Aufl. Weinheim, Basel 1993.

Klassiker:

Kugemann, W.F.: *Lerntechniken für Erwachsene*. Überarbeitete Aufl. Stuttgart 1991.

Rückriem, G./Stary, J./Franck, N.: *Die Technik wissenschaftlichen Arbeitens*. 9. Aufl. Paderborn 1995.

Schräder-Naef, R. D.: *Rationeller Lernen lernen*. 17. Aufl. Weinheim 1992.

Allgemeine Literatur zum Thema:

Beck, E. u. a.: *Projekt Eigenständiger Lerner*. Wissenschaftlicher Schlussbericht an den Schweizerischen Nationalfonds, Forschungsstelle der Pädagogisch. Hochschule. St. Gallen 1992.

Bronnmann, W. u. a.: *Lernen lehren*. Regensburg 1981.

Buzan, T. & B.: *Das Mind-Map-Buch. Die beste Methode zur Steigerung ihres geistigen Potentials*. Landsberg a. Lech 1996.

Buzan, T.: *Kopf Training. Anleitung zum kreativen Denken. Tests und Übungen*. Neuaufl. München 1988.

Deitering, F. G.: *Selbstgesteuertes Lernen*. Göttingen 1995.

Greif, S./Kurtz, H.-J.: *Handbuch Selbstorganisiertes Lernen*. Göttingen 1996.

Hüholdt, J.: *Wunderland des Lernens*. 8. Aufl. Bochum 1993.

Hülshoff, F./Kaldewey, R.: *Mit Erfolg studieren: Studienorganisation und Arbeitstechniken*. 2. aktualisierte Aufl. München 1984.

Kline, P.: *Das alltägliche Genie. oder: Wie man sich in das Lernen (neu) verlieben kann*. Paderborn 1995.

Kneiß, M.: *Kreatives Arbeiten*. München 1995.

Nagel, K.: *Erfolg durch effizientes Arbeiten, Entscheiden, Vermitteln und Lernen*. 4. Aufl. München 1990.

Nagel, K.: *200 Strategien, Prinzipien und Systeme für den persönlichen und unternehmerischen Erfolg*. 3. Aufl. Landsberg a. Lech 1990.

Probst, G./Büchel, B. (Hrsg.): *Organisationales Lernen*. Wiesbaden 1994.

Rainer, W.: *Lernen lernen*. Paderborn 1981.

Savant, M. v.: *Brainpower Training*. Niedernhausen 1996.

Seiwert, L. J.: *Mehr Zeit für das Wesentliche*. 10. Aufl. Landsberg a. Lech 1990.

Simons, P. R. J.: *Lern- und Denkstrategien: Erwerb und Intervention*. Göttingen 1991.

Timelife-Mindpower: *Effektiv lernen: Neue Wege zu größerem Lernerfolg*. Amsterdam 1994.
Wagner, H.: *Persönliche Arbeiststechniken*. 2. Aufl. Speyer 1992.
Zielke, W.: *Handbuch Lern-, Denk- und Arbeitstechnik*. München 1980.

12. Bereich:
Aktuelle Fachzeitschriften der Weiterbildung

A & O:
Zeitschrift für Arbeits- und Organisationspsychologie.
4x jährl. Hogrefe Verlag, Göttingen.

Führung & Organisation:
6 x jährl. FBO-Fachverlag, Baden-Baden.

Harvard Businessmanager:
Theorie und Praxis des Managements. 6 x jährl. Manager-Magazin-Verl.-Ges., Hamburg.

Impulse:
12 x jährlich. J. Groß Verlag (Hrsg.), Köln.

IQ:
Magazin zur Weiterbildung von Führungskräftren. 6x jährl. WWP Verlag, Niederkassel.

Management und Seminar:
Zeitsch. f. Tagungen/Training/Personal-Entwickl. 12 x jährl. München.

Management-Revue:
4 x jährl. Hampp Verlag, Mering.

Manager-Magazin:
Wirtschaft aus erster Hand. 12 x jährl. Manager-Magazin-Verl.-Ges., Hamburg.

ManagerSeminare:
6 x jährl. Gerhard May Verlags GmbH, Bonn.

Motivation:
Magazin für Führungskräfte. 6 x jährl. HUSS-Verlag, München.

Neue Perspektiven:
Zeitschrift für berufliche Bildung/Weiterbildung. 2 x jährl. TU Berlin.

Personal:
Problemlösungen, Personalf., Technik, Org.. 12 x jährl. München.

Personalführung:
Personalverantwortung tragen. Dt. Gesellschaft für Personalführung.

Personalwirtschaft:
Zeitsch. für erfolgreiches Personalmanagement. Kommentator-Verl., Frankfurt/M.

Seminarführer:
Das Weiterbildungsmagazin. 5 x jährl. VBU-Verlag, Bonn.

Training aktuell:
Informationsdienst für die Weiterbildungsbranche. 12 x jährl. May-Verlag, Bonn.

Verwaltung und Fortbildung:
4x jährl. Carl Heymanns Verlag, Köln/Bonn.

W & M:
Weiterbildung und Medien: 6 x jährl. Dt. Volkshochschule e.V., Bonn.

Weiterbildung in Wirtschaft und Technik:
Zeitsch. f. d. berufliche Weiterbildung. 4 x jährl. Expert-Verl., Sindelfingen.

Wirtschaft und Berufserziehung:
Zeitschrift für Berufsbildung. 12 x jährl. Bertelsmann Verlag, Bielefeld.

Wirtschaft und Gesellschaft im Beruf:
6 x jährl. Verlag Gehlen, Bad Homburg v. d. H.

Wirtschaft und Weiterbildung:
Das Magazin für Weiterbildungs-Professionals. 10 x jährl. Jünger VerlagMax Schimmel Verlag, Offenbach.

Zeitschrift für Berufs- und Wirtschaftspädagogik:
6 x jährl. Franz Steiner Verlag, Stuttgart.

Abbildungen

Bei den Abbildungen auf den Seiten 49, 59, 60, 65, 68, 72, 77, 89, 92, 93, 96, 98, 99, 101, 102, 105, 106, 109, ist die Quelle bzw. der Autor, der Zeichner unbekannt.

Abkürzungsverzeichnis

A. d. V.	Anmerkung der Verfasser
A.-St.	Anregung-Stimulans
DP	Denkpsychologische Position
E.	Einfachheit
ebd.	ebenda
etc.	et cetera
f.	folgende [Seite]
ff.	folgende [Seiten]
G.-O.	Gliederung-Ordnung
GA	Gruppenarbeit
HP	Handlungstheoretische Position
i. d. R.	in der Regel
i. e. S.	im engeren Sinne
i. w. S.	im weiteren Sinne
K.-P.	Kürze-Prägnanz
lfd.	laufend
LS	Lehr- und Sozialform(en)
NBP	Neurophysiologische-biologische Position
o. ä.	oder ähnliches
PI	Programmierte Instruktion
u. a.	und andere
u. U.	unter Umständen
u. v. m.	und vieles mehr
usw.	und so weiter
vgl.	vergleiche
WB	Weiterbildung

Schlagwortindex

„Worte sind erbarmungslos. "
(Oscar Wilde)

Klaus W. Döring / Bettina Ritter-Mamczek

Medien
in der Weiterbildung

Mit Beiträgen von Lars Herbeck,
Sylvie Rumler-Balog,
Robert Westenkirchner und
Klaus-Dieter Ziep.
1998. 292 S. Geb.
DM 48,– / öS 350,– / sFr 44,50
(3 89271 784 2)

Eine moderne, teilnehmerzentrierte Didaktik der Weiterbildung ist ohne einen kompetenten und vielseitigen Medieneinsatz wie ein Faß ohne Boden. Medien tragen und gliedern den Lernprozeß, sie machen ihn anschaulich und interessant, wecken die Neugier, bieten An- und Übersichten, ermöglichen Einzel-, Partner- und Gruppenarbeit, sie sind unverzichtbar, wenn es um Simulationen, kleine Rollen- und Planspiele geht und helfen bei Unterrichtseinführungen ebenso wie bei Wiederholungen und Zusammenfassungen. Kurz: Unterrichtliche Medien sind heute ein unverzichtbarer Bestandteil jeder professionellen Lehrarbeit mit Erwachsenen.

Vielseitiger Medieneinsatz ist aber nicht nur eine entscheidende Lernhilfe für die Teilnehmer, sondern auch für den Dozenten/Trainer/Ausbilder. Sofern dieser sich nämlich nicht nur als »Folienschleuder« begreift und didaktisch betätigt und nicht Eintönigkeit und Langeweile »auf seine Fahnen« geschrieben hat, wird er oder sie die Erfahrung machen, daß Medien eine ganz entscheidende – nämlich entlastende – Wirkung im Lehr-/Lernprozeß ausüben. Gerade für den noch nicht so erfahrenen »Newcomer« bieten gut vorbereitete Medien die notwendige soziale und didaktische Sicherheit.
Der Band behandelt das ganze Spektrum mediendidaktischer Fragestellungen, angefangen bei den traditionellen und endend bei den neuen Medien. Er wendet sich an Unterrichtspraktiker ebenso wie an Studierende, an Weiterbildungsmanager so gut wie an Leiter von Bildungseinrichtungen oder von betrieblichen Bildungssystemen.

DEUTSCHER STUDIEN VERLAG

Postfach 100154
69441 Weinheim

Preisänderungen vorbehalten / D0877

Klaus W. Döring / Bettina Ritter-Mamczek

Die Praxis
der Weiterbildung

Mit Beiträgen von Peter-Ulrich Haders, Jürgen Heilmann, Uta Raabe und Sabine Saß.
2., völlig überarb. Aufl. 1998.
465 S. Geb.
DM 58,– / öS 423,– / sFr 52,50
(3 89271 833 4)

Weiterbildung ist international zum gewichtigen quartären Bildungssektor aufgestiegen. Wie sieht es in der alltäglichen Praxis mit der professionellen Qualität der »Geschäftsabläufe« aus?
Voraussetzung dafür ist eine jeweils betriebseigene Bildungsabteilung mit sowohl pädagogisch als auch betriebswirtschaftlich gut qualifizierten Mitarbeitern.

Will sich die betriebliche Bildung im modernen, innovativen Lernunternehmen etablieren und behaupten, so führt kein Weg an einer konsequenten Professionaliserungsstrategie der Tagesarbeit vorbei.
Der Band stellt das Konzept einer systemisch wie systematisch umfassenden Bildungspraxis für das Unternehmen von morgen vor, wie sie als »State-of-the-Art« heute zu Recht eingefordert werden kann. Dabei wird der Bogen gespannt von Fragen des Managements über Perspektiven innovativen Lehrens und Lernens bis hin zu Aspekten der Qualifizierung und Forschung.

DEUTSCHER STUDIEN VERLAG

Postfach 100154
69441 Weinheim

Preisänderungen vorbehalten / D0928